KB181512

Domination and the Arts of Resistance

Domination and the Arts of Resistance: Hidden Transcripts
by James C. Scott

Copyright ⓒ 1992 by Yale University
Originally published by Yale University Press.
All rights reserved.

Korean translation edition ⓒ 2020 by Humanitas Publishing Co.
Published by arrangement with Yale University Press, UK
Through Bestun Korea Agency, Seoul, Korea.
All rights reserved.

지배, 그리고 저항의 예술 : 은닉 대본

1판1쇄 | 2020년 6월 22일

지은이 | 제임스 C. 스콧
옮긴이 | 전상인

펴낸이 | 정민용
편집장 | 안중철
책임편집 | 윤상훈
편집 | 강소영, 이진실, 최미정

펴낸곳 | 후마니타스(주)
등록 | 2002년 2월 19일 제2002-000481호
주소 | 서울 마포구 신촌로14안길 17, 2층 (04057)
전화 | 편집_02.739.9929/9930 영업_02.722.9960 팩스_0505.333.9960

블로그 | humabook.blog.me
트위터, 페이스북, 인스타그램 | @humanitasbook
이메일 | humanitasbooks@gmail.com

인쇄 | 천일문화사_031.955.8083 제본 | 일진제책사_031.908.1407

값 25,000원

ISBN 978-89-6437-354-5 93300

이 도서의 국립중앙도서관 출판시도서목록(CIP)은 e-CIP홈페이지(http://www.nl.go.kr/ecip)와
국가자료공동목록시스템(http://www.nl.go.kr/kolisnet)에서 이용하실 수 있습니다.
(CIP제어번호: CIP2020024058)

지배, 그리고 저항의 예술

은닉 대본

제임스 C. 스콧 지음
전상인 옮김

후마니타스

일러두기

1. 제임스 C. 스콧의 *Domination and the Arts of Resistance: Hidden Transcripts* (Yale University, 1992)를 완역했다.

2. 단행본·정기간행물에는 겹낫표(『 』)를, 논문·기사·기고문 등에는 홑낫표(「 」)를, 영화 등의 작품명에는 가랑이표(〈 〉)를 사용했다.

3. 원서에서 이탤릭체로 강조한 단어는 드러냄표로 처리했다.

4. 외국 고유명사의 우리말 표기는 국립국어원의 외래어표기법을 따랐다. 그러나 관행적으로 굳어진 표기는 그대로 사용했으며 필요한 경우 한자나 원어를 병기했다.

5. 인용문의 대괄호와 후주는 지은이가 첨가했다. 이를 제외한 본문의 대괄호와 각주는 옮긴이가 첨가했으며 인용문에서는 '[-옮긴이]'로 표기했다.

6. 책에서 인용되거나 언급된 문헌 가운데 국역본을 참고한 경우 해당 서지 사항 및 쪽수를 대괄호 안에 밝혔고, 국역본의 번역을 그대로 옮긴 경우 '전재'라고 표기했다.

7. 책 제목이나 출간 연도, 쪽수 표기 등 원문의 명백한 오류는 특별한 언급 없이 수정했다. 단 그대로 두고 해당 오류 내용을 각주에 언급한 곳도 있다.

무어스타운 프렌즈 스쿨을 위하여

지체 높은 귀족이 지나갈 때 현명한 농부는 고개 숙여 절한 다음, 소리 없이 방귀를 뀐다.

_에티오피아 속담.

사회는 수많은 얼굴과 감춰진 잠재력을 가진 아주 신비한 동물이다. 그리고 …… 사회가 어느 순간 당신에게 우연히 내미는 얼굴이 유일하게 진짜 모습이라 믿는다면 그것은 지극히 근시안적이다. 우리 가운데 그 누구도 사람들의 영혼 속에 잠자고 있는 잠재력을 모두 알지는 못한다.

_바츨라프 하벨, 1990년 5월 31일.

서문

이 책의 배경이 되는 아이디어는 말레이시아 촌락의 계급 관계를 제대로 이해해 보려는 나의 지속적인 그러나 다소 굼뜬 노력의 결과로부터 다듬어졌다. 토지 거래, 임금률, 사회적 평판, 기술 변화 등에 대해 [마을 사람들이] 서로 다르게 설명한다는 사실을 익히 알고 있었다. 마을 사람들 사이에 이해관계가 상충한다는 점에서 이 자체는 별로 놀랄 만한 일이 아니었다. 정작 납득하기 힘든 것은 똑같은 사람이 가끔씩 자기모순적인 모습을 보여 준다는 사실이었다! 그리고 머지않아 나는 이와 같은 모순이 남들보다 가난하기 때문에 경제적으로 가장 의존적일 수밖에 없는 마을 사람들의 경우에 특히 심하다는 사실을 깨달았다. 물론 반드시 그들만 그랬던 것은 아니지만 말이다. 가난하다는 점 못지않게 남에게 의존한다는 사실이 중요했는데, 왜냐하면 가난뱅이들 가운데에도 자신의 힘으로 살아가는 경우, 일관적이면서 주체적인 의견을 표현할 줄 아는 이들이 꽤 있었기 때문이다.

게다가 이와 같은 모순에는 일종의 상황 논리가 있었다. 여러 가지 현안들 가운데 계급 관계에 초점을 맞춰 말한다면, 가난한 사람들이 부자들 앞에서는 같은 목소리를 내다가도, 자기들끼리 있으면 다른 목소리를 내는 식이었다. 부자들 역시 가난한 사람에게 말하는 것과 자신들끼리 말하는 것이 서로 달랐다. 이는 가장 총체적인 구분일 뿐, 대화를 나누는 집단의 정확한 구성 방식이나 현안의 구체적 내용에 따라 더 세밀한 차이도 얼마든지 식별 가능했다. 얼마 지나지 않아 나는 나조차 이런 사회적 논리를 사용하고 있다는 것을 발견하게 되었다. 그것은 내가 어떤 한 가지 언설言說, discourse*을 다른 언설과 견주어 검토할 수 있는 환경을 구하거나 만들기 위해서, 곧 삼각측량** 방식으로 미지의 땅을 향한 길을 찾기 위해서였다. 이런 방식은 나의 목적을 달성하는 데서 제법 효과적이었는데, 그 결과는 『약자의 무기: 농민 저항의 일상적 형태』*Weapons of the Weak: Everyday Forms of Peasant Resistance*(Yale Univ. Press, 1985), 그중에서도 284~289쪽에 나타나 있다.

권력관계가 말레이 사람들 사이에 이루어지는 대화에 얼마나 영향을 미치는지에 대해 보다 많은 관심을 갖게 된 지 얼마 지나지 않아, 나는 나 자신이 나보다 힘센 사람 앞에서 말을 얼마나 많이 조절하며 살고 있는지를 깨닫게 되었다. 사려 깊지 않은 반응에 대해 내가 감정을 억제해야만 했을 때, 나는 말로 하지 않은 내 생각을 말할 수 있는 누군가를 가끔 발견했다. 이처럼 억압된 화법 배후에는 거의 몸으로도 느껴질 만한 압박 같은 것이 존재했다. 나의 분노나 격분이 평정심을 압도하는 경우가 어쩌다 일어날 때, 복수를 당할지도 모르는 위험에도 불구하고 나는 의기양양한 기분을 경험했다. 그때

---

* 'discourse'는 '주고받는 말'이라는 의미의 담화談話, '자세히 말한다'는 의미의 언술言述, '말하는 일이나 솜씨'라는 의미의 언술言術, '설명하는 말'이라는 의미의 언설 등 다양하게 옮겨져 왔는데, 이 책에서는 특별한 사정이 없는 한 저자의 의중을 최대한 살려 언설로 번역하기로 한다.
** 두 점 사이의 거리를 알고자 할 때, 이를 직접 구하지 않고 다른 거리와 각도를 잰 뒤 삼각법을 적용하는 방식이다.

비로소 나는 왜 내가 나보다 권력이 없는 사람들의 공적 행위를 액면가 그대로 받아들일 수 없는지를 충분히 이해하게 되었다.

권력관계 및 언설에 대한 이 같은 관찰을 결코 나의 독창적 주장이라고 말할 수는 없다. 그것은 깨어 있는 시간 대부분을 권력에 짓눌린 채, 잘못 취한 몸짓 하나 혹은 잘못 뱉은 말 한마디가 끔찍한 결과를 초래할 수도 있는 상황에서 수백만 일반 민중들이 매일매일 축적해 온 지혜의 일부이자 일종이다. 내가 이 책에서 하려는 것은, 이와 같은 생각을 비록 완벽하게는 아니더라도 보다 체계적으로 탐구함으로써, 그것이 권력과 헤게모니, 저항, 그리고 복종과 관련해 우리에게 무엇을 가르쳐 줄 수 있는지를 살펴보는 일이다.

이 책을 구성하는 데서 나의 잠정적인 가정은 무력無力과 종속의 가장 가혹한 조건은 진단이 가능하다는 것이다. 따라서 여기서 제시되는 상당수 증거들은 노예제, 농노제, 카스트제도 등에 대한 기존 연구로부터 얻어졌는데, 이는 권력과 언설의 관계가 내가 말하는 공개 대본public transcript과 은닉 대본hidden transcript 사이의 괴리가 제일 큰 상황에서 가장 역력하게 드러나리라는 사실을 전제하고 있다. 정황상 그렇게 보이는 경우, 나는 가부장제나 식민주의, 인종주의는 물론이고, 심지어 감옥이나 포로수용소와 같은 총체적 통제 시설로부터도 증거를 얻었다.

이 책은 말레이시아 소小촌락 연구에서 내가 했던 것과 동일한 방식을 따른 세밀하고도 구조적이며, 상황 의존적이며 역사 기반적인 분석이 아니다. 절충적이거나 도식적인 방법 탓에 이 책은 포스트모더니즘 연구의 기본 규칙들 가운데 많은 것들을 위반하기도 한다. 포스트모더니즘과 한 가지 공유하는 대목이 있다면 그것은 어떤 문건이나 언설의 진정한 가치를 판단할 수 있는 사회적 지점이나 분석적 위치는 결코 있을 수 없다는 확신 정도다. 나는 정밀한 맥락적 분석이 이론의 생명선이라 확신하지만, 구조적 유사성에 따라 연구 초점이 좁혀질 경우, 문화와 시대구분을 넘나드는 가운데 무언가 유용한 것들이 언급될 수 있다고 믿는다.

따라서 이 책이 추구하는 분석적 전략은 구조적으로 비슷한 형태의 지배 관계는 가족 유사성에 버금가는 그 무엇을 보여 준다는 가정에서 출발한다. 노예제, 농노제, 카스트제도의 경우에 나타나는 유사성이 제법 괜찮은 보기이다. 이들은 피지배 집단으로부터 노동이나 재화, 용역을 수탈하기 위한 제도적 장치를 각각 대표한다. 공식적으로 이와 같은 지배 형태 속의 피지배 집단에게는 정치적·시민적 권리가 없으며, 그들의 지위는 태생적으로 고정되어 있다. 사회적 이동성도 비록 원칙적인 것은 아니지만 실질적으로는 배제되어 있다. 이런 종류의 지배 관계를 정당화하는 이데올로기에는 우월과 열등에 관련된 엄격한 가정이 포함되어 있는데, 이는 두 계층 사이의 공적 접촉을 규제하는 일련의 의례나 예절에 반영되기 마련이다. 주인과 노예, 지주와 농노, 그리고 최상급 카스트 신분과 불가촉천민 사이의 관계는, 어느 정도의 제도화에도 불구하고, 상위자에게 임의적이고도 변덕스러운 행동의 여지를 상당히 많이 제공하는 사적 지배 형태다. 이런 관계에는 개인적 테러 행위도 당연히 들어가 있는데, 이는 자의적 폭력이나 성적 만행, 모욕, 공개 망신 등의 형태를 띨 수 있다. 혹여나 어떤 특정 노예는 이와 같은 대우에서 벗어나는 행운을 만날 수 있다. 그러나 그런 일이 어쩌다 그녀에게 일어날 수도 있었을 뿐이라는 확실한 인식이 이들의 전반적인 관계 속에 팽배해 있다. 끝으로 그와 같은 대규모 지배 구조에 종속된 사람들은 지배의 직접적 통제 바깥에 존재하는 나름의 광범위한 사회적 삶을 영위하고 있다. 지배에 대한 비판의 공유가 형성되는 지점은 기본적으로 바로 이처럼 격리된 환경이다.

방금 언급한 구조적 연대감이 내가 펼치고 싶은 논지의 중심 분석이다. 나는 노예나 농노, 불가촉천민, 식민지 원주민, 피지배 인종에게 어떤 불변의 특성이 있다고 주장하려는 것이 결코 아니다. 그와 같은 본질주의적 주장은 납득하기 어렵다. 대신에 내가 강조하고 싶은 것은 지배 관계의 구조들이 서로 유사한 방식으로 작동하고 있는 것처럼 보이는 한, 다른 조건들이 동일할 경우, 그것들이 야기할 반작용과 저항의 유형 역시 대체로 서로 유사하리라는 점이다. 일반적으로 노예나 농노는 그들의 피지배 조건에 대해 감히 공개적으로는 이의를 제기하는 법이 없다. 하지만 장외場外에서 그들은 권력관계의 공식 대본에 대한 막후幕後의 반대 목소리가 들릴 수 있는 사회적 공간을 창출하고 방어하려는 경향이 있다. 이와 같은 사회적 공간의 구체적인 형태(예컨대 언어적 위장, 의례적 코드, 선술집, 축제, 노예들만의 종교적 비밀 정원)나, 반대 의견의 구체적인 내용(예컨대 선지자의 재림 기원, 마법을 통한 의례적 공격, 영웅시되는 산적山賊과 저항적 순교자에 대한 찬미)은 당사자들이 처한 구체적인 문화나 역사가 요구하는 만큼 제각각 독특하다. 나는 보다 거시적인 유형을 서술하는 데 흥미가 있어서, 예속의 모든 다양한 유형들 사이에 존재하는 적지 않은 특수성은 일부러 무시하고자 한다. 말하자면 카리브해 지역 노예와 북미 지역 노예의 차이, 17세기 프랑스 농노와 18세기 중반 프랑스 농노의 차이, 러시아 농노와 프랑스 농노의 차이와 같은 것들 말이다. 내가 여기서 요약하는 거시적 유형들이 진가를 발휘하게 되는 것은 이들이 구체적 역사와 특수한 문화적 조건에 뿌리를 단단히 내릴 때뿐이다.

이 책에서 논의될 예속의 구조들을 선택하면서 내가 인간의 존엄과 자율성에 관한 이슈들을 우선적으로 중시하고 있다는 점은 확실하다. 비록 통상적으로 이것들은 물질적 착취에 비해 부차적인 요소로 여겨지고 있지만 말이다. 노예제나 농노제, 카스트제도, 식민주의, 그리고 인종주의는 일반적으로 신체를 향한 분노, 모욕, 공격의 실천 및 의례를 만들어 내는데, 피해자 쪽이 만들어 내는 은닉 대본의 상당한 부분도 바로 이 대목이 차지하는 것으로 보인다. 앞으로 살펴보겠지만, 그와 같은 억압의 형태는 뺨 때리기에는 뺨 때리기, 모욕에는 모욕이라는 부정적 호혜주의의 일반적 호사豪奢를 하급자에게 결코 용납하지 않는다. 심지어 오늘날 노동자계급의 억압과 착취를 설명하는 경우에서도 자존심을 훼손하는 모멸이나 노동에 대한 세세한 통제는 일과 보상에 대한 한층 좁은 관심 못지않게 중요하다.

넓은 의미에서 나의 목적은 피지배 집단의 종종 순간적이기도 한 정치적 행위를 어떻게 하면 더 성공적으로 독해하고, 해석하고, 이해할 수 있을지를 제안하는 것이다. 힘이 없는 자가 힘이 있는 자 앞에서 가끔은 전략적인 자세를 취할 수밖에 없을 때, 그리고 힘이 있는 자가 자신의 명성과 지배를 극적으로 만드는 일에 과도한 관심을 가질 때, 우리는 권력관계를 어떻게 연구할 것인가? 만약 우리가 이런 모든 것들을 액면가로 받아들일 경우, 우리는 전술적일 수도 있는 것을 마치 이야기의 전부인 양 오판할 위험을 감수하게 된다. 대신에 나는 권력에 대한 다른 방식의 연구를 시도함으로써, 그것의 여러 가지 모순과 긴장, 그리고 내재적 가능성을 보이고자 한다. 모든 피지배 집단은 고된 시련으로부터 '은닉 대본'을 만들어 내는데, 이는 지배 집단의 배후에서 이루어지는 권력 비판을 대표한다. 권력자들 역시 공개적으로 말하기 어려운 그들의 지배 관행과 권리를 대변할 자신들만의 '은닉 대본'을 개발한다. 약자의 은닉 대본과 강자의 은닉 대본을 비교하고, 두 집단의 은닉 대본을 권력관계에 대한 공식 대본과 대조한다면, 지배에 대한 저항을 이해하는 매우 새로운 방식을 얻게 될 것이다.

조지 엘리엇과 조지 오웰에 의존하는 다소 문학적인 접근에서 시작한 다음, 나는 지배의 과정이 어떻게 하여 한편으로는 헤게모니적 성격의 공적 행위를, 다른 한편으로는 권력의 면전에서는 불가능한 것들로 구성된 막후 언설을 만들어 내는지를 보이고자 한다. 동시에 나는 지배와 동의의 공연公演 배후에 깔린 헤게모니적 의도를 탐색함으로써, 누가 그와 같은 연기의 관객이 되는지를 질문할 것이다. 따라서 이런 식의 연구는 역사적 및 기록적 증거를 정독하는 것만으로도 권력관계에 대한 헤게모니적 설명이 왜 선호될 수밖에 없는지를 이해하는 데 도움을 줄 것이다. 실제로 저항이 일어나지 않는 한, 힘없는 집단은 헤게모니적 외양을 강화하는 일에 나름 공모하는 과정에서 자신의 이익을 챙긴다는 사실이 내가 주장하려는 것이다.

이와 같은 외형상 헤게모니의 의미는 그것을 권력이 적재積載되지 않은 상황에서 형성된 피지배자들의 언설과 비교할 때만 파악될 수 있다. 이데올로기적 저항은 직접적 감시를 피할 수 있을 때 가장 잘 성장할 수 있기 때문에 우리는 이와 같은 저항이 싹틀 수 있는 사회적 지점을 검토하지 않으면 안 된다.

만약 권력관계에 대한 독해가 피지배 집단 내부의 다소간 은밀한 언설에 대한 온전한 접근 가능성에 달려 있다면, 권력 — 과거의 것이든 오늘날의 것이든 상관없이 — 을 다루는 연구자들은 막다른 골목에 직면할 것이다. 좌절 끝에 두 손 들고 포기할 수밖에 없는 상황에서 우리를 구해 주는 것은 은닉 대본이라는 것이 대개의 경우 공개적으로 — 비록 위장된 형태이긴 하지만 — 표현된다는 사실이다. 이에 따라 나는, 다른 여러 가지 것들 가운데, 힘없는 자들끼리 나누는 소문이나 험담, 설화, 노래, 몸짓, 농담, 극 무대 등을 권력에 대한 비난을 암암리에 풍자하는 매개물로 해석할 수 있지 않을까 하고 제안하는 바이다. 대개 그것들은 익명성 뒤에 숨거나 그런 행위에 대한 악의 없는 생각 뒤에 숨어서 권력을 넌지시 비판한다. 이데올로기적 불복종을 은폐하는 이와 같은 패턴들은, 내 경험상, 농민들과 노예들이 그들의 노동, 그들의 생산, 그들의 자산을 통째 빼앗기는 일을 당하지 않기 위해 자신들의 성과를 위장하는 패턴과 어느 정도 비슷하다. 예컨대 남의 토지에 대한 불법 침입, 늑장 대응, 좀도둑질, 시치미 떼기, 도주 등이 바로 그것이다. 이와 같은 형태의 불복종을 요컨대 힘없는 자들의 하부정치infrapolitics라 불러도 좋을 듯하다.

끝으로 나는 은닉 대본이라는 개념이 가끔씩 일어나는 혹은 종종 처음 있는 일로 기억되는 정치적 전율電慄*의 순간을 이해하는 데도 도움을 준다고 믿는다. 그것은 은닉 대본이 직접적이고도 공개적인 방식으로 권력자와 맞설 때이다.

---

* "몹시 무섭거나 두려워 몸이 벌벌 떨림"이라는 뜻을 가진 '전율'의 본래 한자는 '戰慄'이다. 하지만 'political electricity'의 의미를 최대한 살리기 위해 여기서는 일부러 '電慄'로 옮겼다.

감사의 글

이 원고와 관련해 너무나 많은 사람들이 너무나 많은 방법으로 나를 도와주었다. 그 결과는 모범적일 만큼 관대하면서도 활력이 가득 찬 숱한 개별 행위들의 집대성이었는데, 내 쪽에서 볼 때 그것은 한동안 지적 정체停滯의 지속을 초래할 정도였다. 나는 이런 현상을 애덤 스미스가 말한 보이지 않는 손의 변태적 거울 이미지 종류 가운데 하나라고 생각하기 시작했다. 그와 같은 정체를 푼다는 것은 몇 명의 운전자를 총으로 쏘고, 그들의 차량을 땅에 묻고, 또한 마치 한 대의 차량도 지나가지 않았던 것처럼 도로를 다시 포장하는 것을 의미했다. 처형과 매장은 모든 필요한 예의범절에 맞게 진행되었는데, 희생자들로서는 내 자식 중 셋(2, 3, 5장)이나 별다른 의전 절차 없이 이빨을 세게 갈며 눈가리개를 쓴 채 벽으로 끌려가 총살당했다는 사실로부터 위안을 얻을지도 모르겠다. 내 생각에 그 결과는 꽤나 분주하게 움직이는 지적 통행의 재활성화이다. 내가 이해하기로는, 그 통행의 활발함은 새로운 목적지로 이어질 여러 상이한 방향의 여행을 허락했을 수도 있는 교차로를 없애 버리는 대가를 치르고서야 가능했다. 그와 같은 대가는 우리가 결국 갈 만한 가치가 있는 곳에 도착했는지 여부에 대한 판단에 비추어 저울질할 수 있을 뿐이며, 이는 독자가 결정할 것이다.

이번 여행 일정에서 빠진 매력적인 목적지 가운데는 이 책에서 수행한 내 작업을 권력, 헤게모니, 그리고 저항에 관한 동시대의 이론적 작업과 보다 긴밀하게 통합할 수도 있던 것들이 포함되어 있다. 내 책과 예컨대 위르겐 하버마스의 연구(특히 그의 소통 능력 이론), 권력의 정상화 혹은 자연화를 언급하는 피에르 부르디외 및 미셸 푸코의 연구, 다양한 '권력의 얼굴들'에 대한 스티븐 루크스 및 존 가벤타의 연구, '정치적 무의식'에 대한 프레더릭 제임슨의 연구, 그리고 가장 최근의 것으로 '서사 속 여성들의 억압'에 대한 수전 프리드먼의 연구 사이에는 암묵적 대화가 존재한다. 내 논지는 이런 저작들을 잘 알고 있는 상태에서 수행되고 있다. 하지만 내가 암묵적인 대화를 멈추고 그들 가운데 어느 누구와 본격적인 의견 교환을 수행했더라면, 내 생각에, 그것은 내 주장의 논리를 중단시켰을 것이며, 보다 심각하게는 이 연구 결과가 이론적 성향이 덜한 독자에게 다가가는 일을 더욱 어렵게 만들었을 것이다.

나는 이 책의 기원을 보기 드문 인내심을 갖춘 스승이자 보기 드문 도량을 가진 친구인 자카리아 압둘라에게 빚지고 있다. 그는 말레이시아 농촌의 삶에 대해 내가 알고 있는 것의 대부분을 가르쳐 주었다.

1984년에 내가 엑슨 펠로로 있던 MIT의 과학·기술·사회 프로그램의 비공식 오찬 세미나 구성원들은 이 책 배후에 깔려 있는 투박한 아이디어의 최초 발표에 호응해 주었는데, 이에 대해 나는 당연히 감사한 마음이다. 그 아이디어는 나의 학부 수업 '무력無力과 종속'을 들었던 학생들 사이에 다양한 모습으로 검토되기도, 활용되기도, 비판받기도, 정교화되기도, 그리고 웃음거리가 되기도 했다. 노예, 농노, 강제수용소, 감옥, 노숙인, 노년 가정, 그리고 여성에 대한 그들의 관점과 과제물은 내가 처음 예상했던 것에 비해 훨씬 교육적인 성격을 띠게 되었다. 나는 그들의 칭찬은 흘려듣는 반면, 그들의 비판은 새겨듣는 것을 배웠는데, 왜냐하면 나는 그들에게 학점을 주고 있었기 때문이다.

1987년 여름 동안 오스트레일리아 국립대학의 태평양 연구·조사대학원 내 태평양 및 동남아 역사학과에서 지적 자극을 받으며(연구실이나 숙식 지원은 말할 것도 없이) 나는 이 책의 아이디어를 본격적으로 탐구하기 시작했다. 토니 리드는 나의 방문을 주선했을 뿐만 아니라 세미나까지 조직해 주었는데, 그토록 잘 조준된, 그리고 매우 위력적인 발사체 무리들 앞에서 아직 초보적 수준에 머물러 있던 나의 논지는 사실상 원점에서 다시 시작할 수밖에 없었다. 비록 내가 당시에는 그런 말을 하지 않았을지 몰라도 그런 경험은 지적으로 상쾌했으며, 특히 나는 갸넨드라 팬디, 디페시 차크라바르티, 라나지트 구하, 토니 밀너, 클라이브 케슬러, 제이미 매키, 브라이언 페건, 리 엘리네크, 켄 영, 그리고 노먼 오언에게 감사를 표한다. 또한 그것은 남아시아 문헌학을 근본적으로 변화시킨 서발턴 연구 집단의 지적 에너지와 내가 처음 만난 기회이기도 했다. 이 그룹의 중심에 라나지트 구하가 있었는데, 그의 독창적이고도 광범위한 연구는 매우 중요했다. 만일 내가 그의 통찰력 있는 안목이 제안한 방식 이상으로 초고를 다듬을 수 있었다면, 아마 지금보다 더 좋은 책이 나왔을 것이고, 그와 메크틸트가 건넨 우정에 더 나은 보답을 했을 것이다. 캔버라에는 이런저런 방식으로 이 책의 집필에 기여한 다른 친구들도 있는데, 토니 존스, 헬렌 리드, 하조 오베로이, 수전 더발, 클레어 밀너가 바로 그들이다. 여기에 진짜 오스트레일리아 사람처럼 양털 깎는 방법을 나에게 가르쳐 주려고 최선을 다했던 케니 브래들리도 빼놓을 수 없다.

미국 학술원 및 국립인문학재단의 지원을 일부 받아 고등연구소에서 보낸 1년은 집필을 착수하는 데 필요한 광범위한 책 읽기와 한 적함을 선사한 오아시스 같았다. 고등연구소 사회과학원에서 보낸 최소한으로 판에 박힌 일상과 그것에 속한 영리한 이웃들은 가장 이상적인 조합에 가까웠다. 이 이웃들 가운데 일부는 그곳에서 보낸 나의 시간을 보람차게 만들었다는 점에서 일일이 거론되어야만 한다. 클리퍼드 기어츠, 앨버트 허시먼, 조앤 스콧, 마이클 왈저, 밸런타인 대니얼, 엘리엇 쇼어, 해리 울프, 페그 클라크, 루실 알셴, 바버라 헌스타인-스미스, 샌디 레빈슨, 폴 프리드먼이 바로 그들이다. 비질이 잘된 연구소 마당에서, 기관장과 함께, 나의 만우절 암탉이 며칠 동안 살아남을 수 있도록 허락을 탄원해 준 '이름 모르는 비非관료'에게 공개적으로 감사를 표하는 일도 나는 억누를 수 없다.

이 책 초안의 이 부분, 저 대목들이 다양한 학술 관객 앞에 떠넘겨졌는데, 결과적으로 최소한 나에게는 유익한 일이었다. 비록 가끔은 정신이 번쩍 들게 만들기도 했지만 말이다. 따라서 내 발표를 듣고, 가끔은 사람을 죽이다시피 했던 시애틀의 워싱턴 대학, 반더빌트 대학, 존스 홉킨스 대학, 미네소타 대학의 담론 및 사회 비교연구소, 프린스턴 대학의 데이비스 센터, 보스턴 대학, 사우스 대학 스와니 캠퍼스, 세인트루이스의 워싱턴 대학, 트렌턴 주립대학, 트리니티 대학 코네티컷 캠퍼스, 코넬 대학, 위스콘신 대학 메디슨 캠퍼스, 세인트 로렌스 대학, 캘리포니아 대학 어바인 캠퍼스, 노던 일리노이 대학, 캘리포니아 대학 로스앤젤레스 캠퍼스, 코펜하겐 대학, 오슬로 대학, 그리고 예테보리 대학 동료 학자들에게 감사한다.

이 책 속에 박혀 있는 몇몇 지적 부채에 대해서도 특별히 언급할 만하다. 배링턴 무어의 책은 심지어 그가 인용되고 있지 않을 때조차도 어렴풋이 존재하고 있어서, 내 주장의 상당 부분은 무어의 『불의』*Injustice* 가운데 보다 도발적인 내용과 나누는 대화로 읽힐 수 있다. 내가 아주 오랫동안 붙들고 씨름하다가 최근에 이르러서야 완전히 이해하게 된 머리 에덜먼의 책에 대해서도 똑같은 말을 할 수 있다. 비록 우리의 답은 서로 달랐지만, 무어와 에덜먼은 내가 열심히 하려고 애썼던 대부분의 질문들을 제기했다. 또한 나는 라오스 비엔티안의 의식儀式을 끝내주게 묘사한 그랜트 에번스에게도 빚졌는데, 그 내용은 3장에서 적절히 사용되었다. 대니얼 필드의 『차르라는 이름의 반역』*Rebels in the Name of the Tsar*은 4장 끝 부분에 나오는 순진한 군주제*와 관련된 논의의 바탕을 포함하고 있다.

내가 앞에서 말한 것처럼, 나의 주장에 대해 글 또는 말의 형태로 자신의 뜻을 밝히려는 사람들이 너무나 많았고, 또한 그 의견들은 서로 너무나 달랐다. 따라서 그것들이 나의 논지를 향상한 것은 거의 확실하지만, 그것들이 내가 가는 길에 박차를 가했다고 말하기는 거의 어렵다. 그들 가운데 어떤 이들은 내가 틀린 나무를 쳐다보며 짖고 있었다고 생각했고, 또 어떤 이들은 비록 나무는 맞지만 내가 그것 가까이 제대로 나아가지 못하고 있다고 생각했다. 또 어떤 이들은 도대체 내가 왜 짖고 있는지를 의아해했고, 또 어떤 이들은, 맙소사, 자신들을 사냥과 결부한 다음 내가 무는 실력을 향상해 그것이 짖는 수준에까지 도달하도록 애썼다. 나는 차등을 두지 않고 그들 모두를 열거하는 것 이상의 다른 방법을 떠올릴 수가 없는데, 그래야만 아마 그 누구라도 내가 견지해 온 입장과의 유사성을 부인할 수 있게 될 것이다. (깊은 숨을 들이쉬며) 그들의 이름을 말하자면 다음

* 러시아의 전통적 농민들이 차르를 자신의 은인으로 생각하는 것.

22

과 같다. 에드워드 및 수전 프리드먼, 얀 그로스, 그랜트 에번스, 토니 리드, 돈 에머슨, 레너드 둡, 조지프 에링턴, 조지프 라팔롬바라, 헬렌 시우, 주자네 워포드, 데버라 데이비스, 진 애그뉴, 스티븐 스미스, 데이비드 플롯케, 브루스 애커먼, 조지 슐먼, 이언 샤피로, 로저스 스미스, 조너선 리더, 밥 레인, 에드 린드블롬, 셸리 버트, 마크 렌들러, 셰리 오트너, 메리 카첸스타인, 잭 보이겔러스, 밥 함스, 벤 커크블리엣, 빌 클라우스너, 척 그렌치, 조앤 스콧, 마이클 왈서, 비비언 슈우, 체 분 켕, 헬렌 레인, 피터 살린스, 브루스 링컨, 리처드 레퍼트, 스튜어트 홀, 모리스 블로흐, 티어도어 섀닌, 캐서린 홀, 데니즈 라일리, 이반 카츠, 루이즈 스콧, 제프리 버즈, 짐 퍼거슨, 댄 레브, 마이클 매캔, 수전 스토크스, 엘리스 골드버거, 내털리 제몬 데이비스, 로런스 스톤, 에즈라 술레이만, 벤 앤더슨, 돈 스콧, 데이비드 코언, 수전 엑스타인, 존 스메일, 게오르그 엘베르트, 레슬리 앤더슨, 존 보웬, 로돌프 드 코닌크, 마리-앙드레 코일러드, 조너선 풀, 주디 스완슨, 프리츠 겐슬렌, 로이드 무테, 그레이스 구델, 안제이 티모프스키, 론 제퍼슨, 톰 팽글, 마거릿 클라크, 필 엘드리지, 비고 브룬, 낸시 아벨만, 존 브라이언트, 멜리사 노블스, 그리고 끝으로 러셀 미들턴.

이보다는 훨씬 적은 동료들이 가늘고 촘촘한 빗으로 전체 원고를 다듬어 주었으며, 그들은 내가 반영할 수 있는 제안도 보내왔지만 가끔은 내가 어찌할 바를 모를 정도의 엄중한 비판을 보내오기도 했다. 그들의 도움과 비판이 확실히 이 책을 좀 더 낫게 만들었고, 나를 조금이나마 더 현명하게 만들었다고 나는 믿는다. 이 최종본이 그들의 기대에 미치지 못했다고 하더라도 그것은 당연한 일이다. 이 점에 대해 나는 비난을 감수하겠다. 마치 내게 선택권이 있기나 했던 것처럼 말이다. 이 좋은 동료들의 이름은 다음과 같다. 머리 에덜먼, 클리퍼드 기어츠, 크로퍼드 영, 제니퍼 혹실드, 라마찬드라 구하, 마이클 애더스, 프랜 피븐, 앨리 러셀 혹실드, 릴라 아부-루고드, 아리스티드 졸버그, 그리고 클레어 진 김. 나는 다시는 그들에게 그렇게 많은 충고를 바라는 실수를 범하지 않겠다고 약속하는 바이다 — 그들뿐만 아니라 나 자신을 위해서도 말이다.

3장과 다소 다른 버전의 글이 「지배의 공적 언설로서의 위신」Prestige as the Public Discourse of Domination이라는 제목으로 발표된 바 있다 [*Cultural Critique* on the "Economy of Prestige", edited by Richard Leppert and Bruce Lincoln, no. 12 (Spring, 1989), 145-166].

예일 대학 동남아연구협의회 간사 케이 맨스필드는 누구 못지않게 열심히 이 원고의 출간을 끝까지 지켜봐 주었다. 나는 그녀의 우정, 능력, 편집 기량, 그리고 수고에 감사한다. 루스 뮈지히, 메리 휘트니, 그리고 수전 옴스테드는 정신없는 막판 수정 작업에 도움을 주었다.

내 처 루지와 우리 사이의 자녀들은 나의 학문적 생산성을 지속적으로 방해하고 있다. 외로웠던 시간이나 놓치고 말았던 여러 기회들 때문에 치른 비용을 감안한다면, 그들은 내가 책을 쓰는 데 도대체 왜 그렇게 많은 시간을 보내는지 이해하지 못한다. 이 책은, 나의 이전 책들과 마찬가지로, 그들이 나를 제발 정신 차리게 만들려고 악전고투하는 속에 집필되었다. 만약 그들이 없었다면 나는 이보다 더 길게 쓸 수 있었을 것이다. 또한 누가 알겠는가. 만약 그들이 없었다면 심지어 내가 지금보다 똑똑해졌을지도. 전반적으로 이 책은 내가 그들과 더불어 살고 있는 한 지불할 수밖에 없는 매우 작은 희생이라고나 할까.

1장

—

**공식적
이야기의
이면**

통치자 앞에서 기탄없이 말씀드리기가 두렵습니다.
_에우리피데스, 『박코스 여신도들』에서 코로스장이 한 말.[*]

시골의 노동자들과 수공업자들도 노예처럼 가혹하게 일을 한다. 그렇지만 그들은 주어진 일을 끝마친 뒤에는 최소한 자신들의 노동에서 잠시 벗어날 수 있다. 독재 군주는 자신의 눈에 들고자 애쓰며 호감을 구걸하는 아첨꾼들을 항상 본다. 이런 자들은 독재 군주가 말하는 대로만 해서는 안 된다. 그가 원하는 것을 알아채야 한다. 군주를 만족시키기 위해서는 그의 생각을 미리 알고 준비하고 있어야 한다. 그에게 복종하는 것이 다가 아니다. 그의 환심을 사야 한다. 자신의 일을 포기하고 스스로 학대해 가며, 심지어는 목숨까지 내놓고 군주의 일을 위해 자신을 던져야 한다. 군주의 즐거움에서 자신의 즐거움을 찾아야 하며 군주의 취향을 자신의 것으로 삼고 본래의 취향 따위는 버려야 한다. 체력을 아끼지 말아야 하고 본성은 완전히 내던져야 한다. 군주의 말과 목소리, 그의 눈짓과 사소한 표정의 변화에 유의해야 한다. 군주의 뜻을 살피고 그의 생각을 알아내는 데 첨병 역할을 하지 못하는 눈과 손, 발은 군주에게 쓸모가 없는 것이다. 그렇게 사는 삶이 행복할까? 그렇게 사는 것을 과연 인간의 삶이라고 부를 수조차 있을까?
_에티엔 드 라 보에시, 『자발적 복종』.[**]

강렬한 증오는 공포에서 시작되는데, 공포는 침묵을 강요하고 맹렬한 기세를 몰아 복수심을 일으키며 혐오하는 대상을 상상 속에서 소멸한다. 박해받은 자들은 이처럼 은밀한 보복 의식을 통해서 자신의 분노를 발산할 은밀한 배출구를 마련하고 고통을 달래 침묵시킨다.
_조지 엘리엇, 『다니엘 데론다』.[***]

• 『에우리피데스 비극 전집 2』, 천병희 옮김, 숲, 2009, 482쪽에서 전재.
•• 『자발적 복종』, 심영일·목수정 옮김, 생각정원, 2015, 116~117쪽에서 전재.
••• 『다니엘 데론다 4』, 정상준 옮김, 한국문화사, 2016, 99쪽에서 전재.

◆

현대 민주주의 사회에서조차 '권력을 향해 진실을 말하다'라는 표현에 유토피아적인 느낌이 남아 있다면, 그것의 확실한 이유는 실제로 그런 일이 거의 일어나지 않는다는 사실 때문이다. 권력자의 면전에서 이루어지는 약자의 가식은 결코 놀라운 일이 아니다. 그것은 언제, 어디서나 있는 일이다. 그와 같은 부류의 권력은 사실상 너무나 흔해 권력의 통상적인 의미에까지 거의 알아볼 수 없을 정도로 확산되어 있다. 정상적인 것으로 알고 있는 사회적 상호작용의 대부분은 우리와 공적 활동을 함께하지 않을 것으로 여겨지는 다른 사람들과의 관계에서도, 의례적인 인사나 미소의 일상적인 교환을 요구한다. 이 대목에서 알고 지내는 사람과 원만한 관계를 유지하기 위해 우리는 예의와 공손을 포함하고 있는 유형의 사회적 권력이 종종 솔직함을 희생할 것을 요구한다고 말해도 무방하다. 우리의 신중한 행동에도 전략적인 차원이 있다. 곧 우리 자신을 잘못 드러냄으로써 상대가 우리에게 어떤 식으로 득이 되거나 해를 끼칠까를 심사숙고하는 것이다. '연기演技가 전혀 없는 행동은 불가능하다'는 조지 엘리엇의 주장은 결코 과장이 아닐지 모른다.

자발적 공손에서 나오는 연기에 우리는 별로 관심이 없다. 앞으로 우리가 더 큰 관심을 갖는 것은 역사적으로 대다수 사람에게 강요되어 왔던 연기이다. 내가 주목하는 것은 정교하고 체계적인 형태의 사회적 복종을 할 수밖에 없는 사람들에게 요구되는 공개적 연기로서, 노동자가 사용자에게, 임차인이나 소작인이 지주에게, 농노가 영주에게, 노예가 주인에게, 불가촉천민이 브라만에게, 피지배 인종이 지배 인종에게 보이는 것을 말한다. 몇몇 의미심장한 예외 사례가 있긴 하지만 하위 집단의 공적 행동은 신중함이나 두려움 그리고 비위를 맞추고자 하는 노력의 발로로서, 권력자의 기대에 부응하려는 목적인 경우가 대부분이다. 지배하는 자와 지배받는 자들 사이의 공개된 상호작용을 묘사하기 위한 일종의 약칭으로서 나는 공식 대본이라는 용어를 사용하고자 한다.[1] 공식 대본이 비록 권력관계를 고의적으로 호도하지는 않지만, 권력관계의 모든 것을 다 말하지는 않는다. 허구적 진술에 암묵적으로 공모한다는 점에서 그것은 양쪽 모두의 이익에 부응한다. 19세기 한 프랑스 소작농의 구술사 '늙은 티농 이야기'는 조심스러우면서도 가식적인 존경에 대한 내용으로 가득 차있다. "그[자신의 아버지를 해고한 지주]가 메이예르Meillers로 가기 위해 르 크레외Le Craux로 넘어와 머물면서 내게 말을 걸어왔을 때, 나는 그를 마음속으로 경멸했음에도 겉으로는 상냥하게 보일 수밖에 없었다"라는 구절처럼 말이다.[2]

늙은 티농은 눈치도 없고 재수도 없던 아버지와는 달리 자신은 "살아가는 동안 너무나 절실하게 필요한 위선의 예술"을 알고 있다는 사실을 자랑스러워했다.[3] 미국 남부에서 유래해 우리에게 전해진 노예 이야기들도 속임수의 필요성을 줄곧 언급하고 있다.

나는 백인 주민들의 눈에 거슬리는 행동을 하지 않으려고 무척 노력했다. 그들이 갖고 있는 권력과 유색 인종에 대한 그들의 반감을 잘 알고 있었기 때문이다. …… 첫째, 나는 내가 가진 재산이나 돈을 겉으로 전혀 내색하지 않고 되도록 모든 면에서 노예처럼 입고 다녔다. 둘째, 나는 결코 실제로 내가 똑똑한 만큼 보이지 않고자 애썼다. 미국 남부에 사는 모든 유색 인종은, 자유를 얻었든 노예 상태이든 상관없이, 그렇게 사는 것이 자신들의 평안과 안전을 위해 매우 요긴하다고 믿었다.[4]

권력관계가 개입된 상황에서 피지배 집단의 결정적 생존 기술들 가운데 하나가 인상 관리였던 만큼, 지배 집단 내부에서 관찰력이 남들보다 예민한 구성원들은 이와 같은 행위에 내재한 연기적 측면을 눈치 챘다. 남북전쟁의 전선에서 최신 전황이 들려올 때마다 자신의 노예들이 평소답지 않게 침묵을 지키는 것을 보면서 메리 체스넛은 그들의 침묵이 무언가를 은폐하고 있다고 생각했다. 그녀는 이렇게 썼다. "그들은 감정의 미동도 드러내지 않은 채 검은 가면 속에서 일상적인 삶을 지속하고 있다. 전쟁과 관련된 주제만 아니라면 그들은 모든 인종 가운데 가장 흥분을 잘하는 편이 아니던가. 너무나 불가해한 침묵이라는 점에서 이제 녀석들은 이집트의 스핑크스만큼 대단히 존경스러운 존재일지 모른다."[5]

나는 여기서 보편적인 일반화 하나를 거칠게 시도하고자 하는데, 이는 나중에 더 엄격히 따져 볼 예정이다. 그것은 지배하는 자와 지배받는 자의 권력 차이가 크면 클수록, 그리고 권력이 보다 자의적으로 행사될수록 피지배 집단의 공개 대본은 정형화되고 의례화된 모습을 띠는 경향이 있다는 사실이다. 다시 말해 권력이 위협적일수록 가면은 더욱 두꺼워진다. 이런 맥락에서 우리는 피해자의 공개 대본에 치명적 공포의 표시가 드러난 다양한 상황을 그려 볼 수 있는데, 한편에는 지위와 권력이 서로 동등한 친구 사이의 대화가, 다른 한편에는 강제수용소의 경우가 있을 수 있다. 이와 같은 두 가지 극단적 경우 사이에, 우리가 관심을 기울일 체계적 복종의 광범위한 역사적 사례들이 존재한다.

공개 대본에 대한 지금까지의 서론적 논의가 피상적이긴 했지만, 권력관계에 대한 다양한 이슈들에 대해 우리의 경각심을 일깨우기에는 충분했으며, 이들 각각은 공개 대본이 결코 액면 그대로가 아니라는 사실 때문이다. 첫째, 공개 대본은 피지배 집단의 의사와는 상관없는 지침이다. 늙은 티농의 전술적 미소와 인사는 분노와 복수의 정신을 숨기고 있다. 힘이 강한 자와 힘이 약한 자 사이의 공개 대본을 꼼꼼히 읽는 것으로 평가한 권력관계는 아마도 전술에 불과한 존경이나 동의를 묘사하는 데 그칠 수도 있다. 둘째, 지배하는 자들이 공개 대본을 하나의 연기에 '불과'하다고 의심하는 한, 그들은 그 진정성을 평가절하할 것이다. 그와 같은 불신은 수많은 지배 집단들 사이에서 공통적인 것으로, 이는 그들의 아랫사람들이 보이는 행동이 본질적으로 기만이고 엉터리이며 또한 거짓이라는 견해로 금방 옮겨간다. 마지막으로, 공개 대본의 애매한 의미는 권력관계에서 위장과 감시에 의해 연기되는 핵심 역할들을 이해할 시사점을 제공한다. 피지배자들은 잠재적으로 위협적인 실권자의 진짜 의도와 분위기를 판별하거나 해독하려고 시도하면서 존경과 동의의 연기를 구사한다. 자메이카 노예들이 애호하는 속담이 잘 파악하듯이, "현명한 사람을 잡으려면 바보처럼 굴어야 한다".[6] 한편, 권력자는 가면 뒤에 숨어 있는 피지배자들의 진정한 의도를 정확히 파악하려고 시도하면서 지배와 명령의 연기를 생산한다. 나는 강한 자와 약한 자 사이의 관계에 팽배한 위장과 감시의 변증법이 우리로 하여금 지배와 복종의 문화적 형식을 이해하는 데 도움을 주리라고 생각한다.

지배 관계가 존재하는 상황에서 일반적으로 만연한 연극적 규율은 지배 집단이 바라는 대로의 세상 모습에 거의 일치하는 공개 대본을 만들어 낸다. 지배자가 무대를 통제하는 것은 결코 아니지만 그들이 바라는 바는 대체로 관철된다. 피지배자의 입장에서 볼 때, 그가 아는 범위 내에서 자신에게 기대되는 대사를 말하거나 몸짓을 하는 식으로, 어느 정도는 신뢰받을 만한 연기를 하는 것이 단기적으로 이익이 된다. 따라서 위기 사태가 아니라면 공개 대본은 지배자의 의중이 담긴 각본과 언설의 방향에 따라 체계적으로 기울어져 있다. 이데올로기적 입장에서 보면 대개의 경우 공개 대본은 그것의 순응주의적 성향 탓에 지배적 가치 및 지배적 언설의 헤게모니와 관련된 확실한 증거를 제공한다. 권력관계의 효과는 이와 같은 공적 영역에서 가장 뚜렷하게 과시된다. 그런 만큼 만약 공개 대본 하나에만 의존해 이루어진 분석이라면, 피지배 집단들이 그들의 복종 조건을 찬성하고 있다거나, 그와 같은 복종 상태에 대한 자발적인, 심지어 열성적인, 동반자라는 식의 결론을 내리기 쉽다.

이 대목에서 혹자는 단지 공개 대본 하나에서만 근거를 찾을 경우, 이러한 연기가 진실한지 그렇지 않은지를 우리가 어떻게 제대로 안다고 추정할 수 있겠느냐며 의문을 제기할 만하다. 도대체 우리가 그것을 연기라고 부르며 그것의 진정성을 의심해야 하는 이유가 무엇이라는 말인가? 이에 대한 대답은 우리가 권력이 내재한 특정한 맥락을 벗어나 무대 밖 연기자에게 있는 그대로 물어볼 수 없는 한, 혹은 연기자가 무대 위에서 갑자기 우리가 방금 목격한 연기가 단지 설정에 불과했다고 공개 선언을 하지 않는 한, 그와 같은 연기가 스스로에 의해 꾸며진 것인지 아니면 누군가에 의해 강요된 것인지를 도무지 알 수 없다는 사실이다.[7] 무대 뒤에서 훔쳐볼 수 있는 특권적 존재가 있거나 연기 자체가 파탄에 이르지 않는 한, 납득이 가면서도 가식적인 연기에 대해 감히 문제를 제기할 방법은 없다.

만약 지배자 면전에서 이루어지는 피지배자의 언설이 공개 대본이라면, 권력자의 직접적 시선을 피해 '막후'에서 생성되는 언설의 특징을 설명하기 위해 나는 은닉 대본이라는 용어를 사용하고자 한다. 따라서 은닉 대본은 공개 대본에서 나타나는 내용을 확인하거나 부정하거나 굴절하는 막후의 언어, 몸짓, 관행으로 구성되어 있다는 점에서 이차적 파생물이다.[8] 우리는 원칙적으로 권력자의 면전에서 말하는 것과 권력자의 배후에서 말하는 것 사이의 관계를 예단하지 않으려 한다. 안타깝게도 권력관계란 권력 앞에서 한 말은 거짓이고 무대 뒤에서 한 말은 진실이라고 부를 정도로 그렇게 간단하지 않다. 전자의 경우를 필요의 영역, 후자의 경우를 자유의 영역으로 단순하게 설명할 수도 없다. 다만 한 가지 확실한 점은 은닉 대본이 공개 대본에 비해 다른 관객을 대상으로, 그리고 권력의 다른 제약 조건에서 만들어진다는 사실이다. 은닉 대본과 공개 대본 사이에 존재하는 불일치를 검토함으로써 우리는 지배 권력이 공식적 언설에 미치는 효과를 판단할 수 있을 것이다.

지금까지 추상적이고 보편적인 어투로 논의를 전개해 왔던 지루함은 공개 대본과 은닉 대본 사이의 아마도 극적인 격차를 구체적으로 묘사하는 과정에서 대거 사라질 것이다. 그 가운데 첫 번째는 남북전쟁 이전 미국 남부의 노예제에서 나온 사례다. 메리 리버모어라는 뉴잉글랜드 출신 백인 가정교사는 전형적으로 과묵하고 공손한 흑인 요리사인 아기Aggy가 자신의 딸이 주인에게 구타당했을 때 어떻게 반응했는지에 대해 자세히 말하고 있다. 그 딸은 명백히 정당하지 않은 사소한 절도 행위를 이유로 주인에게 두들겨 맞았는데 아기는 이 광경을 목격하면서도 개입할 힘이 전혀 없었다. 마침내 주인이 부엌을 떠났을 때 아기는 자신이 친구라고 생각하던 메리에게 다가와 다음과 같이 말했다.

그런 날이 오고 있어! 그런 날이 오고 있어! …… 나는 우르렁거리는 마차 소리를 듣는다! 나는 총이 불 뿜는 것을 본다! 백인들의 피는 땅

위에 강물처럼 흐르고, 그들의 시체는 산처럼 쌓여 있다! …… 오, 주
여! 타격과 상처와 고통과 아픔이 백인들을 찾아가고 독수리들이 길
위에 놓인 그들의 시체를 먹는 날을 서둘러 주소서. 오, 주여! 마차를
타고 빨리 달려오셔서 흑인들에게 안식과 평화를 주소서. 오, 주여! 배
고파 숲에서 나오는 순간의 늑대처럼 백인들이 총에 맞아 죽는 그날까
지 저에게 삶의 기쁨을 주소서.[9]

만일 아기가 이런 말을 주인 앞에서 직접 했다면 어떤 일이 벌어졌
을지 우리는 짐작하기 어렵지 않다. 두말할 나위 없이 메리 리버모
어의 우정과 연민을 신뢰했기에 그녀는 상대적으로 안전하게 자신의
분노를 표출할 엄두를 냈을 것이다. 그렇지 않았더라면 아마도 그녀
는 자신의 분노를 억누르지 못했을 것이다. 아기의 은닉 대본은 조
용한 복종의 공개 대본과는 완전히 배치된다. 특히 놀라운 것은 이
와 같은 분노의 절규가 결코 유치한 수준에 머물러 있지 않다는 점
이다. 대신에 그것은 복수와 승리의 날이라든가, 위아래가 뒤바뀐 세
상처럼, 백인들의 종교에 바탕을 둔 문화적 원재료를 사용함으로써
정교하게 묘사되고 고도로 시각화된 종말론의 이미지를 갖추고 있
다. 그와 같은 길을 면밀히 준비해 왔던 노예 기독교의 신앙과 실천
이 없었다면 그녀의 입술에 자연스레 떠오를 정도의 정교한 비전을
우리가 어찌 상상할 것인가? 이런 점에서 우리가 얼핏 살펴본 아기
의 은닉 대본을 좀 더 깊이 파고든다면, 노예사회나 노예 종교의 막
후 문화를 보다 직접 만날 수 있을 것이다. 그와 같은 탐구가 우리에
게 무엇을 말해 주든지 간에, 이처럼 언뜻 한번 보는 것만으로도 아
기가 이전에 취했던 공손한 공적 행위들을 결코 순진하게만 해석해
서는 안 된다는 점만큼은 분명해진다. 이는 우리에게도 그렇지만 아

기의 주인 입장에서는 결정적으로 그러하다. 만약 그가 부엌문 바깥에서 엿듣고 있었다면 말이다.

우정이 제공하는 상대적으로 안전한 조건에서 아기가 드러낸 은닉 대본은 종종 권력의 면전에서 공개적으로 표출되기도 한다. 복종심이 갑자기 사라지면서 그것이 공개적 도전으로 대체될 때, 우리는 권력관계에서 드물게 위험한 순간들 가운데 하나를 목격하게 된다. 조지 엘리엇의 소설 『아담 비드』에 등장하는 포이저 부인이 마침내 자신의 속내를 털어놓는 장면은 은닉 대본이 무대에 폭풍을 몰고 오는 하나의 실례를 보여 준다. 소작인인 포이저 부인과 그녀의 남편은 나이 많은 지주 도니손이 가끔씩 방문하는 것에 대해 항상 분개하고 있었는데, 그 이유는 그가 올 때마다 그들에게 부담스러운 새로운 의무를 부과했을 뿐만 아니라 그들을 매우 업신여기기 때문이었다. 포이저 부인이 보기에 "지주 어른은 항상 자신을 화나게 만드는 눈빛으로 쳐다보았으며, 그 어른과 마주하는 사람이 벌레라면 그 벌레를 손톱으로 문질러 죽여 버릴 것 같은 시선"을 가진 인물이었다. 그럼에도 그녀는 그의 앞에 다가갈 때면 "네, 네, 주인님" 하며 완벽히 존경하는 마음으로 허리 굽혀 인사하곤 했다. 그녀는 자신보다 높은 사람을 향해 결코 잘못된 행동을 하거나, 교리문답식 규범에 정면으로 맞설 여자가 아니었다. 적어도 심각한 도발적 상황이 아니라면 말이다.[10]

이번에 지주 어른이 찾아온 목적은 포이저 부인과 새로운 소작인을 상대로 목초지와 일반 농지를 교환하도록 제안하는 것이었는데, 이는 분명히 포이저 부인에게 불리한 내용이었다. 이에 대한 포이저 부인의 동의가 늦어지자 지주 어른은 한층 장기화된 토지 임대 가능성을 유보하면서, 상대방 임차인은 돈이 많아 자신의 토지와 더불어 포이저 집안의 토지까지도 기꺼이 임대할 수 있다는 의견으로 말을 마쳤다. 실제로 이는 얇은 베일로 가려진 추방 위협이었다. 이에 포이저 부인은 자신의 앞선 반대 의견을 "일고의 여지도 없이" 무시한 지주 어른의 결정에 대해 "격분"했고, 마침내 그의 최종 협박 앞에서 폭발하고 말았다. 그녀는 "차제에 하고 싶은 말을 다 하겠다는 절박한 심정으로 감정을 터뜨렸는데, 그것은 소작인 신세를 끝내겠다는 뜻을 쏟아 내는 일이기도 했고 이제 자신들이 살아갈 곳은 구빈원救貧院뿐이라는 사실을 의미하기도 했다".[11] 지하실은 물에 잠기고 개구리와 두꺼비 수십 마리가 계단을 뛰어올라 다니며, 마룻바닥은 썩어 문드러졌고 쥐와 생쥐들이 치즈 조각을 갉아먹으며 어린 자식들을 위협하는 주거 상태와, 높은 소작료를 내기 위한 삶의 처절한 몸부림을 비교하는 것으로 말문을 연 포이저 부인은 신변의 위협을 느낀 지주 어른이 자신의 조랑말을 타기 위해 문밖으로 도망가는 것을 보고 그에게 인격적인 저주를 날렸다.

제가 하는 말이 듣기 싫어 도망가시는 거죠? 어르신은 어떻게 하면 우리를 불행하게 만들지 그 방법만 찾아 계속 머리를 쓰고 계시죠? 지주 어르신의 친구라고는 늙은 악마 해리밖에 없잖아요. 다시 한번 말씀드리지요. 우리는 채찍을 손에 들고 달려드는 사람들이 무서워서 돈을 벌거나, 학대받고도 대항할 줄 몰라서 아무 말 못 하는 짐승이 아니라고요. 이 교구나 이웃 교구에서는 저와 똑같이 생각하는 사람들이 많지만, 저 혼자만이 본심을 말하는 유일한 사람이라는 사실을 아셔야 합니다. 사람들은 어르신 이름을 듣기만 해도 코앞에서 확 켜지는 유황 성냥불보다 더 치가 떨린대요.[12]

바로 이것이 농촌 사회에 대한 엘리엇의 관찰과 통찰의 힘이라고 말할 수 있는데, 지배와 저항에 관련된 수많은 핵심 이슈들이 포이저 부인과 지주 어른이 부딪친 이야기로부터 도출될 수 있다. 예컨 대 그녀의 장황한 연설의 정점에는 지주계급이 아무리 힘으로 지배 하고자 해도 자신은 결코 동물로 취급되지 않겠다는 의지가 실려 있 다. 지주 어른이 자신을 벌레처럼 취급하고 있다는 주장, 그리고 지 주 어른은 친구가 없을 뿐만 아니라 교구 전체에서 미움받고 있다는 그녀의 선언은 자긍심의 문제에 초점을 맞추고 있다. 대결의 시작은 소작제의 과중한 착취일지 모르나 언설은 자존감과 명예에 관한 것 이다. 지배와 착취의 관행은 전형적으로 인간의 존엄성에 대해 모욕 과 경멸을 발휘하는데, 바로 이것이 분노의 은닉 대본을 만들어 내 는 계기가 된다. 지배의 형태들 사이에 한 가지 결정적인 차이점을 찾을 수 있다면 아마도 그것은 권력이 통상적으로 생산하는 모욕의 종류에 기인하지 않을까 싶다.

또한 포이저 부인이 어떻게 그녀 자신만이 아니라 같은 교구 내 전체 주민을 상대로 말하고 있다고 가정했을지를 생각해 보라. 그녀 는 지주 어른의 등 뒤에서 사실상 그동안 모두가 해왔던 말을 자신 이 마침내 처음 공개적으로 선포한다는 사실을 익히 알고 있었다. 이 이야기가 전파되는 속도, 그리고 그것이 수용되고 반복적으로 회 자될 때의 진정한 기쁨에 미루어 판단하건대, 나머지 공동체 구성원 들도 포이저 부인이 자신들을 대신해 말하는 것으로 느꼈음에 틀림 없다. 엘리엇은 다음과 같이 쓰고 있다. "지주 어른의 계획은 포이저 부인이 '참고 사는 것'을 거부함에 따라 수포로 돌아갔으며, 포이저 부인의 도발은 다른 모든 농가에서 화젯거리가 되었는데 그 열정은 잦은 반복에 의해 더욱더 고조되어 갔다."[13] 이웃 사람들의 대리 만족은 포이저 부인이 표현한 실제 감정과 무관했다 — 아마 이들 모두는 그 전부터 계속 지주 어른에 대해 같은 말을 해오고 있던 것은 아니었을까? 비록 포이저 부인이 자신의 격에 꽤 어울리는 단정한 태도로 말을 하긴 했지만, 사실 내용 자체는 별로 새로운 것이 없었다. 여기서 주목할 만한 것은, 말하자면 포이저 부인을 동네의 영웅으로 만든 것은, 그 말을 지주 어른의 면전에서 공개적으로 (남들이 보는 앞에서) 했다는 점이다. 은닉 대본을 처음 공개적으로 드러낸다는 것은 권력관계의 의례를 위반하고 침묵과 동의의 명백하게 평온한 표면을 깨트리는 선언으로서, 상징적 선전포고의 힘을 발휘했다. 포이저 부인은 권력을 향해 (사회적) 진실을 말한 것이다.

분노의 순간에 표출되었기 때문에 혹자는 포이저 부인의 연설이 즉흥적이었다고 생각할 수도 있다. 그러나 말하는 시점이나 전달하는 방식의 강력함은 즉흥적이었을지 모르나, 내용은 그렇지 않았다. 사실 그 내용은 수없이 자주 반복해 연습된 것이었다. 이는 "비록 지난 열두 달 동안 포이저 부인이 그가 홀 팜Hall Farm 입구에 또다시 나타나기만 하면 퍼붓기로 굳게 작심한 채, 귀가 닳도록 수없이 하고 싶은 말을 머릿속으로 낭송해 왔지만 막상 실제 연설은 늘 상상으로 그치고 말았다"는 구절에서 알 수 있다.[14] 우리 가운데 이와 유사한 경험이 한 번도 없는 이가 과연 있을까? 권력이나 권위를 갖고 우리 위에 군림하는 어떤 사람에게 모욕당하거나 치욕을 겪을 경우 — 특히 공개적으로 — 누구인들 다음에 기회가 오면 그에게 해주고 싶거나 해주기로 마음먹은 연설을 마음속으로 미리 연습하지 않겠는가 말이다.[15] 그와 같은 연설은 가장 가까운 친구나 동료 사이에서조차도 결코 표현되지 않은 채 종종 사적인 은닉 대본으로만 남게 될 수 있다. 그러나 이번 경우에 우리는 피지배라는 상황의 공유를 목격하고 있다. 지주 도니손의 소작인들은 물론이고 두 교구의 비상류층 주민 대부분은 그가 공개적으로 망신을 당하는 것에 기쁨을 느끼거나, 아니면 포이저 부인의 용기에 간접적으로 동조할 만한 개인적인 이유가 충분히 있었다. 그들의 공통된 계급적 위치나 사회적 연대는 집단적 차원의 은닉 대본을 하나의 초점에 집중할 결정적 렌즈를 제공했다. 사회적 교환 과정을 통해 그들은 포이저 부인이 자신을 위해 했던 연설을 사실은 함께 작성했다고 해도 결코 과언이 아니다. 물론 단어 하나하나를 같이 쓴 것은 아니다. 그러나 포이저 부인의 '발언'은 도니손 지주 밑에 살아가는 모든 사람들의 이야기와 조롱과 불평을 자신의 방식으로 재구성한 결과였을 것이다. 그리고 그런 말들을 그녀가 '작성'할 수 있도록 지주에게 눌려 지내는 사람들끼리는 사회적 공간을 확보하고 있어야 했다. 그리고 그것은 비록 서로 격리되어 존재하더라도 비판 의식을 나누고 다듬는 나름의 역할은 수행할 수 있었다. 그녀의 연설은 피지배계급의 은닉 대본을 개인적으로 공연한 셈이었는데, 앞서 살펴본 아기의 경우에서와 마찬가지로 그 연설은 우리의 관심을 그것을 탄생시킨 피지배계급 내부의 막후 문화로 다시 이끈다.

모욕당한 개인은 복수와 대결의 사적 환상을 꿈꿀 수 있다. 그러나 그것이 한 인종이나 계급, 혹은 신분 전체가 체계적으로 고통받는 모욕의 종류가 될 때 그 환상은 집단적 차원의 문화적 생산물로 바뀐다. 그것의 형태가 어떻든 간에 — 무대 밖에서 풍자하든, 폭력적 복수를 꿈꾸든, 세상이 뒤집어지는 천년왕국을 상상하든 — 이와 같은 집단적 차원의 은닉 대본은 권력관계를 동태적으로 살피려는 관점에는 필수적이다.

포이저 부인의 폭발은 잠재적으로 대가가 대단히 큰 것이었으며,

그녀가 그처럼 세간에서 유명해진 이유도 담대함 — 혹자는 무모함이라고 말하는 — 때문이었다. 여기서 폭발이라는 단어는 의도적으로 사용되고 있는데, 왜냐하면 포이저 부인이 겪은 바가 그랬기 때문이다.

> 남편인 포이저 씨는 약간 놀라고 불안했지만 아내가 노발대발하며 퍼부은 사나운 언변에 조금이나마 통쾌함을 느끼고 기뻐하며 말했다. "당신이 멋지게 한방 먹였구만." 포이저 부인이 말했다. "나도 알아요, 내가 일을 저질러 버렸다고요. 하지만 평소에 하고 싶은 속엣말을 다 쏟아 버리고 나니, 이렇게 속이 시원하기는 내 평생 처음이네요. 코르크 마개로 속마음에서 하고 싶은 말들을 꼭 누르면서도, 물이 새는 통처럼 딴 데에서 속내를 비열하게 살살 드러내고 산다면 사는 재미가 뭐가 있겠어요. 내가 앞으로 지주 어른만큼 오래 산다 해도 지금 이렇게 퍼부었던 것을 절대로 후회하지는 않을 거예요.[16]

포이저 부인의 말문이 폭포처럼 분출한 것을 조지 엘리엇이 높은 수압水壓에 비유한 것은 은닉 대본 이면의 압박감이 표출되는 가장 전형적인 방식이다. 포이저 부인은 신중하거나 위장하려는 자신의 평소 습관대로, 지난 수년 동안 예행연습 해왔던 분노를 이제는 지탱할 수 없다는 사실을 보여 준다. 분노가 출구를 찾게 되리라는 데는 의심의 여지가 없다. 다만 '은근슬쩍 마음을 조금씩 드러내는', 곧 안전하기는 하지만 심리적으로 만족감이 다소 떨어지는 과정과, 포이저 부인이 감행했듯이 위험하기는 하지만 통쾌한 대만족 사이의 선택 정도가 있을 뿐이었다. 실제로 조지 엘리엇은 그 결과에 대해 지배 관계를 의식한 하나의 입장을 취하고 있다. 그녀의 주장에 따르면 권력 앞에서 '가면을 쓰고 연기할' 필요성은 그것의 비진정성에 따른 부담 때문에 결코 무한대로 억압될 수는 없는 길항력拮抗力을 생산해 낸다. 하나의 인식론적 차원에서, 우리는 포이저 부인을 마침내 폭발하게 한 진실성이 그 이전에 취해 왔던 공손한 태도의 진실성보다 더 우세하다고 말할 근거는 없다. 공히 이들은 논쟁의 여지가 많은 포이저 부인 자신의 일부이다. 하지만 엘리엇이 보여 주듯이 포이저 부인이 드디어 그녀가 자신의 속내를 밖으로 드러냈다고 느끼고 있다는 사실을 주목하라. 그녀를 포함해 이와 유사한 상황에 처한 다른 사람들이 권력자에게 진실한 말을 했다고 느끼는 한, 진실이라는 개념은 우리의 관심을 끄는 사람들의 생각과 행동 속에서 하나의 사회학적 실재가 될 수 있다. 그것의 인식론적 위상에는 동의하지 않을 수 있어도 현실 세계에서 그것이 하나의 현상학적 능력을 지닌다는 점은 분명하다.

한편 이와 반대되는 주장에 따르면, 논리적으로는 전자의 거울이미지에 가까운데, 지배 관계에 따라 부득이 가면을 쓰고 행동할 수밖에 없는 사람들은 궁극적으로 자신들의 얼굴이 점차 가면에 적응하고 있다는 사실을 깨닫게 된다고 한다. 이런 경우 복종의 관행은 시간이 경과함에 따라 스스로의 정당성을 창출해 낸다는 것이다. 이는 믿음이 없는 상태에서 그것을 갈구하는 사람들이 하루에 다섯 차례 무릎 꿇고 기도하다 보면 언젠가 믿음에 대한 확신이 생겨난다고 했던 파스칼의 정언定言과 유사하다. 앞으로의 분석에서 나는 이와 같은 논쟁을 상당히 비중 있게 정리할 예정인데, 그것이 나의 핵심적 관심인 지배와 저항, 이데올로기, 그리고 헤게모니와 깊이 연관되어 있기 때문이다.

만약 권력자 면전에서 가면 속 피신처를 찾아야만 하는 확실하고도 강력한 이유가 사회적 약자들에게 있다면, 권력자들 역시 하급자 앞에서 그들 나름의 가면을 써야만 할 절박한 동기가 있다. 따라서 권력이 공식적으로 행사되는 경우에 동원하는 공개 대본과 무대 뒤에서만 안전하게 표출되는 은닉 대본 사이에 존재하는 불일치를 피할 수 없다는 점은 권력자들도 마찬가지다. 엘리트들의 막후 대본도 피지배자들의 그것과 마찬가지로 추후에 파생되어 나오는데, 이는 그것을 담고 있는 단어나 몸짓이 공개 대본 속에 나타나는 것들의 왜곡, 모순 혹은 확증 등으로 구성되어 있기 때문이다.

조지 오웰의 수필 「코끼리를 쏘다」는 '권력의 가식'을 성공적으로 분석하고 있다. 이는 그가 1920년대 식민지 치하 버마에서 경찰 부경감으로 지낼 때 이야기다. 오웰은 흥분한 코끼리 한 마리가 사슬을 풀고 나와 시장 거리를 난장판으로 만들고 있는 현장에 출두하게 되었다. 코끼리 총을 손에 든 오웰이 사람을 진짜로 죽인 코끼리의 현재 위치를 확인했을 때, 그 코끼리는 논에서 평화롭게 풀을 뜯어먹고 있었으며, 이제 그 누구에게도 위협이 되지 않았다. 업무를 논리적으로 처리하자면 코끼리의 동태를 한동안 주시한 다음, 흥분 상태가 종료되었음을 확인하면 그만이었다. 오웰의 이런 논리적 접근을 좌절시킨 것은 지금 2000명의 식민지 주민들이 그를 따라와 지켜보고 있다는 사실이었다.

갑자기 나는 결국 그 코끼리를 사살하지 않으면 안 된다는 점을 알아차렸다. 사람들은 내가 그렇게 하기를 기대했고, 나는 그렇게 해야만 했다. 나는 그들 2000명이 내가 앞으로 진격하도록 압박하는 의지를 부지불식간 느낄 수 있었다. 내가 총을 들고 거기 서있던 바로 그 순간 나는 처음으로 동양에서의 백인 통치가 공허하고 허무하다는 생각에 사로잡혔다. 백인인 내가 총을 들고 비무장 상태의 원주민 군중 앞에 서있기 때문에, 얼핏 내가 무대 위 주인공처럼 보였을지 모르나, 사실 나는 뒤쪽에 있는 황색 인종들의 의지에 따라 이리저리 밀려다니는 우스꽝스러운 꼭두각시에 불과했다. 그 순간 나는 백인이 폭군으로 돌아설 경우 그가 파괴하는 것은 자신의 자유임을 감지했다. 그는 마네킹의 자세로 서있는 속빈 존재, 곧 양식화된 사히브sahib*의 모습으로 변해 가는 것이다. 왜냐하면 그는 '원주민들'을 감동시키고자 하는 것에 자신의 인생을 보내야 하는, 그리고 그렇게 함으로써 모든 위기 상황마다 '원주민들'이 그에게 기대하는 것을 하지 않으면 안 되는 그런 조건에서 통치해야 하기 때문이다. 그는 가면을 쓰고 있으며, 그의 얼굴은 그것에 맞도록 자라난다. …… 사히브는 사히브처럼 행동해야 하는 것이다. 곧 그는 결단력 있게 보여야 하고, 스스로의 마음을 알고 있어야 하며, 일을 확실히 처리해야만 한다. 그런 길을 오래 걸어왔기에 총을 손에 든 채, 자신을 따라온 2000명의 사람 앞에서, 아무것도 하지 않은 채 연약하게 물러나면 — 이건 아니다, 그것은 불가능하다 — 군중들은 나를 비웃을 것이다. 내 생애 전부, 그리고 동양에 와있는 모든 백인의 삶이란 요컨대 조롱을 당하지 않기 위한 하나의 오랜 투쟁이었던 것이다.[17]

오웰은 도처에서 연극적 비유를 사용하고 있다. 스스로를 "무대 위 주인공"이나 속빈 마네킹, 꼭두각시, 가면, 겉치레에 비유하기도 하고 주어진 대본대로 하지 않을 경우 그를 향해 야유를 퍼부을 태세

---

* 영국 식민지 치하 인도에서 사회적 신분이 높았던 백인 남성.

를 취하는 관객을 언급하기도 한다. 직접 경험한 것처럼, 참된 자신이 되거나 관습을 깨트리는 일에서 오웰은 폭압적인 주인을 대하는 노예보다 덜 자유롭다. 만약 복종이 신뢰할 만한 정도의 겸손과 존경의 연기를 요구한다면, 지배는 신뢰할 만한 정도의 거만과 숙달의 연기를 요구한다. 하지만 여기에도 두 가지 차이점이 있다. 만약 노예가 대본을 위반하면 얻어맞을 각오를 해야 하지만, 오웰의 경우에 각오하는 것은 단지 비웃음이다. 또 다른 차이점은 지배자에게 요구되는 자세는 나약함이 아니라, 그들 통치 배후의 이념 및 그들이 주장하는바 정당성의 속성으로부터 나온다는 점이다. 신성한 군주는 신처럼 행동해야 하며, 무인武人 왕은 용감한 장군처럼 행동해야 한다. 공화국의 선출된 지도자는 시민들 및 그들의 의견을 존중하는 것처럼 보여야 하며, 재판관은 법을 숭배하는 척해야 한다. 권력을 뒷받침하는 근거와 공개적으로 모순되는 엘리트의 행동은 사뭇 위태롭다. 리처드 닉슨 대통령 시절 백악관 집무실에서 녹음된 대화에 담긴 냉소주의는 적법성과 고결함에 근거해 왔던 공개 대본에 엄청난 타격을 가했다. 이와 마찬가지로 사회주의권 국가에서 당 간부만이 누리는 특별 상점과 병원이 따로 존재한다는 사실이 제대로 감춰지지 못했을 때, 노동자계급을 위해 통치한다는 집권당의 공식 주장은 심각히 훼손된다.[18]

전시되는 것들의 종류와 그것들이 원하는 공적 무대라는 견지에서 우리는 여러 지배 형태를 유용하게 비교할 수 있다. 똑같은 질문에 대해 훨씬 더 흥미롭게 답을 하는 방법은 서로 다른 지배 형태에 따라 어떤 행동들이 대중들의 눈에서 가장 애써 은폐되는지를 질문하는 것이다. 각각의 지배 형태는 각기 특징적인 무대장치와 함께 각기 특징적인 내부적 치부를 갖고 있다.[19]

통치 엘리트의 내재적 우월성을 전제하고 이를 주장하는 지배 형태는 호화로운 과시, 사치 금지법, 화려한 장식, 그리고 존경이나 찬미로 가득 찬 피지배계급의 공개적 행동 등에 크게 의존하는 것으로 보인다. 복종과 위계를 습관처럼 만들고자 하는 노력 또한, 군사 조직에서처럼, 유사한 모습을 초래한다. 중국의 황제 융경제 치하처럼 과시와 연기가 압도하는 극단적인 때도 있었는데, 공식적으로 보여 주는 활동이 너무나 상세히 연출된 나머지 황제는 사실상 의례에 동원되는 살아 있는 우상일 뿐, 어떤 즉흥적인 행위도 본인에게 허락되지 않았다. 그는 자금성 안 무대 뒤에서 혹은 왕자들이나 귀족들 정도와 함께 겨우 홍청거리며 놀 수 있었을 것이다.[20] 이는 어쩌면 극단적인 경우일지 모른다. 하지만 지배 엘리트들이 남에게 보여 주기 위한 행동을 할 필요 없이 느긋하게 처신할 수 있는 막후의 사회적 공간을 확보하고자 시도하는 사례는, 피지배 집단과의 접촉을 의례화儀禮化함으로써, 가면이 늘 제자리에 붙어 있고 또한 불의의 사태가 발생할 위험을 최소화하려는 시도 못지않게 흔하다. 유고슬라비아의 새로운 당 간부들에 대한 밀로반 질라스의 초기 비판은 공식 기구의 속이 텅 빈 의례와, 중요하지만 비공개적인 막후를 대비하는 것이었다. 곧 "사적인 저녁 식사나 사냥 모임, 두세 사람 사이의 대화에서 가장 중요한 국사國事가 결정된다. 당대회나 정부 회의, 의회는 그곳에서 결정된 사항을 대외적으로 공포하거나 그것에 격식을 갖추려는 목적에 봉사할 뿐이다".[21] 물론 엄밀하게 말해 질라스가 폄하하고 있는 공적 의례 역시 만장일치와 충성심 그리고 결의의 무대 공간이 되어 관객들에게 강한 인상을 남기려는 목적에 봉사하는 측면이 분명히 있다. 이런 종류의 공적 의례는 실질적이고도 의미심장한 것이다. 질라스의 문제 제기는 그와 같은 공적 의례 또한 그것과 모순적일 수 있는 막후의 정치 영역을 감추고자 고안된 하나의 연기라는 사실이다. 지배 집단들은 종종 숨길 게 많을 뿐만 아니라, 대개의 경우 자신들이 하고 싶은 바를 감출 수 있는 장치를 확보하고 있다. 오웰이 버마 남부 모울메인에서 함께 지냈던 영국 식민 관료들에게는 저녁에 당연히 자신들만 자주 다닐 수 있는 사교 클럽이 있었다. 그곳에서 투명인간이나 다름없는 현지 버마인 종업원들을 예외로 할 경우, 그들은 자신들이 표현했을 법한 바대로 그들끼리만 모인 셈이었고, 따라서 식민지 주민 관객 앞에서처럼 점잖게 행동할 필요가 없었다. 사히브라고 하는 공적 역할에 부적절한 행동이나 몸짓, 발언, 복장을 하더라도 이와 같은 안가安家에서는 상관없었다.[22] 엘리트끼리만 이용 가능한 은신처는 자신들의 역할에 공식적으로 부과되는 요구들로부터 이완되는 장소를 제공할 뿐만 아니라, 친근감이 경멸을 낳을 기회를 줄이거나 아니면 최소한 그들의 겉모습이 의례적으로 관리되고 있다는 인상을 약화할 수 있다. 발자크는 19세기 중반 과잉 노출 — 이제는 이렇게 표현해도 좋을 것이다 — 에 대한 파리 치안판사들의 두려움을 다음과 같이 짚어 내고 있다.

아, 진정한 치안판사들이란 얼마나 불행한 존재들이었던가! 그들은 한때 교황이 그랬듯이 사회 공동체 바깥에 살아야만 했지. 정해진 시간에 독방에서 나와 고대사회의 높은 사제들처럼 근엄하고 상고적上古的이고 존경스러운 모습으로 판결문을 읽을 때만 세상은 그들을 보게 되지. 그들에게는 사법적인 힘과 사제적인 힘이 혼합되어 있었어! …… 우리는 오직 판사석에 있을 때만 모습을 드러내게 되어 있지. 오늘날은 우리끼리 즐겁게 노는 모습 혹은 우리가 다른 사람들처럼 곤경에 처해 있는 모습이 보일 수도 있어. …… 접견실에서나 집에서 우리는

격정을 가진 생명체로 보일 수도 있는데, 끔찍하다기보다는 기이한 존재가 되고 만 거지.[23]

아마도 일반 대중과의 규제받지 않는 접촉이 판사들의 성스러운 아우라aura를 더럽힐지 모르는 위험성은, 오늘날처럼 세속화된 공화국에서조차도 법조계가 정부의 다른 부처에 비해 전통적인 권위를 표방하는 요소를 더 많이 유지하고 있는 사실을 설명하는 데 도움을 줄 수 있다.

이제 공개 대본과 은닉 대본에 대한 기본 개념은 소개되었으니 후속 논의로 나아가기 위한 몇 가지 주장을 펼치고자 한다. 권력관계를 연구하는 데서 이와 같은 관점은 일반적으로 지배자와 피지배자 사이에서 관찰될 수 있는 거의 모든 관계가 지배자의 공개 대본과 피지배자의 공개 대본 사이의 만남을 대변한다는 사실을 우리에게 일깨운다. 그것은 지주 도니손이 모든 경우에 걸쳐 포이저 부부에게 부과한 것을 보면 알 수 있는데, 포이저 부인도 폭발하기 이전까지 겉으로는 존경과 동의의 태도를 견지하고자 애썼다. 따라서 일반적으로 사회과학은 힘이 강한 자와 힘이 약한 자 사이의 공식적이고도 형식적인 관계에 초점을 확고히 맞춘다. 이런 사례는 대부분 갈등 연구에서도 마찬가지이며, 앞으로 우리가 보겠지만 그런 갈등이 고도로 제도화되었을 때도 다르지 않다. 나는 이와 같은 영역을 대상으로 한 권력관계 연구가 반드시 틀렸다거나 사소하다고 암시하려는 것이 아니다. 다만 그런 연구 방식만으로는 우리가 궁금해하는 권력을 모두 알 수 없다.

궁극적으로 우리는 다양한 행위자들의 은닉 대본이 어떻게 만들어지고, 그것들이 공개적으로 표출될 수 있거나 표출되지 못하는 조건들은 무엇이며, 또한 그것들이 공개 대본과 어떤 관계를 맺고 있는지를 알고 싶어질 것이다.[24] 그 이전에 은닉 대본에는 세 가지 특징이 있다는 점을 분명히 말해 두면 좋을 듯하다. 첫째, 은닉 대본은 특정한 사회적 장소나 특정한 행위자들 사이에서만 제한적으로 통용된다. 아기의 맹세는 같은 구역 내의 노예들 사이, 혹은 우리가 알기에 은밀하게 통용되는 종교 활동에서 다양한 형태로 시연되었을 것임에 거의 틀림없다. 오웰의 동료들은 대부분의 지배 집단과 마찬가지로 공개적인 과오나 실수에 따르는 위험을 피하면서 자신들끼리 화풀이할 수 있는 모울메인 클럽의 안전성을 택했다. 실제로 각각의 은닉 대본은 어떤 특정한 타인들을 배제한 채 — 곧 그들로부터 감춰진 채 — 제한된 '대중' 사이에서만 정교하게 만들어진다. 지금까지 충분히 강조되지 않아 왔던 은닉 대본의 매우 중요한 두 번째 측면은 그것이 언어적 행동뿐만 아니라 모든 행위 범주를 포함하고 있다는 사실이다. 따라서 많은 농부들의 밀렵, 절도, 은밀한 탈세 행위는 물론 지주들에 대한 고의적인 나태한 노동도 은닉 대본의 핵심 요소이다. 지배 엘리트의 은닉 대본에 해당하는 행동에는 은밀한 사치나 특권, 비밀스러운 고용 폭력배 활용, 뇌물, 토지 명의의 부당 변경 등이 포함된다. 이와 같은 관행들은 제각각 우리가 논의하려는 당사자 측의 공개 대본과는 상치되는 것으로, 가급적 무대 뒤에서 겉으로 드러나지 않은 채 남아 있다.

끝으로, 공개 대본과 은닉 대본 사이의 경계는 지배자와 피지배자 사이에 갈등이 지속적으로 벌어지는 영역이지, 결코 견고한 벽체가 아니다. 무엇이 공개 대본이고 무엇이 막후의 것인지를 정의하고 구성하는 과정을 지배계급이 제압할 수 있는 역량 — 비록 완벽하지는 않더라도 — 은, 앞으로 우리가 볼 것처럼, 그들의 권력을 나타내는 결코 작지 않은 척도가 된다. 그와 같은 경계를 둘러싸고 끊임없이 벌어지는 갈등은 아마도 통상적인 갈등에서나 계급 갈등의 일상적 형태에서 핵심적인 영역일 것이다. 오웰은 버마인들이 공개적 저항이라는 한층 위험한 방식을 감히 시도하지 않을 정도로 조심스럽게 영국인에 대해 거의 일상화된 경멸을 어떻게 교묘하게 표현하고 있는지를 알고 있었다.

> 반反유럽적 정서는 매우 강렬했다. 어느 누구에게도 반역을 도모할 만한 배짱은 없었다. 하지만 만약 유럽 여성이 혼자 시장에 나가면 빈랑 나무 잎을 씹던 누군가가 그녀의 옷에 슬쩍 침을 뱉기 일쑤였다. …… 축구장에서 날렵한 버마인이 발을 걸어 나를 넘어뜨렸고 이를 심판(또 다른 버마인)이 못 본 척했다면, 관객들은 기분 나쁜 웃음을 터뜨리고 고함치며 좋아했을 것이다. …… 결국 내가 도처에서 만났던 젊은 친구들의 냉소적인 황색 얼굴들과 내가 안전한 거리를 확보했을 때 내 등 뒤에서 들리는 야유들은 몹시도 내 신경을 건드렸다. 그 가운데 가장 최악은 젊은 불교 승려들이었다.[25]

전술적인 사리 분별을 하기 때문에 피지배 집단이 그들의 은닉 대본을 무심결에 드러내는 일은 거의 없다. 그러나 군중의 익명성 혹은 애매모호한 사고를 활용함으로써 그들은 수천 가지의 교묘한 방법으로 연기를 위해 마지못해 강제 동원된 존재라는 사실을 암시하고자 애쓴다.

내가 보기에 권력자와 피지배자의 은닉 대본을 분석하는 일은 사회과학 분야에 또 하나의 길을 열어 주는데, 그것은 기존의 권력이나 부, 그리고 지위의 분배에 대한 공식적 순응이 흔히 보여 주는 조용한 표면의 배후에서 벌어지고 있는 내막을 보다 자세히 알게 해줌으로써 모순적 구조와 변화의 가능성을 폭로하기 때문이다. 오웰이 관찰했던 '반유럽적' 행위 뒤에 버마의 문화와 종교, 그리고 식민 지배의 경험과 연계된 그보다 훨씬 정교한 은닉 대본과 총체적 언설이 있다는 사실은 두말할 나위가 없다. 이와 같은 언설 — 간첩들이 유포한 것을 빼면 — 은 영국 사람들이 알 수 없는 것이다. 그것은 모울메인 지역 원주민 사회의 무대 뒤쪽이나 버마 문화에 아주 정통한 이들에게만 간파될 수 있다. 물론 버마 사람들도 그들에 대해 영국인들이 보여 주는 다소간 공식적 태도 이외에 과연 어떤 것들 — 하인들에게는 들릴지 모르는 이야기만 빼고는 — 이 따로 있는지 알 리가 없다. 그들의 은닉 대본은 클럽이나 집 그리고 식민 지배자들끼리의 소수 모임에서만 드러날 수 있을 뿐이다. 이런 종류의 상황을 대하는 분석가는 심지어 가장 세심한 참여자보다 전략적으로 우세하다. 왜냐하면 지배자와 피지배자의 은닉 대본은 대부분의 경우 결코 직접 부딪치지 않기 때문이다. 각각의 참여자는 자신이 속한 모임의 공개 대본 및 은닉 대본에 익숙할 뿐 상대방의 은닉 대본에는 낯설다. 따라서 정치 분석은 피지배 집단의 은닉 대본을 지배 집단의 은닉 대본과 비교하는 연구, 그리고 양쪽의 은닉 대본을 그들이 공유하는 공개 대본과 비교하는 연구를 통해 진전을 모색할 수 있다. 비교의 이런 마지막 측면은 정치적 소통에서 지배가 미치는 효과를 밝혀낼 수 있다.

오웰이 모울메인에서 근무를 마친 지 불과 몇 년이 지난 뒤 거대한 반식민주의 폭동이 영국인들을 불시에 덮쳤다. 그것은 왕좌를 노리며 주로 영국인과 세금을 몰아내겠다는 내용의 이상향을 약속한 불교 승려에 의해 주도되었다. 반란은 터무니없이 잔인한 방법으로 진압되었고 살아남은 '공모자들'도 교수형에 처해졌다. 이때 버마인들의 은닉 대본 가운데 적어도 일부가 무대 위에 뛰어올라 와, 말하자면 스스로를 공공연히 알렸다. 복수를 향한 천년왕국의 꿈과 정의로운 왕권 및 불교의 구세주들, 그리고 영국 사람들은 거의 눈치도 못 챈 수많은 인종적 과제 해결의 비전에 따라 행동이 취해지고 있었다. 뒤이은 억압의 잔인함 속에서 우리는 오웰이 몸부림쳐 반대한 어떤 인정으로부터 나오는 과장된 행동을 간파할 수 있는데, 그 인정은 백인 전용 클럽에서 '이 세상에서 가장 기쁜 것은 불교 승려의 창자 속을 칼로 찌르는 것'이라는 공공연한 표현 속에 의심의 여지 없이 드러났다. 많은, 아마도 거의 대다수 은닉 대본은 그런 식으로 남아 있을 것이다. 곧 대중들의 눈앞에 드러나지 않으며 한 번도 '상연되지 않은 채' 말이다. 그리고 우리는 정확히 어떤 상황에서 은닉 대본이 무대 위에 폭풍을 몰고 올지 속단할 수 없다. 하지만 명백해 보이는 동의를 넘어, 비록 현재로서는 봉쇄되어 있는 잠재적 행동이나 의도를 꼭 포착하고 싶다면, 그리고 세력균형의 변화나 위기 국면이 밝혀낼지도 모를 어떤 미래를 포착하고 싶다면, 은닉 대본의 영역을 탐구하는 것 이외에는 달리 방법이 없다.

2장

—

**지배, 연기
그리고
환상**

이오카스테 : 왜 불행하지? 추방한 자들에게 괴로운 점이 뭐지?

폴리네이케스 : 가장 나쁜 점은 언론의 자유가 없다는 것이지요.

이오카스테 : 그것은 노예의 운명이로구나. 제 생각을 말할 수 없다니 말이야.

폴리네이케스 : 통치자들의 어리석음을 참고 견뎌야 하니까요.

_에우리피데스, 『포이니케 여인들』.[*]

• 『에우리피데스 비극 전집 2』, 천병희 옮김, 도서출판 숲, 2009, 240~241쪽에서 전재.

◆

목적지

나의 전반적인 목적은 피지배 집단들이 종종 순간적으로 벌이는 정치적 행위를 보다 성공적으로 읽고, 해석하고, 이해할 방법을 제안하는 것이다. 무모하기 짝이 없는 이런 목적은 그것이 단지 단편적이고 개략적인 형태로만 가능할 뿐임을 분명하게 말해 준다. 이런 야망은 가난한 말레이시아 농민들이 자신들에게 구조적으로 불리한 벼농사 방식을 바꾸고자 했던 저항의 정치를 이해하려는 나의 오랜 노력에서 비롯되었다.[1] 지주계급 및 관료들의 힘을 고려할 때, 가난한 이들의 투쟁은 두말할 나위 없이 신중해야만 했다. 공개적 반란이나 공식적 항의 대신 그들은 재물에 대한 익명의 공격이나 밀렵, 인신공격, 접촉 회피처럼 보다 안전한 방식을 택했다. 그들은 공개적 저항과 같은 돌이킬 수 없는 행동은 조심스레 피해 나갔는데, 그렇지 않은 예외적 경우도 있었다. 말레이시아 '세다카' 지방의 정치적 삶이 드러내는 표면적 평온이 계급들 사이의 조화를 의미한다고 생각한다면, 단적으로 말해 이는 정치적 갈등의 번지수를 잘못 찾는 셈이다.

나는 세다카의 빈민과 거의 같은 배를 타고 있다고 생각하는 다른 피지배 집단들도 유사한 형태의 정치적 삶을 살고 있으리라고 생각했다. 곧 권력이 작동하는 상황에서 겉으로는 자발적인, 심지어 열정적인 동의의 흉내를 지속하지만 위장과 기만, 부정직 등을 활용한다는 점에서는 그들의 정치 또한 다르지 않다는 것이다.

이런 관점에서의 논의를 위해 우선 우리는 공개 대본이 어떻게 만들어지고, 어떻게 유지되며, 또한 그것의 목적은 무엇인가를 살펴볼 필요가 있다. 존경과 충성이라는 공식적 연기는 권력관계에서 왜 그렇게 중요한가? 이와 같은 상징적 표현의 관객은 누구인가? 포이저 부인처럼 분노한 혹은 발칙한 피지배자가 공연을 망가뜨릴 경우, 과연 어떤 일이 벌어지는가?

공개 대본이란, 거칠게 말해, 지배 엘리트들이 남에게 보이고 싶은 자기 초상화이다. 일반적으로 지배 엘리트들이 특정한 행동을 상대방에게 강요할 수 있는 권력을 지녔다는 사실을 감안한다면, 공개 대본의 언설은 두말할 나위 없이 일방적이다. 전적으로 거짓과 허위의 실타래라고 말할 수는 없지만, 다른 한편으로 대단히 당파적이고 편파적인 서사다. 그것은 지배 엘리트들의 힘을 단호히 확인하고 그것을 자연스럽게 받아들이게 하면서도, 그들 내부의 부끄러운 일들은 감추거나 완곡히 표현하는 방식으로 깊은 인상을 남기게끔 고안되어 있다.

하지만 만약 이처럼 잘난 척하는 초상화가 피지배자들 사이에서 어느 정도 수사학적 힘을 행사하려면 피지배자들에게 이익이 되는 부분에 대해 반드시 얼마간의 양보를 포함해야 한다. 곧 안토니오 그람시가 말하는 의미에서의 헤게모니를 추구하는 지배자들은 자신들의 지배를 하나의 이데올로기적 사례로 만들어야 하기에, 어느 정도는 그것이 피지배자들을 위하는 것처럼 보일 필요가 있다. 이와 같은 지배 권력의 주장은 항상 대단히 편향적인 것이 사실이나, 그렇다고 해서 피지배자들의 공감을 완전히 얻지 못하는 경우도 드물다.

은닉 대본과 공개 대본의 구별은 공개 대본의 헤게모니적 갈망과 더불어 우리로 하여금 피지배 집단들 사이에 존재하는 적어도 네 가지 종류의 정치적 언설을 구분하게 만든다. 그것들은 피지배 집단들이 공식적 언설을 얼마나 충실히 따르는지, 그리고 누가 관객을 구성하는지에 따라 달라진다.

정치적 언설 가운데 가장 안전하고 가장 공식적인 형태는 엘리트들의 잘난 척하는 자화상을 원칙으로 수용하는 것이다. 이런 자화상에 포함되어 있는 수사학적 양보들 덕분에 놀라울 만큼 넓은 영역의 정치적 갈등이 초래되는데, 그것은 이런 양보 사항들에 대한 항의가될 수도 있고 어떤 이데올로기에도 내재할 법한 해석상의 여지가 될수도 있다. 예컨대 남북전쟁 이전 미국 남부의 백인 노예주의 이데올로기 역시 노예들의 치료와 음식, 주거, 의복은 물론 그들의 종교적 가르침에 대해 모종의 온정주의적 요소를 대거 담고 있었다. 물론 실제로 그렇게 했느냐는 별개의 문제다. 그럼에도 노예들은 이처럼 작은 수사학적 공간을 정치적으로 이용해 주변 텃밭, 더 나은 음식, 인격적 대우, 종교 생활을 위한 여행의 자유 등을 요구할 수 있었다. 따라서 노예들의 이익 가운데 어떤 것들은 전혀 불복종의 모습으로 비치지 않은 채, 지배 이데올로기 안에 반영될 수 있었다.

이와 매우 대조적인 형태의 두 번째 정치적 언설은 은닉 대본 그자체이다. 피지배자들이 권력자의 위협적인 응시 바깥에서 모일 수있는 이곳 막후에서는 대단한 불협화음을 생산하는 정치 문화가 가능하다. 비교적 안전한 자신들의 구역 안에서 노예들은 분노와 복수, 그리고 자기주장의 단어들을 발설할 수 있는데, 보통 이런 말들은 주인이나 마님의 면전에서 꾹꾹 참아야 하는 것들이다.

이 책의 핵심적 주장은 지금까지 말한 두 가지 경우의 중간에 피지배 집단 정치의 세 번째 영역이 전략적으로 위치해 있다는 점이다. 그것은 위장과 익명의 정치로서, 비록 공개적으로 드러나긴 하지만 이중적 의미를 갖거나 행위자의 정체성을 감추게끔 고안되어 있다. 유언비어, 남 얘기gossip, 민담, 농담, 노래, 의례, 관행, 완곡어법처럼 피지배계급의 민속 문화가 대부분 이와 같은 설명에 부합한다. 좋은 사례 가운데 하나로 미국 흑인 노예들의 토끼 형제Brer Rabbit 우화[*]를 들 수 있고, 보다 일반적으로는 사기꾼 이야기들을 언급할 수 있다. 어떻게 보면 이들은 동물들에 대한 순진무구한 스토리에 불과하다. 하지만 또 다른 측면에서 이들은 강자에게 승리를 거두는 약자들의 교활한 술책과 복수심을 찬미하는 것으로 보인다. 부분적으로 세탁되고 모호하게 암호화된 형태의 은닉 대본은 피지배계급의 공식적 언설 속에 항상 존재하고 있다고 나는 주장한다. 그런 원문들은 어쨌든 애매한 방식으로 고안되어 있기 때문에, 해석하는 일이 결코 간단하지 않다. 하지만 이들을 무시한다면 우리는 역사적으로 실재했던 예속의 문제를 단지 가끔 발생하는 공개 반란의 순간이나 은닉 대본 그 자체에 입각해 이해할 수밖에 없는데, 후자의 경우는 애매모호할 뿐만 아니라 종종 접근조차 하기 어렵다. 내가 보기에 예속된 사람들의 비非헤게모니적 주장과 관행을 복원하는 일은 그것들이 만들어지는 과정상의 제약 때문에 엘리트 분석과는 근본적으로 다른 형태의 분석을 요구한다.

끝으로 정치에서 가장 폭발적인 영역은 은닉 대본과 공개 대본 사이에 존재하는 정치적 완충지대의 파열이다. (1장에서 봤듯이) 포이저 부인이 자신이 하고 싶은 말을 표출할 때 그녀는 그 전까지의 은

---

[*] 미국의 흑인 민담집 『엉클 레무스』Uncle Remus에 나오는 토끼 이야기. 토끼는 영리한 책략으로 여우나 곰을 곧잘 골탕 먹이는 동물로 묘사된다. 엉클 레무스는 이 책의 가상 주인공이자 해설자이다. 19세기 미국의 소설가 조엘 챈들러 해리스Joel Chandler Harris가 1881년에 편집해 출판한 것으로 알려져 있다. 'Brer Rabbit'에서 'brer'는 'brother'의 흑인 사투리이다.

닉 대본을 밖으로 드러냄으로써 그런 구분을 말소한다. 그녀의 경우에 지주 어른은 얼른 도망갔다. 하지만 전형적으로 그와 같은 도전과 공개적 저항의 순간은 상대방의 신속한 반격을 촉발할 수도 있고, 아니면 종종 상대방으로부터 별다른 반응이 없을 경우 이쪽으로부터 보다 과감한 언어 및 행동을 유발하기도 한다. 우리가 바로 그와 같은 순간들을 검토하려는 것은 모종의 카리스마 형태와 정치적 돌파의 동학에 관련된 정보를 제공하는 통찰력을 얻기 위해서이다.

우리의 주된 관심은 내가 피지배계급의 하부정치라 명명하기로 판단한 것에 집중될 것이다. 피지배계급의 하부정치란 눈에 잘 띄지 않는 매우 다양한 형태의 저항으로서, 감히 스스로 이름조차 가질 수 없는 것들이다. 이러한 하부정치의 실체와 위장, 발전, 그리고 그것과 공개 대본 사이의 관계를 제대로 이해함으로써 우리는 정치 분석의 몇 가지 골치 아픈 문제들에 대해 명료하게 접근할 수 있다.

하부정치 분석은 우리에게 헤게모니적 통합과 관련된 이슈들을 다루는 방법을 제시한다. 공동체 권력에 대한 논쟁에서든, 그람시나 그의 계승자들이 시도하는 보다 미묘한 네오마르크스주의적 설명에서든, 이 주제에 관한 논의는 최근 매우 활발해진 편이다. 헤게모니적 통합이 정확히 무엇을 의미하는지는 해석상 문제다. 하지만 그것을 어떤 방식으로 정의하는지와 상관없이, 노예들이 정의를 믿는가 아니면 노예제도의 불가피성을 믿는가라는 질문에 대해 대충대충 말하는 일차원적인 대답은 쓸모가 없다. 대신에 만약 피지배 집단들이 어떤 방식을 통해 자신들의 이익이 위로부터 하사下賜된다는 견해를 사회화하는지를 파악할 경우, 우리는 훨씬 복잡한 대답을 제공할 수 있다. 은닉 대본에서 나온 증거들, 특히 하부정치 일반에서 얻은 증거들은 최소한 원칙적으로 이런 문제에 경험적으로 접근할 수 있는 방법을 우리에게 알려 준다. 어떤 경우이든 우리는 공개적 방식의 사회적 항의가 동의와 침묵의 장막을 걷어 올리기까지 마냥 기다리지 않아도 된다. 동의의 어전御前 공연 혹은 공개적 저항에 초점을 맞추는 데 그치는 정치적 견해는 매우 협소한 의미의 정치적 삶만 대변할 뿐인데, 이는 대다수 세상 사람들이 살아가고 있는 폭정 혹은 준準폭정의 상황에서 특히 그렇다.

이와 유사하게 만약 위장되어 있거나 무대 뒤쪽의 정치적 행위를 우리가 자세히 주목할 경우에도 저항이 가능한 영역을 발견해 낼 수 있다. 전형적으로 우리는 여기서 저항의 구체적 형태(예컨대 지배자들이 접촉 회피나 절도 행위라고 부르는 것, 그리고 노예들의 도주)를 규정할 사회적·규범적 기초를 파악할 수 있지만, 만약 조건이 충족된다면, 더 극적인 형태의 반역을 지속 가능하게 하는 가치도 발견할 수 있으리라고 나는 믿는다. 중요한 것은 일상적 형태의 저항이나 가끔 일어나는 반란 공히 그와 같은 저항이 배양되고 그것에 의미를 부여하는 나름 사회적으로 격리된 공간을 언급하지 않고서는 이해될 수 없다는 사실이다. 여기서 시도될 수 있는 것보다 훨씬 자세히 분석해 본다면, 그것은 미셸 푸코의 통치 기술 분석에 버금가는 저항의 기술과 실천을 개괄할 수 있을 것이다.[2]

또한 은닉 대본과 위장된 형태의 공적 저항은 카리스마적 행위에 대한 우리의 이해를 증진하는 데도 이롭다. 카리스마는 특정한 자질이 아니다. 말하자면 갈색 눈동자처럼 어떤 식으로든 어떤 사람이 단순히 소유하고 있는 그 무엇이 아니다. 대신에 그것은 우리가 알고 있듯이 그것과 관련된 관찰자들이 상대가 자신들이 숭배하는 특정한 자질을 갖고 있다고 인정하는(그리고 사실은 그것을 고무할 수도 있다) 하나의 관계이다. 통상적인 용례에서 포이저 부인은 결코 카리스마적 특성을 띠지 않았음에도 카리스마적 행동을 감행했다. 그와 같은 카리스마적 행동은, 그것과 비슷한 다른 많은 것들과 마찬가지로, 그녀의 몸짓이 의미하는 바가 지금까지 그 누구도 권력에 맞서 감히 표출할 용기를 가지지 못했던 그들 사이의 공유된 은닉 대본이라는 점을 다른 사람들이 함께 인식하는 데 달려 있다고 나는 주장한다.

나의 분석은 공개 대본과 은닉 대본 사이의 간극이 가장 넓으리라고 예상되는 형태의 복종에 주목한다. 따라서 내가 사용할 증거들은 대부분 이와 같은 관점의 타당성을 입증할 용도로 선택된 다양한 종류의 폭정으로부터 나온다. 되도록 나는 노예, 농노, 불가촉천민, 인종주의적 지배 — 식민주의와 고도로 계층화된 농업 사회까지 포함한다 — 에 대한 연구들에서 자료를 구했는데, 사실 이 분야는 나의 전공 영역이다. 현대인들의 눈에 이런 형태의 지배는 일부 극단적인 사례로 비칠 수 있을 뿐만 아니라, 노예제나 농노제는 심지어 골동품에 대한 관심인 양 여겨질 수도 있다. 그럼에도 이 사례들을 강조하는 데는 나름의 이점이 있다. 실재했던 역사적 사실로서 그것들은 인류가 겪어 왔던 슬픈 경험의 대부분을 대변한다. 밑으로부터의 사회사에 대한 관심의 증대, 그리고 그렇지 않으면 침묵 속에 남아 있을 뻔했던 목소리들 — 특히 북미 노예들의 경우 — 의 발견 덕분에 나는 또한 근자에 출간된 상당량의 저작들을 활용할 수 있게 되었다.

내 전략은 상호 가족 유사성이 있는 지배 형태를 선정함으로써, 이미 여기저기 아무렇게나 흩어져 있는 수많은 사례들을 비교할 수 있도록 모종의 응집력을 제공하는 것과 비슷하다. 이와 같은 지배 형태들은 피지배 집단에게서 노동이나 상품, 서비스를 착취하고자 만들어진 제도적 수단이다. 그것들은 종종 정교한 이데올로기의 형태로 우월성과 열등성에 대한 공식 가정들을 구현하고 있으며 상당한 수준의 의례와 '에티켓' 또한 그와 같은 가정 속에서의 공적 행위를 규제하고 있다. 최소한 원칙적으로 이런 지배 체계상의 지위는 생득적이며 그것의 이동 가능성은 사실상 없다. 그리고 피지배 집단에 주어지는 정치적·사회적 권리 또한 거의 없다고 봐야 한다. 고도로 제도화되어 있긴 하지만 이와 같은 형태의 지배는 전형적으로 강력한 사적 지배의 요소를 포함한다.[3] 내가 여기서 염두에 두고 있는 것은 주인이 노예에게, 지주가 농노에게, 그리고 브라만 계층이 불가촉천민에 대해 대단히 폭넓게 행사할 수 있는 자의적이고도 변덕스러운 행동이다. 따라서 이런 형태의 지배는 자의적 폭행, 성적 폭력, 그리고 여러 가지 모멸이나 굴욕과 같은 사적 테러의 요소들과 혼합되어 있다. 그것들이 특정 피지배자에게 실제로 일어나든 아니든 상관없이, 그것이 언제라도 일어날 수 있다는 사실을 늘 알고 있다는 점이 관계 전체를 특징짓는 것으로 보인다. 끝으로 대다수의 대규모 지배 구조와 마찬가지로 피지배 집단에게는 무대 바깥에 꽤 광범위한 사회적 공간이 있는데, 기본적으로 바로 이곳이 피지배 집단으로 하여금 권력에 대한 공유된 비판을 발전시킬 기회를 제공한다.

이와 같은 가족 유사성은 나의 논의에서 핵심적인 분석 기반이다. 달리 말해 나는 노예나 농노, 불가촉천민, 피식민지 주민 혹은 예속된 인종이 지닌 불변의 특성과 관련해 '본질주의적' 주장을 하는 것이 아니다. 대신에 내가 말하고 싶은 것은, 다른 조건들이 동일할 경우 유사한 지배 구조들은 대응 및 저항 형태에서도 가족처럼 닮은 꼴을 만들어 낸다는 사실이다.[4] 따라서 나의 분석은 차이점들과 다른 사람들이 보기에 핵심적이라 여길 법한 특수한 조건들을 거칠게 훑어가는 것인데, 이는 방대한 접근의 개요를 파악하기 위해서이다.

나는 서로 다른 복종 형태 내부에 존재하는 커다란 차이점을 무시할 뿐만 아니라 주어진 각 사례 형태 — 예컨대 북미 지역 노예와 카리브해 지역 노예 사이, 프랑스 농노와 러시아 농노 사이 — 나름의 엄청난 특수성도 간과하고자 한다. 만약 이런 접근 방식에 장점이라 할 만한 것이 있다면, 그것은 이와 같은 포괄적인 주장을 문화적으로 특수하고 역사적으로 뿌리 깊은 맥락들 속에 바탕을 두는 사례연구를 통해 발현되어야 할 것이다.

가끔씩 나는 앞서 언급한 구조들의 핵심과는 다소 거리가 있음에도 내 논지를 진전시키거나 명확히 하는 데 도움을 줄 수 있는 몇몇 다른 성격의 피지배 형태들도 찾아볼 것이다. 감옥이나 재교육장, 전쟁 포로 캠프와 같은 총체적 통제 시설에서 나온 증거 — 특히 설득 작업이 꽤 가해진다면 비록 그것이 세뇌의 형태를 띨지라도 — 는 피지배 형태를 비교하겠다는 목적에 도움을 줄 법하다. 이와 비슷하게 공식적인 의례와 막후의 정치 문화 사이에 존재하는 간격이 종종 상당히 벌어져 있는 공산주의 국가들에서의 공적 생활도 은닉 대본이 어떻게 고안되는지에 대해 우리에게 시사하는 바가 있을 것이다.

성별에 기반한 지배 관계나 노동자계급의 문화 및 이데올로기에 대한 문헌들도 여러 측면에서 통찰력을 제시하고 있는 듯하다. 많은 점에서 그것들은 내가 의도하는 바를 잘 전달하기 위해 가장 크게 의존하고 있는 사례들과 유사성을 공유한다. 이와 동시에 많은 차이점들이 그로부터 도출될 수 있는 여러 유추를 제한하기도 한다. 여성의 경우에 복종이란 전형적으로 좀 더 사적이고 친밀한 그 무엇이다. 곧 하나의 피지배 집단으로서 자신들끼리 온전하게 분리된 존재가 되기 위해, 여성들은 부부가 함께 아이를 낳고 기르는 가족생활 때문에 농노나 노예들보다 훨씬 급진적인 상상을 하지 않으면 안 된다. 결혼 상대를 선택할 수 있고 여성들이 공적·정치적 권리를 갖고 있는 현대사회에서 이를 유추하기는 점점 어려워진다. 이는 오늘날 서구 사회의 노동자계급도 특정한 일자리를 선택하거나 포기할 수 있으며(비록 누구든 노동을 반드시 해야 하는 것은 사실이지만), 약간의 이동성을 확보하고 있을 뿐만 아니라 시민권 또한 획득하고 있기 때문에 많은 유사한 어려움을 제기한다. 여성의 경우와 노동자계급의 경우 공히 헤게모니적 통합의 가능성을 제고하는 데 선택의 여지가 얼마나 중요한지를 말해 주며, 성별의 사례는 이들 간에 분리된 영역이 정확하게 얼마나 분리되어 있는지를 확실히 파악하는 것이 얼마나 중요한지를 말해 준다.[5]

이 책에서 분석 대상으로 선택한 구조들을 보면 내가 일반적으로 물질적 착취의 부차적 측면으로 간주된 자존감과 자율성 이슈를 매우 중시하고 있다는 사실이 명확히 드러날 것이다. 노예제나 농노제, 그리고 카스트제도가 일상적으로 생산하는 것은 육체에 대한 명예훼손, 모욕, 공격인데, 이들은 피해자 쪽 은닉 대본의 대부분을 차지하고 있다. 그와 같은 형태의 억압은, 앞으로 우리가 볼 것처럼, 피지배자에게 폭력에는 폭력, 모독에는 모독으로 대응하는 부정적 호혜주의의 일반적 호사를 결코 허용하지 않는다. 오늘날 노동자계급의 억압을 설명하는 경우에서도 개인의 자존심에 대한 모욕과 그의 작업에 대한 밀착된 감시와 통제는 노동과 보상이라는 더 좁은 범위에서의 관심 못지않게 커다란 비중을 차지한다.

예비적 고찰

다음 두 장은 공개 대본과 그것의 상징적 가치, 유지, 조작, 그리고 결과를 분석하는 데 할애될 것이다. 이를 본격적으로 진행하기 전에 몇 가지 잠정적인 가정들에 대해 분명히 말해 둘 필요가 있다. 첫째는 은닉 대본의 인식론적 지위와 거기서 발견되는 언설의 상대적 자유가 무엇인지를 묻는 일이다. 둘째, 공개 대본과 은닉 대본의 구분이 언어적 관행으로부터 우리가 알고 있는 것과, 그리고 권력 면전에서 하는 말과 권력 배후에서 하는 말 사이에 존재하는 구별의 현상학으로부터 우리가 알고 있는 것과, 어떻게 일치하는지를 보여 주고 싶다. 끝으로 나는 살아 있는 권력에 의해 검열되는 충동과 독단으로부터 어떻게 은닉 대본이 그것의 규범적이고 정서적인 공명을 받아 내는지 보여 주고 싶다.

경의敬意와 (무대) 뒷소리

> 그 젊은이는 늘 멍에를 지고 있었다. 하지만 아무런 개인 의견 없이 멍에를 짊어지고 사는 이가 과연 있을까?
>
> _조지 엘리엇, 『미들마치』.

어떤 형태의 계층화라도, 그 사회에서 누가 명령을 내리고 누가 명령을 받는지에 대해 꽤 믿을 만한 지표가 있다. 꼭대기의 경우는 사실상 모든 사람에게 명령을 내리지만 누구의 명령도 받지 않는다. 밑바닥의 경우는 모든 사람으로부터 명령을 받지만 누구한테도 명령을 내리지 못한다. 각각의 위치에서 사람들은 보다 높은 곳에 있는 이들을 따른다. 이런 관점에서 보자면 경의는 계층화 체계의 창조자가 아니라 그것의 결과들 가운데 하나다. 따라서 어떤 이가 명백하게 경의를 표하는 행동에 연관되어 있다는 이유만으로 그의 믿음 혹은 태도와 관련해 무언가를 추정하고자 한다면 그때마다 우리는 심각한 실책을 범할 수 있다. 엄밀하게 말해 그와 같은 추론을 하는 데서 우리에게는 아무런 근거가 없다. 또한 경의라는 용어는 "전통적 권위의 행사를 둘러싼 상황에서 발생하는 사회적 상호작용의 형태"로 생각하는 것이 가장 적당하다.[6] 두말할 나위 없이 경의를 나타내는 행동들 — 예컨대 인사할 때 고개를 숙이거나 말을 걸 때 상급자에게 존칭을 사용하는 일 — 은 어떤 의미에서 상급자가 견지하고 있는 규범에 대한 동조의 감정을 외부적으로 표현하려는 목적을 띤다. 그렇게 하지 않으면 우리는 더는 편하게 살 수 없을지 모른다. 존경의 행동은 의례나 습관적 행위처럼 거의 자동적으로 실행될 수도 있고, 그것이 초래할 유리한 점을 미리 계산한 결과일 수도 있다. 그것은 성공한 가식적 행위일 수도 있으며, 자신이 존경하는 상급자를 자랑스러워하려는 의도적 욕구에서 나올 수도 있다. 덧붙여 존경의 행동 대부분은 특정한 지위 집단을 향한 일상화된 행동이기 때문에, 가끔씩 사람들은 그와 같은 지위 전반에 대한 태도와 그 지위에 있는 특정 개인에 대한 태도를 구분하고 싶어 하기도 한다. 예를 들어 사람들은 사제司祭 집단에 대한 일반화된 존경심이나 그들이 대변하는 신앙에 따라 특정한 사제를 존경할 수도 있지만, 똑같이 특정한 사제를 개인적으로는 경멸할 수도 있다.

따라서 존경의 행동 이면의 태도에 대한 모든 그리고 각각의 추론은 그러한 행동 자체의 외부 증거에 기초해야 한다.[7] 문제가 되는 존경의 행동이 어떤 지배 권력에 대해 체계적으로 복종하는 집단의 것일 경우, 존경의 공식 의례가 대단히 일상화되어 있고 얕을 수 있기에 그와 같은 증거는 더욱더 필수적이다. 노예제에 대한 비교 연구에서 올랜도 패터슨은 주인 면전에서 행해지는 노예들의 비굴한 행동은 "양자 간 상호작용의 외부적 결과물"일 뿐, 결코 그 이상이 아님을 애써 강조하고 있다. 곧 그것만으로는 집단 심리나 그것에 기초한 믿음에 대해 알 수 있는 내용이 거의 없다는 것이다.[8] 확고히 자리 잡은 지배 구조라면 피지배 집단의 부모가 자녀의 안전을 지켜주고자 경의를 표현하는 의례를 사회화하리라는 것은 충분히 상상할 수 있다. 예를 들어 노예제의 잔혹한 역설은 노예의 어머니들이 자녀들로 하여금 순종의 관행에 따르도록 훈련시킨다는 점인데, 이는 자녀들을 안전하게 지키면서 자신들 곁에 두는 것이야말로 무엇보다 가장 소중한 희망이기 때문이다. 모시는 주인 내외를 기쁘게 하거나, 아니면 최소한 그들이 화가 나지 않도록 자녀들을 사회화하고자 마음먹는 일은 사랑의 발로이다. 이러한 순종이 얼마나 깊이 뿌리내리고 있는지, 또한 무대 뒤에서의 분노와 냉소가 그것에 얼마나 영향을 미치고 있는지는 겉으로 드러난 증거만으로 결코 알 수 없다. 이와 비슷한 사례는 영국의 노동자계급 가족에서도 나타난다. 감정이나 죄의식, 그리고 태도를 중시하는 중간계급 가족에 비해, 노동자계급 부모는 내면의 동기와 크게 상관없는 외부적 순응이나 동조를 더욱더 강조한다고 알려져 있다.[9] 이런 패턴은 직장 생활에서나 계급 관계에 대한 일종의 순응에도 상당 부분 반영되어 있는데, 이런 순응은 부모가 기대하거나 부모로부터 유래한 것이다. 이는 노동자계급 청소년들이 마치 생존 훈련을 받고 있는 것처럼 보이도록 하는데, 이때 현실 권력에 대한 공식적 동조와 그들의 비밀스러운 속내 사이에는 어떤 필연적 연계도 없고, 심지어 어떤 모순도 존재하지 않는다.

존경의 공개 대본을 검토하면서 우리가 직면하는 문제는 권력 행사가 실제로 지속되는 상황에서 권력관계가 행동에 미치는 효과를 도대체 어떻게 측정할 수 있느냐는 질문으로 이어진다. 학생들이 있는 교실에서 교사의 존재가 미치는 영향을 우리가 측정하기 시작할 수 있는 것은, 교사가 교실을 떠나거나 휴식 시간이 되어 학생들이 교실을 떠날 때이다. 학생들이 하는 말과 상관없이, 수업이 파했을 때 전형적으로 터져 나오는 수다의 폭발과 신체적 활기를 그 이전에 교실에서 보여 준 그들의 행동과 비교함으로써 우리는 학교와 교사가 학생들의 행동에 미치는 일련의 효과를 사후적으로 파악할 수 있다. 존경의 행동 이면의 동기는 그것을 야기하는 권력이 남아 있거나 약해지지 않는 한, 혹은 우리가 알고 싶은 바를 무대 뒤에서 비밀리에 물어볼 수 없는 한, 여전히 불투명하게 남아 있다.

은닉 대본이 시도되는 것은 특히 이처럼 권력자의 가청可聽 거리 바깥에서 언설의 자유가 상대적으로 존재하는 곳에서이다. 우리가 이곳에서 발견하는 것과 권력자의 면전에서 발견하는 것 사이의 괴리는 권력관계가 내재된 정치적 커뮤니케이션에서 무엇이 억압되어 왔는지를 대강 알려 준다. 따라서 은닉 대본은 비헤게모니적·대위법적·저항적·전복적 언설을 위한 특권적 영역이라 볼 수 있다.

지금까지 나는 은닉 대본 그리고 공개 대본이라는 용어를 단수 형태로 사용해 왔는데, 사실은 복수로 말하는 것이 더 정확할 뿐만 아니라 그런 대본이 만들어지는 매우 다양한 영역을 전달하는 데도 훨씬 유리하다. 〈그림 2-1〉— 다소 조잡하고 일차원적이지만 나중에 다시 수정할 것이다 — 은 노예제의 경우에서 이와 같은 대본의 복수성複數性과 관련된 초보적인 감각을 제공한다.[10]

그림 2-1 　노예제하에서 관객에 의해 배열된 가상적 언설 지점

가혹한 주인/ 감독관	방임형 주인 혹은 감독관	직접적인 권한이 없는 백인	노예이지만 자유로운 흑인	주인이 같은 노예	가장 친한 노예 친구	가까운 가족

공개 대본　　　　　　　　　　　　　　　　은닉 대본

어떤 가상의 노예가 연속선상에서 보다 격리된 쪽(오른편)의 관객 속에 위치해 있는 경우, 그의 언설은 위로부터 가해지는 위험으로부터 훨씬 자유롭다. 약간 달리 표현하자면, 노예가 그의 가장 친밀한 집단 속에 파묻히면 파묻힐수록 언설을 지배하는 권력은 일반적으로, 항상 그렇지는 않지만, 덜 일방적이다. 하지만 이런 식의 주장이 가혹한 주인 앞에서 보여 주는 노예들의 행동은 반드시 허풍이고 가식이며, 가족이나 가까운 친구와 함께 있을 때 하는 행동은 반드시 진실하거나 정직하다는 의미는 결코 아니다. 이와 같은 단순한 결론까지 우리가 단번에 도약하기 어려운 것은 권력관계의 편재성遍在性 때문이다. 연속선 양 극단들에서 권력관계는 확실히 서로 다르지만 그렇다고 그들이 결코 부재하는 것은 아니다.[11]

연속선상의 은닉 대본 쪽으로 가면서 발생하는 권력관계의 차이는 권력관계라는 것이 보다 큰 지배 체제에, 종종 동료로서, 공통적으로 예속된 사람들 사이에서 생성되기 때문이다. 이런 조건에서 노예들은 주인에 대해 더 자유로울지 모르지만, 그와 같은 지배 관계가 노예 자신들 사이에도 적용되는 것은 결코 아니다. 피지배자들 내부의 권력관계라고 해서 반드시 민주적 원칙에 의해 조율되지는 않는다. 감옥이나 그곳 관리자에 의해 똑같은 지배를 받을 수밖에 없는 죄수들 상호 간에, 종종 간수看守나 고안할 법한 야만적이고 착

취적인 폭압 행위가 발생하곤 하는 것이다. 이와 같은 지배 속 지배 속에서 하급 죄수는 감옥의 간수 앞에서보다 상급 죄수 앞에서 자신의 말과 행동을 더욱더 조심해야 한다.

비록 피지배 집단 내부의 관계가 대칭적이고 호혜적일지라도 이때 발생하는 은닉 대본이 폭압적인 측면을 결코 적게 경험하는 것은 아니다. 은닉 대본을 만드는 과정에 모두가 일조했더라도 말이다. 예를 들어 작업자들 사이에 종종 널리 퍼져 있는 정서로서, 본래 직분을 벗어나 상사의 비위를 맞추려고 알랑거리는 동료 노동자를 처벌하는 경우를 생각해 보자. 그와 같은 행동을 표현하기 위해 밑으로부터 생겨난 말들(아첨꾼, 똥구멍 핥는 놈, 알랑방귀, 간살쟁이)은 그것을 방지하는 것이 본래 목적이다. 그리고 여기에 도끼눈, 따돌리기, 어쩌면 구타까지 보태질 수도 있다.

피지배 집단 내부에서 발생하는 권력관계는 종종 위로부터의 행동 결정에 대한 유일한 대항력이 된다. 내가 연구한 적이 있는 말레이시아 농촌 소작농들은 지주에게 계절적 지대를 일반적 지대보다 높게 바침으로써 자신의 경작지를 확고히 하거나 좀 더 늘리고자 시도하는 이들을 강력히 단속하는 규범을 스스로 확립해 왔다. 15년 전쯤 누군가가 그 규범을 어긴 적이 있었는데, 그 이후 그 가족은 형편없는 존재로 취급받았고, 누구도 말을 걸지 않았을 뿐만 아니라 그 가족의 친척이나 친구 또한 잔치에 초대받지 못했다. 유사한 사례로서 안달루시아 지방의 어떤 농부도 최저임금 이하로 일할 엄두를 감히 내지 못했다고 한다. 만약 그랬다가는 냉대받거나, 배척당하기 일쑤였으며 '저질' 혹은 '얼간이'라는 낙인이 찍히기도 했다.[12] 동조를 강화하기 위해 동원되는 제재의 강도는 기본적으로 피지배 집단이 얼마나 응집되어 있는지, 그리고 배신이 초래할 위험을 어떻게 인식하는지에 달려 있다. 19세기 아일랜드 농촌에서 한 소작인이 지대 보이콧 동맹을 깨고 지주에게 자신의 몫을 몰래 납부한 적이 있는데, 다음 날 아침 일어나 보니 자신이 부리는 소의 다리가 '무참히 부러져' 있었다. 또한 소의 아킬레스건마저 잘린 탓에 농부는 자신의 소를 직접 죽여야만 했다. 이들은 하나같이 피지배 집단 내부의 일탈 행위를 감시하고 통제하기 위해 고안될 수 있는 크고 작은 강제적 압박의 사례들이다.[13] 이런 압력은 피지배자들의 내부 이견을 억제할 뿐만 아니라 제각각 지배자 앞에서 눈먼 경쟁을 충동적으로 벌이는 일 — 만약 피지배자들이 그런 식으로 행동한다면 모든 것을 다 잃어 가는 가운데 지배 권력에만 좋은 일을 시키는 꼴이 되고 만다 — 을 통제하는 데도 효과적이다.

〈그림 2-1〉에서 봤듯이, 공개 대본과 은닉 대본 사이의 변증법적 관계는 명백하다. 은닉 대본을 사전적으로 정의한다면 그것은 권력의 행사 때문에 피지배자들의 공개 대본에서는 일반적으로 배제되는 언설 — 몸짓, 언어, 관행 — 을 대변한다. 따라서 지배의 실천은 은닉 대본을 창조한다. 만약 지배가 유난히 가혹하다면 은닉 대본도 그에 상응해 풍성해진다. 결과적으로 피지배 집단의 은닉 대본은 또 다른 하위문화의 형성에 의해, 그리고 그들의 방식으로 변형된 사회적 지배 형태가 지배 엘리트의 그것에 저항하는 과정에 의해, 공개 대본에 대응한다. 두 가지 모두 권력관계 및 이해관계의 영역이다.

권력 행사의 인공물人工物이라는 점에서는 지배자의 은닉 대본도 마찬가지다. 그것은 주어진 지배의 틀 속에서는 이데올로기적 한계 때문에 공개 대본이 될 수 없는 언설 — 몸짓, 언어, 관행 — 을 포함한다. 이 또한 권력관계 및 이해관계의 영역이다. 〈그림 2-1〉과 유사한 그림을 한번 상상해 보라. 곧 자신의 가족이나 가까운 친구만 상대하는 경우부터, 노예들이 도열해 있는 의식을 공식적으로 치러야만 하는 상황까지 골고루 포괄하는 노예 주인의 시각에서는 지배의 언설 영역이 하나의 스펙트럼 형태를 드러낼 수밖에 없다. 외교관의 입장에서 내부 협상팀과 비공식적으로 대화를 하는지, 아니면 적대적인 세력의 수장과 공식적으로 담판을 벌이고 있는지에 따라 구사하는 언설 전략이 엄청나게 가변적인 것처럼, 이 역시 가면의 영역이다. 상대가 누군지에 따라 그리고 어떤 이해관계가 걸려 있는지에 따라 가면은 두꺼워질 수도 있고 얇아질 수도 있으며, 투박할 수도 있고 섬세할 수도 있다. 모양이 어떻든 간에 그것들은 모든 사회적 행위와 마찬가지로 전부 연기다.

권력과 연기

아버지의 눈초리가 하도 무서워서 일반 시민은 아버지의 귀에
거슬릴 만한 말은 입 밖에 내지 못하기 때문이지요.
그러나 저는 그 소녀를 위하여 도시가 이렇게
비판하는 소리를 어둠 속에서 들을 수 있습니다.
"모든 여인들 중에서 가장 죄 없는 그녀가
가장 영광스러운 행위 때문에 가장 비참하게 죽어야 하다니! ……"
이런 소문이 어둠 속에서 은밀히 떠돌아다니고 있습니다.
_하이몬이 크레온에게, 『안티고네』.[*]

[*] 『오이디푸스왕·안티고네』, 천병희 옮김, 문예출판사, 2006, 360쪽에서 전재.

일상적인 기준에서 볼 때 권력의 효과는 경의, 복종, 그리고 아첨이라는 행위에서 가장 잘 드러난다. 피지배 집단을 위한 대본과 지문地文은 지배 집단의 그것들에 비해 일반적으로 훨씬 규제적이다. 지위에 대한 '경의의 납부'라는 견지에서 앨리 러셀 혹실드는 다음과 같이 말한다.

> 더 높은 지위에 있다는 것은 감정적인 것을 포함해 보상에 대한 더 강력한 요구를 할 수 있다는 뜻이다. 또한 그것은 요구를 강행하는 데 더 많은 접근권을 갖고 있다는 의미이기도 하다. 하인이나 여성들의 공경스러운 태도들, 예컨대 따뜻한 미소, 경청, 감탄스러운 웃음, 확신에 찬 언급, 존경, 혹은 관심은 아랫사람들이 흔히 맺게 되는 교환관계 속에 내재한다기보다, 마치 정상적인 그 무엇처럼, 심지어 본래의 인격처럼 장착된다.[14]

확신에 찬 연기는 그와 같은 연기를 망칠지도 모르는 감정을 통제하고 관리하는 것뿐만 아니라 그와 같은 연기에 필요한 감정의 활성화를 동시에 요구한다. 반복을 통한 실무적인 숙달은 그와 같은 연기를 거의 자동적인 것으로, 또한 겉보기에는 힘이 전혀 들지 않은 것처럼 만들 수 있다. 그렇지 않은 경우, 늙은 티농이 아버지의 옛 지주를 만났을 때 "나는 상냥해지고자 억지로 노력해야만 했다"고 회고하듯이 그것은 의식적인 압박이 된다. 연기를 망치지 않기 위해 전술적 자아가 감정적 자아를 통제하듯이, 종종 우리는 이처럼 정신분열적인 방식으로 말을 한다.[15] 내가 계속 강조하는 내용이지만 연기란 혐오스럽고 모멸스러울 수도 있는 명령에 대한 현실적 복종만이 아니라, 말하는 행위는 물론 표정이나 몸짓 속의 순종까지 포함한다.

지배자의 공적 생활에 비해 피지배자의 공적 생활이 훨씬 더 '어전' 공연을 위해 바쳐진다. 이런 사실은 상급자가 갑자기 들이닥쳤을 때 사무실 직원의 자세와 거동, 외부 행동에 나타나는 변화에서 분명히 드러난다. 이 상황에서 상급자 역시 비록 부자연스럽기는 하지만, 자신의 행동에 대해 더 여유롭고 덜 조심스러운 것이 일반적이다. 왜냐하면 그와 같은 갑작스러운 상황의 분위기를 결정하는 쪽은 아무래도 상급자이기 때문이다.[16) 권력이란 연기를 굳이 하지 않아도 된다는 것, 더 정확하게 말해 모종의 공연에 있어서 더 느긋하거나 무심할 능력을 뜻한다. 권력과 연기 사이의 이와 같은 연관은 프랑스 왕실에서도 마찬가지였는데, 약간이라도 비굴한 모습은 권위나 권력의 실추로 비치기 십상이었다. 예를 들면 다음과 같다. 곧 "총애하는 신하로 하여금 권력자에게 세심한 주의를 기울이게 하라. 만약 그가 대기실에서 오랫동안 나를 기다리게 하지 않거나, 만약 그의 얼굴이 더 솔직해지거나, 만약 그가 덜 찡그리거나, 만약 그가 나를 배웅하면서 내 말에 한층 더 귀를 기울인다면, 나는 그 권력자가 추락하기 시작한다고 생각할 것이며, 아마도 내 판단이 옳을 것이기 때문이다".[17) 권력을 가졌다는 사실과 연관된 오만함은 신체적인 측면에서 자기 자신을 덜 경계한다는 의미이고, 노예 상태라는 것은 문자 그대로 권력자의 기분이나 요구에 대해 예민하게 반응하고 적응하는 것을 뜻한다. 자신에 대한 경계 수준을 낮춘다는 것은 위험 부담이 높은 일이며, 실패 혹은 실수를 했을 때 예상되는 벌칙이 가혹하기 때문에 '최상의 행동'을 지속하는 것이 중요하다.

권력을 가진 쪽이 공적 언설에 끼치는 영향은 언어 사용과 권력에 관련된 여러 사회언어학 연구에서 명백히 드러난다. 이 연구 결과는 성별, 인종, 카스트, 계급에서의 위계 관계가 언어생활의 주도

권에 어떻게 반영되어 있는지를 말해 준다.

현대사회에서 여성과 남성의 언어 사용 차이를 연구한 로빈 레이코프는 남성 우위 역사가 여성들로 하여금 점점 더 남성 언어를 사용하게 만들었다는 점, 곧 상급자의 어투를 흉내 내도록 만들었다는 점을 강조하는데, 이와 반대되는 경우는 거의 없다고 한다.[18] 면대면面對面 접촉에서 우월한 위치를 차지한 남성들의 억양, 문법, 어투 등이 확산되는데, 다른 비대칭적 권력관계에서와 마찬가지로 이때에도 대화의 시작과 방향, 그리고 종료를 주도하는 것이 상급자라는 사실은 두말할 나위도 없다. 종속관계라는 사실은 지배자의 반응을 반영하고 예상하는 쪽으로 발달된 언어 형태의 사용에서 잘 알 수 있다. 따라서 레이코프는 여성들의 경우 "정말요?"와 같은 '부가 의문문 형태'를 자주 사용하거나, 평서문임에도 말끝을 높이는 일이 잦다는 사실에 주목한다. 이는 대화를 계속하기에 앞서 신뢰와 승인을 요청하는 의미라고 한다. 복종과 관련된 또 하나의 언어 표시는 극존칭을 더 자주 사용한다든가(명령을 내리는 대신 "부디 모종의 친절을 베풀어 주시겠습니까"라고 말하는 것), 아니면 더 정확한 문법이나 언어적 보호 장치("일종의"나 "뭐랄까"라는 식의 표현)를 사용하는 일인데, 이는 단정적인 구문을 피하게 만들고 남들 앞에서 하는 농담을 억제한다. 노예제나 인종주의처럼 지배와 복종 관계가 극단적일 경우에는 말더듬증이 보편적 현상으로 종종 나타나는데, 이때 그것은 결코 언어적 결함 때문이 아니다. 같은 말더듬이가 다른 상황에서는 유창하게 말하는 것을 보면 그것은 공포심 탓에 정확한 표현을 찾아내는 데 어려움을 겪기 때문이다. 나는 이와 같은 패턴에서 힘없는 자들의 지속적인 위험 회피적 언어 사용 전략을 읽을 수 있다고 생각한다. 곧 가급적 모험하지 않으며, 되도록 기존의 형식을 사용하며, 최대한 상대방의 기분을 상하게 할지도 모르는 말을 억제하는 것 말이다. 높은 카스트 신분에 속하는 인류학자는 러크나우의 불가촉천민인 차마르 사람들과 인터뷰를 진행하는 동안 "질문이 평범할수록 차마르 사람들의 반응이 '더 낫다'는 사실을 깨달았다. 덜 익숙한 영역에서는 왜곡, 능장, 견제, 상투적 언어, 수사적 질문, 위장된 무시 등과 같은 각종 얼버무리기 수법이 능란하게 활용되었다".[19] 이와 같은 연기들이 성공하려면 연습, 숙달, 그리고 나름의 임기응변이 필요한데, 그럼에도 이들 모두는 권력자 면전에서 이루어지는 피해 조절 전술이다. 여성들의 말하기와 옷 입기의 경우에 대한 레이코프의 결론처럼, "외모와 외양(아마도 화법이나 예절에서의 지나친 엄격성과 체면 유지를 포함해)에 대한 여성들의 과도한 집착은 단순히 다른 사람들의 눈에 비치는 하나의 상像으로밖에 존재할 수 없기에 벌어진 결과다".[20]

궁정 문화가 오랫동안 지속되어 온 사회는 화법話法 수준에서 정교한 코드를 발전시켜 왔으며 이는 극단적인 경우 거의 이질적인 언어를 만들어 내기도 한다. 이 경우, 하급자들을 지나칠 정도로 엄격하게 다루는 일은 언어적으로 제도화된다. 그와 같은 규정이 강력하게 남아 있는 흔적은 색슨 영어와 노르만 영어의 차이에도 나타난다. 가령 색슨족 평민은 먹지만, 노르만족 정복자는 식사를 한다. 말레이시아에서는 똑같은 행동이라도 술탄의 경우에는 많은 특수 동사를 써서 보통 사람들의 같은 행동과 구분한다. 예컨대 평민들은 목욕을 하지만 술탄은 신체에 분무噴霧를 하며, 평민들은 걷지만 술탄은 전진하며(이는 부드럽고 매끈하게 나아가는 동작을 함의한다), 평민들은 자지만 술탄은 편하게 몸을 눕힌다. 극도로 위계화된 사회에서 그렇듯이, 대명사 또한 화자의 상대적 지위에 따라 변화한다. 평민이 술탄에게 자신을 지칭할 때 함바hamba라는 용어가 사용되는데, 이는 대략 '당신의 종'으로 번역된다. 전통적으로 함바는 극도의 비굴한 자세로 왕에게 접근했다. 그런 사회에서 서로 다른 지위에 속한 사람들이 같은 자리에서 맞닥뜨리게 되는 모든 상황은 말과 태도, 분위기, 의복에 대한 일련의 규칙 제정을 통해 그와 같은 차이들을 강조하고 강화하는 목적에 맞게 고안되었다.

어떤 대상을 부르는 말, 곧 호칭어는 아마도 그 자체로서 역사적 분석이 쉬운 편이기 때문에 상당할 정도로 사회언어학 분야의 연구 대상이 되어 왔다. 과거에는 2인칭 대명사 가운데 존경 형태와 하대下待 형태(프랑스어의 경우 각각 'vous'와 'tu')가 권력의 의미 체계에서 비대칭적으로 사용되었다.[21] 지배계급은 평민이나 하인, 농민을 부를 때 'tu'(너)를 사용했고, 그들은 더 정중하고 위엄이 있는 'vous'(당신)로 되돌려받았다. 이런 형식을 신중하게 사용한 그 누구도 그것의 사용 방식에 각인된 가치와 지위의 구별을 인정하는 듯한 인상을 피할 수 없었다. 1789년 대혁명 직후 혁명가들이 공손한 형태의 2인칭 대명사, 곧 'vous'의 사용을 단호히 금지했다는 사실을 고려하면, 이와 같은 언어상의 권력이 대중들 사이에서 결코 아무것도 아니지 않다는 점은 확실하다. 오늘날까지도 사회주의 내지 공산주의 모임에서 서로 낯선 유럽 사람들끼리는 평등과 동지애를 표현하기 위해 친밀한 형태의 2인칭 대명사를 사용한다. 오늘날 'vous'라는 말의 일상적 용도는 지위가 아닌 친밀한 면식面識 부재를 나타내기 위해 호혜적으로 사용되는 것이다.

이와 같은 호칭의 비호혜성에 대한 기능적 등가물은 지배 집단에서 하급자를 부를 때 보이boy라는 말을 쓰거나 성 대신 이름을 사용하는 일, 그리고 하급자들이 상급자들을 부를 때 이름 앞에 미스터 Mister라는 말을 붙이는 일이다. 이는 계급이나 인종으로 계서화된 체계에서 보편적으로 나타난 현상으로서, 50년 전에 비해 오늘날 확실히 줄어들기는 했지만 아직도 서구 사회에서 결코 완전히 사라지지는 않았다(현재는 무슈monsieur라는 말이 점점 더 선호되고 있긴 하지만 그것은 웨이터를 의미하는 프랑스어 가르송garçon이라는 말 속에 특이하게 남아 있다). 의미심장하게도 오늘날 남아프리카공화국의 공용어 아프리칸스어는 2인칭 대명사의 비대칭적 사용과 보이-미스터 패턴을 공히 견지하고 있다.

만약 우리가 하급자의 언어상 존대와 몸짓을 권력자가 착취하기만 하는 연기로만 생각한다면 그것의 의미 가운데 상당 부분을 놓칠 위험성이 있다. 사실 지배자의 입장에서도 그것들은 [그 의미를] 간파하기 어렵거나 불가능한 장벽이나 장막이 될 수 있다. 그것의 가장 대표적인 예로 '순수한', '진정한' 형태의 하위 계층 방언을 기록하고자 하는 사회언어학자들의 수고가 종종 허사로 끝나는 것을 들 수 있다. 이를 기록하는 이는 상위 계층에 속하거나 교육을 많이 받은 사람임에 거의 틀림없기 때문에 일종의 언어학적 하이젠베르크 관찰자 효과*가 불가피하게 발생해, 더 불명예스러운 형태의 방언은 쫓겨나기 십상이다. 권력의 의미론을 파기하는 유일한 길은 기록 대상자 모르게, 혹은 그의 허가를 받지 않은 채, 매우 비윤리적이고도 은밀한 방법으로 대화를 녹음하는 것이다.[22] 어떤 측면에서 이와 같은

---

* 관찰자 또는 관찰 방식이 관찰 대상에게 영향을 주어 처음 상태와 다른 모습으로 바뀐 나머지 원래 모습을 관찰로 알 수 없다는 의미이다. 독일 물리학자 베르너 카를 하이젠베르크가 제시한 불확정성 원리, 곧 어떤 물체의 위치와 운동량 혹은 시간과 에너지를 동시에 측정할 때 양자 사이의 정확도에는 물리적 성질 자체에 기인한 한계가 존재한다는 이론에 착안했다.

사실은 단순히 권력이 어떻게 소통을 왜곡하는지를 보여 주는 사례가 될 수 있다. 하지만 다른 측면에서 이는 더 자율적인 언설이 형성되는 별도의 지점을 보존하기도 한다. 예를 들어 다문화 펀자브 지방의 하층민이 대화 상대에 따라 다양한 이름 가운데 어느 한 가지를 선택할 수 있다는 점을 우리는 어떻게 해석할 수 있을까? 힌두교도를 만나면 '램 찬드'라고, 시크교도를 만나면 '램 싱'이라고, 기독교도를 만나면 '존 새뮤얼'이라고 자신을 부르는 식 말이다. 영국인 인구조사원이 좌절감을 느낀 나머지 이 하층민들의 종교를 '수시로 변함'으로 기록했지만, 당사자 자신이 애매한 방식으로 보호 덮개를 사용하고 있다는 점은 확실한 일이다.[23] 또한 남南로디지아의 흑인 광부들은 여러 개의 이름을 갖고 있는데, 이는 단순한 언어의 혼란에 기인하는 것이 아니라 그와 같은 혼란이 상사의 호출에 대한 느린 반응 혹은 그렇지 않으면 쉽게 설명되지 않는 무단결근에 대한 변명의 일환으로 그럴듯하게 사용될 수 있기 때문이다.[24] 권력이 필요로 하는 겉모습이 하위 집단에 강제적으로 부과된다는 사실은 확실하다. 하지만 하위 집단이 적극적으로 이를 저항과 도피의 수단으로 사용할 개연성도 여전히 열려 있다. 그러나 반드시 언급해 둘 것은 이와 같은 모면이 지배자의 사회적 이데올로기를 비준하는 데 기여할 것임에 확실한 공개 대본이 생산되면, 상당한 대가를 지불하며 구매된다는 점이다. 하급자들은 공손한 척하기도 하고, 굽실거리기도 하고, 사근사근해 보이기도 하고, 자신의 직분을 알고 그 안에서만 머물겠다는 태도를 드러냄으로써 자신들이 상급자의 위치를 인지하고 인정한다는 점을 의도적으로 보여 주는 것이다.

준수해야 할 대본이 엄격해 실수에 대한 문책이 엄중할 경우 하위 집단은 자신들의 순응을 기만의 한 종류로 경험할 수 있다. 순응이 전술적인 한, 확실히 그것은 기만과 비슷하다. 이와 같은 태도는 또다시 자아분열을 요구하는데, 하나의 자아가 다른 자아의 연기를, 아마도 냉소적으로 만족한 채, 바라보는 꼴이 될 것이다. 불가촉천민들(불가촉이라는 용어가 얼마나 상류 계층의 관점을 가정하고 있는지 주목하라) 사이의 수많은 경험은 이런 점에서 솔직하다. 설탕이나 등유, 노동, 식량, 대출 등 필수적인 재화와 서비스는 지배적 신분의 사람들에게 잘 보여야만 확보되기 때문에, 누군가는 이렇게 말했다. 곧 "실제 우리는 우리의 몫을 차지하기 위해 수백 가지의 다양한 방법으로 카스트 힌두 계급을 접하고, 달래고, 구슬려야 했다".[25] 그러므로 순응은 괜찮은 개인적 혜택을 제공받기 위한 종속적 의례의 적극적 기만이라는 의미를 나타내기에 너무나 궁색한 단어이다. 대신에 그것은 자기 자신을 성공적으로 잘못 표현한 사실에 대해 약간의 자부심을 느낄 수 있는 예술 형태의 일종이다. 또 다른 불가촉천민은 다음과 같이 은폐의 전술적 측면을 강조한다. 곧 "우리 역시 필연적으로 사회적 적수의 눈에 우리의 진짜 목표와 의향을 요령껏 숨기고 감춰야 한다. 그것을 장려하는 것은 허위를 고무하기 위해서가 아니라 오직 살아남기 위한 전술적 목적뿐이다".[26]

노예해방 이전과 이후 공히, 미국 남부의 흑인들 역시 이와 거의 같은 방식으로 위험한 백인들 사이에서 여하튼 살아남아야 했다. 남북전쟁 이전 백인 노예해방론자 앞에서 흑인이 다음과 같이 주장하는 것은 있을 법한 일이었다. 곧 "사람들은 니그로 가운데 살고 죽을 뿐, 그들의 진짜 속성에 대해서는 상대적으로 거의 아는 바 없다. 백인 앞에서의 그들과, 같은 유색인종 앞에서의 그들은 서로 달랐다. 전자를 향한 속임수는, 매여 있든 자유롭든 상관없이, 미국 전역에 걸친 그들의 속성이었다".[27] 성공적인 연기에 대한 성취감 그리고 그것을 필요하게 만드는 권력의 거대한 실체는 독립 전쟁과 남북전쟁 사이를 살았던 어느 흑인 소작인의 다음 설명에서 각각 분명히 드러난다.

> 나는 백인들과 즐겁게 농담을 주고받았다. 가끔 나는 바보처럼 행동해야만 했다 — 그들이 갑자기 화를 내기도 했기 때문에 나는 너무 멀리 나가지 않아야 한다는 점을 알고 있었고, 내가 그렇게 알고 있다는 점을 그들에게 알리고 싶기도 했다. 많은 경우 나는 그들과 잘 지내기 위해 겸손하게 행동하거나 말문을 닫아야만 했다. 내가 이리저리 잘 처신하는 것이 무엇을 의미하는지 그들은 잘 몰랐는데 왜냐하면 단지 그것은 자명한 사실이었기 때문이다. …… 나는 부탁하거나 부탁한 것을 얻기 위해 수차례 그들을 찾아갈 수 있었다. …… 당신이 그들에게 복종하는 한, 그들을 만나 착하게 행동하는 한, 그리고 그들이 당신을 나쁘게 말한 것을 따지지 않는 한, 그들이 당신에게 갖는 평판은 좋았다. 만약 당신이 당신의 권리나 당신에 대한 학대를 외치기 시작한다면, 그들은 당신을 죽일 것이다.[28]

네이트 쇼는 권력의 극장이 교묘한 실천을 통해 피지배자들에게 실질적인 정치적 자원이 된다는 점을 감동적으로 상기시켜 준다. 그러므로 만약 가짜 웃음을 지속적으로 만들며 사슬에 묶인 죄수처럼 억지로 움직이는 행위자들을 우리가 연상한다면, 내가 보기에 그런 판단은 틀린 것이다. 그럴 경우 피지배자들의 연기를 전적으로 위로부터 결정된 것인 양 이해함으로써, 그와 같은 행위 주체들이 자신의 목적을 위해 연기를 나름대로 전용轉用하고 있다는 사실을 놓치게 된다. 윗사람의 입장에서는 필수적 연기의 충실한 이행처럼 보이는 것이, 아랫사람 처지에서는 자신들의 목적을 달성하기 위한 경의와 아첨의 교활한 기만처럼 보이기 쉽다. 주인의 눈에 자신이 능력 없고 비생산적인 존재라는 고정관념을 교묘하게 주입한 노예들은 그들에게 기대되는 노동 규범을 하향 조정했을 수 있다. 연회나 축제에서 능란하게 아첨한 덕분에 그들은 더 나은 음식과 더 좋은 옷을 얻게 되었을 수 있다. 연기는 종종 집단적인 성격을 띠기도 한다. 곧 피지배자들은 한 편의 무대를 만드는 데 공모하기도 하는데, 이는 그런 상황에 대한 상급자의 기대를 만족시키면서 실제로는 자신들의 이해를 관철하는 것이다.[29] 이런 관점에서 볼 때 지배자의 고정관념은 피지배자에게는 억압인 동시에 자원인데, 이는 영국 노동자계급의 존대법 사용을 관찰한 리처드 호가트의 연구에서 분명히 드러난다. "그 자원이란 다른 계급의 사람을 명백하게 '가지고 노는' 그런 종류인데, 그것은 툭 하면 '서'Sir라는 존칭 사용을 동반한다. 이는 전적으로 경멸스러운 게임인바, 누군가가 쉽게 속임수를 쓸 수 있는 장면을 만들기 위해서라면 중산층이 갖고 있는 혐오감에 의존할 수 있다는 점을 가정하고 있다."[30] 따라서 복종의 의례는 조작과 은폐 두 가지 목적 모두를 위해 배치될 수 있다. 종종 엉클 톰Uncle Tom 행동으로 불리는 것도 이런 시각에서는 복종의 무대 예술을 연마한 이를 지칭하는 딱지 그 이상은 아니다. 공손함과 웃음이란 밀렵꾼이 의심을 피하기 위해 지주 신분의 지배계급 앞에서 관행처럼 행하는 그 무엇일 수 있다. 이는 도주 중인 혐의자가 순찰 중인 경찰을 만났을 때 정상적인 걸음걸이를 연출하는 것과 마찬가지다. 비록 이런 성취가 대단한 것이기는 해도, 우리는 그것이 다음과 같은 전제하에서만 가능하다는 점을 잊어서는 안 된다. 곧 그런 역할들의 대부분은 위에서 만든 대본에 의해 짜여 있으며, 아무리 연기가 예술적이라도 일상적 공연은 지배자가 승인한 겉모습을 강화하지 않으면 안 된다는 점 말이다.

물론 이와 같은 공연은 완전히 성공하는 경우가 흔하지 않다. 지배 엘리트들이 겉으로 보이는 것 이면에서 무엇이 진행되고 있는지를 잘 모를 수는 있지만, 보고 듣는 것을 액면가 그대로 수용하는 경우도 드물다. 고대 인도 불교의 한 경전은 주인들을 대상으로 밖으로 드러난 것이 무엇을 감추고 있는지를 가르치고자 한다.

오, 존자尊者시여, 우리의 노예들은 …… 그들의 몸으로 다른 일을 하고, 그들의 말로 다른 짓을 하며, 그들의 마음은 다른 것을 품고 있습니다.

주인을 보는 순간 그들은 일어나 손에서 물건을 받아 들고, 이것은 버리고 저것은 말하기도 하며 혹자는 자리를 만들어 주고 손으로 부채질해 주거나 발을 씻어 줌으로써 필요한 모든 것들을 합니다. 하지만 주인이 사라지면 기름이 쏟아져도 쳐다보지 않을 뿐만 아니라 심지어 주인에게 수백 혹은 수천의 손실이 가는 일이 벌어져도 뒤돌아보지 않습니다(바로 이 점이 그들이 몸으로 얼마나 다르게 행동하는지를 보여 줍니다). …… 주인 앞에서 "주인님, 우리 구세주"라고 칭송하던 이들이 막상 그가 사라지면 그들이 하고 싶었지만 차마 할 수 없던 모든 것을 말합니다(바로 이 점이 그들이 말로 얼마나 다르게 행동하는지를 보여 줍니다).[31]

백인 노예주가 자신이 부리는 노예들의 속임수에 넘어가지 않을까 늘 경계하듯이, 18세기 일본의 한 지주는 "농부보다 거짓말을 더 많이 하는 존재가 있을까" 하고 궁금해했다.[32] 내가 보기에 여기서 주목할 점은 약삭빠른 피지배자들이 자신을 속여 먹을지도 모른다는 사실을 지배자가 반드시 상정해야 한다는 것이 아니다. 이것을 믿는다는 것은 피해망상이 아니라 단순히 현실을 지각하는 것일 뿐이다. 하지만 그들은 그와 같은 행위를 자의적인 권력 효과라기보다 피지배 집단 자체의 태생적 속성으로 간주한다. 인종에 대한 세기말의 대용代用 과학은 복종의 특성들을 문화와 성별 혹은 민족성의 자질로 치부했다. 쇼펜하우어는 스스로 여성 화법의 부정적·피상적 속성이라 이름 붙인 것과 관련해 이렇게 설명했다. "그것은 이성 및 그것과 관련되어 있는 수준 높은 심사숙고의 결핍으로부터 곧바로 나타나는 것이며, 힘이 더 약한 존재로서 무력보다는 교활함에 의존하려는 자연적 충동의 지원을 받는다. 따라서 그들은 본능적으로 배반에 능하고 치유 불가능할 정도로 거짓말을 일삼는다."[33] 그리 오래지 않아 『성과 성격』이라는 제목의 널리 읽힌 책을 쓴 오토 바이닝거는 이와 거의 비슷하게, "거짓말을 하려는 충동은 여성이 훨씬 강한데, 이는 여성들의 삶이 분산적이고 비연결적이고 불연속적이어서 매 순간의 감각이나 지각을 지배하기보다는 그것에 의해 동요되며, 그 결과 남성과 달리 여성들의 기억은 지속적이지 않기 때문"이라고 주장했다.[34] 여기서 이 저자들은 여성들의 조심스러운 언어 사용 특성을 설명할 수도 있는 여성의 구조적 위상과 관련해 몇 가지 증거를 제시한다. 하지만 이들 각각은 궁극적으로 성별에 따른 차이만 설명할 뿐이다. 바이닝거는 유대인이라고 하는 또 다른 피지배 집단의 '언어-특성'을 설명하는 것으로 나아간다. 유대인과 여성은 공히 언어를 잘못 사용한다는 이유로 비난받아 왔고 "기만적이고도 조작적인 어조의 화법과 동일시"되어 왔다.[35] 그런데 이와 같은 주장은 심각히 왜곡된 것이다. 왜냐하면 권력 불평등에 적응하는 과정에서 만들어진 언어 패턴이 마치 피지배 집단의 자연적 특성인 양 묘사되기 때문이다.

이는 결국 논리나 진실, 정직 및 이성의 측면에서 피지배 집단의 원초적 열등성을 강조하는 데 따른 이점을 확보한 다음, 이를 통해 더 우세한 집단의 지배를 영구적으로 정당화하려는 조치다.

통제와 환상 : 은닉 대본의 기초

복수의 테이블이 차려질 때 그것은 하나의 환상이나 사적인 신앙으로 바뀐다. 또한 그것은 등장인물의 배역진으로부터 날이 갈수록 멀어져 가는 일종의 신화로 바뀌는데, 그 등장인물은 복수의 신화 속에 여전히 똑같이 남아 있다.

_밀란 쿤데라, 『농담』.

신중한 피지배자는 자신에게 기대된다고 알고 있는 바에 부합하는 말과 몸짓을 통해 일상적으로 순응 — 비록 그와 같은 순응이 무대 바깥에서는 전혀 다른 모습을 하더라도 — 하리라는 지금까지의 주장은 평범하기 짝이 없다. 평범하지 않은 점이 있다면 기존의 어떤 지배 체제에서도 그것은 단순히 자신의 감정을 위장한 채 그 자리에 적절한 언어와 몸짓을 생산하는 문제가 아니라는 사실이다. 대신에 그것은 종종 격분, 모욕, 분노로 이끄는 자연적 충동, 그리고 그와 같은 감정이 촉발하는 폭력을 통제하는 문제라고 말할 수 있다. 노동 착취, 공개적 멸시, 채찍질, 강간, 뺨 때리기, 음흉한 시선, 경멸, 의례적 명예훼손 등 인격에 대한 일련의 상습적 모욕이나 상해를 동반하지 않는 지배 체제는 원래 없다. 많은 노예들이 진술하듯이 이런 것들 가운데 최악은 개인적인 고통이 아니라 자신은 그저 무력하게 지켜볼 따름인 가운데 자신의 자녀나 배우자가 학대당하는 모습이다. 지배의 남용에 맞서 스스로를 또는 가족 구성원을 보호할 능력이 없다는 점(다시 말해 어머니나 아버지, 남편 혹은 아내로서 아무것도 해줄 수 없다는 사실)은 신체에 대한 폭력이면서 인격 혹은 자존감에 대한 공격이기도 하다. 인간 예속의 가장 잔인한 결과는 개인의 위엄에 대한 주장이 죽고 사는 위험으로 바뀐다는 것이다. 따라서 지배 권력 면전에서 순응한다는 것은 가끔씩 — 그리고 잊을 수 없을 정도로 — 자신과 사랑하는 사람들의 이익을 위해 폭발적인 분노를 억누르는 문제가 된다.

우리는 여기서 작동하는 실존적 딜레마를 헤겔의 결투 분석과 간단히 대조함으로써 잘 이해할 수 있다. 어떤 사람이 결투를 신청하는 것은 자신의 명예와 지위(종종 가족의 명예와 지위도 포함)가 치명적으로 모욕당했다고 판단하기 때문이다. 사과나 철회를 요구하는 그는, 그것이 받아들여지지 않을 경우, 자신의 명예는 오직 죽음에 이르는 결투를 통해서만 회복될 수 있다고 생각한다. 상징적인 차원에서 결투 신청이 말하는 것은 이와 같은 모욕을 수용하는 일이 자신의 지위를 상실하는 것과 마찬가지여서 그것 없이는 삶의 가치(전사 귀족의, 거의 엄격히 준수되지는 않던, 이상적 규범)가 사라진다는 점이다. 결투에서 누가 승리하는지는 상징적으로 상관없다. 왜냐하면 도전한다는 것만으로 명예가 회복되기 때문이다. 만약 도전자가 패배할 경우에도 자신의 명예와 명성을 지키기 위해 목숨을 걸었다는 사실을 과시함으로써 역설적이게도 그는 점수를 따게 된다. 결투의 논리 자체가 그것의 이상적 지위를 확실하게 만든다. 생명 그 자체를 담보로 할 정도로 지위나 명예의 중요성을 역설하는 규범 체계 속에서, 뜨뜻미지근한 추종자들이 설 땅은 거의 없다.

불가촉천민이든, 노예이든, 농노이든, 포로이든, 천대받는 소수자이든, 역사적으로 예속된 집단들 대부분에게 생존의 비결은 ― 어떻게 하든 항상 마음대로 되는 것은 아니지만 ― 증오를 삼키고 분노를 억누르며, 물리적 폭력의 충동을 통제하는 것이다. 지배 권력과의 관계에서 이와 같은 체계적인 상호적 행위의 좌절이야말로 내가 보기에 은닉 대본의 본질 대부분을 이해하는 데 도움을 준다. 가장 초보적인 수준에서 말하자면 은닉 대본은 지배 권력의 면전에서 취할 수 없는 분노와 대응적 공격의 환상 속 ― 그리고 가끔은 비밀스러운 관행 속 ― 실행을 대변한다.[36] 권력관계에 따른 제재만 없다면 피지배자들은 주먹에는 주먹으로, 모욕에는 모욕으로, 채찍에는 채찍으로, 창피에는 창피로 응수하려는 유혹에 빠질 것이다. 앨버트 허시먼의 개념으로 그것은 '목소리 내기'에 해당하는데, 공개 대본에서는 거부되는 것들이 무대 뒤에서는 목이 터지도록 표출되는 것이다. 공개된 장소가 요구하는 좌절과 긴장, 그리고 절제가, 상호주의의 대차대조표가 최소한 상징적으로는 균형을 맞추는 보다 안전한 환경에서는, 억제되지 않는 복수에 자리를 내준다.[37]

이와 같은 분석의 후반부에서 나는 은닉 대본에 대한 초보적·개인적·심리적 견해를 넘어, 그것의 문화적 요인, 그것의 정교화, 그리고 그것이 표현되는 형식에 대한 논의로 옮아갈 것이다. 하지만 당장 깊이 명심해야 할 것은 은닉 대본 속에 중요한 소망 성취의 요소가 담겨 있다는 사실이다.[38]

리처드 라이트가 『흑인 소년』에서 미시시피에서 보낸 자신의 청춘을 설명하는 내용의 대부분은 백인들 앞에서는 자신의 분노를 통제했다가, 안전한 흑인 동료 앞에서 그것을 차례차례 터뜨리는 내용이다.[39] 화를 억누르는 그의 노력은 일상적이고 의식적인 것이었다

— 하지만 항상 성공적이지는 않았다.

　매일매일 나는 창고에서 증대하는 분노와 더불어 야수의 마음을 보았다. 하지만 나는 그것이 내 얼굴에 나타나지 않도록 주의했다. 주인이 나를 쳐다보았을 때 나는 그의 눈을 피하곤 했다.[40]

　나는 내가 백인들과 충돌한 끝에 감정을 자제하지 못하고 말을 뱉음으로써 사형에 처해질까 봐 두려웠다.[41]

휴식 시간에 친구끼리 나눈 대화는 종종 복수와 보복의 환상으로 변해 갔다. 그런 환상들은 명시적이었고 때로는 다른 곳에서 발생한 사건에 대한 소문rumor 형태를 띠기도 했다. 예를 들자면 다음과 같다.

　응, 만약 이 부근에서 인종 폭동이 벌어진다면 나는 백인들 모두를 독약으로 죽여 버릴 거야.

　우리 엄마는 일하는 곳의 나이 든 백인 여자가 자신을 때린다고 했을 때 "그런 여사님, 만약 당신이 나를 때리면 나는 당신을 죽인 다음 그 죄를 갚으러 지옥에 갈 겁니다"라고 말했어.

　북부의 유색인을 백인이 때렸고, 이에 유색인이 그 백인을 때려 기절시켰는데, 그것에 대해 아무도 끔찍한 일을 하지 않았다고 그들은 말한다.[42]

라이트에 따르면 백인들에 대한 막후 대화는 항상 '폭력이 잠재된 감정'으로 둘러싸여 있었고, 골목길에 모인 흑인 소년들 사이에서 이와 같은 대화는 '우애의 시금석'이었다.

분노를 통제해야 하는 실질적 필요성과 그것의 환상 속 반영 사이의 연계를 말해 주는 또 하나의 증거는 흑인에 대한 인종적 지배의 심리적 결과에 관한 걸출한 — 심각한 결함도 있지만 — 연구에도 나와 있다. 이는 1940년대에 어브램 카디너와 라이어널 오베시가 쓴 『억압의 흔적』이라는 책이다.[43] 그들이 이해한 바에 따르면 전지전능한 타인을 향한 모든 대응은 이상화理想化와 증오심 사이의 적당한 조합이다. 이상화의 행태적 표현 — 조작하려는 의도가 있든 없든 — 은 아첨이라는 것이다. 이상화는 피부를 희게 만드는 화장품이나 머리를 곧게 펴는 도구를 사용하는 것처럼, 억압자가 흑인에 대해 갖고 있는 고정관념으로부터 멀어지고자 하는 모방의 형태를 취할 수도 있다. 이와 같은 최후 전략은 극소수의 경우를 제외하고는 부질없는 일이 될 수밖에 없다. 하지만 이 책의 목적과 관련해 보자면 이상화나 (어느 수준까지의) 모방은 공개 대본 속에서 나름의 출구를 쉽게 발견하는데, 이는 그것들이 지배 집단의 우월성을 정확히 재확인해 주기 때문이다. 그러나 이것과 맞먹는 증오심의 표명 — 이들을 우리는 무례나 거부라고 부를 수 있을 것이다 — 은 정의상 공개 대본 속에 명시적으로 이루어질 수 없다. 보복을 피하기 위해 그것들은 공개 대본 속에 교묘히 암시되거나 아니면 무대 뒤에서 표현되어야 한다. 이런 식으로 은닉 대본은 공개적으로 표현할 경우 위험에 처하기 쉬운 주장들의 보고寶庫가 된다.

수많은 개인적 프로필을 정리하면서 카디너와 오베시는 흑인들에게 가장 큰 심리적 관건은 공격성의 통제 및 그 결과라는 점을 강조한다. 그들이 발견한 공격성은 의식적으로 억압되기보다 무의식적으로 억제되었다. 그들의 연구 대상 가운데 한 사람이었던 G. R.은 자신의 분노를 알고 있고 또한 표현할 능력도 갖췄지만, 오직 그렇게 해도 안전할 경우에만 그렇게 하는 존재로 묘사된다. "이는 그가 지속적인 통제 상태에 놓여 있다는 사실을 의미한다. 그는 항상 맑은 상태로 깨어 있어서 감히 충동적으로 말하거나 행동하는 일이 없어야 했다."[44] 이 문제가 사실상 모든 피지배 집단에 해당한다는 입장에서 그들이 내린 결론은 다음과 같다.

> 분노의 현저한 특징은 그것이 유기체를 운동신경상의 표출에 도달하게 자극하는 감정이라는 사실이다. 증오는 분노가 약화된 형태로서, 공포와 분노를 야기하는 사람을 향한 감정이다. 좌절을 지속적으로 겪는 사람들에게 어려운 문제는 어떻게 이런 감정을 억제해 그것이 운동신경적 표현으로 비화하는 것을 막는가이다. 후자의 경우 주된 동기는 운동신경적 보복 공격으로 비화되는 것을 피하는 데 있다.[45]

공개적인 공격이 가혹한 보복을 자초할 것이 거의 확실하다는 사실을 숙지한 상태에서 그것을 통제하려는 노력이 항상 성공적이지는 않았다. 자신의 주장을 확실히 드러내는 이들은 흑인 사회의 전통적 문화 속에서 '나아아쁜 검둥이'baaaad Nigger라는 명성으로 한자리를 차지했는데, 그것은 존경과 공포의 경외심이 합쳐진 것이었다. 존경은 은닉 대본을 실천에 옮겼다는 의미이고, 공포의 경외심이란 그것을 위해 종종 자신들의 목숨까지 바쳤다는 뜻에서다. 앞으로 우리가 볼 것처럼 피지배 집단 — 흑인을 포함해 — 에서 더 보편적으로 등장하는 평범한 영웅들은 역사적으로 사기꾼의 모습이었는데, 이들은 적들의 허점을 찌르고도 무사히 도망치는 데 성공한 인물이었다.

분노를 통제하는 데 필요한 노력들을 보여 주는 몇몇 간접적인 증거들은 노예제 연구들로부터 나오는데, 이들은 어떤 상황에서 통제가 순간적으로 허물어지는지를 말해 준다. 18세기 버지니아 지역의 노예를 연구한 제럴드 뮬린은 노예 주인이 휴일을 선포하고 노예들에게 술을 제공할 경우, 술에 취한 그들이 "공격적이고 적대적이며, 무례하고, 능글능글하며, 대담하고, 완고해지는" 것으로 보이는 사례를 반복적으로 발견했다.[46] 이는 마치 술이 공격적 언행에 대한 통상적인 억제력을 다소간 약화함으로써, 은닉 대본의 일부가 무대 위로 올라오도록 길을 터주는 것 같았다.

　　백인에 대한 흑인의 육체적 승리를 흑인 공동체가 대리 만족을 통해 공식적으로 즐길 수 있도록 합법적으로 허락되는 경우가 이따금 생길 때마다, 그런 일은 민중들의 기억 속에 신기원을 이루는 사건이 되었다. 1910년 잭 존슨Jack Johnson과 짐 제프리스Jim Jeffries("백인의 희망")의 권투 시합, 그리고 그 이후 조 루이스Joe Louis*의 경기 상황들이 라디오 생중계를 통해 실시간으로 전파되면서 흑인 공동체에 잊을 수 없는 반전과 복수의 순간을 선사했다. "존슨이 백인(제프리스)을 두들겨 패 무릎을 꿇렸을 때 그는 흑인의 상징이 되어 평생 수모를 안긴 백인 전체를 대상으로 복수한 것으로 여겨졌다."[47] 그와 같은 순간들이 흑인들로 하여금 백인들이 지배하는 그들의 일상적 세계와 화해하게 만드는 안전판으로만 단순히 인식되지 않도록 하기 위해, 1910년 결투 직후 남부의 모든 주와 북부의 대다수 주에

---

* 미국의 흑인 권투 선수. 1937년 세계 헤비급 타이틀을 획득하고 불패의 기록을 세우며 12년 동안 타이틀 방어 25회라는 세계기록을 달성했다. '갈색 폭격기'라는 별명을 얻었다.

서는 인종 간의 시합이 벌어졌다. 직접적인 원인은 사례마다 달랐지만 그들의 승리가 봇물처럼 늘어나면서 흑인들은 태도나 말투, 행동거지가 순간적이나마 점점 대담해졌고, 대부분의 백인 공동체 입장에서 이는 도발 혹은 공개 대본에 대한 위반으로 비쳤다. 도취는 다양한 형태를 취했다.

피지배 집단 사이의 판타지 삶은 샤덴프로이데schadenfreude, 곧 남의 불행으로부터 느끼는 기쁨의 형태를 띠는 경향이 있다. 이는 부정적 호혜에 대한 희망, 다시 말해 높은 데 있던 사람이 아래로 내려오고 꼴찌가 첫째가 되는 보복을 의미한다. 그런 만큼 그것은 모든 천년왕국의 종교에서 필수적 요소다. 이와 같은 희망에 자연스럽게 부응하는 것처럼 보이는 사건 — 존슨과 제프리스의 일전一戰처럼 — 은 대체로 상징적 주목의 초점이 된다. 20세기 흑인 공동체의 경우 타이태닉호의 침몰이 바로 그와 같은 사건이었다. 결코 침몰하지 않는다고 일컬어진 선박에 화려한 의상과 보석으로 치장하고 승선한 돈 많고 힘 있는 수많은 백인들의 수장水葬(3등 선실에서 더 많은 사망자가 있었다는 사실은 무시되었다)은 많은 흑인들에게 시적詩的 정의의 일격처럼 보였다. 그것은 문자 그대로 그들 사이의 은닉 대본이 예언대로 입법화된다는 의미에서, 흑인들의 '상상을 포획'했다고 말해도 무방하다. 얄궂게도 타이태닉호 침몰을 다룬 '공식적' 노래들이 불린 것은 사실이다("거함이 침몰했을 때 무척 스을을펐다saaad……"). 하지만 흑인 공동체 안에서는 다른 노래들도 작곡되어 불렸다. 그것의 한 대목은 여러 반전에 대해 기뻐하는 것을 보여 주는 데 도움이 된다.

백만장자들 모두가 돌아서서 샤인[흑인 선박 화부]을 보았다.
그리고 이렇게 말한다.

"자, 샤인, 오, 샤인, 불쌍한 나를 구해 주게."

"우리는 너를 최대한 부자로 만들어 줄게"라고 말하면

샤인은 "당신은 나의 피부색을 미워하고, 나의 인종을 미워하죠"라고

답하고,

"배 밖으로 뛰어내려 상어들이 먹잇감을 쫓게나 하시죠"라고 말한다.

그리고 배에 타고 있는 모든 사람은 곧 죽게 되리라는 점을 깨달았다.

하지만 샤인은 헤엄칠 줄도 알았고 물에 떠있을 줄도 알았다.

그리고 샤인은 자신의 궁둥이를 발동선처럼 내던질 수도 있었다.

샤인은 엄청난 첨벙 소리를 내며 물속에 뛰어들었고,

모든 사람들은 저 검둥이 썹새끼가 과연 살아남을지 궁금해했다.

지옥에서 악마가 올려다보며 활짝 웃었다.

"저놈은 수영도 좆 나게 잘하는 흑인이야. 다시 들어오려고 물속으로

사라진 거야"라고 말한다.[48]

더 보편적인 차원에서 우리는 피지배 집단이 그들을 괴롭히는 사람들의 머리에 천벌이 내리도록 저주하는 노력에 대해서도 알고 있다. 앞에서 언급했던바, 흑인 노예 아기가 노예해방 이전 그녀의 백인 주인에게 자행한 것과 같은 정교한 저주는, 어떤 특정한 억압자에게 복수하겠다는 개인적 차원에서의 꿈, 혹은 흑인 권투 선수의 승리가 제공하는 환희를 훨씬 넘어서는, 매우 복잡하고 상징적인 메시지를 함축하고 있다. 그와 같은 저주는 공개적 기도 — 비록 무대 뒤쪽 관객에게 제한석으로 전달된다고 하더라도 — 로서, 복잡하면서도 심혈을 기울인 화려한 상상 또는 복수를 체현하고 있다. 마법의 관점에서 본다면, 이와 같은 저주는, 적절히 준비되고 실행에 옮겨질 경우, 그것이 표현하는 소망을 성취할 것이다. 노예해방이 있은

지 한참 뒤인 1920년대, 흑인 소설가이자 인류학자인 조라 닐 허스턴은 미국 최남부 지역에서 그와 같은 정교한 저주들을 다수 수집했다. 그 양이 너무 많아 모두 인용할 수는 없지만, 일부 발췌만으로도 그것의 조절된 분노를 느낄 수 있다.

> 오, 하느님이시여, 내가 나의 원수들에게 바치는 이 말이 꼭 이루어지길 바랍니다.
> 남풍이 그들의 육신을 태워 시들게 하시어 다시는 단단해지지 않도록 하시고
> 북풍이 그들의 육신을 얼려 근육이 마비되게 하소서.
> ⋯⋯
> 나는 죽음과 질병이 항상 그들과 함께하고, 그들의 작물이 열매를 맺지 않을 뿐만 아니라 소, 양, 돼지를 비롯한 그들의 모든 가축들이 배고픔과 목마름으로 죽어 가기를 기원합니다.
> ⋯⋯
> 나는 그들이 친구들에게 배신당해 권력과 금은金銀을 잃게 되기를 기도하며, 그들이 자비를 바랄 때까지 그들의 원수가 그들을 벌하면서 아무런 자비를 베풀지 않기를 기원합니다.
> ⋯⋯
> 오, 하느님이시여, 내가 이 모든 것들을 간청하는 이유는 그들이 나를 먼지투성이로 끌고 가서 나의 명성을 파괴하고 나의 가슴을 찢어 놓았을 뿐만 아니라 내가 태어난 날을 스스로 저주하게 만들었기 때문입니다. 그렇게 되어지기를 기도합니다.[49]

저주를 전체적으로 고려할 경우 모든 세부 사항들이 상세히 그려진

더 포괄적인 지옥살이를 상상하기가 어렵다. 복수란 저주 자체에 명백하게 드러나며, 그 저주는 억압을 불러일으키는 데서 시작하고 끝난다. 그리고 그 억압에 대한 저주는 정당한 응징이 된다.

은닉 대본의 더 풍성한 환상들은 그 자체로서가 아니라 공개 대본 내 지배 권력에 대한 반작용으로 이해되어야 한다. 이러한 환상들의 독창성과 창의성은 어떤 특정한 지배 관계를 뒤집고 부정하는 교묘한 수법 속에 존재한다.[50] 두 보이스야말로 이를 잘 깨달았는데, 그는 인종적 지배에 기인한 미국 흑인들의 이중의식에 대해 썼다. 그에 따르면 "그처럼 이중적 사고, 이중적 의무, 이중적 사회 계급과 함께하는 이중적 생활은 이중적 언어와 이중적 생각을 탄생시킬 뿐만 아니라 마음을 가식 혹은 반역, 그리고 위선 혹은 급진주의 쪽으로 부추긴다".[51] 두 보이스는 종종 한 명의 흑인이 하나 혹은 두 개의 의식을 대변한다고 생각했다. '반역'이나 '급진주의'의 경우는 "하느님을 욕하고 죽기로 작정한" 쪽인 반면, '가식'과 '위선'의 경우는 "목숨이 음식보다 중요하며 육신이 의복보다 중요하다"는 점을 망각했다. 내가 보기에 이 둘은 같은 인물에게 동시에 체화된 것으로서 전자는 은닉 대본이고 후자는 공개 대본이라고 생각해도 무방하다. 다시 말해 전자는 굴욕에도 불구하고 겉으로는 공손하거나 아부성 처신을 유지해야만 하는 필요에 따라 제기되는 부아와 분노의 지점이다. 만약 두 보이스가 급진주의를 북부와 많이 연관시키고 위선을 남부와 자주 관련시켰다면, 이는 아마도 북부 쪽 흑인들이 자신들의 속내를 어느 정도 자유롭게 드러낼 수 있었기 때문일 것이다.

이쯤 논의했으면 권력관계의 공식 혹은 공개 대본에 도대체 어떤 쓸모가 있는지 회의감이 들기도 할 것이다. 누가 과연 그것을 심각하게 생각하겠는가 말이다. 지금까지 우리는 피지배 집단이 일반적으로 대부분 위로부터 결정된 권력관계의 예의범절을 가급적 위반하지 않는 방식으로 처신해 왔다는 사실을 알고 있다. 하지만 그런 경우에서조차 겉모습을 자신만의 목적 달성을 위해 기술적으로 조작하거나, 뚜렷이 다른 견해가 지배할지도 모르는 직접적인 권력관계 너머의 세계와 단절하기 위해 일부러 노예근성을 연기할 능력이 있다. 지배계급 또한 자신들의 입장에서 피지배계급이 겉으로 드러내는 경의의 표현을 완전히 수용하지 않는다. 그들은 눈으로 보거나 귀로 듣는 것 이상의 뭔가가 있거나, 피지배 집단의 행위들 가운데 일부 혹은 전부는 속임수라고 믿고 있다. 마구馬具 그 자체는 지배계급이 고안한 것이지만, 그럼에도 그들은 피지배계급과 끊임없이 서로 앞서고자 '다툰다'고 느낀다. 그리하여 만약 이것 모두가 속인 사람은 결코 아무도 없는 거대한 야바위판shell game*이라면, 가식에 문제될 것이 무엇이란 말인가? 이 문제는 다음 장에서 다룰 것이다.

---

* 콩이나 작은 공이 든 종지 하나를 포함해 종지 세 개를 엎어 놓고 여러 번 위치를 바꾼 뒤 그 물건이 들어 있는 종지를 알아맞히게 하는 도박.

3장

—
볼만한
공연으로서의
공개 대본

아랫사람의 겸손은 사회적 질서를 유지하는 데 필수적이다.

_세비녜 부인.

주인인 사람은 자유로울 수 없다.

_장-자크 루소.

◆

공개 대본의 가치와 비용

지배의 관계는 동시에 저항의 관계다. 한번 지배 관계가 형성되었다고 해서 지속적인 지배 동력이 갖춰지는 것은 아니다. 지배라는 것이 피지배자의 의사에 반해 노동과 생산, 서비스, 세금 등을 추출하는 권력의 동원을 포함하는 한, 그것은 상당한 알력을 동반할 수밖에 없으며, 따라서 그것은 권력의 지속적인 강화나 유지 그리고 조정에 의해서만 유지될 뿐이다. 권력을 유지하는 데서 많은 부분은 그것의 실행과 공연에 의한 지배의 상징화로 구성된다. 권력의 모든 가시적·외향적 행사 — 각각의 명령, 존경의 행위, 명단과 서열, 의전, 공개 처벌, 존칭 사용 혹은 하대 표현 — 는 위계적 질서를 현시하고 강화하는 데 도움을 주는, 지배의 상징적 표식이다. 특정한 형태의 지배가 계속 유지될지 여부는 항상 난제다. 따라서 권력에 대한 저항을 감안해 어떻게 하면 그것을 계속 작동할 수 있게 할지 생각해 두는 게 좋다. 곧 얼마나 많은 폭력, 투옥, 처형, 밀약, 수뢰, 경고, 양보 등이 필요한지를 고민해야 하며, 장엄하거나 시범적인 처벌, 자비, 정신적 청렴 같은 것도 마찬가지다.

우선 이 장에서 나는 대충 쉬운 방법으로 공개 대본으로 대변되는 정치적 노력을 확인하고자 한다. 긍정, 은폐, 완곡 표현, 낙인찍기, 그리고 끝으로 만장일치의 외양은 여기서 분석할 지배 종류의 극적 연출법 가운데 핵심으로 보인다. 이어서 나는 만장일치의 개념을 확대해 공개 대본 내 사회적 행위를 일종의 열병식에 비유함으로써, 지배 엘리트들은 피지배자들의 독자적인 사회적 행동 가능성을,

결과적으로는 일부러 부정한다고 주장하려 한다. 실제 스스로 주도해 집단을 이루는 하급자들은 일반적으로 군중 혹은 폭도로 묘사된다. 마지막으로 나는 2장의 말미에서 제기한 질문으로 되돌아가고자 하는데, 그것은 누가 과연 이런 과시적 진열의 관객이 되느냐 하는 것이다.

어떤 행사는 기본적으로 특정한 지배 유형에 대한 언설적 확인으로 미리 계획된다. 붉은광장에서 벌어지는 노동절 퍼레이드는 사열대의 착석 위치에서부터 행진의 순서나 소비에트사회주의공화국연방 국방력의 전시에 이르기까지 모두가 위계와 권력의 거대한 진열인데, 이는 당원과 일반 주민, 그리고 타국의 적대자들에게 공히 경외감을 불러일으킬 만한 권력과 연대의 감동을 창조한다. 그러나 언설적 확인의 대부분은 이처럼 단순한 과시용으로만 고안되지 않는다. 말에 탄 감독관의 감시를 받는 농노나 노예 작업조는 권력관계의 언설적 확인이기도 하지만, 동시에 물질적 생산의 과정 그 자체라는 점은 두말할 나위도 없다.[1] 이보다 훨씬 자주 관찰되는 작은 '의례'는 아마도 지배와 복종의 일상적 체현을 더욱더 잘 보여 줄 것이다. 농부가 지주나 관리의 면전에서 모자를 벗는다든가, 노예 주인이 매질할 때 다른 노예들을 불러 함께 지켜보게 한다든가, 식사할 때 지위나 신분에 따라 자리가 정해진다든가, 접시 위에 남아 있는 마지막 고기 한 점을 남성 가장이 먹는다든가 하는 것들을 통해 서열과 권력관계가 표현된다. 이와 같은 언설적 확인 과정에서 엘리트는 자연히 정치적 이익을 최대한 누린다. 왜냐하면 이런 과정은 순위나 우열의 피라미드를 표시하는데, 그것의 정점을 차지하는 것이 바로 엘리트이기 때문이다.

로버트 오언이 뉴 래너크에 있는 자신의 방직공장에 도입한 '침묵의 모니터'야말로 권력과 판단의 관계들을 가시적인 것으로 만들고자 했던 대표적 사례이다.[2] 오언이 작업장에서 '하급자들의 행동을 통제하는 데 가장 효과적'이라고 믿은 침묵의 모니터는, 각 면이 검정색, 파란색, 노란색, 흰색으로 칠해진 4면짜리 작은 나무통이었는데, 하나 혹은 다른 면이 바깥을 보도록 고리로 맞춰져 있었다. 종업원 각각 — 아마 소유주 겸 관리자를 제외하고는 — 에게 작업장에 눈에 띄게 전시된 침묵의 모니터가 공급되었다. 전날 작업에 대한 상급자의 평가는 검은색/나쁨, 파란색/보통, 노란색/좋음, 흰색/뛰어남 등과 같이 색깔로 표현되었다. 상급자의 평가에 대한 항의가 허용되기는 했지만 실제 그런 일은 매우 드물었다. 오언이 아니라 누구라도 공장을 지나가면서 노동자 각각의 전날 성과를 눈으로 즉각 확인할 수 있었고, 마찬가지 이유로 개별 노동자들은 사실상 자신의 목에 관리자의 작업 평가를 두르고 있는 꼴이 되었다. 이와 같은 평가 체제에 시간적 깊이를 더하기 위해 각 색깔들은 숫자로 코드화되었고, 매일매일의 평가는 오언이 '성품의 책'이라고 부른 것에 기록되었는데, 이는 종업원이 자신의 공장에 근무하는 동안 계속되었다. 오언은 본인이 창안한 이런 기획과, 한 인간의 행위가 완전무결하게 기록되어 있다는 베드로 성인의 전설적인 책 사이의 유사점을 잊지 않았다. 그에 따르면 "성품의 책에 숫자를 적는 행위는 결코 지워지지 않을 것으로서, 불쌍한 인간의 선행과 악행을 표시하는 기록 담당 천사의 모습에 비유될 수 있었다".[3] 이와 같은 지상地上의 계획에서 하느님의 위치는 공장주가 차지했고, 죄의 역할은 생산과 이익을 위한 각 개인의 기여도에 대한 판단으로 대치되었다. 오언의 평가 체제는 자신의 하급자에 대한 지배자의 판단과 관련해 단지 정기적이고 공개적인 형식을 제공했지만, 이로써 공개 대본은 가시화되고 보편화되었다. 이와 같은 거대한 판단 사슬의 위계적 구조는 다른 관계들과 평가 기준을 말소하는 능력의 측면에서 거의 오웰적*이었다.

여기서 오언적 기획의 정반대 경우가 행사할 수 있는 상징적 효과를 한번 상상해 보라. 말하자면 상급자들이 그들의 행위에 대한 하급자들의 일일 평가를 목에 두르고 있을 뿐만 아니라, 이와 같은 원칙이 심지어 오언 자신에게까지 적용되고 있는 공장 말이다. 물론 이처럼 역전된 상황의 완성은 제재를 가할 수 있는 권력의 역전까지 포함해야 한다. 오언의 성품의 책에 쓰인 악평의 글들이 단순한 공개적 모멸만이 아니라 좌천이나 임금 삭감, 심지어 해고까지 의미했다는 점에는 의심이 여지가 없었으니 말이다.

지배와 평가의 오언식 공개 전시는, 권력의 다른 의례들과 마찬가지로, 자신이 최고 정점에 올라서 있는 위계 구조를 보여 주었을 뿐만 아니라 기존 생산관계에 대한 여하한 대안적 견해가 논의될 수 있는 공적 무대까지도 배제했다. 하지만 어떤 전시나 어떤 의례는 다른 것들에 비해 더욱더 정교하고 엄격하게 규제된다. 이는 승인과 지배가 대부분 그것의 과거에 대한 지속적이고도 충성스러운 연계에 근거하는, 역사가 오래된 제도들의 경우에 특히 그렇다. 따라서 국왕 대관식, 국경일 경축, 전몰 희생자 추모 등은 뜻밖의 놀라움을 방지하는 방식으로 연출되는 것처럼 보인다. 똑같은 일반화는 우리가 에티켓이나 예의범절이라고 부를 수 있는 훨씬 작은 일상적 의례에 대해서도 감히 얘기해 볼 수 있다. 에티켓이라는 규칙은 결국 사회적 상호작용에서 하나의 문법과도 같은바, 취향과 예법의 수호자에 의

---

* 조지 오웰의 『1984』에 나오는 전체주의를 의미한다.

해 부과되지만 그것의 사용자로 하여금 이방인의 무리, 특히 힘 있는 이방인의 무리 속에 안전하게 살 길을 찾을 수 있게 허락해 주는 것이다. 그러나 이곳에서의 연기에도, 부르디외가 말한 것처럼, 권력이 녹아 있다. "공손함에 포함된 양보는 항상 정치적 양보를 내포한다. …… 각 개인들에게 부과되는 상징적 세금인 것이다."[4] 여기에 연루된 정치적 양보가 가장 명백해지는 것은 공손함의 규칙을 준수하지 못하는 일이 불복종 행위로 간주될 때이다.

권력의 전시와 의례는 강제력의 사용을 저렴한 비용으로 대체하는 그 무엇, 혹은 권력이나 권위의 원천이었다가 그 이후 점차 약화되는 자원을 슬쩍 활용하려는 시도라고 이해하고 싶을지도 모른다.[5] 효과적인 전시는 권력의 실제적 인상과 그것을 사용하겠다는 의지를 전달함으로써, 폭력을 현실적으로 동원하는 데 필요한 비용을 아낄 수 있다.[6] 예를 들어 지주들이 (밀렵, 지대 거부, 탄원, 반란 등을 통해) 자신에게 저항하는 임차인이나 노동자 누구라도 확실하게 찾아 처벌할 수 있는 강압적 무력을 최근에 확보한 고도로 위계화된 농업 사회를 상상해 보자. 그들이 무기를 과시하거나, 과거의 억압 기억을 기념하거나, 엄격하고도 단호한 분위기를 조성하는 방식을 통해 강력한 의례적 간판을 유지하는 한, 그리고 그들이 행사하는 억압의 가시적 상징물이 예컨대 감옥이나 경찰 및 공개적 위협의 형식으로 늘 제자리에 남아 있는 한, 그것은 지배자의 실제적·현재적 권력에 거의 버금가는 위협적인 영향력을 행사할 수 있다. 지주의 권력은 아주 작게만 표출되어도 당분간은 권력의 독한 공기를 유지하기에 충분하다. 어떤 구체적인 사례를 통해 지주의 약점이 드러나지 않는 한, 지주의 권력은 오랫동안 도전받지 않을 수 있다.

권력과 권위의 성공적인 소통은 그것이 일종의 자기 충족적 예언을 만드는 데 기여한다는 점에서 중요한 의미가 있다. 만약 피지배자들이 자신들의 상급자가 힘이 강하다는 사실을 믿는다면, 그런 인상이 스스로를 옥죄어 결과적으로는 상급자의 실제 권력에 보탬이 된다. 겉모습도 큰 영향을 미친다. 아돌프 히틀러는 다음과 같은 언급을 통해 이런 통찰력의 가장 으스스한 형태를 우리에게 보여 준다. 곧 "물리적 폭력만으로 지배할 수는 없다. 폭력이 결정적인 것은 사실이지만, 동물 조련사가 맹수의 주인이 되기 위해 필요하듯이 이처럼 심리적인 요소가 마찬가지로 중요하다. 우리가 승자라는 사실을 국민들이 확신하지 않으면 안 된다".[7] 나중에 나는 자신들의 권력을 이런 식으로 '자연화'하려는 대다수 지배 엘리트들의 능력을 왜 의심할 수밖에 없는지에 대해 말할 수 있게 되기를 바란다. 하지만 지금 여기서는 그와 같은 권력 전시의 대상이 피지배 집단에 그치는 것이 아니라 엘리트 자신들도 연기의 소비자라는 점을 말해 둘 필요가 있다.

우리가 생각하기에 지배 집단의 성원들은 사회화 과정에서 권위와 자신감으로 무장한 행동 요령을 학습한다. 세습에 의해 지배 집단이 되는 경우, 이와 같은 훈련은 일반적으로 출생과 더불어 시작되는데, 가령 귀족은 어떻게 귀족으로 행동해야 하는지, 브라만은 어떻게 브라만으로 행동해야 하는지, 남자는 어떻게 남자로 행동해야 하는지를 배운다. 이와 달리 자신의 지위가 비非세습적으로 획득되는 경우 상관으로서, 교수로서, 장교로서, 혹은 식민 관료로서 자신의 역할을 확신하게 만드는 현장 연수가 필수적이다. 지배력의 연기는 피지배자들에게 새겨질 어떤 인상을 위해 보란 듯이 연출된 것이다. 하지만 동시에 그것은 지배자 자신들의 등골을 오싹하게 만들기도 한다. 오웰이 「코끼리를 쏘다」의 다른 대목에서 관찰한 것처럼,

원주민이 보는 앞에서 식민 관료로 행동한다는 것은 강력한 동기부여가 될 수 있다.

> 군중들이 나를 지켜보는 가운데 내가 느낀 것은 일반적인 의미에서의 공포가 아니었다. 그것은 만일 내가 홀로 있었다면 결코 느낄 법한 것이 아니었다. '원주민들' 앞에서 백인은 결코 겁을 먹어서는 안 되며, 따라서 일반적으로 그렇게 겁을 먹지 않았다. 내 마음속 단 한 가지 생각은 만약 뭔가 잘못 돌아간다면 내가 쫓기다 잡혀 우르르 짓밟힌 채 언덕 위에서 인디언처럼 이빨을 드러내고 있는 송장이 되는 모습을 2000명의 버마인들이 지켜보게 되리라는 점이었다. 그리고 만약 그런 일이 실제 일어났다면 그들 중 일부가 비웃을 공산이 높았다. 결코 일어나서는 안 되는 일이었다.[8]

무대 뒤 관객이 없는 곳 — 은닉 대본이 여기에 해당할 것이다 — 에서 오웰이 하는 것과는 별개로 그가 원주민 앞에서 취할 처신은 식민 지배가 공개적으로 정당화되는 인상을 담아내야 하는 것이다. 이럴 경우 그것은 버마인을 보호하기 위해 자신의 월등한 화력을 공개적으로 사용하는 것, 그리고 그것을 마치 식민 관료로서 천부적 재능처럼 능숙하게 행사하는 것을 의미한다. 이런 관행에 너무나 동화되어 있던 나머지, 그는 사람들 사이에 흔히 있을 법한 조롱을 마치 죽음처럼 두려워하는 것으로 보인다.

피지배자들 앞에서 무대 위에 선다는 것은 지배자의 말이나 행동에 강력한 영향을 미친다. 지배자들에게는 단체 극장이 있는데, 그것은 종종 그들의 자기 정체성의 일부가 된다. 무엇보다 그들은 극단적으로 비판적인 관객 앞에서 연기하는 느낌을 자주 받는데, 이때 관객이란 무대 위에 올라가 있는 배우가 기량을 잃고 있다는 사실을 보여 주는 어떤 신호라도 열렬히 기다리는 존재다. 남북전쟁 이전 미국 남부 대농장의 일상을 예민하게 관찰한 사람들이라면 노예 주인의 말과 행동은 흑인 노예가 방에 들어오는 순간 바뀐다는 사실을 알아차릴 것이다.[9] 인도네시아 동부 지역에 살았던 네덜란드 사람들은 노예를 가졌던 토라자족의 행동과, 노예가 없었던 부족들의 행동이 크게 달랐다는 점을 알았을 것이다. 자신들의 노예들 앞에서 체면을 높이 유지하는 데 항상 유념할 수밖에 없었던 토 라게To Lage 나 토 안데To Anda'e 부족은 자기통제의 대부분을 이런 식으로 성취했다. 그리하여 외국인들에게 자신들이 보다 문명화되어 있다는 인상을 주었는데, 이는 노예들로부터의 이런 압력을 받지 않고 살았던 토 페바토To Pebato 부족이 본래 모습대로 그냥 살거나 한층 흐트러진 모습으로 살았던 것과 매우 달랐다.[10] 지배 집단에 의해 유지되는 무대의 전면이 아무리 인상적이라고 해도, 그것은 자신들에 대한 경외심을 고취하려는 목적 못지않게, 자신들을 잘 드러내지 않게 하려는 목적을 위해서도 고안된다.

은폐

경찰서장: 내가 가발을 쓰고 있다는 사실을 그가 알았나요?

주교: (판사와 장군에게 히죽히죽 웃으며) 그는 모든 사람들이 알고 있는 것을 모르고 있는 유일한 사람입니다.

_장 주네, 『발코니』.

알제리를 배경으로 하는, 주네의 작품 『영화』에는 아랍의 농업 노동자들이 자신들의 유럽인 현장감독이 외모를 크고 멋있게 보이기 위해 배와 엉덩이에 패드를 사용하고 있다는 사실을 아랍 하녀가 발견했을 때 그 현장감독을 살해하는 장면이 나온다. 일단 그가 평범한 몸매의 소유자라는 사실을 알게 되자 그들은 겁을 먹지 않게 되었다. 이와 같은 우화가 아무리 터무니없어 보이더라도 이는 권력의 연출법에 대한 하나의 중요한 진실을 포착하고 있다.

이상적으로 말해 지배자들은 공개 무대를 통제함으로써 그들이 보여 주고 싶은 것에만 피지배자들의 접근을 허용하는 외관을 창조할 수 있다. 그들이 고안하는 속임수 — 혹은 선전 — 는 자신의 몸집에 패드를 넣는 것일 수도 있지만, 본인의 위엄과 권위를 손상할 수 있는 무언가를 감추는 기능을 할 수도 있다. 따라서 예컨대 르완다에서 농업인 후투족을 봉건영주로서 지배했던 목축인 투트시족은 전적으로 그들이 기르는 가축에게서 얻는 액체들 — 젖과 피 — 만 먹고 사는 것처럼 대외적으로 연출했다. 말하자면 고기는 절대 먹지 않는 것처럼 보이도록 했던 것이다.[11]

그들은 이런 이야기가 후투족들이 자신들을 더 존경스러운 눈빛으로, 그리고 절제력이 강한 존재로 쳐다보게 만든다고 믿었다. 실제로 투트시족은 고기를 좋아했으며 여건이 허락하는 경우 은밀히 고기를 먹기도 했다. 만약 그들의 충직한 후투족 하인들이 고기를 먹는 장면을 현장에서 보았을 경우, 그런 사실을 비밀에 부치겠다고 서약한 것으로 알려진다. 후투족이 자신들만 쓰는 숙소에서 투트시족 지배자들의 위선적 식생활을 조롱거리로 삼는 일을 별로 좋아하지 않았다고 하면 깜짝 놀랄지도 모르겠다. 다른 한편으로 그때만 해도 후투족은 투트시족의 육식 생활을 공개적으로 알릴 모험을 감

행하지 못했고, 공개 대본 또한 마치 투트시족은 액체 음식만으로
사는 것처럼 진행될 수 있었다.

　유사한 패턴은 힌두 고급 계층과 불가촉천민 사이의 공적 관계에
서도 발견된다. 공식적으로 이 두 집단 간의 접촉은 상대적 순수와
오염의 정교한 의례를 통해 관리된다. 이와 같은 현실이 공식적으로
견지되는 한, 많은 브라만들은 사적으로 이런 규범을 어기는 데 결
코 주저하지 않는다. 따라서 불가촉천민 집단 출신 뚜쟁이는 상류
계층 출신 손님이 자신과 함께 식사하거나 자신의 옷감을 사용토록
하는 일을 즐겼는데, 이런 행동이 무대 뒤쪽 은밀한 공간에서 발생
하는 한 그들은 비교적 아무런 신경도 쓰지 않았다.[12] 투트시족의
경우처럼 공식적 현실에 대한 이런 식의 위반 행위들이 피지배자들
사이에 널리 알려지는 것은 별로 문제가 되지 않는다. 이것이 확실
히 문제가 되는 때는 공식적 서사를 공개적으로 위협할지 모르는 상
황에서 그와 같은 행위가 명시적으로 선포되거나 전시되지 않을 경
우다.[13] 모순이 공개적으로 드러날 때만 그것에 대한 설명도 공개적
으로 필요한 것이다.

　극단적인 경우에 어떤 사실은, 비록 널리 알려져 있다고 하더라
도, 공개적인 맥락에서는 결코 언급되지 않는다. 예컨대 미하일 고르
바초프의 글라스노스트 이전까지 소련의 강제노동 캠프처럼 말이다.
여기서 관건은 대부분의 사람들이 알고 있는 사실을 공적 언설에서
감추는 것이다. 그와 같은 상황에서는 사실상 두 가지 문화가 나타
날 수 있다. 하나는 화려한 미사여구, 침묵, 상투어로 가득 찬 공식
문화이며, 다른 하나는 그 자체의 역사, 그 자체의 산문과 시, 그 자
체의 신랄한 속어, 그 자체의 음악과 시, 그 자체의 유머, 그 자체의
부족한 지식, 부패 그리고 불평등을 갖고 있는 비공식 문화인데, 이

것 역시 사람들 사이에 널리 유포되어 있을 수는 있지만 공식 언설 속에는 등장하기 어렵다.

공식적 권력관계는 지배 전반의 상징적이고 공개적인 요소라기보다 권력의 약화를 감추는 체면치레 전략에 더 가깝다는 주장이 종종 제기되어 왔다. 수전 로저스는 이와 같은 논리를 농민 공동체의 양성兩性 관계 전반에, 특히 프랑스 로렌 지역의 경우에 적용한다.[14] 문화적 전통이나 법률은 모든 지위를 사실상 장악하고 있는 남성들에게 권위와 명망을 제공한다. 비록 여성들의 권력이 마을에서 '더 실질적'이긴 하지만 동시에 그것은 은밀하고 비공식적일 뿐이다. 로저스의 설명에 따르면 남성들은 자신들의 권위에 대한 공개적 도전이 없는 한, 그리고 그들이 여전히 세상을 움직이는 '주역'으로 남아 있는 한, 이와 같은 사실을 수용한다. 하지만 실제로 벌어지는 비공식적 현실이 남성들의 권력을 단순히 겉치레나 허상으로 만든다는 식의 결론에 도달하는 것은 그와 같은 상징적 양보가 '정치적 양보'이기도 하다는 점을 망각하는 일이다. 여성들의 그런 힘이 남성들의 공식적 지배를 실권으로 재확인하는 예의범절의 장막 뒤에서나 행사될 수 있다는 점은 남성들이 공개 대본을 지속적으로 통제하고 있다는 것에 대한 찬사이다. 비록 서툰 찬사일지라도 말이다.[15] 딴 사람의 이름으로 권력을 행사하는 이는 공식적인 직함 소유자가 언제라도 권력을, 본질은 물론 형식까지도, 다시 환수할지 모르는 위험을 각오해야 한다.[16]

완곡어법과 낙인

만약 지금까지 우리가 검토해 왔던 공개 대본의 한쪽 측면이 지배 엘리트가 유지하고 있는 경외감을 확대하거나 어떤 사회적 사실을 대중의 시선으로부터 완전히 차단하려는 것을 목적으로 했다면, 공개 대본의 또 다른 측면은 거부할 수 없는 권력의 외관을 화장술로 미화하는 데 기여한다. 이를 표현할 만한 더 나은 단어를 찾지 못했기에, 나는 이 과정을 포착하기 위해 부르디외가 말하는 '완곡화' 개념을 사용하고자 한다.[17]

누구라도 언어생활에서 완곡어법을 만난다면, 그것은 미묘한 주제에 부딪혔다는 사실을 알리는 거의 확실한 표시다.[18] 완곡어법은 부정적으로 평가되고 있는 그 무엇, 혹은 더 직설적으로 표현되면 난처한 상황으로 귀결될 법한 그 무엇을, 애매하게 말하기 위해 사용된다. 따라서 우리에게는, 적어도 영미권 문화에는, 배변하는 공간을 완곡하게 표현하는 수많은 용어가 있다. 존john이나 휴게실restroom, 변소comfort station, 물 벽장water closet, 세면장lavatory, 루loo 등이 대표적이다. 공개 대본이 완곡어법을 도입해도 이와 비슷한 역할을 맡게 되는데, 곧 지배가 수반하는 수많은 지저분한 사실들을 은폐함으로써 그것들의 무해하고 건전한 측면을 부각하게 되는 것이다. 특히 완곡어법은 강제력의 사용을 감추는 목적으로 고안된다. 얼핏 머리에 떠오르는 완곡어법 사례들을, 그것들의 더 직설적인 민낯 형태의 대안적 용어들과 단순히 열거해 보기만 해도, 정치적으로 그것들이 어떻게 활용되는지 충분히 드러난다.

평정 대對 무력 공격 및 점령

진정화鎭靜化 대 구속복 착용에 의한 수감

최고 형벌 대 국가 살인

재교육 캠프 대 정적용政敵用 감옥

흑단黑檀* 무역 대 18세기 노예 교역[19]

각 용어들의 쌍에서 앞에 있는 것은 지배 세력이 공식 언설에 부과한 것으로, 그 목적은 다수의 사람들을 도덕적으로 기분 상하게 할 만한 행위나 사실에 점잖은 외양을 입히는 것이다. 그 결과, 생생하고도 일상적인 언어 표현은 억지되며, 종종 공식 언설의 영역에서 추방된다.

공식적 완곡어법이 그것과 다른 종류의 귀에 거슬리는 어법을 압도하도록 허용될 때마다 공공 지식에 대한 지배적 독점은 피지배자들에 의해 공개적으로 인정된다. 물론 이와 관련해 그들에게 별로 선택권은 없다. 그럼에도 그와 같은 독점에 대해 공개적으로 이의가 제기되지 않는 한 그것은 '그 자체를 설명할' 필요도 없고 '책임질' 일도 없다. 자본주의 경제에서 흔히 있는 실업의 경우를 보자. 고용주들이 노동자들을 해고할 때 그와 같은 행위는 예컨대 "우리는 그를 내보내야만 했어"라는 식으로 말해지는 경향이 있다. 이 짧은 문장 속에 그들은 고용주로서 행사했던 자신의 역할을 희석한다. 곧 이 문제에 관한 한 그들은 어쩔 수 없었으며, 해고된 노동자는 마치

---

* 쇠처럼 무겁고 단단한 검정 빛깔의 나무로서, 아프리카 사람들의 끈질긴 생명력과 강인한 의지를 좋은 뜻으로 대변하는 말.

줄에 묶인 불편한 개가 풀려나듯이 자비롭게 해방되었다는 식의 인상을 전달하는 것이다. 해고된 노동자들은 "그들이 나를 잘랐다", "그들이 내 목을 쳤어", "나를 파면했어"라는 식으로 더 적나라한 동사를 사용하거나, 아니면 '그 개자식들'과 같은 말을 문장의 주어로 삼기도 한다. 언어 형식은 누구의 황소가 들이받혔느냐에 크게 달려 있다.* 우리가 병력 감축, 긴축재정, 정리 해고, 방출 등의 용어를 들을 경우, 누가 이런 말을 하는지를 자신 있게 짐작할 수 있다. 하지만 이와 같은 완곡어법이 효력을 계속 발휘하는 한 그것은 여전히 공식 표현으로 남아 있다.

표현하는 행위가 정치적 의미를 적재하지 않을 수 없다는 사실은 전혀 놀라운 일이 아니다. 남아 있는 문제는 지배하는 쪽의 표현이 공개 대본을 독점하는 정도이다. 내가 연구한 적이 있던 말레이시아 농촌의 경우, 부유한 이웃을 위해 농사를 짓던 가난한 농민들은 임금 이외에 곡물을 보너스로 받았다. 이런 보너스는 수확기에 즈음해 생기는 노동력 부족 현상과 밀접히 연관되어 있었는데, 부자들은 이와 같은 선물을 자카트라고 공개적으로 표현했다. 이슬람 문화에서 자카트가 그것을 제공하는 사람의 종교적 자비를 선양하는 십일조 혹은 기부의 한 가지 형태인 한 그런 식의 표현은 부농들의 이익을 위한 것이었다. 부자들 모르게 추수 노동자들은 이와 같은 보너스를 임금의 필수적 일부, 곧 자신들의 노동에 대한 당연한 보상으로 간주했다. 그럼에도 마을의 권력관계는 추수 노동자들에게 확연히 불리하게 기울어져 있었는데 그 까닭은 부자 자신들의 이익에 봉사하

---

* 상대적 약자 혹은 피해자가 어느 쪽인가에 달린 문제라는 의미이다.

도록 만들어진 개념 규정에 대해 노동자들이 공개적인 저항을 신중히 자제했기 때문이다. 그것을 방관하고, 그런 용례에 반박하지 않으며, 그런 표현 방법에 마치 동의하는 것처럼 공개적으로 행동함으로써, 가난한 농민들은 마을의 엘리트들이 행사한 공식적 언설의 독점에 어쩌면 의도적으로 기여했다고 볼 수 있다.

내가 사용하고 있는 넓은 의미에서의 완곡어법 — 표현과 외관을 지배적 권력자의 이익에 맞춰 재단하는 것 — 은 언어에만 국한되지 않는다. 그것은 몸짓이나 건축, 의례적 행위, 공개 행사 등 힘 있는 자가 자신의 권력을 본인이 원하는 대로 그리고자 하는 어떤 행동에서도 나타날 수 있다. 결론적으로 말해 그것은 잘난 척하는 지배 엘리트의 자화상이다.

다른 때와 마찬가지로 이와 같은 자화상의 경우에도 나름의 정치적 비용을 동반한다. 왜냐하면 그와 같은 위장이 피지배자들에게 하나의 정치적 자원이 될 수 있기 때문이다. 우리가 나중에 더 자세히 살펴볼 것처럼 피지배자들 앞에서 지배 집단은 스스로 제시한 이상적인 역할에 부합하는 생활을 하도록 요구받을 수 있다.[20] 만약 그들이 임금 지불을 선의의 자선 행위로 정의한다면, 그들이 그와 같은 '선물'을 제공하지 못할 경우 공개적으로 몰인정한 인간으로 비난받을 수 있다. 만약 황제가 농노의 편에 선 강력하고 자애로운 존재로 묘사된다면 기근이 찾아왔을 때 그는 농노로부터 납세 면제를 요구받을 수 있다. 만약 '인민민주주의'가 근로대중의 이익을 신장하기 위해 존재하는 것이라고 주장한다면, 왜 파업을 탄압하고 노동자들을 투옥하는지를 쉽게 설명하기 어려워진다.

끝으로 배추를 장미라고 부를 수 있는 권력, 그리고 그것이 공식 영역에서 수용되게 만들 수 있는 권력은 그 반대의 경우도 할 수 있는 권력, 곧 공인된 현실에 의문을 제기하는 행동들이나 인물들을 낙인찍을 수도 있는 권력을 암시하기도 한다. 이와 같은 낙인 과정에는 대체로 일정한 패턴이 있다. 반역자들이나 혁명가들은 그들의 정치적 주장에 대한 관심을 딴 곳으로 돌리기 위해 강도, 범죄자, 깡패 등으로 명명된다. 마찬가지로 공인받지 못한 종교적 관행에는 이단, 악마 숭배 혹은 마법이라는 이름이 붙는다. 소상인들은 프티부르주아균菌으로 불릴 수 있다. 푸코는 근대국가의 등장과 더불어 이와 같은 과정이 얼마나 점점 더 의료화醫療化되고 탈인격화되는지를 역설하고 있다. 일탈, 비행, 그리고 정신병 같은 용어는 그런 딱지에서 기인하는 개인적 낙인의 상당 부분을 제거하면서, 동시에 밑으로부터의 저항을 과학의 이름으로 무의미하게 만드는 데 성공하도록 만든 것으로 보인다.

만장일치

공개 대본의 네 번째 기능은 지배계급들 내부의 합의와 피지배자들 사이의 동의를 외관상으로 만드는 것이다. 매우 위계적으로 조직화된 농업 사회의 경우는 어디라도 지배계급들 내부의 합의라는 부분에 더 많은 진실의 측면이 있다. 예컨대 봉건영주, 상류 지주계급, 노예주, 브라만 등은 하나의 문화적 통합에 동참하는데, 이는 혼인 관계, 사회적 연줄, 관직 등으로 보강된다. 이는 비록 전국적 수준은 아닐지 모르나 적어도 지역적 수준까지는 확대된다. 이와 같은 사회적 통합은 방언, 의례적 관행, 음식, 여흥 등에 반영될 공산이 높다. 이와 대조적으로 민중 문화는 방언이나 종교 생활, 의복, 소비 패턴, 그리고 가족 관계의 측면에서 더 제한된 지역에 뿌리를 두고 있다.[21] 그 문제의 사실 여부를 넘어 대부분의 지배 집단은 연대와 신념 공유라는 공식 이미지를 제고하려고 필사의 노력을 기울인다. 의견 불일치, 비공식 대화, 부주의한 논평 등은 가급적 최소화될 뿐만 아니라, 가능하다면 그것들은 일반 사람들의 눈에 띄지 않도록 교무실, 귀빈 저녁 파티, 식민지 내 유럽인 전용 클럽, 장교클럽, 남성 전용 클럽, 그리고 더 비공식적이면서도 은폐되어 있는 수많은 장소 등에서 관리된다.[22]

불화가 피지배자들의 시선에 드러나지 않는 이점은 너무나 확실하다. 만약 지배자들이 서로 심각하게 다툴 경우 그들의 힘은 그만큼 약화될 것이며, 피지배자들은 그와 같은 분열을 이용해 복종의 조건을 재협상하려 들지 모르기 때문이다. 따라서 효과적인 연대의 외양은 밖으로 드러나는 엘리트의 권력을 강화함으로써 피지배자들이 불복종이나 저항의 위험성을 계산하는 데 아마도 영향을 미치게 될 것이다. 19세기 초 러시아 황제 알렉산더 1세는 귀족들에 대한 규율 강화의 필요성을 잘 알고 있었다. 이때 그는 규율의 확보가 자신이 결코 귀족의 이익에 반해 농노를 편들려는 것이 아님을 암시하는 방식으로 추진되어야 함을 확실히 알고 있었다. 그는 지방 총독들에게 비밀 서신을 보내 지나치게 잔인하고 비인간적인 귀족을 조사하도록 했다. 황제는 자신의 온정주의적 접근이 가져다줄 어떤 상징적 이득도, 엘리트들 내부의 명백한 갈등이 만약 공개될 경우 초래할 수 있는 밑으로부터의 저항 촉발에 비해서는, 이익이 더 크다는 점을 잘 알고 있었다.[23]

지배자들과 피지배자들 사이의 공식 행동이 위계 관계를 상징하는 일종의 극화劇化된 권력 장면에 불과한 것은 결코 아니다. 소통의 많은 부분 — 특히 현대사회에서 — 은 권력관계에 실질적인 영향을 미치지 않는다. 그럼에도 거의 모든 지배 관계에서 권력자들은 자신들이 자임하는 권력을 건드리는 어떤 논쟁도 대중들의 눈에서 감추기 위해 매우 열심히 노력한다. 만장일치의 인상이 자신을 넘어 피지배자들에게까지 확대된다면 그들의 통제력은 더욱더 강화된다. 권력의 그런 전시는 헤게모니적 이데올로기의 시각적·청각적 구성 요소로서, 완곡어법을 쓰는 것이 그럴듯한 느낌을 갖게 만드는 의례가 된다. 만일 어떤 대지주 밑에서 일하는 소작인들이 소작료를 불만스러워한다면, 아마도 대지주는 공개적 대결을 벌이는 대신 소작인들을 개별적으로 만나는 전략을 통해 양보를 시도할 것이다. 어떤 식으로든 불복종이 공개적으로 드러나지 않게 감추는 것은 결코 단순한 분할통치 전략의 산물이 아니다. 공개적 불복종은 완곡하게 표현된, 권력의 매끄러운 표면에 대한 극적인 모순을 표현한다.[24]

이런 맥락에서 전통적인 불경죄는 심각한 사안이 되기에 충분하다. 어떤 저항이 공개적으로 그리고 명백히 인정되지 않는 한, 지배 유형들은 사실상 상당한 수준의 저항을 감내할 수 있다. 그러나 일단 그런 저항이 공개적으로, 그리고 명백히 인정된다면, 상징적인 현상유지 상태가 복원되기 위해 공식적 대응이 필요해진다.

권력관계의 상징적 복원은 공개 사과에 부여되는 중요성에서 볼 수 있다. 어빙 고프먼은 미시적 사회질서를 세밀하게 분석하며 공개 사과의 목적을 검토했다.[25] 지배 규범을 공공연하게 위반한 피지배자는 공개 사과의 일환으로 자신이 그런 범죄를 다시는 저지르지 않고 문제가 된 법률을 준수하겠다고 선언한다. 다시 말해 그는 그것이 범죄라는 자신의 상급자의 말을 공개적으로 수용하고 그것에 따르는 문책이나 처벌을 무조건 감수한다. 이는 철회와 부인否認의 성실성과는 거의 관계가 없는데, 왜냐하면 공개 사과 행위가 외견상 순응을 의미하는 공개 대본을 복원하기 때문이다. 순수하게 상징적일지 모르는 세금도 그것을 부과받는 사람의 입장에서는 무겁다. 남북전쟁 이전 남부 노예들에 대한 설명에 따르면 불복종을 이유로 처벌받게 된 노예들을 용서하는 의례적 절차에 얼마나 많은 노력이 기울여졌는지 알 수 있다. 주인을 향해, 그리고 동석한 다른 노예들 앞에서 '자신을 스스로 낮춘' 다음에야 비로소 그에 대한 처벌은 대체로 경감되었다.[26]

20세기 들어 공개 사과 및 공개 고백 — 일반적으로는 처형이 뒤따랐다 — 을 가장 광범위하게 사용한 것은 1930년대 후반 스탈린식 숙청과 여론 조작용 공개재판에서다. 강령에 대한 만장일치는 너무나 소중했기에 당으로서는 반체제 인사를 진압하는 것만으로 충분하지 않았다. 피해자들은 당의 판단을 수용한다는 사실을 공개적으로 천명해야 했다. 공개 고백을 주저하면서 선고宣告 이전 당의 상징적 기본 구조를 복원하는 데 협조하지 않은 이들은 흔적도 없이 사라졌다.[27]

물론 피지배자의 입장에서 볼 때 공개 사과는 종종 기존 질서를 어기는 범죄에 내려지는 가장 극단적인 처벌을 피하는, 상대적으로 경제적인 방법이 될 수 있다. 단순히 그것은 강박에 의해 냉소적으로 채택된 하나의 전술일 수도 있다. 하지만 거듭 말하거니와 중요한 것은, 그리고 강조되는 것은, 그것이 규범 준수를 알리는 쇼 공연이라는 점이다. 반성, 사과, 용서 구하기, 그리고 더 일반적인 의미에서의 상징적 교정은 대부분의 어떤 지배 과정에서도 처벌 그 자체보다 더 필수적인 요소다. 자신의 범죄에 대해 후회를 표현하는 범인은 일반적으로 상징적 질서의 복원에 약간이나마 기여했다는 이유로 처벌을 적게 받는다. '잘못을 범한' 자식 때문에 미안하다고 말하고 다시는 그것을 반복하지 않겠다고 약속하는 경우도 물론 비슷하다. 이런 모든 행위자들이 제시하는 것은 밑으로부터의 언설적 동의 표시인데, 그것이 훨씬 가치 있는 이유는 상징적 질서가 그것으로부터 이익을 가장 적게 얻는 사람들로부터도 자발적으로 수용된다는 인상을 만드는 데 기여하기 때문이다.

지배의 도덕 경제에서 상징적 납세의 흐름이 왜 그토록 중요한지를 알기 위해서는 이런 상징적 납세를 거부할 경우 발생하는 상징적 결과를 상상해 보면 된다. 법정이 반항적이고 도전적인 범죄자로 가득하다면, 노예들이 자신을 낮추기를 완강히 거부한다면, 자식이 부모의 처벌을 시무룩하게 받아들이며 후회하는 기색을 드러내지 않는다면, 그들의 행동은 지배라는 것이 결국 폭정에 불과하다는 신호를 역력히 드러내고 만다. 곧 힘이 너무 약해 권력관계를 뒤집지 못하는 피지배자들, 그러나 그것에 대한 상징적인 도전을 자랑스러워하는 피지배자들을 대상으로 하여 권력을 성공적으로 행사하는 수준에 불과해지고 마는 것이다. 두말할 나위도 없이 지배 엘리트들은 자신들의 규범에 대한 자발적 동조를 선호한다. 하지만 만약 그것이 어려워지는 경우, 그들은 최소한, 그들이 할 수 있는 한 언제라도, 진정한 복종의 모조품이라도 얻어 내려고 한다.

열병식 대 군중 : 인가 및 비非인가 집회들

지배자들이 보여 주고 싶어 하는 공개 대본 가운데 으뜸은 자신의 지배를 축하하고 극화하기 위해 조직된 공식적 의례이다. 열병식, 취임식, 행군, 대관식, 장례식 등은 대부분 지배 집단들의 직접 선택을 통해 자신들에 대한 장관壯觀을 연출하는 기회를 제공한다. 그와 같은 의례들의 구조를 검토하는 것은 '공적 정신'official mind*을 알 수 있는 지름길이다.

비교적 최근인 1985년 12월 라오스 공산당[라오인민혁명당LPRP]이 주최한 라오스 '해방' 10주년 기념행사를 푸코식으로 살펴보는 것만으로도 우리는 엘리트들의 자기 극화에 관한 감感을 잡을 수 있다.[28] 가두 행진 자체는 크게 축소되어, 크렘린궁전 앞 붉은광장 노동절 행사의 허름한 비엔티안 판版이었다. 행사 개최 몇 주 전부터 원활한 진행을 위한 일련의 조처가 취해졌다. 통금이 실시되었고 깃발이 걸렸으며 건물을 새로 칠했다. 중요한 불교 사원인 탓루앙을 둘러싸고 가두 행진이 진행되는 도로는 시멘트로 다시 포장되었고 도시 내에서 법적 거주 자격이 없거나 정당한 업무가 없는 사람들은 체포되었다. 간부들과 노동자들 가운데서 '지명된' 얌전한 군중들에게는 전단지가 발급되었고, 행사일 오전 4시에 집합하도록 통지되었다. 붉은 광장에서처럼 사열대가 설치되었고 고위 관리들은 서열에 따라 자리가 배정되었다. 라오스의 당 총서기 카이손이 중앙에 위치했고, 그 측면에는 이웃나라 베트남과 캄보디아에서 방문한 국가원수 레주언과 헹 삼린이 각각 자리 잡았으며, 그다음 [라오스의 초대 대통령인] 수파누봉 왕자 등등이 앉는 식이었다. 이는 라오스의 지도부 및 다른 사

* 원래 영국의 제국주의 정책과 관련된 정치인들이나 공직자들의 사상, 관념, 태도를 지칭하는 것으로 Ronald Robinson, John Gallapher and Alice Denney, *Africa and the Victorians: the Official Mind of Imperialism*, Macmillan, 1961에서 처음 사용되었다.

회주의 국가에서 방문한 사절단의 지위를 치밀히 고려한 결과였다.

또다시 붉은광장에서처럼, 분열식의 선두는 군인이었고, 예비군, 경찰, 제복 차림의 라오스 노동자(농민이 아닌, 뭐랄까, 가상의 라오스 프롤레타리아), 소수의 여성 민병대, 오토바이 경찰 및 군인이 뒤이었다. 그리고 이들 모두는 당연하다는 듯 흰 장갑을 꼈다. 그 뒤는 상투적으로 탱크와 군사 장비가 따랐고, 보잘것없는 라오스 공군이 그나마 몇 대 확보하고 있던 안전 운행 가능한 미그기들의 저공비행도 있었다. 맨 후미는 퇴역 군인, 붉은 스카프를 두른 소년단, 라오스 여성 무용수, 여성 협회 지회원, 그리고 정부 각 부처의 장식 차량이 차지했다. 당의 위대한 역사, 사회주의 건설, 향후 과제, 그리고 사회주의 국제 친선 등에 대한 의무적인 연설이 진행되는 동안, 똑같이 의무적으로 동원된 군중들은, 의무적으로 사용되는 플래카드 기둥에 점점 더 무겁게 기대었다. 이런 전체적인 그림을 놓고, 하노이나 모스크바, 그리고 심지어는 아마도 베이징에서의 유사한 '고高교회파'* 의식을 라오스 당 수뇌부가 메콩강 둑을 따라 복사하려는 시도라고 상상해도 무방할 것이다.

단합과 권력을 이처럼 놀랍게(적어도 라오스에서는) 전시하는 것과 관련해 가장 주목할 점은 사열대 위의 사람과 행진에 참가하는 사람 이외에는 거의 아무도 그 광경을 보러 오지 않았다는 사실이다. 모두가 그 공연의 배우였지만 관객은 한 명도 없었다. 더 정확하게 말

---

* 종교개혁 이후 영국에서 등장한 국교회(성공회) 일파. 전례와 성직을 중시하는 가톨릭 전통을 상대적으로 많이 유지하려는 입장으로, 개혁적 요소를 더 적극적으로 수용한 저교회파Low Church와 대비해 자신을 고교회파High Church로 불렀다.

하자면 배우들이 곧 관객이었다. 다시 말해 그것은 라오스 당-국가가 스스로를 조직화하는 의례였다. 목적은 참가자들에게 그들은 더 큰 공산주의 형제국들의 정당한 일부라는 사실을, 그것이 암시하는 통제와 규율, 목적, 그리고 강력한 힘과 더불어, 일깨우는 것이었다. 그 의례는 그들을 마르크스와 레닌, 그리고 마르크스·레닌주의 국가들과 연결하는 데 기여하는데, 이는 어느 작은 동네 미사 집전이 미사 참가자를 예수와 사도, 그리고 로마에 연결하는 것과 같은 방식이다. 이와 같은 연계는 며칠 전 같은 장소에서 열린 연중 최대 불교 축제에 편하게 모였던 수천 명의 비엔티안 일반 시민에게는 아무런 의미도 없다. 이렇게 자발적으로 모인 군중들은 사찰 마당에 입장하기 전에 몸수색을 받았다.

이런 종류의 제의적祭儀的 활동이, 비록 아무런 의미도 없는 제의는 아니라 할지라도, 그저 보여 주기를 위한 것일 뿐이라면 우리가 딱히 주목할 이유가 없다. 하지만 열병식이 은유적으로 함축하는 바는 농업 생산구조처럼 라오스의 공공생활의 다른 측면에 스며들어 있는 듯하다. 마르크스주의 국가가 제 이름값을 하려면 경작 단위가 집단농장이거나 그렇지 않을 경우 국영 협동 농장일 필요가 있다. 그런데 이는 라오스에서 몇몇 방해물에 직면하는데, 라오스의 벼농사가 대개 소농 단위로 진행되어 왔다는 점, 그리고 고지대 경작이 대부분 이동식 화전 농업이라는 점이 여기에 해당한다. 라오스의 하급 관료들이 라오스 농업, 특히 라오스 농업 전문가의 후진성을 공개적으로 개탄하고 있던 차에, 이들은 농업 집단화에 대해 무언가 성과를 드러내야 할 압력을 받고 있었다. 이와 같은 압력에 대응해 그들은 공무상 농업협동조합을 만들었는데, 이는 포툠킨이 예카테리나 2세를 위해 매력적인 마을과 농부를 만든 것과 거의 같은 방식이었다. 경작의 실제 사회조직에 근본적으로 아무런 변화가 없다는 점은 분명했다. 하지만 교묘한 손재주를 통해 협동조합들이 설치되었고, 이는 가짜 회계장부, 공무원, 그리고 조합 활동을 통해 강화되었다. 자신들을 압박하는 모름지기 위험한 상급자들을 만족시키기 위해 하급 관리들과 농민들이 공모共謀해 협동조합을 만들었다는 점은 충분히 짐작할 수 있다. 그러나 정작 그들의 상급자들이 이런 유령 협동조합들을 얼마나 묵인했는지는 판단하기 어렵다. 그것들이 국제적 후원자들을 만족시켰다고 믿었는지, 협동조합이 절대로 유령적 존재 그 이상이 될 수는 없으리라고 생각했는지, 아니면 둘 다인지 알 수 없다는 말이다. 어쩌면 그들은 협동조합이 제대로 기능한다고 믿었는지도 모른다.

우리는 라오스의 현실과 크게 어긋나는 지배의 공식적 의례가 적어도 두 개 있다고 생각한다. 열병식이 가장 확실한 보기이다. 이런 종류의 열병식은 본질적으로 중앙집권적 규율과 통제가 생생하게 드러나는 현장이다. 그것의 논리는 기본적으로 '신체'의 모든 동작을 지시하는 중앙의 통합 지능 혹은 더 적절한 표현으로, 노동자계급에게 생각하는 두뇌를 제공하는 레닌주의 전위 정당을 전제한다. 지도자들이 무대의 상단과 양쪽에 위치한 가운데, 가장 높은 서열부터 가장 낮은 서열순으로 배열된 피지배자들은 그들의 지시에 따라 같은 방향으로 행진하고 같은 음악에 맞춰 사열대를 지난다. 전체적으로 보면 이와 같은 장면은 목적의식이 투철한 유일 조직에 의한 단결과 규율, 혹은 레닌주의 열병식 사령관의 의지에 따라 가상으로 만들어진 사회를 생생하고도 강력하게 보여 준다. 모든 것은 대부분 국가적 의례에서 전형적으로 나타나는 고도의 엄숙함 속에 행해진다.[29] 무질서, 분열, 기강 해이, 그리고 규칙에 얽매이지 않는 일상적 행위의 어떤 흔적도 공개 무대에서는 금지된다.

이데올로기적인 측면에서 열병식은, 최소한 라오스의 지배 엘리트에게는, 쓸모가 많다. 무엇보다도 세상이 어떠해야 하는지에 대한 비전을 이데올로기라는 것이 포함하고 있는 한, 열병식은 당 중앙위원회와 그것이 영도하고자 꿈꾸는 사회 사이의 바람직한 관계를 효과적으로 이상화한다. 상징적인 진열을 통해 그것은 현대 라오스가 치유하기 힘든 사회적·정치적 현실과 새로운 프롤레타리아 이데올로기의 약속 사이에 놓여 있는 상당히 깊은 간격을 메운다. 이는 마치 유령 협동조합이 실제로 토지가 경작되는 것과 교과서적으로 그것이 어떻게 개간되어야 한다고 말하는 것 사이의 간격을 채우는 일에 비견될 수 있다.

지금까지 서술된 형태의 행렬과 행진은 인가된 피지배자들 모임의 결정판이다. 강력한 자석에 결합된 쇳가루처럼, 피지배자들은 상급자에 의해 결정된 목적을 위해 배열판 속에 모인다. 인치人治 형태 대부분의 정치적 상징주의는 그 속에 피지배자들이 그렇게 하도록 위로부터 인가받을 때만 모인다는 가정을 암묵적으로 하고 있다. 따라서 우리가 앞으로 볼 것처럼 어떤 비인가 집회의 경우도 잠재적 위협으로 간주된다. 영국의 청교도혁명 와중에 설립된 신모범군*의 한 친구조차도 자신들의 편에 속한 '사람들'과 명령에 따라 움직이는 '사람들'을 구분하는 데 애를 먹었다. 그는 이렇게 말했다. "사람 무더기는 하나의 괴물에 불과하다. 아무 쓸모도 없이 무례하고 다루

---

* 올리버 크롬웰Oliver Cromwell이 편성한 국민군. 신형군新型軍, New Model Army 이라고도 불리며, 엄격한 규율과 훈련, 높은 사기를 자랑했다.

기 힘들 뿐이다. 그러나 여기 그들은 함께 모여 하나의 탁월한 삶을 이룬다. …… 왜냐하면 군대는 자체적으로 모든 정부와 정부 요소들을 최고의 덕목 안에, 정의의 이름 등으로 갖고 있기 때문이다."[30]

만일 우리가 봉건제, 노예제, 농노제, 카스트제도, 그리고 인류학자들이 도처에서 묘사하는 리더십의 후견인-고객 구조들을 따져 보면 이들 모두는 늘 수직적으로 연결된 양자간(2-인) 호혜주의에 기초한 네트워크를 지칭한다. 따라서 봉건제는 개별 영주와 그들의 가신 사이의 재화 및 서비스의 교환으로 표현되고, 노예제는 한쪽에서는 소유권과 온정주의, 다른 쪽에서는 노동과 서비스 제공을 암시하는 주인과 노예 사이의 개인적 관계로 표현되며, 카스트제도는 상징적 내지 물질적인 재화와 서비스를 교환하기 위한 서로 다른 계층의 동업자들 사이의 협약으로 표현된다. 계층구조에 대한 이와 같은 매우 편파적인 해설 — 공식 대본 — 의 핵심은, 일반적으로 널리 알려진 사실과는 반대로, 피지배자들 사이에는 어떤 수평적 연계도 없으며 따라서 그들의 결집은 영주나 후견인 혹은 주인처럼 그들을 유일하게 한데 묶을 수 있는 사람들에 의해서만 가능하다고 단순히 가정하고 있다는 점이다. 그들을 하나의 공통 단위로 엮는 위계나 권위가 없다면 그들은 사회적으로 존재하지 않는 단순한 원자에 불과하다는 것이다. 『루이 보나파르트의 브뤼메르 18일』에서 마르크스가 프랑스 농민들을 묘사했듯이 피지배자들이란 자루 속의 감자일 뿐인 것이다. 따라서 이와 같은 지배 형태마다의 공개 대본이 꿈꾸는 사회질서는 전적으로 위계적이며, 후견인-고객 관계의 전형적 구조를 닮아 있다(〈그림 3-1〉 참조). 물론 피지배자들 사이에 존재하는 수많은 수평적 연계는, 그들이 종속적 상태를 공유하고 있다는 사실 외에도, 지배 집단에게 은밀히 간과당해 왔다. 마을의 전통, 인종, 종교

그림 3-1

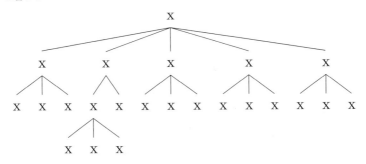

적 분파, 방언, 그리고 그 밖의 문화적 관습 등이 그런 수평적 연계의 보기들이다. 하지만 오직 상위 집단의 의지에서 비롯되는 피지배자들의 사회적 행위만 인정하는 공식적인 그림 속에서 이들은 존재하지 않았다. 행진이나 행군, 지시받기 위해서나 처벌을 지켜보기 위한 집회, 인가된 축제, 그리고 노동을 위한 집합과 같은 공식적 의례만이 정확하게 당국이 예상하는 종류의 공개적 집합행동이었다.[31]

인가되지 않은 피지배자들의 어떤 공개적 집회도 당국에 의해 상상되거나 정당하게 여겨지지 않기에, 그런 행동은 하나같이 못마땅하게 여겨졌다. 그 정도가 아니라 보통의 경우 그것은 지배에 대한 묵시적 위협으로 간주되기도 했다. 복종하는 것을 빼놓고 도대체 무슨 이유로 그들이 모일 수 있단 말인가? 그와 같은 집회가, 만약 해산되지 않을 경우, 불복종으로 연결될지도 모른다는 가정은 틀리지 않아서 집회 그 자체가 불복종의 한 형태로 인식되기도 했다. 부르지도 않았는데 일단의 농노들이 장원으로 몰려오는 광경을 영주가 바라본다고 생각해 보라. 일단의 거지들(정의상 주인 없는 사람들)이 어느 시골 지역을 가로지르고 있다고 생각해 보라. 혹은 심지어 대규모 공장노동자들이 기회를 엿보고 경영자 사무실 가까이 모여든다고 생각해 보라. 이럴 경우, 모임이나 집회처럼 내가 여기서 사용하고 있는 중립적인 개념들은, 그것에 의해 암묵적인 위협을 느끼는 사람들에 의해 폭도와 같은 감정 실린 용어로 대체될 수 있다. 우리는 당국의 인가 없이 피지배자 자격으로서의 피지배자들을 결집하는 상황을 염두에 둔 어떤 행동도 사실상 집회라고 정의할 수 있다. 지배자 혹은 상전에 대한 탄원 — 일반적으로 불만을 해소하기 위한 — 은 어떻게 불리든 밑으로부터의 자발적인 집합행동, 곧 번거로움을 알리는 암묵적 신호다. 지배자들이 생각하기에 농민들은, 삼부회의 진정서처럼, 그들의 상관들로부터 명시적으로 그렇게 하도록 요청받은 경우에만 불만을 표출해야 한다. 도쿠가와 시대 일본에서는 농민들이 지배자를 향해 불만의 탄원을 제기하는 것 자체가 사형감이었다. 목숨을 바쳐 그와 같은 짓을 감행한 마을 지도자들의 무덤은 농민들에게 참배 및 교훈의 장소가 되었다. 황제 앞에서의 탄원 역시 러시아 농노들 사이에 관행으로 확립되었다. 하지만 내무부 관리들의 최대 관심은 탄원 그 자체에 있는 것이 아니라 선동적 집회에 대비하는 기회라는 사실에 있었다. 내무부 장관은 이렇게 경고했다. "포메스칙(귀족 지주계급)에게 탄원할 목적으로 전체 주민이 농장을 비울 경우 이는 이미 무질서와 볼네니(반란)의 시작을 의미한다."[32]

허가되지 않은 피지배자들의 집회를 최소화하는 유일한 방법은 그것을 금지하는 것이었다. 북미 및 서인도제도의 농장주들은 노예들이 한자리에 집결할 수 있는 상황을 면밀히 통제했다. 미국의 경우 "백인 감시자가 없는 가운데 다섯 명 이상의 노예들이 모이는 일은 전반적으로 금지되었다".[33] 물론 이런 규제는 종종 먹혀들지 않았다. 그럼에도 그것은 관리 감독 없이 다섯 명 이상이 모인다는 사실이 공공질서에 대한 도전을 의미한다는 근거 자료로 볼 만했다. 인가된 집회 역시 의심받는 대상이 되어 규제받았다. 1782년 사바나의 흑인 교회 신자들과 목사들은 야간에 집회를 했다는 이유로 매를 맞았고, 일출 이후부터 일몰 전까지만 예배를 올리겠다는 조건으로 석방되었다. 또 다른 흑인 성직자는 자신의 설교가 결코 선동적이지 않았음에도 오직 백인 성직자가 입회할 때만 설교할 수 있었다. 그 백인 성직자는 기독교 교리에서 벗어난 모든 일탈을 보고했는데, 그것은 노예주가 판단하기 나름이었다. 공휴일은 강제 노동이 면제되고 수많은 노예들을 한자리에 집합시키기 때문에 늘 위험했다. 따라서 대농장 제도를 살펴본 관찰자는 이렇게 썼다. "공휴일은 할 일 없이 빈둥거리는 날이다. …… 그런 날 노예들은 춤추고, 먹고 마시고, 시끄럽게 떠들 목적으로 놀랍게 무리를 지어 함께 모인다."[34] 주일, 장례일, 휴일 무도회, 축제 등은 예외 없이 매우 많은 노예들을 한자리에 모았기에 이를 관리하려는 노력이 있었다. 서인도제도에서는 노예들이 참석할 수 있는 주일 예배 숫자를 제한하고자 애썼다.[35] 그러므로 노예들의 모임 가운데 가장 덜 위험한 것은 감독하에 진행되는 소규모의 주간 작업이었고, 가장 위험한 것은 작업과 상관없는 대규모, 비인가, 야간 집회였다.

피지배자들의 집회에 대한 우려가 이처럼 개인의 자유로운 행동을 법적으로 규제하는 체제의 경우에만 국한된다고 결론 내리지 않기 위해, 우리는 19세기 관료나 자본가계급이 노동자계급을 대상으로 똑같은 우려를 많이 했다는 사실을 상기할 필요가 있다. 무대는 크게 다를지 모르나, 19세기 초 파리에서의 '원자화' 및 감시의 논리는 노예제하 미국 남부에서와 닮았다.

[노동자들이 가진 표현의 자유와 혁명 사이의 관계에 대한] 해석은 단순했다. 만약 노동자들에게 집회가 허용된다면 그들은 불의를 따질 것이고 책략을 꾸밀 것이며, 음모를 통해 혁명을 획책할 것이다. 따라서 1838년 프랑스에는 노동자들 상호간에 공적인 대화를 금하는 법령이 만들어 졌고, 도시 안에서 노동자들의 집회에 관한 티끌만 한 단서 — 어느 카페에서, 몇 시에 — 라도 보고하게 하는 정보원 체제가 구축되었다.[36]

노예들 사이의 '비밀 정원'처럼 노동자계급의 카페는, 비록 경찰 첩보원에게 종종 발각되기는 했지만, 은닉 대본을 위한 사회적 특권 공간이 되었다. 1848년 노동자계급이 경험한 흥분된 해방감은 상당부분 두려움 없이 자신의 마음을 공개적으로 말할 수 있는 새로운 역량 덕분이었다.

지배자들이 하급자들의 자발적 집회에서 발견하는 잠재적 위협은 이데올로기적으로 유도된 편집증의 형태가 아니다. 그와 같은 집회가 피지배자들의 대담성을 유발한다고 믿을 만한 근거는 도처에 있다. 예컨대 편자브 지방에서 불가촉천민들의 연대를 설교하는 아드 다름Ad Dharm*이 지역에서 맨 처음 대중 집회를 조직했을 때 그 효과는 상급 신분 계급들에게나 불가촉천민 자신들에게 가히 전율적이었다. 상급 신분자들의 입장에서 그것은 불가촉천민들이 사회적 강자의 허가나 지시 없이 모일 수 있다는 사실을 보여 주는 극적이고도 도발적인 증거였다.[37] 방금 서술한 바에 따르면 그와 같은 군중집회의 충격이 대부분 시각적이고 상징적이라는 사실은 확실하

---

* 영국 식민지하 인도에서 최초로 등장한 무無카스트casteless 종교운동 단체.

다.[38] 말로 하는 것보다 더 중요했던 것은, 불가촉천민들이 불가촉천민으로서 모인다는 단순한 사실이 모든 관련 당사자들에게 보여 준 깜짝 놀랄 만한 힘의 과시였다. 만약 불가촉천민들이 그와 같은 협력, 규율, 그리고 집단적 힘을 보여 줄 수 있다면, 그들이 자신들의 기예를 지배에 저항하는 집단적 투쟁으로 전환하는 일을 무엇으로 막을 수 있다는 말인가? 여기 권력과 목표의 강력한 기호학은 피지배 집단들을 상대로 절대 상실되지 않는다. 남아프리카 츠와나족의 시온 기독교 교회를 섬세하게 연구한 진 코마로프는 매년 치러지는 대규모 유월절 집회가 신도들에게 끼치는 엄청난 상징적 영향력을 강조한다. 남아프리카 최대의 흑인 종교운동으로서 이 교회의 활동이 전국에 걸쳐 수천 명을 집합시킬 수 있다는 단 한 가지 사실만으로도 그것은 암묵적으로 국가를 위협하면서 동시에 자신의 흑인 추종자들을 지탱하기도 하는 군중 권력의 발현이다.[39]

피지배자들의 자발적인 대규모 집회가 지배에 위협이 되는 까닭은 그것이 통상 분산되어 존재하는 하급자들 사이에 집회를 고무하는 면허 격이기 때문이다. 우리는 피지배자들의 집합과 은닉 대본 사이의 관계를 한참 나중에 검토할 것이다. 일단 여기서는 무리를 이루는 행위 그 자체에 의해 피지배자들이 얼마나 용기백배해지는지를 언급하는 것으로 충분하다. 첫째, 피지배자들의 대형 집회는 집단적 힘의 시각적 효과를 그들 자신과 적대 세력에게 전달한다. 둘째, 그와 같은 집회는 개별 참여자에게 익명 내지 위장할 수단을 제공함으로써, 그 집단에서 나오는 어떤 행동이나 말이 누구의 것인지를 특정하기 어렵게 만든다.[40] 끝으로 만일 공유되어 있는 은닉 대본의 공개적 표현에 해당하는 어떤 말을 하거나 행동을 취할 경우, 권력의 면전에서 자신을 선포하는 집단적 환희가 순간의 드라마를 합성

한다. 숫자에도 권력이 존재하는데, 군중을 단순한 히스테리와 대중 정신병리학의 범주 아래 다뤄 왔던 사회학에서는 이런 사실을 경시했다.[41] 어쩌면 그래서 사회학에 대한 오랜 불신이 있는지 모른다.

누가 공연의 관객인가

> 내가 맡은 일은 그들(판매용 노예들)이 구매자들이 도착하기 전에 상황에 맞도록 자리 잡고 있는가를 보는 것이었다. 그리고 나는 종종 그들의 뺨이 눈물로 적셔질 때 그들로 하여금 춤을 추도록 했다.
>
> _윌리엄 웰스 브라운(전 노예).

이제 다소간 지배 엘리트의 관점에서 위계와 권위의 열병식 혹은 극화 문제로 되돌아가 보자. 엘리트들은 권력의 연기에 능하고 피지배자들은 복종의 연기에 능할 법하다. 전자의 경우, 연기의 신뢰성에는 하등 문제가 없다. 왜냐하면 엘리트들은 자신들의 특권을 보증하는 가치에 출자하기 때문이다. 하지만 후자의 경우, 최하층에 속하는 사람들이 자신들의 열등한 위치를 표현하는 의례에서 얼마나 열성적인 연기자가 될지 알 수가 없다. 실제로 그들의 참여는 냉소적 불신과 완벽히 양립한다. 공포, 편의, 그리고 마르크스가 "온갖 경제적 관계에 의한 보이지 않는 강제"* — 다시 말해 먹고살아야 할 필요성 — 라고 적절히 부른 것이 어떻게든 조합이 되면 그런대로 봐줄

---

* 『자본 I-1』, 강신준 옮김, 길, 2008, 990~991쪽에서 전재.

만한 연기에 필요한 출연자는 충분히 확보되는 것이다.

만약 자신들의 종속 조건에 대한 피지배자들의 동의 획득이라는 의미에서 종속의 의례들이 설득력이 낮다고 해도, 내가 보기에 그것들은 다른 방식으로 설득력을 얻는다. 예컨대 그것들은 싫든 좋든 주어진 지배 체제는 안정적이고 효율적이며 또한 여기서 계속될 것이라는 사실을 보여 주는 수단이다. 하급자로부터 어지간히 확보된 의례적 복종은 복종 이외에 현실적인 다른 선택이 없다는 점을 매우 직설적으로 알려 준다. 여기에 가끔 발생하는 저항에 대한 시범적 처벌이 보태지면, 복종의 효과적인 전시는 일종의 극화된 권력관계를 성취하는데, 이는 적극적 동의라는 의미에서의 이데올로기적 패권과 혼동되어서는 안 된다. 누군가는 이와 같은 지배를 욕할지도 — 이 경우 특히 무대 뒤에서 — 모른다. 그럼에도 자신을 그것에 적응시켜야 하는 것은 어쩔 수 없는 현실이다. 이와 같은 방식으로 권력관계를 강화하는 효과는 아마도, 드러난 행동만 보면, 적극적 동의에서 비롯되는 행태와 거의 구분하기 어렵다.

이 대목에서 노예들의 공개 대본과 주인들의 공개 대본 사이의 차이점은 매우 중요하다. 궁극적으로 노예들은 자신의 굽실거리는 행동 뒤에 숨어 있는 태도와 가치가 무엇인지 어느 정도 알고 있다. 이보다 덜할지 모르지만 가까이 있는 다른 노예들의 연기 뒤에 무엇이 감춰져 있는지도 안다. 그가 그 정도로 확실히 알 수 없는 것은 그의 주인 혹은 노예주 일반의 힘과 자신감, 단결, 결의가 어느 정도인지이다. 노예들이 자신들의 행동을 권력 현실에 적응시키는 과정에서 매일매일 계산하는 것은 부분적으로 주인들의 응집력과 목적의식에 대한 추측에 근거하고 있다. 피지배 집단들이 권력자의 은닉 대본을 충분히 그리고 완전히 간파할 수 없는 한, 그들에게는 공개 대본을 통해 자신들에게 제시된 권력의 교본으로부터 추측하는 방법 밖에 없다. 따라서 지배자의 입장에서는 자신들의 공개 대본을 감시해야 할 이유가 충분한데, 이는 그들의 분열이나 약점의 징후가 지배에 맞서 저항하기로 작심하거나 아니면 정면으로 반항하기를 두려워하지 않는 사람들에게 행여 도움을 줄 가능성을 미리 차단하기 위해서이다. 지배 엘리트이면서 표준 대본을 무시하는 내부 배신자들 — 카스트제도의 순수성에 의한 규제를 공개적으로 부정하는 브라만, 노예 철폐를 주장하는 온정적인 대농장주 — 은 그들의 적은 숫자가 암시하는 것에 비해 훨씬 더 큰 위험 요소로 인식된다. 아무리 사소할지라도 그들의 공개적 반대는 통일전선을 통해 그럴듯해진 권력의 자연화를 파괴한다.[42]

지배 권력의 공개 대본이 의도하는 목적 대부분이 피지배자들의 동의를 획득하는 것이 아니라 그들로 하여금 경외심이나 공포심을 갖게 만들어 복종의 지속성과 편리성을 높이는 데 있다면, 정작 지배자들 내부에서 그것은 어떤 효과가 있을까? 공개 대본이 누군가를 설득하거나 교화하려는 시도를 대변하는 한, 지배자가 그런 노력의 주체라는 점은 당연하다. 공개 대본은 지배 집단 내에서 _스스로의_ 용기를 북돋우고 단합을 증진하며 권력을 과시하고, 고상한 도덕적 목표를 새롭게 다짐하는 일종의 자기최면인가? 그럴 가능성이 있다는 말은 결코 견강부회가 아니다. 정확히 바로 이것이 (조롱에 대한 두려움을 통해 굴절된) 용감한 고관高官이라는 이미지가 어떻게 코끼리를 직접 마주할 용기를 부여했는지를 언급할 때 오웰이 주장하려고 하는 내용이다(1장을 보라). 만일 자기암시가 개인에게 통한다면, 그것은 집단적 의례의 목적들 가운데 하나를 특징짓기에도 충분하다.

지배 엘리트들의 이데올로기적 노력이 피지배자들에게 자신들의 복종이 정당하다는 점을 확신시키는 데 초점을 맞추고 있다는 어떤 주장이라도 그와 같은 목적을 달성하는 데 종종 실패하는 것을 보여 주는 수많은 증거를 맞닥뜨리기 마련이다. 예컨대 가톨릭은 봉건제를 뒷받침하는 패권적 이데올로기가 될 논리적 공산이 크다. 하지만 유럽 농민들 사이의 토착 가톨릭주의가 지배계급의 이익에 봉사하기보다는, 종종 농민들의 소유권을 보호하고 부의 거대한 불평등에 항의할 뿐만 아니라 심지어 혁명의 기미까지 무장한 천년왕국 이데올로기 같은 것을 제공하는 방식으로 실천되고 해석되었다는 점은 너무나 분명하다. 토착 가톨릭주의는 '전신마취제'가 되기보다 하나의 도전장이 되었는데, 하급 성직자들의 성원과 더불어 그것이 영주의 권위에 도전하는 수많은 반란의 이데올로기적 지주가 되었기 때문이다. 이런 이유로 어떤 이들은, 특히 니컬러스 아버크롬비와 그의 동료들은, 가톨릭의 이데올로기적 효과는 오히려 봉건제 지배계급을 단결시키고, 그것의 목적에 대해 정의를 내리고, 자산을 함께 보유하려는 가족으로서 운명 공동체를 창조하는 데 있었다고 설득력 있게 주장해 왔다.[43] 종교적 이데올로기에 대한 이와 같은 관점은 종교 교리 일반에 대한 막스 베버의 분석과 상당 부분 일치한다.

> [특권층들이 자신의 행운이 정당하다고 믿는] 이와 같은 보편적 현상은 모종의 심리적 패턴에 뿌리내리고 있다. 행복하다고 생각하는 어떤 사람이 행복하지 않다고 느끼는 누군가의 위치와 비교할 때, 그는 행복하나는 사실에 만족하는 것이 아니라 그 이상을 바란다. 이는 자기 자신이 노력을 통해 행운을 얻었다는 의식, 곧 행복할 수 있는 권리를 의미한다. 이와 대조적으로 불행한 사람은 불운을 자초한 것으로 간주한다. …… 특권층이 종교에 대해 바라는 것이 있다면 이와 같은 정당성에

대한 심리적 재확인이다.[44)]

만일 엘리트의 종교적 교의에 대한 베버의 해석이 타당하다면 그것
은 지위와 조건의 원천적 불평등을 설명하려는 보다 세속적인 교의
에도 적용할 수 있다.[45)] 지배 이데올로기 및 엘리트를 위한 그것의
외부적 발현의 중요성은 심지어 비엘리트들이 소비하리라고 의도하
지 않았던 정치적 의례를 설명하는 데도 확실히 도움이 된다. 근대
초기 프랑스 왕정의 주요 의례를 검토해 보면 루이 14세 시절 대부
분의 공식 의전은 그 전과 달리 일반 군중 앞에서 행해지지 않았다.
프랑스 왕정은 충성 서약을 받거나 도시의 공인된 특권을 재확인하
려는 목적으로 도시에 공개 입성하는 일을 더는 시행하지 않았다.
파리 시가나 대성당, 혹은 고등법원에서도 공식 의례는 행해지지 않
았다. 신민들에게 자신의 모습을 전혀 드러내지 않았기에 왕은 신민
들에게 경외심을 불러일으킬 수 없었다. 따라서 왕에게 의미 있는
사람들은 베르사유궁전 내에 있는 신하들과 심복들뿐이었다. 이는
17세기 스페인 왕실이나 19세기 러시아 왕실도 마찬가지였다.[46)]

　다음 장은 이데올로기적 헤게모니에 대한 더 정교한 이론들에 초
점을 맞출 것이다. 여기서는 단지 다음과 같은 점만 지적하고자 한다.
곧 지배의 자기 극화는 실질적으로 볼 때 저 멀리 떨어져 있는 수많
은 작은 단역들 사이에서가 아니라, 지배하는 행위자들 내부에서 더
많은 수사학적 역량을 발휘할지 모른다.

4장

—

허위의식
혹은
심한 과장

한편, 태곳적부터 내려오는 '권력자들'과 '가난한 자들' 사이의 갈등에 의해 조직화
된 사회경제적 공간은 부자와 경찰이 부단히 승리한 영역이자 자신의 거짓 통치 모
습을 함께 드러낸다(그곳에서는 어떤 진실도 말해지지 않는다. 속삭이는 것 이외에는, 그
리고 농민들 사이 이외에는). "이제 우리는 알게 되었지만 크게 말할 수는 없습니다."
이 공간에서 승리자는 언제나 힘이며 말은 늘 속임수이다.

_미셸 드 세르토, 『일상생활의 실천』.

◆

우리가 살펴본 것처럼 자신들의 지배 형태에 걸맞은 겉모습들을 유지하는 일은 권력자들에게 결정적 이해관계가 걸린 사안이다. 일반적으로 피지배자들의 입장에서도 이와 같은 겉모습들을 유지하는 데 도움을 주거나, 아니면 최소한 그것들과 공개적으로 모순되지 않도록 하는 데는 나름의 이유가 있다. 결론적으로 나는 이와 같은 두 가지 사회적 사실이 권력관계 분석에 중요한 의미가 있다고 믿는다. 이제 나는 공개 대본과 은닉 대본이 어떻게 허위의식이라든가 헤게모니와 같은 골치 아픈 개념들 주위에서 소용돌이치는 다양한 논쟁들을 보다 비판적으로 이해하는 데 도움을 줄 수 있는지 보여 주고자 한다. 조정할 수 있는 전략적 행동과 대부분의 권력관계에 내포되어 있는 대화는 공개적 행동이 이데올로기적 헤게모니의 해석을 지지하는 것처럼 보이는 근거를 지속적으로 제공하고 있다는 사실을 확인해 주고 있다. 이와 같은 해석은 틀리지 않을 수 있다. 그러나 나는 그것이 통상적으로 제시되는 근거에 기초해 지속될 수 있는 것이 아니며, 따라서 내가 검토하려는 사례에서처럼, 이런 해석을 의심할 만한 다른 이유들이 충분히 존재한다고 주장한다. 나는 지배 형태에 따라 어떤 확인의 의례나 공개적 갈등 형태, 그리고 어떤 불경과 저항의 형태가 야기되는지를 간단히 언급하면서 결론에 도달하고자 한다. 전반적으로 나의 목표는 기존의 권력관계를 '자연화'[자연스럽게 보이고 느끼게 만든다는 의미]하는 방식으로 지배를 분석하기보다, 표면 아래에 숨어 있는 그 무엇에 관심을 기울여야 한다는 점을 분명히 하는 데 있다.

침묵의 해석

지난 30여 년 동안 권력과 이데올로기에 대한 수많은 논의들은 강제력의 명백한 사용(예컨대 폭력, 위협)이 없음에도 힘이 약한 사람들(예컨대 일반 시민, 노동자계급, 농민) 사이에 나타나는 동조적 행동을 어떻게 이해할지에 초점을 맞춰 왔다. 다시 말해 사람들은 다른 선택이 있어 보이는 상황에서도 왜 권위를 수용하는가? 북미의 경우 침묵의 이유에 대한 논의는 지역연구에 기초한 공동체 권력 조사에서 많이 발견되는데, 주로 밝히려는 내용은 사회적 불평등이 뚜렷하고 정치체제가 비교적 개방적임에도 상대적으로 저조한 정치 참여 수준이다.[1] 유럽 대륙과 영국의 경우 논쟁은 더 큰 사회적 지형 속에서, 대부분 그람시의 헤게모니 개념을 활용한 네오마르크스주의 개념을 통해 진행되어 왔다.[2] 여기서 설명하고자 시도했던 것은 자본주의가 지속적으로 제기하고 있는 불평등, 그리고 정치적 해결책이라는 것이 기껏 의회민주주의로나 제공될 수 있음에도, 서구의 노동자계급이 보여 주는 상대적인 정치적 침묵이다. 다시 말해 피지배계급은 강제력의 직접적 행사나 그런 강제력의 행사에 대한 공포에 의해 반드시 그렇게 하지 않아도 되는 때에, 왜 자신들의 이익에 명백히 반하는 경제체제를 수용하거나 혹은 최소한 그것에 대해 동의를 보내는 것처럼 보일까? 이와 같은 논쟁들 각각은 몇 가지 가정에서 출발하고 있으며, 하나같이 충분히 검토할 여지가 있다고 나는 생각한다. 그 내용은 피지배 집단은 사실상 상대적으로 침묵하고 있고, 상대적으로 불리한 위치에 있으며, 강제력의 행사를 직접 경험하고 있지 않다는 것이다. 논의를 전개하기 위해 나는 세 가지 가정 모두를 수용할 생각이다.

공동체 권력 논쟁에서의 다원주의적 입장을 빼고 사실상 다른 모든 입장들은 그런 이상한 일들을 지배적 혹은 패권적 이데올로기와 연관해 설명한다. 이런 이데올로기가 정확하게 무엇이고, 어떻게 생산해 전파되는지, 그리고 어떤 결과를 낳는지는 계속 뜨거운 쟁점이다. 하지만 대부분의 논자들은 지배 이데올로기가 작동하는 것은 피지배 집단의 이익을 전적으로 배제하지 않는 가운데, 만약 피지배 집단이 직접 감지할 경우에는 지배 엘리트의 이익에 손해를 끼칠지도 모르는 사회적 관계의 측면들을 은닉하거나 호도하기 위해서라는 점에 동의한다.[3] 사회적 실제의 왜곡된 전달을 보여 주고자 애쓰는 어떤 이론도 정의상 그와 같은 사회적 실제가 무엇인지에 대한 지식을 약간은 앞세워야 한다. 그런 의미에서 그것은 허위의식에 대한 이론이 될 수밖에 없다. 매우 단순히 정리하자면 나는 허위의식이 두터운thick 버전과 얇은thin 버전 두 가지로 구분할 수 있다고 믿는다. 두터운 버전의 허위의식 이론에 따르면 지배 이데올로기는 피지배 집단으로 하여금 자신들의 복종을 설명하고 정당화하는 가치들을 적극적으로 믿도록 설득하는 데 마술을 구사한다. 이와 같은 신비화의 두터운 이론에 반하는 증거들은 너무나 많아 나는 그것을 일반적으로 받아들이기 어렵다고 확신한다.[4] 이는 동의라든가 시민권이 수사학적 수준에서조차 전혀 보장되지 않는 농노제나 노예제, 불가촉천민 카스트제도 등의 지배 체제에서는 특히 그러하다. 한편, 허위의식의 얇은 이론에 따르면 지배 이데올로기는 피지배 집단이 그들이 살고 있는 사회질서란 자연스럽고 불가피하다는 점을 확신하도록 만들어 체제에 대한 순종을 확보할 뿐이다. 두터운 이론이 동의를 요구한다면 얇은 이론은 체념에 안주한다. 가장 교묘한 형태를 취할 경우 얇은 이론이 훨씬 그럴듯하며, 혹자는 정의상 그게 진실이라고 주장할지 모른다. 그럼에도 나는 그것이 근본적으로 오류라고 믿는다. 그리고 되도록 설득력 있는 형식에 담아 왜 그것이 오류인지를 꽤 상세하게 보여 주고 싶다. 결국 내가 결코 허수아비를 비판하는 셈은 아닐 것이다.

공동체 권력에 대한 연구 분야에서 쟁점은 기본적으로 다원주의자와 반反다원주의자 사이에 벌어진다. 다원주의자들이 볼 때 상대적으로 개방된 정치체제하에서 심각한 항의나 급진적 반대가 부재하다는 사실은 만족의 표시로 간주되거나, 정치적 동원에 소요되는 시간과 수고를 보증하기에는 불충분한 불만의 표시로 간주되어야 한다. 이에 대해 반다원주의자들은 정치적 무대란 다원주의자들이 믿는 것에 비해 덜 완전하게 개방적이며, 피지배 집단들의 취약한 측면이 엘리트들로 하여금 정치적 의제를 통제하고 참여를 제한하는 데 효과적인 장애물 설치를 허용한다고 응수한다. 반다원주의자들의 입장이 처하는 어려움은, 그들의 적수들 또한 빠짐없이 이 점에 대해 지적하는 바와 같이, 그것이 일종의 정치적 하이젠베르크 원칙을 야기한다는 사실이다. 곧 만약 반다원주의자들이 감춰진 불만들 ─ 엘리트들이 효과적으로 제거했다고 가정하는 불만들 ─ 을 폭로할 수 없다면, 겉으로 드러나는 묵종이 진정한 것인지 아니면 억압의 결과인지 우리가 어떻게 알 수 있을까? 곧 자신의 '반다원주의 작업'을 효과적으로 완수한 엘리트라면 그들이 억압해 왔던 이슈들의 흔적마저 모두 없앴을 것이다.

반다원주의적 입장을 견지하면서 이슈가 사실상 어떻게 사라졌는지를 분명히 하기 위한 시도로서 존 가벤타는 권력관계의 세 단계를 제안한다.[5] 첫 번째 단계는 강제력과 영향력의 친숙하고도 공개적인 행사다. 두 번째 단계는 위협 및 가벤타가 '예상된 반응의 법칙'

이라 부르는 것이다. 이런 두 번째 효과는 복종과 패배의 경험에서 전형적으로 나타난다. 상대적으로 힘이 없는 쪽이 엘리트들에게 도전하지 않기로 마음을 먹는 까닭은 엘리트들이 그들의 실패를 확실히 하기 위해 처벌을 동원하리라는 점을 예상하기 때문이다. 아마도 여기서는 중요도나 불만의 측면에서 변화가 생긴 것이 아니라, 도전의식을 약화하는, 가망 없는 가능성에 대한 추정치가 있을 뿐이다.[6]

권력관계의 세 번째 단계는 이보다 미묘하게 두텁기도 하고 얇기도 한 허위의식 이론이라 할 만하다. 가벤타에 따르면 앞의 두 가지 차원에서 지배 엘리트에게 제공된 권력은 "예컨대 미디어나 다른 사회화 기구들을 통제함으로써 [자신들의] 권력에 대한 지배적 이미지, 정당화 혹은 믿음의 성장에 투자할 추가적인 권력을 [자신들에게] 수여할 수 있다".[7] 그가 주장하는바, 결과는 자신이 애팔래치아탄전 연구에서 발견한 것과 같은 좌절과 비참여의 문화일 수 있다. 명확하지 않은 점은 가벤타가 '신비화'라고 지적하는 내용이 얼마나 가치와 선호를 실질적으로 변화시키는 것으로 (예컨대 '정당화'라고 하는 그의 개념이 암시하듯이) 추정되는지, 그리고 권력에 대해 지배 엘리트들이 얻는 믿음의 증강이 모든 난관을 극복하는 데 얼마나 힘이 될지이다. 그와 같은 이데올로기적 투자가 직접적 경험에서 유래한 판단 여하와 상관없이 어떻게 피지배 집단들을 납득시키는 것일까 하는 점도 명확하지 않기는 마찬가지다. 어떻든 가벤타는 허위의식의 두터운 이론과 자연화의 얇은 이론 모두를 지지하고 있다.

서구의 노동자계급이 스스로를 동원할 수 있는 정치적 역량이 있음에도 자본주의와 불평등한 자산 관계에 왜 확실히 순응하게 되었는지를 설명하다 보면 우리는 또다시 이데올로기적 헤게모니에 대한 두터운 설명과 얇은 설명을 마주하게 된다. 두터운 버전은 학교, 교회, 미디어뿐만 아니라 의회민주주의 절차들까지 포함하는 이른바 '이데올로기적 국가기구들'의 작동을 강조하는데, 이들은 공장주가 생산의 물질적 수단을 독점하듯이 생산의 상징적 수단을 거의 다 독점하고 있다고 주장한다. 이들의 이데올로기적 작업은 자신들의 복종을 재생산하는 사회적 장치들을 향한 피지배계급들의 적극적인 동의를 보장한다.[8] 이와 같은 두터운 버전은 간단히 말해 두 가지 심각한 비판에 직면하고 있다.

첫째, 봉건제, 초기 자본주의, 그리고 후기 자본주의하의 피지배계급들이 이데올로기적으로 이 이론이 주장하는 정도까지 통합되지는 않았다는 사실을 보여 주는 비교적 강력한 증거들이 적지 않다.[9] 둘째, 이보다 훨씬 심각한 비판인데, 통치 이데올로기의 포괄적·이상적인 버전에 대한 수용이 갈등 — 심지어 폭력적 갈등 — 을 억지한다고 가정할 만한 근거가 없다는 점이다. 그와 같은 수용이 사실은 갈등을 자극한다는 증거들도 어느 정도 존재한다.[10]

헤게모니의 얇은 이론은 지배 엘리트들의 이데올로기적 장악에 대해 이보다 훨씬 덜 거창한 주장을 펼친다. 이쪽 주장에 따르면 이데올로기적 지배가 성취하는 것은 피지배 집단들로 하여금 무엇이 현실적이고 무엇이 비현실적인지를 구분하게 만든 다음, 어떤 욕망이나 불평을 성취할 수 없는, 따라서 부질없는 꿈의 영역으로 내모는 것이다. 하위 계급들에게 그들의 지위, 삶의 기회, 그리고 시련은 변경 불가능하며 불가피하다고 설득함으로써, 그와 같은 제한적 헤게모니는 굳이 사람들의 가치관을 바꾸지 않고서도 체제에 동의하는 행태를 결과적으로 만들어 낼 수 있다. 그들의 상황을 개선하기 위한 어떤 노력도 소용이 없고, 또한 세상은 언제나 그렇게 남아 있으리라고 확신하게 되면, 쓸데없는 비판이나 가망 없는 기대는 궁극적으로 소멸되리라고 상상할 수도 있다. 영국의 노동자계급 문화에 대한 리처드 호가트의 동정적이면서도 날카로운 분석은 이와 같은 신비화의 얇은 이론을 핵심적으로 짚어 내고 있다.

사람들이 자신들이 처한 상황의 핵심 요소들에 대해 할 수 있는 것이 별로 없다고 느끼면, 또한 그것을 체념이나 절망 혹은 분노의 결과가 아니라 단순히 삶의 진실이라고 느끼게 되면, 그들은 더 큰 맥락에 대한 지속적이고도 절실한 감각을 버리고 그냥 먹고살 만한 인생을 허락해 주는 상황을 수용한다. 이런 태도는 상황 속의 핵심 요소들을 삶의 영위를 가능케 하는, 현재 여기의, 거의 바꿀 수 없는 자연법의 영역으로 이동시킨다. 가장 소박한 형태의 운명론 혹은 체념적 수용 상태로 나타나는 삶의 이런 태도는 일반적으로 비극의 수준에 이르지도 못하며, 선택의 여지가 없는 징집병과 너무나 많은 점에서 비슷하다.[11]

어떤 수준에서는 이와 같은 설명이 전적으로 설득력이 높다는 점을 쉽게 부정할 수 없다. 역사적으로 볼 때 피지배 집단들이 처했던 실제 상황이 부동의 '기정사실'처럼 보여 왔다는 점, 그리고 현실적으로 그랬다는 점을 누구도 부인하기 어렵다.[12] 만약 이와 같은 주장이 참정권을 갖고 있을 뿐만 아니라, 비록 실제 혁명까지는 아니더라도, 혁명적 운동의 희망을 알고 있는 오늘날 노동자계급에게도 타당한 것이라면, 역사적으로 볼 때 노예나 농노, 농민, 그리고 불가촉천민들의 경우에는 훨씬 압도적으로 사실일 것이다. 예를 들어 18세기 인도의 농촌에 살고 있던 불가촉천민을 상상해 보자. 그의 혹은 그녀의 집단이 살아왔던 역사적 공동 경험 속에서 카스트는 항상 존재했다. 곧 상급자의 업신여김 속에 늘 착취의 대상이 되었고, 그 누구도 일평생 자신의 지위에서 결코 벗어날 수 없었다. 이와 같은 상황에서 카스트제도와 그 안에서 개인이 차지하는 위치가 자연법과 같은 효력을 발휘하게 되었다는 점은 결코 놀랍지 않다. 왜냐하면 카스트제도에 어떤 문제가 있는지를 찾는 데 필요한 어떤 비교 기준도, 자신의 운명이 불가피한 것은 아닐지도 모른다고 여길 만한 어떤 대안적 경험이나 지식도 없었기 때문이다.[13]

허위의식의 얇은 버전이 갖춘 이처럼 높은 설득력은 실제로 경험하고 있는 지배를 싫어하거나 심지어 미워하는 차원과 양립할 수도 있다. 이는 자신에게 정해진 운명을 사랑한다는 뜻이 아니라, 싫든 좋든 그것이 이곳에 존재하고 있을 따름이라는 말이다. 내가 살펴본 바에 따르면 이데올로기적 지배에 대한 이와 같은 최소 관념은 거의 정설로 되어 있는바, 이 주제를 다루는 문헌들에서 줄곧 나타난다. 부르디외는 "모든 기존 질서는 (저마다 다른 정도 및 방식으로) 그 자체가 갖고 있는 차의성의 자연화를 생산하는 경향이 있다"고 말한다.[14] 공식화가 달라지는 것은 단지 세부 사항에서뿐이다. 따라서 앤서니 기든스는 자본주의 경제구조가 당연하게 받아들여지는 '현실의 자연화'를 말했다.[15] "이데올로기의 가장 중요한 일반적 기능 가운데 하나는 불확실하고 허술한 문화적 해결이나 결과를 설득력 있는 자연주의로 전환하는 능력"이라는 주장을 통해 폴 윌리스 또한 부르디외와 기든스에 공명한다.[16] 하지만 헤게모니에 대해 논리적 설명력이 높은 이런 생각을, 사실상, 허위의식의 두터운 이론에 다시 연결해 더 풍부하게 만드는 시도들이 종종 있다. 이와 같은 변형의 완수가 불가피하게 여겨지는 것은 바로 그렇기 때문에 정당한 것이 된다는 강력한 주장 — 그리고 종종 단순한 주장 — 에 의해서이다. 필요가 덕목이 되는 것이다. 부르디외의 경구처럼 피지배 집단은 "어떻게든

거부된 것은 거부하고 불가피한 것은 사랑하려고" 노력한다.[17]

배링턴 무어는 "인간에게 피할 수 없는 것 혹은 피할 수 없는 것처럼 보이는 것은 또한 어떻게든 공정해야 한다"고 주장하면서, 이와 똑같은 상황을 심리적 보편성 수준으로 격상한다.[18] 이와 같은 입장의 논리적 배후는 미국 흑인들의 인성 구조에 대한 몇몇 초기 연구들이 깔고 있는 논리와 다르지 않다.[19] 그것은 "얼굴은 가면에 맞춰 자란다"는 식의 일환으로서, 인종주의적 사회에서 흑인들이 지배자의 세계, 곧 백인들의 세계가 강요하는 기준에 따라 역할을 연기하고 자신의 행동을 끊임없이 관찰할 필요성에서 비롯된다. 추정하건대, 힘 있는 타자들이 부과하는 역할에 대해 개인은 통제를 가할 수 없기 때문에, 어떤 인격 통합이 일어나더라도 반드시 그것은 주어진 역할에 자기 자신을 일치시키는 것이어야만 한다.[20]

헤게모니 및 허위의식 비판

헤게모니와 허위의식에 대해 수많은 반대가 제기될 수 있다. 하나씩 보면 그 가운데 많은 것들이 힘을 제대로 쓰지 못하고 있으며, 모두 합쳐 보자면 하나같이 치명적인 문제가 있다고 나는 믿는다. 하지만 우리의 주된 관심은 지배의 과정이 어떻게 헤게모니라는 개념을 명백히 확인해 주는 사회적 증거를 만들어 내는지 이해하는 것이다. 그렇기 때문에, 또한 더 자세한 비판은 다른 문헌에서 찾을 수 있기 때문에, 여기서의 비판은 그리 길지 않을 뿐만 아니라 심지어 도식적이기도 할 것이다.[21]

아마도 헤게모니 개념에서 가장 큰 문제는 피지배 집단들에 대한 이데올로기적 포섭이 사회적 갈등을 반드시 줄일 것이라는 암묵적 가정이다. 그런데 헤게모니를 주장하는 이데올로기는 그것이 어떤 것이든 특정 사회질서가 왜 피지배 집단들에게도 최상의 이익이 되는지를 설명하는 방식으로 약속하지 않으면 안 된다. 만일 그런 약속이 제대로 지켜지지 않는다면 사회 갈등으로 가는 길이 뚫리고 만다. 이와 같은 약속들은 어떻게 이해되는가, 그것들은 어떻게 실행되는가, 그것들은 선의로 진행되는가, 누가 그것들을 집행하는가? 깊이 생각하지 않더라도 꽤 분명한 사실은 폭력적 갈등이 가장 눈에 띄게 불거지는 사건 가운데 적지 않은 경우가 한편으로는 지배 엘리트들 그리고 다른 한편으로는 원칙적으로 기존의 사회질서 내에서 수용될 만한 목표들을 추구한 평범한 피지배자들 사이에서 발생했다는 점이다.[22] 대혁명 이전 프랑스 전역에 걸쳐 등장한 탄원서에는 무수히 많은 불평불만이 담겨 있었지만, 농노제나 왕정을 타도하겠다는 욕망을 실제적으로 드러내지는 않았다. 대부분의 요구는 수많은 '지위 남용'이 시정되는 선에서 사실은 봉건제의 개혁을 꿈꾸었다. 그러나 이처럼 비교적 점잖은 요구가 실제 혁명을 위한 사회적 기반을 제공했던 농민과 하층계급의 폭력적 행위를 막아 내지는 못했다. 오히려 그것을 자극하는 측면이 있었다. 이와 유사하게 1917년 유럽에 인접한 러시아 서부 지역에서 자생적으로 형성된 공장위원회의 요구에 대해 우리가 알고 있는 내용도 노동자들이 추구한 것은 "노동조건의 개선이었지 그것의 변화가 아니었다"는 점, 그리고 생산수단을 사회화하려 한 것은 분명히 아니었다는 점을 의심하지 않게 만든다.[23] 그럼에도 하루 8시간 노동, 도급제 철폐, 최저임금, 관리직들의 예의, 조리 및 화장실 설비와 같은 개혁적 수준의 목표들을 대신한 그들의 혁명적 행동은 볼셰비키 혁명의 원동력으로 작용했다. 이와 비슷한 사례는 차고 넘친다.[24] 요컨대 우리가 역사적으로 혁명운동이라고 부르는 것의 토대에서 발견되는 피지배계급들은 일반적으로 자신들의 지배 이데올로기를 충분히 이해하는 범주 내에서 목표를 추구한다. '허위의식'을 가진 존재들도 혁명적 행동을 충분히 취할 수 있다는 것이다.

논의 그 자체를 위해 심지어 우리가 이데올로기적 헤게모니는 일단 구축되면 피지배계급의 침묵에 반드시 일조한다는 점을 인정한다고 하더라도 그와 같은 헤게모니가 이따금씩 승리할지 여부는 대단히 미심쩍다. 헤게모니 명제의 문제점은 도대체 어떻게 사회변동이 밑으로부터 일어날 수 있는지를 설명하기 어렵다는 사실이다. 적어도 이는 그람시의 계승자 몇몇에 의해 제안된 그것의 강성 논리 형태 속에서는 그렇다. 만약 엘리트들이 생산의 물질적 기반을 통제함으로써 실질적 동조를 확보하고 있으며, 또한 상징적 생산수단을 통제함으로써 그들의 권력과 통치에 대한 정당성이 보장된다면, 이는 오직 외부적 충격으로만 교란될 수 있을 뿐인 자기 영속적 균형 상태가 나름 구축되었음을 의미한다. 윌리스는 다음과 같이 말한다. "구조주의적 재생산 이론은 (그 속에 문화가 포함되는) 지배 이데올로기를 물 샐 틈 없는 그 무엇으로 제시한다. 모든 것이 너무나 깔끔하게 들어맞는 셈이다. 이데올로기는 항상 선험적으로 존재하며 진정성 있는 어떤 비판도 미연에 방지한다. 과정은 당구알처럼 매끈해 갈라진 틈이 하나도 없다."[25] 헤게모니 이론들을 적용하고자 했던 상대적으로 안정된 산업민주주의에서조차, 그것들의 가장 강력한 공식화는 실제로 일어나는 사회적 갈등이나 저항의 정도에 간단히 부합하지 않는다.

만약 헤게모니 이론들을 현대사회에 적용할 경우 사회적 갈등이 일개 불편함 정도를 의미한다면, 농업 사회나 노예 그리고 농노의 역사에 적용할 경우에 그것들은 심각한 난치병이 된다. 헤게모니 혹은 자연화의 지지자들은 프랑스혁명 이전 3세기 동안의 유럽 농촌 사회만 살펴봐도 수많은 예외적 사례에 직면할 수밖에 없다. 확실히 이 시기에 주목할 만한 점은 자신들의 행동의 바탕이 되었지만 비극적으로 결론 난 것처럼, 농민들이 객관적으로는 합리화되지 못한 역사적 가능성에 대한 의식에 빈번히 사로잡혀 있었다는 사실이다. 14세기 후반 와트 타일러 농민반란*과 독일의 농민전쟁, 그리고 프랑스혁명에서 전개되었던 수천 건의 반란 및 폭력적 저항들은, 지금 되돌아보면 실로 절망적인 역경에도 불구하고, 농민들이 집요하게 꿈꾸어 왔던 희망을 웅변하는 일종의 기념비에 해당한다. 그리하여 마르크 블로크는 다음과 같이 말한다. "사회체제는 내부 구조뿐만 아니라 그것이 생산하는 반작용으로도 특성이 규정된다. …… 현상들 사이의 연결을 관찰하고 설명하는 것이 책무일 뿐인 역사가에게, 봉건 체제에서의 농민반란은, 말하자면 대규모 자본주의 체제에서의 파업처럼 자연스럽다."[26] 반란이 결코 일어날 법하지 않던 북미 노예제에서조차 놀라운 것은 실제로 반란이 발생했다는 점, 그리고 모

---

* 1381년 잉글랜드를 휩쓴 대규모 농민반란. 주도자의 이름을 따 와트 타일러의 난Wat Tyler's Rebellion으로도 불린다. 민란의 배경은 1340년대 흑사병 발생 이후의 경제적·정치적 긴장, 백년전쟁에 따른 높은 세금, 런던 중앙정부의 불안정한 지방 통치 등이었고, 직접적인 촉발 계기는 1381년 왕실의 미납 인두세 징수 시도였다. 다양한 부류의 농촌 사회 구성원들이 봉기에 동참해 런던까지 진격했으나, 1500여 명의 반란군이 목숨을 잃고 막을 내렸다. 오늘날 곧잘 사용되는 '위대한 사회'the Great Society라는 말이 역사상 처음 등장한 사건으로도 알려져 있다.

든 실제적 반란 이면에 결실을 맺는 데까지는 이르지 못한 채 실패한 수많은 모의가 존재했었다는 점이다. 상대적으로 적은 숫자의 노예가 여러 농장들에 분산되어 있었다는 점, 노예가 전체 인구의 4분의 1도 되지 않았다는 점, 그리고 적극적인 감시 활동이 있었다는 점을 감안한다면, 반란이 적었다는 사실을 설명하기 위해 노예들이 '피할 수 없는 것'을 곧 정당한 것으로 믿게 되었다고 우리가 가정할 필요는 없는 것이다.[27]

만약 여기서 설명되어야 할 하나의 사회적 현상이 있다면 그것은 헤게모니 및 허위의식 이론들이 해명하고자 하는 것과 정반대의 경우다. 어떻게 하여 이와 같은 피지배 집단들이 그렇게 자주 그들에게 주어진 상황이 불가피한 것은 아니라고 믿었을까? 역사를 좀 더 사려 깊게 들여다보면 자신들의 상황이 불가피한 것이라고 결론 내리기 쉬웠을 텐데 말이다. 설명이 필요한 것은 권력과 압제의 독기가 아니다. 그 대신 우리에게 필요한 것은 피지배 집단들이 자신들의 능력과 해방의 가능성을 과대평가하는 가운데 그들을 구속하는 권력의 배열을 과소평가하게 되는 오독誤讀을 이해하는 일이다. 만일 엘리트 주도의 공개 대본이 지배를 자연화한다면, 그와 같은 지배를 비非자연화하려는 일련의 대항적 힘이 작동하는 것으로 보인다.

이와 같은 역사적 관점을 염두에 두고 우리는 헤게모니 및 자연화 논리에 대한 질문을 시작하고자 한다. 내가 보기에 자연화의 얇은 이론을 헤게모니의 두터운 이론으로 전환하려는 시도는 확실히 부당하다. 농노, 노예, 혹은 불가촉천민과 같은 피지배 집단들이 다른 원리에 입각한 사회질서를 종종 아무리 몰랐다고 하더라도, 그들이 보기에 지배의 필연성이 곧바로 그것의 공정성이나 정당성을 뜻하지는 않는다. 그 대신 노예에게 지배의 필연성이 의미하는 상황은 농민에게 날씨의 필연성이 의미하는 상황에 근접해지리라고 가정해 보자. 요컨대 정의나 정당성 같은 개념들은 날씨와 같이 주어진 운명처럼 그곳에 존재하는 그 무엇과는 차원이 다르다. 이런 점에서 실제 전통 사회의 농부들은 심지어 날씨조차 탈자연화하고자 했다. 날씨를 인격화하면서 그것의 진행에 영향을 주거나 통제하기 위해 고안된 의례적 레퍼토리를 개발하기도 했다.[28] 우리가 필연적이라고 간주하는 것들은 또다시 인간의 잠재적 통제 영역 안으로 들어온다. 이와 같은 노력이 실패하는 것처럼 보이면 전통적인 농부들은, 오늘날의 과학적·근대적 농민과 마찬가지로, 날씨를 저주하곤 했다. 최소한 그들은 필연과 정의를 혼동하지 않았던 것이다.

자연화의 얇은 이론은 필연의 수용 그 이상을 말하지 않기 때문에 설득력이 훨씬 높다. 그럼에도 그것 역시 현재가 아무리 밉더라도 대안적 사회체제에 대한 구체적인 지식이 존재하지 않는다면 현재에 대한 자연화가 자동적으로 야기될 수밖에 없다고 전제한다는 점에서는 오류이다. 무수히 많은 피지배 집단 구성원들에 의해 역사적으로 만들어진 작은 상상력의 위업 두 가지를 생각해 보자. 첫째, 비록 농노나 노예, 그리고 불가촉천민에게 농노제나 노예제, 카스트 제도 이외의 사회체제를 상상하기가 어렵기는 했지만, 기존의 신분 제도와 분배 구조를 상상 속에 완전히 뒤집기가 그렇게 힘들지는 않았다. 위아래가 바뀌거나 꼴찌가 첫째 되고 첫째가 꼴찌 되는 세상을 꿈꾸는 천년왕국의 주제는 권력과 부, 그리고 신분의 불평등이 공식적으로 보장되던 거의 모든 주요 문화적 전통에서 나타난다.[29] 대부분의 민속 유토피아는 이어지는 베트남 민요의 배경에 나타나는 것과 같은 핵심 아이디어를 포함하고 있다.

왕의 아들이 왕이 되네.

탑 청소부 아들은 바니안나무 잎을 어떻게 닦는지를 알 뿐이네.

사람들이 들고일어나게 되면,

자리를 빼앗긴 왕의 아들은 탑을 청소하게 될 것.[30]

피지배 집단들의 공상적 삶에서 유래한 이런 집단적 은닉 대본들은 단순히 추상적인 활동에 그치지 않는다. 우리가 다음에 볼 것처럼, 이들은 수많은 의례적 관행(예컨대 가톨릭 사회의 카니발, 인도의 크리슈나 축제, 고대 로마의 농신제, 불교권 동남아시아의 수상 축제)에 뿌리내리고 있고, 이들은 많은 반란에 이데올로기적 기초를 제공해 왔다.

　대중적 상상력의 두 번째 성취는 기존의 사회질서를 부인하는 것이다. 계서화된 사회 바깥에 한 번도 발을 들여놓은 적이 없는 가운데, 피지배 집단들은 자신들이 너무나 힘들다고 생각하는 차별이 더는 존재하지 않는 세상을 상상해 왔다. 1381년 영국의 농민반란 때의 유명한 단가短歌, "아담이 밭을 갈고 이브가 베를 짜던 때에 누가 귀족이었는가"는 귀족이나 상류 젠트리 계층이 없는 세상을 그리는 것이었다. 15세기 타보르 교파Taborites*는 급진적 평등주의와 노동가치설을 동시에 꿈꾸었다. 곧 "왕족이나 종교인이나 일반 백성이 서로 다르지 않으며, 귀족이나 기사도 보통 사람들만큼만 소유해야 한다. 그렇게 되면 모든 사람이 충분히 가질 수 있다. 언젠가 왕자들과

---

* 15세기 전반 중부 유럽 보헤미아(현재 체코 지역) 일대에서 활동하던 초급진파 기독교도. 이치를 따지는 모든 교리에 욕설로 대항하며, 교회는 물론 축일도 없었다. 모든 포악한 수단을 동원해 세속의 모든 고위직을 폐기하고자 했다.

영주들도 자신들의 빵을 얻기 위해 노동을 하는 날이 올 것이다".[31]

이와 같은 평등화 신념을 인간이 에덴동산에서 추방되기 이전에는 완벽한 사회였다는 신화를 간직한 유대-기독교 전통에만 국한하지 않도록, 그와 유사한 평등화 신념이 실은 고도로 계서화된 대부분의, 비록 전부는 아니라고 하더라도, 사회에 존재했다는 사실에 유념할 필요가 있다. 실제로 전통적인 유토피아적 믿음의 대다수는 피지배 집단들이 현재 경험하는 형태의 착취와 지위 비하에 대한 약간의 체계적인 부정으로 이해할 수 있다. 만약 농민이 세금을 징수하는 관리, 곡물 헌납과 부역의 의무를 부과하는 지주, 십일조를 요구하는 신부, 그리고 형편없는 수확량 탓에 고통받으며 산다면, 그들의 이상향은 세금도, 부역도, 십일조도 없는 삶, 혹은 아마도 관리도, 지주도, 신부도 없는 삶, 그리고 이와 더불어 스스로 풍성한 결실을 맺는 자연이 될 것이다. 대체로 이와 같은 종류의 유토피아 사상은 부분적으로 위장된 혹은 우화적인 형태로 만들어지는데, 그 까닭은 그것이 공개 선언될 경우 혁명적인 것으로 간주되기 때문이다. 의심의 여지 없이 확실한 것은 대규모 반란들이 근대 이전에 실제로 발생했을 때 천년왕국에 대한 믿음과 희망이 가장 중요한 이데올로기적 동원 기제를 제공했다는 사실이다.

역사적 증거의 측면에서 보자면 헤게모니의 얇은 이론이나 두터운 이론을 신뢰할 만한 기초는 공히, 거의 혹은 전혀, 존재하지 않는다. 반란을 일으키지 못하는 이유가 피지배 집단들이 반反사실적 사회질서를 상상할 능력을 결여했기 때문이라고 쉽게 단정해서는 안 된다. 틀림없이 그들은 그들의 지배 구조에 대한 전복顚覆과 부정을 상상하고 있으며, 더 중요하게는 이와 같은 가치를 위해 처절히 노력할 뿐만 아니라 여건이 허락할 경우 그런 기회를 적극 활용한다.

자신들의 위치가 사회의 맨 아래층이라는 점을 고려한다면, 그들이 현재 경험하고 있는 고통스러운 사회질서와는 전혀 다른 새로운 사회질서를 꿈꾸며 유토피아적 예언 속에서 나름의 계급 이익을 갖고자 하는 점은 놀라운 일이 아니다. 구체적으로 말해, 어떤 영주가 앉아 있는 농부에게 우아한 식사를 차려 주는 것을 묘사한 17세기의 한 대형 전단지는 농민들 위에 있는 계층보다는 농민들 안에서 더 큰 즐거움을 유발할 수밖에 없었다.[32] 그리고 반사실적 사회질서를 상상하게 되면, 상황을 바꾸려는 노력에 가망이 없다는 점을 확신시키기 위한 엘리트 주도의 언설들 때문에 피지배 집단들이 활동이 위축되는 것 같지는 않다. 나는 결코 돈키호테식 모험 하나가 또 다른 돈키호테식 모험으로 이어지는 역사가 농민이나 노예의 역사라고 말하고 싶지도 않고, 반란의 진압이 확실히 남기는 의욕 상실 효과를 무시하고 싶지도 않다. 그럼에도 노예 및 농민의 반란들은 실제로 충분히 자주 발생했고 대부분 어김없이 실패했기에, 우리가 설득력 있게 주장할 만한 것은 현실에 대한 어떤 오해가 만연하든지 간에 분명히 그것은 보증된 사실보다 더 큰 희망을 주었다는 점이다. 피지배 집단들이 소문이나 애매한 정보를 그들의 임박한 해방을 예고하는 것으로 해석하려는 경향은 두드러지는데, 6장에서 나는 이를 보다 상세하게 다룰 예정이다.

헤게모니에 대한 종이처럼 얇은 이론

이런 맥락에서 헤게모니 이론에는 이제 무엇이 남아 있는가? 거의 없다는 것이 나의 생각이다. 그럼에도 나는 피지배 집단들이 자신들의 복종을 합리화하는 사회적 구성을 받아들이거나 정당화하게 되는 제한적이며 엄격한 조건들에 대해 언급하려고 한다.[33]

내가 보기에 비자발적 복종의 경우 이데올로기적 헤게모니는 다음과 같은 비교적 엄격한 조건들 가운데 하나를 충족할 때만 일어날 법하다. 그중 첫 번째는 피지배자들의 상당한 숫자가 궁극적으로는 권력의 자리를 차지할 개연성이 높을 때다. 현재 감내하고 있는 지배를 언젠가 자기 자신도 행사할 수 있으리라는 기대는 지배의 정당화 패턴에 순응하게 되는 강력한 유인이다. 그것은 인내와 추종을 고무한다. 아니면 적어도 일종의 복수를 약속하는데, 그 대상은 분노의 원래 상대가 아니라 다른 사람이 될 수도 있다. 만약 이와 같은 추정이 정확하다면, 연령에 따라 계서화된 수많은 지배 체제들이 어떻게 그렇게 견고하게 지속되는지를 설명하는 데 도움이 된다. 연장자에게 착취당하고 있는 연소자는 언젠가 연장자가 될 기회를 획득한다. 어떤 조직 — 자신들의 승진을 합리적으로 기대할 수 있는 곳이라면 — 에서 남들을 위해 모멸적인 노동을 하는 사람들은 언젠가는 자신들도 남을 부리며 그와 같은 모멸적인 노동을 시킬 수 있다. 전통적인 중국의 며느리는, 만약 그녀에게 아들(!)이 있다면, 스스로 군림하는 시어머니가 될 날을 기대할 수 있다.[34]

또한 모르긴 몰라도 만일 피지배자들이 얼마간 철저히 원자화되어 있거나 밀착 감시하에 있을 때에도 힘겹고 비자발적인 복종은 정당화될 수 있다. 여기서 관건은 상대적 언설의 자유를 보장하는 일체의 사회적 환경을 절멸하는 것이다. 다시 말해 피지배자들 사이에 은닉 대본이 생성될 만한 사회적 조건을 거세하는 것이다. 여기서 그려지는 사회는 모든 사회관계가 위계적이고 감시가 완벽하다는 점에서, 공개 대본이나 벤담의 원형 감옥에 증식 중인 공식 담론 같은 것이다. 지배 관계 이외에는 어떤 삶도 불가능한 이와 같은 궁극의 전체주의적 환상은 실제 어떤 사회의 전반적인 상황에도 근접하지 않는다. 푸코가 지적했듯이 "고독이야말로 완전한 항복의 기본적 조건이다".[35] 아마도 몇몇 형무소, 정신 개조 캠프, 정신 병동 정도에서 여기서 말하려는 것이 무엇인지를 잠깐 들여다볼 수 있을 것이다.

원자화와 감시의 기술은 한국전쟁 당시 북한과 중공 내 전쟁 포로 캠프에서 일부 성공적으로 구사되었다. 이 책에서 말하고자 하는 바와 관련해 이 캠프들에서 주목할 만한 점은 자백과 선전 방송처럼 그곳 간수들이 원했던 목적을 달성할 때까지 애써 노력했던 시간의 길이이다.[36] 포로들은 극단의 육체적 소진까지 내몰렸고, 외부 세계와의 어떤 접촉도 허용되지 않았을 뿐만 아니라 한 사람씩 취조가 진행되는 동안 몇 주일에 걸쳐 격리되고 고립되었다. 심문자는 당근과 채찍을 번갈아 사용했고, 포로들이 아무런 편지 연락을 받지 못하는 것은 고향의 친지들이 그들이 어떻게 되든 상관하지 않기 때문이라고 일러 주었다. 무엇보다 간수들은 포로들의 모든 행동과 소통을 세밀히 통제하고자 노력했고, 고립의 방식 내지 정보원을 활용해 포로들 사이의 여하히 가능한 연대 혹은 관계 형성을 차단하고자 했다. 가혹한 조건이 이어지자 실제로 얼마간 자백을 받아 내는 수확도 있었고, 상당한 숫자의 포로들이 자신들을 무자비하게 대하던 심문자에게 갑자기 대단한 호감을 드러내기도 했다. 분명한 사실은 자신의 감정과 분노를 동일한 상황에 처한 타인들에게서 확인하는 일 — 막후의 은닉 대본, 다른 종류의 사회 현실을 창조한다는 것 — 이 불가능해지자, 심문자들로서는 일시적인 헤게모니 행사가 가능했다는 점이다.

내가 강조하고 싶은 것은 정확히 말해 얼마나 가혹한 조건들이 이와 같은 순응을 만들어 내는지이다. 포로들끼리의 소통이 허용될 경우 심문자들은 성공을 거두지 못했다. 따라서 그들은 피지배 집단 내부의 어떤 자생적 접촉도 분쇄하고자 심혈을 기울였다. 그럼에도 종종 포로들은 당국의 코밑에서 비밀리에 소통하는 데 성공했다. 심문자가 눈치챌 수 없는 언어의 작은 뉘앙스를 이용해 포로들은 다른 포로들 앞에서 행하는 공개적 사과나 고백 속에, 자신들의 연기가 강요된 것이며 진실이 아니라는 점을 삽입하려 애쓰곤 했다. 필요한 감시 및 원자화의 크기는 자신의 도덕적 판단에 위배되는 권위에 복종하는 행위를 설명하는 사회심리학 분야의 내용과 일치한다. 주어진 질문에 정확한 대답을 하지 못한 피험자들에게 통제관들이 전기 충격이라고 여긴 것을 가하도록 했던 스탠리 밀그램의 유명한 실험에서, 몇 가지 사소한 변이들이 순응의 비율을 엄청나게 감소했다.[37] 첫째, 통제관(당국자)이 방에서 나가면 피험자들은 복종을 거부하면서 자신이 실시한 전기 충격과 관련해 통제관에게 거짓말을 하곤 했다. 실험 상황의 또 다른 변이에서는 피험자에게 점점 더 심한 충격을 사용하기를 거부하는 한두 명의 동료를 투입했다. 불과 이 정도로 작은 사회적 지원만 있어도 피험자들의 대다수는 통제관의 권위에 도전했다. 따라서 피험자가 철저한 감시하에 놓여 있지 않은 것에 더해 피험자들이 같은 배를 타고 있는 동료로부터 저항을 위한 아주 최소한의 사회적 지원을 받는 순간에도 이런 맥락에서의 자발적인 순응은 사라져 버린다.[38]

그리하여 어떤 조건에서는 고통스럽고 비자발적인 복종마저 정의롭고 정당한 것이라고 믿게 된다. 하지만 그와 같은 조건들은 너무나 엄격해서 우리가 지금 여기서 논의하는 여하한 형태의 대규모 지배에 대해서는 쉽게 적용할 수 없다. 노예나 농노, 농민, 불가촉천민 등은 상향 이동이나 신분 탈출에 대한 실현성 있는 기대를 거의 할 수 없다. 이와 동시에 그들에게는 노예 구역, 동네, 가정, 그리고 종교적·의례적 삶과 분리된 또 다른 어떤 삶이 언제나 존재해 왔다. 은닉 대본의 필수적 기반이 되는 피지배 집단들의 자생적 사회생활을 완전히 말살하는 일은 가능하지도 않았고 바람직하지도 않았다. 역사적으로 존재해 왔던 대규모 지배 형태는 피지배자들에게, 이를테면 무언가 말할 거리를 제공하는 분노, 도용, 모멸 등을 발생시킬 뿐만 아니라, 피지배자들이 상대적으로 편안하게 말할 수 있는 독립된 사회적 공간의 창출도 방지하지 못한다.

헤게모니적 외관의 사회적 생산

지금까지 살펴본 헤게모니 이론 비판의 대부분이 타당하다면 우리는 순종이나 묵인의 이유를 피지배 집단에 의한 지배 이데올로기의 내면화 이외의 다른 대목에서 찾을 수밖에 없다. 엘리트들이 사회의 가장 낮은 계층을 이데올로기적으로 포섭하는 일에 실패함에도 어떻게 지배 형태가 계속 유지되는지를 설명하는 요소들은 틀림없이 많이 있다. 이 가운데 몇 가지만 언급하자면 다음과 같다. 피지배 집단들은 지리적으로나 문화적 배경으로나 서로 분리되어 있을 수도 있고, 가혹한 보복을 예상해 공개적 저항을 무모하다고 여길 수도 있다. 생존하기에 급급한 일상생활이나 그것에 수반되는 감시가 공개적 반대를 원천적으로 제약할 수도 있고, 과거의 실패 경험에 따라 냉소적으로 변했을 수도 있다.

하지만 여전히 설명이 필요한 것은 헤게모니나 이데올로기적 포섭에 대한 이론들이 그럼에도 왜 사회과학자들이나 역사학자들 사이에 엄청난 지적 매력을 유지하고 있는가이다. 이런 맥락에서 우리는 이데올로기적 포섭에 관한 이론들이 주류 사회과학과 그람시를 좇는 네오마르크스주의자들에게 공히 인기를 끌고 있다는 사실에 유념할 필요가 있다. 파슨스식의 구조기능주의적 세계에서는 피지배 집단들이 사회질서 이면의 규범적 원칙을 자연스럽게 수용하는 경향이 있다. 그렇지 않으면 사회가 지속될 수 없기 때문이다. 네오마르크스주의적 비판에서도 피지배 집단들은 지배 규범들을 내면화한다고 가정된다. 다만 이때의 규범들은 자신들의 객관적 이익을 허구적으로 인식하는 상태로 간주된다. 이들 각각에서 이데올로기적 포섭은 사회적 안정을 생산한다. 전자의 경우 안정은 훌륭한 것이고, 후자의 경우 그것은 계급에 기반한 착취의 영속화를 용인하는 것이다.[39]

이데올로기적 포섭의 관념이 역사적 기록 속에서 그와 같은 의미를 찾지 않으면 안 되는 가장 명백한 이유는, 우리가 살펴본 것처럼, 지배란 쉽게 말해 적극적이거나 혹은 심지어 열성적인 공모의 확실한 증거를 제공하는 공식 대본을 생산하기 때문이다. 평상시에 피지배자들은 불복종을 최대한 명시적으로 표출하지 않는 것이 이득이다. 물론 그들에게 저항에 따른 실제적 이익이 항상 있긴 한데, 가령 그들이 따를 수밖에 없는 착취, 노역, 굴욕 등이 최소화되는 것 등이다. 서로 상충되어 보이는 이런 두 가지 목표의 조화는 일반적으로 도전하고자 하는 지배 구조에 대해 공개적 대결만은 여하한 경우라도 회피하는 형태로 저항의 방식을 정확히 모색하는 것으로부터 달성된다. 따라서 역사적으로 농민들은 안전과 성과를 확보하기 위해 저항을 감추는 쪽을 선호해 왔다. 토지를 통제하는 문제에서는 드러내 놓고 토지에 쳐들어가기보다는 무단 점유를 선호했고, 세금을 내는 문제에서는 조세 반란보다는 탈세를 선호했으며, 생산물에 대한 소유권의 문제에서는 직접적인 전용보다는 불법 경작이나 좀도둑질을 선호했다. 오직 덜 극적인 조처가 실패하거나, 생존 자체가 위협받거나, 혹은 비교적 안전하게 공격할 만하다는 신호가 있을 때에만 농민들은 공개적이고도 집단적인 저항의 길을 감행했다. 이런 이유로 지배자와 피지배자 사이의 관계를 규정하는 공식 대본은 서열과 정당성에 대한 아첨과 미사여구, 그리고 논란의 여지가 없는 권리 규정으로 가득 차있다. 공개된 무대에서 농노나 노예는 동의와 의견 통일의 외관을 창조하는 데 공모하는 것처럼 보인다. 곧 밑으로부터 증명되는 언설적 지지는 이데올로기적 헤게모니가 공고해 보이게 한다. 권력관계의 공식 대본은 권력이 자연스럽게 보이는 영역이다. 그 이유는 이렇다. 우선 엘리트들은 공식 대본을 생산하기 위해 영향력을 행사한다. 또한 자연스러워 보이는 권력을 의심하는 일이 없도록 공식 대본은 통상적으로 피지배자들 눈앞에 놓인 이익에도 도움을 준다.

사회적 사실로서의 '공식 대본'은 피지배 집단에 대한 역사적·현재적 연구를 수행하는 데 커다란 어려움을 제공한다. 실제로 반란이 일어나지 않는 한, 엄청난 규모의 공적 이벤트, 곧 엄청난 양의 사료는 공식 대본의 형태로 축성되어 있다. 피지배 집단들이 모습을 드러내는 경우에도 그들의 존재, 동기 및 행태는 지배 엘리트들의 해석에 따라 영향을 받는다. 피지배 집단들이 거의 전적으로 문맹이라면 문제는 더 심각해진다. 하지만 어려운 점은 엘리트들이 자신들의 계급과 지위를 반영하는 방식으로 구축한 엘리트 활동의 표준적 기록 규범 때문만은 아니다. 이보다 훨씬 큰 어려움은 피지배 집단들이 자신들의 행동과 의견을 있는 그대로 밝히는 것이 해롭다고 생각한 나머지 그것들을 진정으로 감추고자 하는 데서 비롯된다. 우리는 미국에서 노예들이 주인 몰래 가축이나 곡물, 식품을 얼마나 뒤로 빼돌렸는지를 잘 모른다. 만약 노예들이 이런 짓에 성공했다면 주인들은 무언가 확실한 손실이 있음에도 그것의 정도를 모를 수밖에 없다. 물론 우리는 주인들로부터 이와 같은 재산을 도용하는 것을 놓고 노예들끼리 뭐라고 말하는지에 대해서는 더더욱 아는 바가 없다. 일반적으로 우리가 알게 되는 것은 대부분 이런 복종 상태로부터 탈출할 수 있었던 전前 노예들로부터 나온다. 예컨대 북부나 캐나다로 달아난 탈주자들의 이야기, 노예해방 이후 노예들에게서 수집된 이야기들이다. 노예나 다른 피지배 집단들이 이데올로기적·물질적 저항을 시도할 때 취하는 목표는 정확하게 말해 눈에 띄지 않는 것이다. 따라서 그들이 소기의 목적을 달성하는 한 그와 같은 활동들은 역사적 기록에 나타나지 않는다. 이런 점에서 피지배 집단들은 위생처리된 공식 대본을 만드는 데 공모한다. 왜냐하면 그것은 자신들의 흔적을 덮을 수 있는 한 가지 방법이기 때문이다. 자포자기, 저항, 도전과 같은 행위들은 우리에게 공식 대본을 들여다볼 일종의 창문을 제공할 수 있다. 하지만 위기가 발생하지 않는 한, 우리가 보기 쉬운 것은 피지배 집단들이 취하는 최선의 행동들이다. '정상적'인 조건에서 노예들 사이의 저항을 발견한다는 것은 말하자면 안개상자를 통해 원자적 미립자의 흐름을 발견하는 것과 비슷하다. 확실히 남는 것은 오직 저항의 흔적뿐이다. 티눈 자리처럼 말이다.

예를 들어 크리스토퍼 힐이 영국 내전 당시 수평파水平派, the Levellers[*]와 관련된 급진 사상의 사회적·종교적 기원을 밝히는 과정에서 직면했다는 고충을 한번 생각해 보자.[40] 물론 수평파의 사회적 복음은 1640년 현장에서 고안되지 않았음이 분명하나, 그것의 기원을 찾아낸다는 것은 별개의 문제다. 롤러드파[**]와 결부된 종교적 입장은 반드시 들여다봐야 할 대목이다. 그럼에도 롤러드파를 검토하는 일은 대단히 복잡한데, 이는 그와 같은 이단적 종교 지지자들이 기존 질서를 위협한다고 간주되었고 또한 실제로 그랬기 때문이다. 힐이 말한 것처럼, "정의상 그와 같은 견해들을 가진 사람들은 흔적을 남기지 않으려고 매우 애썼다".[41] 주어진 여건을 고려할 때 롤러드파는 신자들에게 정통파라는 사실을 강력히 주장할 만한 수단을 결여하고 있던 도피 상태의 지하 종파였다. 그것은 불법적인 설교와 이따금 발생하는 반교권주의 사건, 그리고 훗날 침례교도나 퀘이커파 교도들 사이에서 나타나는 몇몇 급진 민주주의적 성서 독해 등에서 잠깐씩 드러날 뿐이다. 그들은 '직책상의 명예'와 경칭 사용 둘 다 거부할 것을 설교했고, 일찍이 15세기에 하느님에 대한 직접적 고해와 성직자보다 가난한 모든 이들에 대한 십일조 면제가 옳다고 믿었다. 그리고 가족주의 교단[***]이나 초기 감리교, 수평파와 마찬가지로 그들 역시 선술집이나 길거리에서 설교를 하곤 했다. 그들은 감시가 가장 취약한 곳에서 번성했는데, 대지주나 성직자가 거의 없는 전원, 황야, 산림 지역이 대표적이었다. 또한 그들은 시련에 부딪칠 경우, 그들 이후의 가족주의 교단이 그랬듯이, 이단적 교리를 소

---

* 17세기 청교도혁명 당시 소상인·장인匠人·도제·소생산자·농민 등 프티부르주아의 이익을 주장하며 등장한 영국의 정치적 당파. 현대 의회민주주의의 선구자로 평가되며 평등파平等派로도 불린다.

** 14~15세기 영국의 종교개혁자 존 위클리프를 신봉하던 사람들.

*** 16세기 헨드리크 니콜리스Hendrik Nicholis가 창설한 신비주의적 기독교 분파. '사랑의 가족'Familia Caritatis 교단으로도 불린다. 하느님보다 자연의 섭리를 중시하며 맹세나 무장武裝을 거부했다.

지했다는 혐의를 일체 부인했다. 힐은 이렇게 설명한다. "이처럼 겁 많은 태도는 개신교든 가톨릭이든 상관없이 그들이 모든 기성 종단에 보이던 반감과 상관이 있다. 순교를 거부한 것이 그들의 생존 열망에 도움을 주었다는 점에는 의심의 여지가 없지만, 역사가들이 자신 있게 이교 집단을 밝혀내는 데는 어려움을 가중한다."[42] 이 시기 롤러드파 운동이나 가족주의 교단이 결코 원하지 않았던 것은 괜히 눈에 띄게 일어섰다가 숫자 세기에 포함되는 일이었다. 이럴 경우 롤러드파 운동의 힘은 급진적 이교주의의 대중적·공개적 폭발에서 파생되는데, 1640년에 시작된 영국 내전이 전형적으로 이에 해당한다. 그들의 어두운 역사는 역사적 중요성을 약간 담보했는데, 이는 그것에 포함된 사상이 내전 당시의 정치적 동원과 권력 공백 속에서 마침내 공개적 표현을 할 수 있었기 때문이다. 과거의 은닉 대본을 되돌아볼 수 있게 불빛을 비추는 그와 같은 호의적인 순간들이 없다면, 피지배 집단들의 막후 역사 대부분은 영원히 사라지거나 희미하게 남아 있었을 것이다.

이와 유사한 역사적 논쟁은 저항의 실천을 감추기 위해 피지배 집단들이 효율적으로 사용한 위장에 대해서도 이어질 수 있다. 내가 현장 연구를 진행한 적이 있는 말레이 지역의 어떤 벼농사꾼은 공식적인 이슬람 십일조 납부를 억울하게 생각했다.[43] 그것은 불공평하게 그리고 부패한 방식으로 징수되고 수익은 지방 수도로 보내지지만, 종교 당국으로부터 어떤 혜택이라도 돌려받은 마을 농부는 단한 명도 없었다. 이에 말레이 농부들은 조용하고도 치밀하게 십일조 제도를 거의 다 해체했는데, 실제로 그들이 납부한 것은 공식적 부과액의 15퍼센트에 불과했다. 십일조를 두고 폭동도, 데모도, 항의도 벌어지지 않았으며, 오로지 끈기 있게 그리고 효율적인 방법을 통해 십일조를 잠식한 것이다. 경작면적을 허위로 신고하는 일, 토지 신고를 단순 누락하는 일, 내야 하는 것보다 적게 내는 일, 무게를 늘리기 위해 물기에 젖었거나 돌멩이나 진흙으로 뒤범벅된 벼를 넘기는 일처럼 말이다. 복잡한 정치적 이유로 인해, 그것의 자세한 내용은 우리가 상관할 바 아닌데, 종교 당국이나 지배 집단은 이처럼 조용하고도 효과적인 저항이 공적인 관심을 제고하는 것을 공히 원하지 않는다. 그것이 알려질 경우 무엇보다 정부 당국이 시골에서 힘이 없다는 사실이 노출되고, 아마도 이는 다른 형태의 불복종 행위를 자극할 터였다.[44] 서로 눈에 띄지 않는 방식을 취하는 것에 대해 두 적대자들이 일치한다는 것은 갈등을 공개적 기록으로 남기지 않기로 하는 공모에 가깝다. 수십 년이 지나 그 당시의 신문이나 연설, 공식 문서를 검토하는 이들은 결국 이와 같은 갈등의 흔적을 거의 혹은 전혀 발견할 수 없다.

따라서 헤게모니 및 허위의식 이론들의 매력은 대체로 엘리트들과 피지배자들 공히 공개 대본에 통상적으로 끼워 넣는 전략적 외관에 크게 달려 있다. 위로부터의 감시가 철저한 경우 피지배자들은 보신용 아첨[45]의 필요성에 따라, 롤러드파 교도는 정통파 신자가 되고, 밀렵꾼은 영주의 재산을 평화적으로 존중하는 쪽으로 태도를 바꾸며, 십일조를 거부하는 농민들은 자신의 의무를 충실히 이행하는 존재로 변한다. 자신들에게 행사되는 권력이 크면 클수록, 감시가 철저하면 철저할수록, 순종과 동의 및 존경의 인상을 불러일으키고자 하는 피지배자들의 동기도 늘어난다. 마찬가지 이유로 그와 같은 가혹한 상황에서 얻어 낸 순종은 무대 뒤 여론 형성과 관련해 의미 있는 지침이 되기 어렵다. 우리가 살펴본 것처럼, 엘리트들 역시 일치와 자발적 순응, 그리고 존경의 공개적 외관을 보존해야 할 나름의 절박한 이유가 있을지 모른다. 엘리트들과 피지배자들 모두의 공식 대본을 관통하지 않는 한 사회적 증거들을 읽는다는 것은 헤게모니적 견지에서 볼 때 거의 항상 현상유지의 확증을 대변한다. 피지배자들이 그들 자신의 연기에 별로 속지 않는 것처럼, 사회과학자들이나 역사가들이 그와 같은 연기를 반드시 올바른 신념의 결과로 수용해야 할 이유는 물론 더욱더 없다.

권력의 심문審問, 혹은 헤게모니의 사용가치

> 불행에 처한 상대를 꼼짝 못 하게 하는 역설적 수단은 법무 자선부가 불공평한 처사를 하도록 몰아가는 것이다.
> _오노레 드 발자크, 『샤베르 대령』.[*]

내가 읽어 본 증거에 따르면 그람시의 헤게모니 분석은 최소한 한 가지 이유에서는 뒤집어져야 한다. 이데올로기에 대한 네오마르크스주의 후속 저작을 안내해 왔던 그람시의 애초 공식화에 따르면 헤게모니는 기본적으로 실천의 차원과 구분되는 사고의 차원에서 작동한다. 혁명 정당과 그것에 동조하는 지식인들이 희망적으로 해결하고자 하는 이례적인 상황은, 자본주의하 노동자계급이 혁명적 함의를 띤 구체적 투쟁들과 관련되어 있음에도, 헤게모니적 사회사상

---

[*] 『샤베르 대령』, 김인경 옮김, 지식을만드는지식, 2017, 20쪽. 원서에는 발자크의 『시골 의사』The Country Doctor가 출전으로 되어 있으나 『샤베르 대령』Le Colonel Chabert의 오기인 듯하다.

의 노예라는 이유로 자기 자신들의 행동으로부터 혁명적 결론을 도출할 수 없다는 사실이다. 그람시의 주장에 따르면 이처럼 의식이 지배받고 있어서 노동자계급은 자신의 행동 속에 상당 부분 내재한 급진적 가치의 중요성을 도출하지 못한다.

> 대중적 활동가는 실천적 활동력을 가지고 있지만 자신의 실천 활동에 대한 명확한 이론적 자각은 갖고 있지 않다. …… 그의 이론적 의식은 역사적으로 볼 때 자신의 활동과 심지어 정반대일 수도 있다. 말하자면 유리된 두 개의 이론적 의식(혹은 모순적 의식)을 가지고 있을 수도 있다. 즉 한편으로는 그의 활동 속에 은연중에 함축된 채 세계를 변혁하는 실천에서 실제로 그를 그의 동료 노동자 모두와 결합시켜 주는 의식이 있는가 하면, 다른 한편으로는 그가 피상적으로 표명하거나 말할 때 나타나는 의식으로 그가 과거로부터 물려받았기에 무비판적으로 빠져 있는 의식도 있다. 그러나 이런 피상적인 말 속에 담긴 생각도 적잖게 중요하다. …… 모순된 의식 상태로서는 어떤 행위나 결정, 선택도 할 수 없게 되어 도덕적·정치적인 수동성이 조장되기도 한다.[46]

하지만 우리가 탐구해 왔던 것은 지배 이데올로기들을 전복하거나 부인하는 피지배 집단들의 상상 속 능력과 같은 것이다. 이와 같은 유형은 너무나 흔하기 때문에 역사적으로 억압받은 집단들이 갖고 있는 종교적·정치적 장치의 본질적 요소로 간주해도 무방하다. 따라서 다른 모든 조건이 동일하다면 피지배계급들은 관념과 이데올로기 수준에서는 제약을 더 적게 받으리라고 이해하는 편이 훨씬 타당하다. 격리된 환경에서 비교적 안전하게 말할 수 있기 때문이다. 반면에 정치적 행동과 투쟁의 수준에서는 제약을 더 많이 받을 것이다.

이는 권력의 일상적 행사가 그들에게 동원 가능한 선택을 현저히 제한하기 때문이다. 거칠게 말하자면 농노가 영주를 살해하고 봉건 체제를 철폐하고자 시도하는 것은 대개 자살 행위다. 하지만 그들이 신중하기만 하다면, 그와 같은 열망을 꿈꾸고 말하는 것은 얼마든지 있을 법한 일이다.

내가 그람시를 비판하는 대목은, 회의론자는 반대할 수 있지만, [그람시의 헤게모니 이론은] 권력관계가 단지 공개적 형태의 저항과 항의를 실질적으로 불가능하게 하는 경우에만 적용될 뿐이라는 점이다. 오직 그와 같은 조건에서만 행동에 대한 제약이 너무나 가혹해 외관상 헤게모니 비슷한 상태를 야기한다. 분명히, 회의론자는 반대를 계속할지 모르지만, 공개적 정치 갈등의 시점에서는 순종과 존경의 가면이 벗겨지거나 아니면 최소한 그것의 정도가 현저히 낮아진다. 확실히 바로 여기가 허위의식의 증거를 찾을 수 있는 장소가 된다. 하지만 만약 적극적으로 저항하는 과정에서 피지배 집단들이 지배 이데올로기 대부분을 여전히 수용하고 있다면 그때 우리는 헤게모니적 이데올로기의 효과를 믿을 만한 수준으로 추론할 수 있다.

피지배 집단들의 항의나 공개 투쟁이 진정으로 급진적인 이데올로기적 전환을 취하는 경우가 거의 없다는 것은 진실이다. 이처럼 부인할 수 없는 사실이 헤게모니 이론의 얇은 버전을 주장하는 데 거듭 사용되어 왔다. 이와 관련해 배링턴 무어의 주장에는 설득력이 있다.

> 억압받고 있는 집단이라면 직면할 수밖에 없는 중요한 문화적 과제는 지배 계층의 정당성 근거를 약화하거나 파괴하는 것이다. 그런 비판은 지배 계층이 그들이 실행하겠다고 내세우는 과제를 제대로 수행하지

않고 있으며, 따라서 사회계약을 위반하고 있다는 점을 드러내고자 노력하는 형태를 띨 수도 있다. 이보다 훨씬 자주 나타나는 비판의 형태는 사회계약의 이행에 충실하지 않은 지배 계층 내 특정 개인들을 지목하는 것이다. 이런 식의 비판은 지배 계층의 기본 직분들을 결코 침범하지 않는다. 오직 가장 급진적인 형태의 비판만이 군주나 자본가, 성직자, 장군, 관료 등이 도대체 사회에 어떤 유용한 목적을 위해 봉사하고 있는지를 질문한다.[47]

무어는 우리가 지배에 대해 따져 물을 때 급진주의의 강도를 상상하라고 암묵적으로 요구한다. 가장 덜 급진적인 단계는 지배 계층 일부가 자신들이 주장하는 통치 규범을 위반했다고 비판하는 것이다. 그다음으로 급진적인 단계는 지배 계층 전체가 자신들의 지배 원칙을 준수하고 있지 않다고 비판하는 것이다. 그리고 가장 급진적인 단계는 지배 계층이 자신들의 지배 행위를 정당화하는 원칙 그 자체를 거부하는 것이다. 실제로 어떤 지배 형태에 대해서도 이런 식의 분석이 가능하다. 현재의 군주가 선대先代에 비해 자비롭지 못하다는 주장과, 일반적으로 군주들은 자신들이 약속하는 자비를 실천하지 않는다는 주장은 서로 차원이 다른 것이며, 모든 형태의 군주제를 용납하지 않는 것은 더욱더 별개의 차원이다.

어떤 특정한 비판이 지배의 형태에 얼마나 깊숙이 참견하는지를 분간할 수 있는 그럴듯한 방법들 가운데 하나로서 이와 같은 분석들은 약간의 장점이 있다. 오히려 나의 불만은 어떤 특정한 장소에 만연해 있는 이데올로기적 지배의 정도를 추정할 때 과연 이 기준을 어떻게 사용하는지와 관련되어 있다. 사회적 비판이 이데올로기적으로 제한되어 있다는 사실 그 자체가 헤게모니적 이데올로기로 말미암아 그와 같은 비판을 행하는 집단들로 하여금 더 광범위한 비판을 의식적으로 삼가도록 만들 것이라는 결론은 결코 정당화될 수 없다고 나는 확신한다. 노예와 농노, 농부, 불가촉천민 등 피지배 집단들이 윤리적으로 항복하는 이유가 단순히 그들의 항의와 문제 제기가 자신들이 도전하고 있는 지배계급의 도덕적 정당성에 순응하기 때문이라고 결론짓는 것은 심각한 분석상 오류가 될 것이다.

사실을 말하자면 피지배 집단들이 요구하는 것들의 공개적 표현은, 심지어 갈등 상황에서도, 그것들이 취하는 형태에 영향을 미치는 전략상 혹은 대화상의 주요 차원을 거의 항상 확보한다. 혁명적 위기 상황에서 가끔 나타나는 전면적 전쟁 선포가 아닌 한, 대부분의 저항이나 도전 — 심지어 꽤 폭력적인 것조차도 — 이 시도되는 것은 지배 형태의 가장 중요한 특징이 전혀 손상되지 않는 현실주의적 기대 속에서이다. 그와 같은 기대가 만연하는 한, 공개 대본 한 가지만으로는 헤게모니적 가치에 대한 도전이 어느 정도로 신중하고 공식적인지, 또한 윤리적 투항이 어느 정도인지를 짐작할 수 없다.

헤게모니적 가치를 향한 호소에 들어 있는 잠재적으로 전략적인 요소는 거의 모든 사회적 불평등 상황에서 명백히 나타나는데, 그것은 언어의 지배에서 비롯된다. 평범한 보기로 자본주의 기업에서 임금 인상을 요구하거나 혹은 다른 동료들에 비해 자신의 임금이 적다는 점을 항의하고자 하는 누군가를 상상해 보자. 그가 회사의 지배 구조 속에 계속 남아 있기를 기대하는 한, 그의 경우는 반드시 상급자들의 제도적 이해관계에 연계되어 다뤄질 것이다. 말하자면 그는 새 자동차를 사기 위해 임금 인상을 원할 수도 있고, 도박 습관을 지원하기 위해 혹은 비주류 정치 집단에 기금을 내기 위해 임금 인상을 요구할 수 있다. 그리고 그는 자신의 상관이 저지른 비리를 충직하게 은폐해 주었기 때문에 그럴 만한 자격이 있다고 느끼고, 자신의 친한 친구나 가족에게 그런 말을 상당 부분 하고 다닐지도 모른다. 이 가운데 그 어떤 것도 공식 표기에서는 정당한 자리를 찾기 어렵다. 따라서 아마도 그는 과거 기업이 조직적으로 성장하는 과정에 끼친 자신의 충실하고도 효율적인 기여나 미래의 기업 성장에 그가 기여할 수 있는 바가 무엇인지를 강조할 것이다. 전략적 행위는 항상 위쪽을 향한다. 왜냐하면 종종 그것만이 발언의 기회를 얻는 유일한 방법이기 때문이다. 물론 항의는 전적으로 정직한 것일 수 있다. 하지만 공식 표기 한 가지에만 의존해 그것의 정직성을 판단할 수는 없는 법이다.

따라서 지배자가 가진 힘은 일반적으로 — 공개 대본 속에 — 경의와 존중, 숭배, 찬미, 존경, 심지어 흠모와 같은 연기의 흐름을 지속적으로 이끌어 내는데, 이는 지배 엘리트들로 하여금 자신의 권리가 자신의 눈앞에서 정당하게 입증되는 사회적 증거라고 확신하게 만들도록 기여한다. 따라서 '우리의 (노예들, 농노들, 불가촉천민들)은 우리를 사랑한다'는 식의 고전적인 주장은 지배에 대한 비판론이 가정하기 쉬운 것 이상으로 훨씬 솔직한 것이다. 결국 그렇게 신비롭지만은 않은 사회적 연금술에 의해 지배의 찌꺼기는 지배를 적극적 내지 열정적인 동의의 금덩어리로 변형하는 것처럼 보이는 대중적 차원의 언설적 지지를 생산해 낸다.

밑으로부터의 권력 행동 대부분은, 그것들이 항의 — 암묵적으로나 명시적으로나 — 일 경우에도, '규칙들'을 준수하게 될 것이다. 이는 그것의 목표가 규칙들의 권위를 침해할 때도 그렇다. 규칙들에 대한 그와 같은 호소가 암시하는바 공식 대본에 대한 경의와는 달리, 그것들은 종종 자기 성찰과는 거의 상관없는, 그저 관습적이고 상투적인 것으로 보일 수 있다. 프랑스 국왕들을 직접 겨냥하는 체포 영장, 그리고 국왕이 바로잡아 주기를 바라는 개인적 부당성에 대해 전형적으로 늘어놓는 불평은, 왕을 지칭할 때 과장된 언어를 마음껏 사용한다. 사람들은 공식화된 문구들을 알고 있었으며, 공증인을 고용해 왕권의 위엄과 자비 그리고 탄원 중인 특정한 백성의 겸양과 충성을 강조하는 적절한 완곡어법을 통해 구체적인 불평을 드러나지 않게 감쌀 수도 있었다. 푸코가 말하는 것처럼 그와 같은 공식들은 "거지나 빈민 아니면 그냥 보통 사람들이 이상한 무대에 나타나도록 만들었는데, 그곳에서 그들은 허세나 열변, 호언장담을 쏟아 내기도 하고, 권력의 무대 위에서 자신들이 주목받기 위해서라도 꼭 필요한 몇 조각짜리 옷으로 차려입는다".[48] 푸코가 언급한 '이상한 무대'는 발언 기회를 제공하려는 목적도 있지만, 가끔 갈등이나 심지어 반란에서 귀중한 정치적 자원이 되기도 한다. 민간 교도소나 농민들의 탄원 및 반란 유형으로부터 도출된 사례들은 완곡한 형태의 권력이 밑으로부터의 저항을 위한 기초를 얼마나 잘 제공하는지를 너무 잘 말해 준다.

　비교적 혁신적인 노르웨이 교도소에서 수감자들이 사용했던 공개적 전략을 주의 깊게 서술한 토마스 마티센은 간수 및 행정기관의 이익에 맞서 수감자들이 어떻게 스스로의 이익을 챙겼는지를 탐구했다.[49] 우리의 목적과 관련해 죄수들이 수감 제도를 냉소적으로 보았는지 아니면 정당한 것으로 보았는지는 별로 중요하지 않다. 그들의 전략적 이해관계가 이런저런 형태로 교정 당국과의 협상을 지속하는 데 달려 있는 한, 그들의 행동은 어느 쪽 가정과도 완벽하게 양립할 수 있기 때문이다. 현실적으로 혁명을 선택할 여지를 빼앗긴 데다가 기본적으로 별다른 정치적 자원이 없는 상황에서 수감자들은 교정

당국을 상대로 헤게모니적 이데올로기를 잘 활용하는 방식으로 효과적인 투쟁을 벌여야만 한다. 수감자들이 일상적 감옥 생활에서 가장 분개하는 것은 교도관에 의해 특혜와 처벌이 변덕스럽고 예측 불가능하게 분배되는 듯한 상황에서 아무것도 할 수 없다는 사실이다. 자신들에게 불리하게 배치된 권력을 길들이고자 하는, 또한 그것을 예측 가능하고 조종 가능한 것으로 만들어 가고자 하는 집요한 시도 속에 그들은 마티센이 '까탈 부리기'라고 특징지은 전략을 추구한다. 이는 그들의 작은 왕국 내에서 자신들의 지배자들이 설정한 규범들을 강조하는 것으로, 지배자 쪽에서 자신들의 권위를 정당화하는 규범들을 먼저 위반해 왔다고 주장하는 것이다. 죄수들은 특혜(예컨대 최소한의 감시 구역, 편한 사역, 일시 출소)를 제공하는 절차, 기준 및 지침을 명확히 하라고 끊임없이 압력을 가한다. 그들은 입감入監 서열이 자동적으로 그리고 기계적으로 작동되고 있는 만큼 그것을 중요한 기준으로서 열렬히 지지한다. 감옥에 오기 전에 살았던 더 넓은 사회가 법에 의거한 절차와 시민에 대한 기계적 평등의 가치를 확립해 온 이상, 이를 자신들의 경우에 교묘히 이용한다. 이런 측면에서 그들의 행동은 도덕주의적이었다. 곧 정당한 규범으로부터 일탈한 쪽은 자신들이 아니라 교도관들이기 때문이다. 급진적 불확정성 원리가 또다시 승리하는 것이다. 지배적 규범을 의식적으로 조작한다는 의미에서 수감자들의 주장이 얼마나 전략적인지를 공식 대본에서 파악하기란 거의 불가능하다. 어떤 경우에라도 이를 가장 나중에 알아차리는 이는 아마도 교도관들일 것이다.

교정 및 행정 요원들은 수감자들의 논리를 반박하고자 시도해 왔지만 성공하는 일은 거의 없다. 두말할 나위 없이 그들의 힘은 혜택과 규율을 배분하는 데서 사적인 재량권을 극대화하는 것에 달려 있다. 어쩌면 그것은 이미 기본권을 박탈당한 집단으로부터 순종을 얻어 낼 수 있는 사실상 유일한 수단이다. 이와 같은 재량권을 빼앗기면 그들의 사회적 통제는 힘들어진다. 따라서 어느 정도 강제력 행사의 재량권을 갖기 위해 그들은 '개인별 처우 이데올로기'에 의존해 왔다. 그것은 자신들의 행동을 특정 수감자의 개별적 수요에 맞추는 것이다. 죄수들에게 이는 단지 자신들의 무뚝뚝한 태도나 단정치 못한 옷차림을 처벌할 수 있는 교도관들의 역량을 나타내는 것일 수 있다. 그렇다면 여기서 우리는 주어진 규범적·이데올로기적 지배의 조합이 자신의 영역에 쉽게 활용될 수 있는 권력과 투쟁의 실행에 얼마나 도움을 주는지를 말해 주는 유용한 예증例證을 만나게 된다. 피지배 집단의 이익에 진정으로 봉사한다고 주장할 수밖에 없는 미구未久의 모든 헤게모니적 이데올로기가 갖고 있는 유연한 적응력은, 바로 그 이데올로기로에 의해 정당화되는 정치적 권리의 형태로 적대자들에게 정치적 수단들을 제공한다.[50] 규칙을 믿든 안 믿든 간에, 그처럼 즉각 활용할 수 있는 이데올로기적 자원들을 효과적으로 사용하면 이롭다는 점은 바보가 아니고서야 모르지 않을 것이다.

지배 계층의 이데올로기를 이용한다는 것이 이해관계의 폭력적인 충돌을 방지한다는 의미는 결코 아니다. 실제로 그것은 양쪽 공히 폭력의 정당성을 인식하게 만들지 모른다. 도쿠가와 막부 시대 일본에서 다이묘(봉건영주)에 대한 농민들의 탄원은 종종 저항과 반란의 서막이었다. 탄원이 곧 사형으로 이어졌음에도 마을 지도자들은 이와 같은 극적인 조처를 가끔 단행했는데, 이때 그들의 탄원은 언제나 영주를 공경하는 어휘들로 가득 꾸며졌다. 세금 감면을 위해 '영주의 자비'에 호소한다든가, '상전으로부터의 자애로운 사회적 부조扶助' 전통을 거론하는 식으로 말이다.[51] 이와 같은 표현 — 심지어 반란의 서막으로서도 — 을 통해 종종 '자비로운 영주와 정직한 농민'이라는 농민들의 진짜 세계관을 조심스럽게 들여다볼 수 있다. 다시 말해 우리는 사실상 다소간 전략적 차원을 지닐 수 있는 권력과의 대화를 목격하게 되는 것이다. 그럼에도 한 가지 사실은 분명하다. 충성을 맹세하는 공식적 언설의 범위 안으로 저항을 제한함으로써 농민들은 필사적인 탄원 행위가 야기할 치명적 위험을 어느 정도 완화할 수 있다. 잠재적 위협으로 가득 찬 집단적 도발의 한가운데에서도 농민들은 공적 규범에 상징적 우위를 양보하고자 하는데, 이는 만약 그들이 이해하는바 위계적 사회계약을 영주가 준수하기만한다면 조용히 충성을 바치며 살겠다는 점을 암시한다. 두말할 나위도 없이 이때 관계 당사자들 모두는, 사실상 모든 탄원이 그렇듯이, 탄원이 위협을 동반한다는 점을 알고 있다. 하지만 문서는 사회적위계 관계의 진실성을 들먹이면서 농민들은 그것을 주어진 운명으로 받아들일 것이라고 공언하는 말로 시작된다.

피지배 집단들 스스로 판단하기에 자격이 있다고 여겨지는 '권리들'에 대해 탄원을 통해 집단적 주장을 한다는 것은, 그 속에 암묵적으로 '안 그랬단 봐라'라는 태도를 포함하고 있다. 그런 주장을 거부했을 때 정확히 어떤 결과가 일어날지는 영주의 상상력에 맡겨 둔채 말이다. 만일 우리가 귀족들이 자신들의 가치 코드를 자기 규율로써 준수하는 것에 대해 말할 수 있다면, 그리고 그것을 준수하는일이 신분이 높은 자의 도덕적 의무가 되어 고통스러운 것이 된다면, 엘리트들로 하여금 사회계약에 대해 자신들이 이해하는 바를 준수하라고 농부들이 주장하는 것을 우리는 [노블레스 오블리주, 곧 귀족의 의무가 아닌] 농민의 의무라고 불러도 좋다. 그와 같은 탄원은 일반적으로 고통, 자포자기, 그리고 징세와 징병 등에 시달리는 충직한 농민들의 불안한 인내심과 관련되어 있다. 17세기 프랑스 역사가가 정확히 관찰했듯이 "자신의 절박한 상황에 대해 군주에게 이야기하는 자는 스스로를 위태롭게 만든다".[52] 따라서 절박함을 호소하는 탄원은 폭력에 대한 암묵적 위협과 공손한 어조의 호칭이라는 두 가지 모순적 요소를 혼합하는 경향이 있다. 얼마나 이와 같은 공손함이 단순히 엘리트를 부르는 하나의 공식 ─ 그 이상 별로 큰 의미가 없는 ─ 에 불과한지, 아니면 계층과 권위의 기본 원칙에 도전하는 여하한 의도를 부인함으로써 얼마나 크고 작은 실리를 챙기려는 목적에서 나온 의식적인 시도인지를 구분하기란 결코 간단하지 않다. 예컨대 라뒤리가 1580년의 로마 폭동을 재구성한 것에 따르면 장인들 및 농민들 사이에서 반란 분위기는 이미 1579년 초에 형성되어 있었다. 하지만 카트린 드 메디시스 왕비*가 그 도시를 방문한 자리에서 [직물업자이자 당시 폭동을 주도하고 그 통제권을 장악하고 있던] 포미어Paumier에게 왜 국왕에게 반대하는지를 묻자, 그는 다음과 같이 대답했다고 알려진다. "저는 왕의 종입니다. 하지만 백성들이 나를 뽑아 준 것은 전쟁의 폭압에 시달리는 불쌍한 사람들을 구하라는 것이어서, 공문서에 적혀 있는 바에 따라 정중하게, 정당한 간언諫言을 진행하는 것입니다."[53] 공개적 반란의 순간이 무르익지 않았기 때문에 포미어의 입장에서는 신중한 언행을 선택했을 수 있다. 혹은 아무 생각 없이 존경 어법을 사용했을 수도 있다. 마치 오늘날 사무용 편지에서 하는 의례적 인사말이나 마무리 인사처럼 말이다. 하지만 나는 제3의

---

* 이탈리아 귀족 가문 출신으로 프랑스 왕가와 혼인했다. 1547년부터 1559년까지는 왕비로, 1559년부터 1589년까지는 모후母后로 지내면서 프랑스 정치에 막강한 영향력을 행사했다.

대안에 대해 더 자세히 살펴보고자 한다. 전부 아니면 전무 식의 투쟁이 흔치 않은 상황에서 일반적으로 피지배 집단들은 자신들의 투쟁과 저항을 순종의 의례 속에 감추는데, 이는 한편으로는 자신들의 목적을 위장하고 다른 한편으로는 퇴로를 준비해 만약 실패할 경우 초래할 결과를 순화하려는 의도에서다. 이런 종류의 주장을 내가 입증할 수는 없다. 하지만 왜 그것이 중요하게 고려되어야 하는지는 보여 줄 수 있다고 나는 믿는다.

순진한 군주제 : "모모某某 만세"

순진한 군주제에 대한 농민들의 그렇게 순진하지 않은 해석의 경우를 요약하면서, 나는 러시아에 나타난 유사한 현상을 치밀하게 살핀 대니얼 필드의 연구에 크게 의존하고 있다.[54] 자신의 백성을 압제로부터 구원하기 위해 왔다는 해방자 차르의 '신화'는 러시아 역사에서 일반적으로 거대한 보수 이데올로기의 힘으로 믿어져 왔다. 차르가 평화적 시위 가담자들에게 발포 명령을 내렸다고 알려진 1905년 피의 일요일까지, 레닌은 농민반란의 핵심적 장애물은 순진한 군주제라고 생각했다.

> 지금까지 [농민들은] [해방자] 차르를 순진하고도 맹목적으로 믿어 왔고, 그 누구도 아닌 차르 '자신'으로부터 유래한 가혹한 고통에서 벗어나고자 노력했으며, 강제와 독단, 약탈, 그리고 다른 모든 잔학 행위와 관련해서도 오직 차르를 기만하는 관리들만 비난해 왔을 뿐이다. 방치된 벽지僻地에서의 누대에 걸친 억압과 러시아 농민들의 거친 삶이 이

와 같은 믿음을 강화해 왔다. …… 농민들은 반란을 위해 일어설 수 없으며, 단지 탄원과 기도만 할 수 있을 뿐이다.[55]

레닌의 생각에도 불구하고 차르의 신화가 농민들 사이에 정치적 수동성을 조장했다는 증거는 쉽게 말해 거의 없다. 만약 존재하는 것이 있다면 그런 신화가 농민반란을 오히려 촉진했음을 말해 주는 꽤 많은 증거들이다.

차르의 신화 그 자체는 17세기 동란 시대 및 왕조 위기 동안 출현한 것으로 보인다. 표준적인 설명에 따르면 해방자 차르는 자신에게 충직한 백성들을 농노의 신분에서 해방하고자 한다. 그러나 이를 방지하기 위해 사악한 신하들과 관료들은 그를 암살하려 한다. 기적적으로 그는 죽음을 모면하고(종종 충성스러운 농노가 구해 준다) 사람들 속에 자신을 순례자로 감춘 뒤, 그들의 고통을 공유하면서 신뢰할 만한 소수에게만 자신의 정체를 밝힌다. 한참 세월이 지나 환도還都한 그는 자신을 알아본 사람들의 추대로 다시 왕위에 오른다. 또한 그는 충성을 바친 이들을 포상하고 사악한 무리를 처벌한다. 정의의 차르로서 그는 평화와 안정의 치세治世를 연다.[56]

이 신화에서 가장 주목할 만한 점은 농민 지지자들이 확보한 유연성일 것이다. 무엇보다 그것은, 세금과 모병, 지대, 군역 등의 과도한 부과를 통해 착한 차르의 희망을 제대로 이행하지 못한, 이른바 차르 대리인이라면 그게 누구이든 저항하도록 이끌었다. 만약 착한 차르가 자신의 대리인들 중 누군가가 자신의 이름으로 범죄를 저질렀다는 사실을 알기만 해도, 차르는 그를 처벌하고 사태를 진정시킬 터였다. 탄원이 받아들여지지 않고 압제가 계속될 경우 그것은 사기꾼 — 가짜 차르 — 이 왕의 자리를 차지하고 있다는 것을 의미할 뿐이었다. 그와 같은 경우에는 진짜 차르를 표방하며 반란의 깃발 아래 동참한 농민들은 자신의 충성심을 왕에게 과시하는 셈이었다. 예카테리나 2세 통치하에서 적어도 26명의 참주僭主가 있었다. 근대 유럽 역사에서 가장 커다란 농민반란 가운데 하나를 이끈 지도자였던 푸가초프의 경우 자신이 성공한 이유의 일부는 스스로 표트르 3세라고 주장하고, 많은 사람들이 이를 인정했기 때문이었다. 실제적으로 자비로운 차르에 대한 염원은 농민들이 겪는 모든 절박한 문제와 고난 해결을 그에게 투사한 결과였고, 이는 두말할 나위도 없이 그런 신화를 정치적인 측면에서 매우 선동적으로 만들었다. 차르의 신화는 압제에 대한 농민들의 폭력적 저항을 국왕에 대한 충성의 행동으로 전환했다. 1902년 우크라이나 폭동의 주동자들은 하급 관리 앞에 자신들을 변호하면서 차르가 자신들에게 귀족계급으로부터 식량을 탈취할 권리를 주었다고 주장하기도 했고, 그때까지 금지되어 왔던 이런 효과와 관련해 차르의 칙령이 있었다는 사실을 들었다고 주장하기도 했다. 농민들은 하급 관리들이 차르의 의중과 달리 행동한다고 주장하면서 지방 당국에 저항할 수도 있었고, 전갈이나 전령傳令을 사기로 간주하며 거부할 수도 있었다. 그들은 농노제 개혁이나 철폐를 위해 반란을 일으킨다고 생각하기도 했는데, 그들이 볼 때 그것은 일찍이 차르에 의해 공포되었으나 무자비한 관료들이 자신들에게 알리지 않고 숨겨 왔던 사안이었다.

유술柔術, jujitsu*의 상징적 형식을 통해 수동성을 장려하는 명백

---

* 무기를 쓰지 않는 대신 신체의 유연성을 극대화해 치고, 찌르고, 차고, 던지고, 내리누르고, 조이고, 관절을 꺾는 등의 방법을 통해 상대를 제어하는 무술. 일본에서는 자신들의 전통 무술이라고 주장한다.

히 보수적인 신화가 저항과 반란의 기반으로 바뀌며, 또한 이것이 다시 국왕에 대한 충직한 순종에 의해 공개적으로 정당화되는 것이다! 일단 농노들이 자신들의 저항이 차르를 위한 것이라고 확신하게 되면, 그런 신화가 충고하는 유순한 인내와 기도는 관료 집단에게 아무 소용이 없다. 필드가 결론적으로 말하는바 "순진하든 그렇지 않든, 농민들은 차르에 대한 믿음을 그런 형식들로, 그리고 오직 그런 형식들로만 표방했는데, 이는 자신들의 이익에 상응하는 것이었다. 농민 지도자들은 그런 신화가 민속 문화의 형태로 바로 쓸 수 있는 상태라는 점을 확인한 다음 다른 농민들을 자극하고 독려하고 연합하는 데 그것을 활용했다. 무거운 역경을 극복하고자 나선 저항에서 그것은 하나의 방패였고 그와 같은 목적을 달성하는 데 달리 쓸 만한 수단은 존재하지 않았다".[57]

필드가 깊이 분석한 두 가지 사례연구들에 따르면 지방 관료들이 차르의 생각을 거부했다고 여길 구석이 전혀 없지는 않다. 1861년 농노해방 이후 베즈드나 지역(카잔 지방) 농민들은 상환 납부, 노동 의무, 납세 등의 부담이 과거에 비해 더 무거워졌다는 사실을 알고 의기소침해졌다. 그들 중 하나가 농노해방 칙령은 그와 같은 의무로부터의 완전한 해방 — 칙령 속 문장들 곳곳에서 볼리아volia(해방)라는 단어가 등장했다 — 을 보장했지만 지주들과 관료들이 그것의 실행을 막고 있다고 주장하자, 농민들은 각종 납부들을 거부하기 위해 당시 상부에서 금지하고 있던 기회를 재빨리 움켜쥐었다. 그들이 농노제로부터 공식적으로 해방되었다는 사실을 감안한다면 그것의 총체적 의미는 비밀에 부쳐야 한다는 생각은 그다지 무리가 아니었다. 귀족이나 관료가 차르의 칙령을 무시하거나 왜곡한 것은 아마도 그 때가 처음은 아니었을 것이다. 이와 동시에 그들은 차르에게 보내는 탄원서를 작성한 다음 자신들 가운데 세 사람을 페테르부르크로 보내 직접 전달했다. 그들이 어떤 혐의를 받든지 이런 행동들은 폭동이나 반역을 위한 어떤 유혹도 부정하는 것처럼 보였다. 그들은 질문을 피했고, 압력을 받을 때는 '위장했다'.[58]

두 번째 사례는 우크라이나 키예프 지방의 치히린에서 발생했다. 그것은 토지 배분 — 토지를 개인이 소유해야 하는지, 공동으로 소유해야 하는지 — 을 둘러싸고 7년 이상 지속되어 온 사안이었다. 과거부터 강요되어 왔던 배분 방식을 반대해 오던 대다수 농민들은, 1875년 마침내 상환 납부를 거부하면서 차르에게 가장 경의를 표하는 어투로 탄원서를 제출했는데 이때 이들이 언급한 것은 지금까지 자신들에게 적용되지 않았던 보다 관대한 칙령이었다. 치히린 사례의 독특한 점은 이와 같은 혼란 상태에서 반란의 불을 붙이겠다고 꿈꾼 한 사람의 대중 선동가가 현찰과 더불어 위조된 황실 인가증을 챙겨 현장에 도착했다는 사실이었는데, 그것은 차르가 발급했으니 어떤 요구라도 수용될 수 있는 것으로 여겨졌다. 그는 반역을 도모하기 위해 남에게 잘 속는 농민들의 속성과 순진한 군주제를 이용할 참이었다. 농민들은 여느 외지인 대하듯 그를 취급했으며, 그에게 돈을 빼앗았다. "그들은 그의 면전에서는 알랑거리고 고분고분했지만 그렇지 않은 경우 자신들의 길을 갔다."[59]

그 사기꾼이 체포되었을 때, 결과를 두려워한 지역 농민들은 왜 차르가 자신들을 위해 결정했을 것이라고 믿을 수밖에 없었는지를 변명하는 탄원서를 작성해 차르에게 보냈다. 그것은 이렇게 시작되었다. "모든 세상이 그것을 증거하는 마당에, 백성에 대한 폐하의 사랑과 믿음, 그리고 관심을 우리가 알고 있는 마당에, 저희처럼 단순하고 비천한 존재가 사랑하는 군주의 자비를 어찌 신뢰하지 않을 수 있겠습니까. ……"[60] 여기서는 농민들이 유쾌하게 포복절도하거나 아니면 자신들이 한 말의 효과를 냉소적으로 계산해 본다거나 하는 문제가 아니다. 문제는 오히려 차르에게 호소하는 데서 어느 정도 순진함, 단순성, 모자람의 유용성을 이해하는 것이다. 만일 어린아이 같고, 무지하며, 신을 무서워하고, 기본적으로 충성스러운 존재로 농민들을 생각하는 공식 견해가 엄격함과 가부장적 인내 두 가지 모두를 강조하는 지배의 철학으로 이끈다면, 이와 같은 공식적 견해는 궁지에 빠진 농민들에게 유리한 측면이 없지 않다. 그들의 단순함과 충성을 환기함으로써 그들은 차르의 자비와 용서뿐만 아니라 그들이 마주할지도 모르는 재판관이나 경찰관이 자비와 용서를 실천하도록 바랄 수도 있다. 만약 농민들이 무작정 잘 속아 넘어가는 사람들이라면 비록 영악하고 악의적인 선전 선동에 희생되었다고 하더라도 그들이 전적으로 책임지는 경우는 거의 없을 것이다. 그러므로 저항과 반란의 행동에 이것 이상으로 효과를 발휘하는 상징적 근거를 상상하기는 어렵다. 조세나 토지, 납부 기한, 징집, 곡물 등을 둘러싸고 지주나 관료를 상대로 벌이는 갈등에서 실패할 경우, 잘못된 결과를 최소화할 수 있는 근거 말이다. 위장을 해야 할 필요성 그리고 헤게모니적 가치를 전략적으로 이용해 왔던 오랜 관행이야말로 순진한 군주제의 사용가치를 포착할 때 우리에게 필요한 전부이다.

농민에 대한 순진한 군주제의 유용성은 부분적으로 차르 관료제에 대한 그것의 가치로부터 발생한다. 무엇보다 순진한 군주제는 자산이나 지위, 부 등의 기존 분배 체계에서 얻을 것이 가장 많은 이들이 농민 소요에 대해 가장 위안을 받으며 해석할 수 있는 방법이었다. 만약 불평이 있는 경우, 그것은 기본적으로 건강하고 정당한 사회질서 속에 일시적으로 발생한 소란쯤으로 설명될 수 있었다. 농민들/농노들은 일부 선동가나 일부 악덕 관료 내지 귀족들이 차르에 대한 자신들의 충성심에 시비를 걸 때를 제외하고는 차르에게 헌신했고, 국가에 대한 자신들의 의무들을 일반적으로 수행했다. 그리하여 일부 선동가를 소탕하고 일부 관료들을 해고하는 것으로 질서는 곧 회복되었다. 어떤 근본적 변화도 고려될 필요가 없고 어떤 농민도 시베리아로 대량 추방될 필요가 없었다. 자신의 행동을 뉘우치는 농민들을 관대하게 대함으로써 부성애 같은 자비를 베푸는 차르의 평판은 더욱더 공고화되고 그 결과 농민들의 순진한 군주제는 거듭 정당화된다. 그리고 농민들은 여전히 단순하고, 모자랄 뿐만 아니라 너무나 쉽게 잘못 인도되는 — 탄원서에서 그들 스스로가 이를 인정하지 않았던가? — 존재이므로 그들을 지도하고 훈육하기 위해서는 강력한 권위주의적 군주와 그의 대리인들이 필요해지는 것이다.

여기서 작동하고 있을 것이 확실한 암묵적인 이데올로기 공모는 차르식 가부장주의 논리 자체의 산물이다. 농민들이 순진한 군주제로부터 반란을 이끌어 낼 수 있었던 반면에, 농민과 관련된 신화의 가치 또한 그들은 잘 알고 있었을지 모른다. 곧 무지몽매한 민중이라는 고정관념은 때때로 자신의 백성에 대한 차르의 자비를 단순히 믿는 것 못지않게 유용했다. 이런 점에서 우리는 차르와 농민의 신화들을 군주제 이데올로기로 창조되었다가 농민들에 의해 점차 전용되고 재해석된 것으로 봐서는 안 된다. 오히려 그런 신화들은 마치 격렬한 논쟁 같은 역사적 투쟁의 공동 산물로서, 기본 용어들(단순한 농민, 자비로운 차르 등)은 그 속에서 공유되지만 그것에 대한 해석은 핵심적 이해관계에 따라 엄청나게 달라진다고 볼 수 있다.

순진한 군주제를 러시아 농민들이 그리 순진하지 않게 사용한 사실은, 반란을 꾀하는 피지배 집단들이 보수적 헤게모니의 의례적 상징에 호소하는 수많은 사례 분석과 관련해 우리에게 보다 진지한 검토를 요구한다. 예컨대 유럽이나 동남아시아 전역에 걸쳐, 비록 문화적·종교적 계보의 차이는 컸지만, 정의로운 왕 혹은 신앙적 구세주의 귀환과 관련된 오랜 전통들이 존재한다.[61] 그와 같은 전통은 주로 농민반란에 등장하며, 러시아의 구원자 차르 신화와 똑같은 이데올로기적 기능을 수행한 것으로 보인다. 영국에서 교회와 국왕에 대한 반란으로 불려 왔던 것들의 많은 변종들 역시 자세히 들여다보면 그런 전통들과 연계된 중요한 전략적 요소를 지녔다. 16~17세기 프랑스와 이탈리아에서는 반란을 주동하는 폭도들이 "성모 마리아 만세"를 먼저 외친 다음 구체적인 요구 사항을 제시하는 것이 보편적이었다. 피터 버크가 말하는 것처럼 "그러나 모든 반란들이 '성모 만세'라고 함성 지르는 것의 전략적 가치를 몰랐을 리 없다. 그것은 '국왕 만세'라는 함성과 마찬가지로 자신들의 주장을 돋보이게 만들었다. 이런 제한적 의미에서 종교 사상은 투쟁 수단이었다".[62] 이런 맥락에서 우리는 "봉건적 의무 및 염세鹽稅 반대"와 같은 내용을 외치기 직전 "국왕 만세"라는 함성부터 먼저 지르는 것은 어떤 의미에서 힘든 고통을 시정해 달라고 요구하는 탄원을 공손한 태도로 시작하는 것과 마찬가지의 연기력이라고 생각할 수 있다.[63] 그것은 인사말의 형식으로 널리 받아들여졌고, 비용이 적게 들었으며, 자신의 적대자로 하여금 자신이 그를 파괴하기 위해 완전히 세상 밖으로 나온 것은 아니라는 사실을 말함으로써 안심하게 만들고, 충성스러운 의도를 주장하며, 국왕으로 하여금 자신의 위신을 높이면서 탄원을 허락하게 만들고, 만약 계획이 실패로 돌아갔을 경우 피해를 줄이는 데 도움이 될 만한 방어적 자세를 기꺼이 제공한다. 이런 표현 방식은 어떤 문화적 맥락 속에서 아직 전쟁을 선포할 정도로까지는 불이익을 겪지 않는 피지배자들이 불만을 제기할 때 대화의 통상적인 말문으로 사용할 만큼 일상화되어 있기도 하다. 내가 염두에 두고 있는 것은 "이건 불만이라기보다는 그냥……"이라든가 "최대한의 경의와 함께……" 등으로 시작되는 문장들이다. 원칙적으로 헤게모니적 외장外裝을 갖춘 어떤 지배 이데올로기라도 피지배 집단들에게 공개 대본에 사용될 수 있는 정치적 무기를 제공하지 않으면 안 된다.

공개 대본을 그것의 정치적 맥락 속에 놓는 방법으로서 '윤리적 순종'과 헤게모니의 이슈로 잠깐 되돌아가 보자. 나는 피지배 집단들이 기존의 지배 체제를 거부하는 혁명적 사상을 만들 능력이 있다는 사실을 역사적 기록들이 분명히 보여 주고 있다고 믿는다. 독일의 농민전쟁 당시 슈바벤 지방의 장인들과 경작자들은 예수의 십자가형이 농노제나 인신 구속, 가혹한 세금에 시달리는 모든 신자들을 구원해 왔다고 상상할 수 있었으며, 불가촉천민들은 정통 힌두교가 자신들의 평등을 입증하는 성스러운 원본을 감춰 왔다고 상상할 수 있거나 상상해 왔으며, 노예들은 자신들이 언젠가는 해방되고 노예주들이 그들의 폭정에 책임지고 처벌받는 때를 상상할 수 있거나 상상해 왔다.

따라서 드물었던 것은 마음속으로 지배를 거부하는 일이 아니다. 정작 쉽게 일어나지 않는 것은 피지배 집단들이 그런 생각 끝에 공개적이고도 전면적으로 행동을 취하는 경우다. 매우 예외적인 역사적 상황 속에, 다시 말해 기존의 지배 구조가 거의 전적으로 와해되어 당장 실현 가능한 새로운 앞날이 전례 없이 열릴 때만, 우리는 피지배 집단들의 겁 없이 솔직한 언설 같은 것을 기대할 수 있다. 서양사에서는 독일 농민전쟁, 영국 내전, 프랑스혁명, 러시아혁명, 그리고 1936년의 스페인 공화국이 그와 같은 단기간의 특권적 순간들을 제공했다.[64] 이런 곳에서 우리는 은닉 대본에서 일반적으로 하찮게 치부되는 정의와 복수의 유토피아 비슷한 그 무언가를 슬쩍 들여다 볼 기회를 얻게 된다.

다른 어떤 상황에서는, 말하자면 가장 폭력적인 갈등을 비롯한 대부분의 정치적 삶에서는, 이해관계에 걸린 위험 요소가 신세계를 정복하는 것보다는 적다. 따라서 갈등은 대화의 형태를 띠며, 이때 대화의 언어는 주로 공개 대본을 언제나 장악하고 있는 지배 이데올로기의 용어들을 빌려 쓰게 된다. 만약 공식 언설이 기독교 통치자와 독실한 농민들 사이에서 오간다면 이데올로기적 투쟁은 이런 용어들의 해석 문제를 둘러싸고 벌어질 것이다.[65] 이와 비슷하게 우리는 자애로운 차르와 충직한 농노라는 지배적 언설 속에서 이데올로기적 투쟁이 어떻게 이런 어휘들의 해석을 둘러싸고 소용돌이치며, 그리고 폭력적 갈등을 배제할 필요가 없게 되는지 살펴보았다. 가부장적 주인과 충직한 하인들의 지배 이데올로기가 사회 갈등을 방지하지는 않지만, 구조화된 논쟁을 위한 초대장이 되어 주기는 한다. 우리는 지배 언설을 엄청나게 다양한 의미가 적재 가능한, 모양을 마음대로 만들 수 있는 하나의 관용구 혹은 방언이라 간주해도 무방하다. 여기에는 지배자의 의도와는 달리 그것을 전복적으로 사용하는 경우도 포함된다. 헤게모니적 가치가 될 것에 대한 호소는, 조건들이 매우 신축적이라는 사실을 감안할 경우, 유연성의 측면에서 거의 희생하는 바가 없을 뿐만 아니라 가장 위협적인 목표를 부인하는 것처럼 보일 수 있다는 추가적인 이점도 확보한다. 전적으로 혁명을 목적으로 하지 않는 선에서 지배 언설 영역은 유일하게 그럴싸한 투쟁 분야이다.

거듭 말하거니와 공개된 증거만으로는 이와 같은 지배 언설의 명백한 수용이 정확하게 얼마나 깊게 진행되는지를 판단할 수 없다. 겉으로 드러나는 것들로부터 정당하게 도출할 수 있는 결론들에 대해 우리가 매우 세심한 주의를 기울인다면, 지배 엘리트가 미처 혁명적 상황에 처하지는 않았을 뿐만 아니라 권력 배분에서 모종의 통제적 장악력을 지녔을 경우, 정치적 투쟁 과정에서 지배 이데올로기가 표현하는 방식들을 사용한다는 것은 현실적이면서도 조심스러운 일이다.

공개적 언설에 유념하기

내가 모범적 재판관이 되려면 당신 또한 모범적 도둑이 되어야 한다. 만약 당신이 가짜 도둑이라면 나도 가짜 재판관이 된다. 알겠는가?

_장 주네, 『발코니』.

어떤 지배 집단이라도 권력 기반인 사회적 불평등의 원칙을 정당화하는 과정에서는 특정한 비판 세력 앞에 취약해진다.[66] 이와 같은 불평등 원칙들이 어떤 가치 있는 사회적 기능을 수행하고 있는 것으로 지배 계층이 불가피하게 주장할 수밖에 없는 한, 만약 그와 같은 기능들을 훌륭히 혹은 적절히 이행하지 못할 경우 지배 계층은 스스로 공격받는 대상이 된다. 특혜와 권력을 주장하게 되는 기반 자체가, 말하자면 엘리트가 약속한 말의 실천과 관련해, 지배에 대한 신랄한 비판을 촉발하는 토양을 일구는 것이다. 그와 같은 지배 언설 내부로부터의 비판은 남을 해치려고 자기가 판 함정에 스스로 빠지는 이데올로기에 해당한다. 어떤 지배 형태에서도 우리는 정당성을 위해 그것이 만들어 내는 주장들, 공개 대본을 위해 그것이 연출하는 언설적 확인, 그것이 감추고자 하는 권력관계의 양상들(내부적 수치), 정당성의 명분을 훼손하는 행위들이나 몸짓들, 그것의 준거 틀 내에서 가능한 비판들, 그리고 마지막으로 지배 형태에 대한 전면적 거부 혹은 모욕을 대변하는 사상들과 행동들을 적시할 수 있다.[67]

지배 형태에 대한 분석은 권력을 행사하게 되는 권리 구조가 그것이 필요로 하는 공개 대본에 영향을 미치는 방식들을 자세히 살펴보는 데서 시작될 수 있다. 그다음으로는 그와 같은 공개 대본이 어떻게 훼손되거나 거부되는지를 살펴보는 것이다. 예컨대 만약 우리가 봉건 유럽의 귀족 전사들과 그들의 농노들 사이의 관계를 연구하고자 한다면, 그들이 주장하는바 세습적 권력이 노동이나 곡물, 군역의 대가로 신체적 보호를 제공한다는 점에 얼마나 기반하고 있는지를 이해하는 것이 중요하다. 이와 같은 '교환'은 명예, 노블레스 오블리주, 용맹, 끝없는 관용, 무술 기량의 시합과 경쟁, 요새 건설, 기사 작위의 휘장과 의식, 사치 금지법, 작업 혹은 군사작전을 위한 농노의 규합, 자신의 영주 앞에서 농노들이 취하는 존경과 겸양의 행동, 불복종에 대한 본보기 처벌, 충성 서약 등에 대한 강조 속에 언설적으로 확인된다. 봉건적 '계약'이 언설로서 무효화되는 것은 여하한 행위를 통해 이와 같은 확인들을 위반하는 경우다. 예컨대 비겁함, 옹졸한 협상, 인색함, 도주하는 농노, 농노에 대한 신체적 보호 실패, 농노에 의한 존경과 경의의 거부 등이 여기에 포함된다. 이와 유사한 분석은 브라만(혹은 상급 카스트 신분)과 그들의 하층 카스트 신분 사이의 관계에도 적용될 수 있다. 여기서 권력을 행사하게 되는 근거는 신성한 세습적 지위와 우세한 업보, 그리고 오직 브라만만이 자신의 신분과 지식에 의거해 행할 수 있는 모종의 필수적인 의례 행사의 제공에 기반하고 있다. 언설적 확인에는 순수와 타락을 둘러싼 의례 구분, 식습관, 복식服飾, 세련된 매너, 출생·결혼·사망 같은 주요 의례의 주재, 함께 식사할 대상과 관련된 금기의 준수, 직업에 따른 또 다른 형태의 격리, 거주, 먹는 우물, 사원 등 모든 것들을 포함할 수 있다. 이렇게 표현되는 위계를 언설적으로 부정하는 것은 타락과 순수에 관련된 규칙을 준수하지 않거나, 브라만이 의례 봉사를 제공하지 않거나, 불가촉천민이 호칭이나 태도에서 불복종의 양태를 드러내는 것 등의 형태를 띨 수 있다. 이와 같은 분석 형태는 물론 비교론적 관점에서 지배의 어떤 특정한 역사적 형태에까지 확대 적용될 수 있다. 예컨대 특정한 형태의 사제 규칙, 특정한 모습의 노예제, 다양한 군주제, 특정한 전통 내부의 종교적 예언자들, 이탈리아 혹은 일본에서의 근대 공장 관리 체제 등이다. 특정한 지배 형태에서 요구되는 공개 대본을 검토한다면 이런 맥락에서의 전복적 활동이 어떤 모습일지를 정확하게 특정할 정도가 된 것이다.

지배 형태와 무관하게 엘리트가 연출한 공개 대본의 핵심 부분은 어김없이 지위와 순위, 그리고 명예의 시각적·청각적 진열로 구성되어 있다. 여기서 내가 염두에 두고 있는 것은 호칭, 처신, 대화상의 존칭, 식사 예절, 의복, 목욕, 문화적 취향, 누가 먼저 말을 거는가, 누가 누구에게 길을 양보하는가 등의 측면에서 나타나는 지배의 표현들이다. 같은 이유로 공개 대본이 침해될 — 우연적이든 의도적이든 — 때마다 그와 같은 침해는 어김없이 의례상의 숭배를 방해하거나 세속화한다.[68] 왜냐하면 이런 종류의 불복종 행위는 공개 대본 내에서의 작은 반란을 뜻하기 때문이다.

공식 대본은 무엇이 지배자에게 모욕 — 불경죄로 — 이 되는지를 규정하는 데 도움을 주는 것과 마찬가지로, 권력자 주변에 불가피하게 발생하는 궂은일들 가운데 무엇을 일반 대중의 눈앞에 감춰야 하는지를 결정하는 데도 도움을 준다. 불평등을 위한 합리적 이유 그 자체의 작동은 남부끄러운 일이 될 가능성이 있는 영역을 만들어 내는데, 만약 그것이 발각될 경우, 이는 스스로 자처했던 정당한 지배를 반박하는 꼴이 된다. 자신의 권위가 정직한 판사와 법의 지배를 통해 제도화된 정의를 제공하는 것에 기반한다고 주장하는 지배 계층이라면, 휘하의 폭력배, 청부 암살자, 비밀경찰, 그리고 그들에 의한 협박의 행사 등을 감추기 위해 모든 노력을 기울여야 한다. 자기희생적이며 공공심이 투철한 도덕성에 기반한 권력을 가진 엘리트는, 음성적 후견 집단에 권력의 기반을 두는 엘리트에 비해, 부정부패가 발각될 경우 감당할 피해는 더 심각할 것이다. 따라서 불평등을 공개적으로 정당화하는 일은 모두, 엘리트들이 특히 쉽게 공격을 받을 수 있는, 아킬레스건을 만들어 낸다.

이와 같은 아킬레스건에 초점을 맞춘 공격은 헤게모니의 내부 비판이라 명명될 수 있다. 이를 피하기가 특별히 어려운 까닭은 일단 그것이 엘리트들의 이데올로기적 위임 사항을 채택하는 데서 시작되기 때문이다. 그런 비판들이 진지하지 않고 냉소적일지라도 — 비록 신성한 약속의 위반은 아니지만 지금 위선의 혐의를 받고 있는 만큼 — 엘리트의 공개적 고백을 통해 표현되고 있는 한 결코 선동이라고 비난할 수는 없다. 이러한 문제 제기 방식 자체를 스스로 만들고 전파했기 때문에 지배 계층은 자신이 선택한 이런 지형 위에서 자신을 방어하는 것을 피해 가기란 매우 어렵다. 사자가 용기를 상징한다고 여겨 왔던 민중들 사이에서 비겁한 사자는 웃기는 존재가 아니라면 연민의 극치다. 금욕주의적 성직자 신분 계급은 난잡하고 탐욕스러운 행각이 드러나면 심각하게 손상당한다. 자애로운 차르가 평화적으로 집결해 있는 자신의 충직한 부하들에게 발포 명령을 내린 사실이 알려지면 심각하게 망가진다. 온정적 가부장제를 자임해 온 노예주가 자신의 노예를 아무런 이유 없이 매질한 사실이 드러나면 권위를 잃게 된다. 자신만 살기 위해 군사를 버린 장군은 지위가 위태로워진다. 이런 점에서 모든 지배 집단들은 자신들이 가장 많이 투자한 상징과 관련해 가장 자유롭지 못하다.[69]

내가 앞에서 지적했듯이, 아마도 바로 이런 이유로 수많은 급진적 공격은 헤게모니 내부로부터의 비판에서 비롯된다. 곧 지배 엘리트들이 내세우는 가치에 커다란 의미를 부여하면서 그들이 그것들을 제대로 실천에 옮기지 않는다는 비판에서 시작되는 것이다. 이런 어법으로 공격을 개시한다는 것은 사실상 엘리트로 하여금 자신의 레토릭을 심각하게 되돌아보게 만든다. 그와 같은 공격은 본질적으로 정당한 비판일 뿐만 아니라, 자신들의 가치 외부로부터의 공격과는 사뭇 다른 방식으로, 엘리트 그룹 내 진실한 구성원들의 양심에 호소하는 조짐을 드러낸다. 소련의 반체제 인사 블라디미르 보이노비치는 환상에서 깨어난 신봉자의 비판적 역량을 다음과 같이 포착하고 있다.

나는 전혀 무해한 사회구성원이었다. 나보다 훨씬 더 체제에 위협을 가한 쪽은 젊은 친구들이었는데, 이들은 공산주의의 이론적 기초에 대해 비상한 관심을 표명하기도 하고 마르크스나 레닌, 스탈린에 대해 깊이 빠지기 시작하기도 했다. 소비에트 당국도 이를 알고 있었다. 이론을 심각하게 여기는 사람은 조만간 이론과 실제를 비교하기 시작하며, 둘 중에 하나를 포기하는 것으로 귀결되다가 나중에는 두 가지 모두를 버리게 된다. 하지만 이론에 심취된 적이 없는 사람은 현실을 익

히 존재하는, 바꿀 수 없는 악 — 곧 함께 살 수 있는 그 무엇 — 으로 간주한다.[70]

놀랄 만한 일은 대안적 헤게모니 이데올로기가 피지배 집단 구성원들의 마음에 진심으로 다가가는 데 성공함으로써 잠재적으로 급진적인 일련의 사태가 비롯된다는 점일지 모른다. 다시 말해 일반적인 지혜나 그람시의 분석과는 대조적으로, 급진주의는 지배 이데올로기를 심각하게 고려하지 않는 (대다수로 보이는) 하층 집단으로부터가 아니라, 마르크스의 개념에 따르면, 허위의식을 가진 집단들로부터 더 많이 일어난다. 영국의 노동자계급 중학교 학생들을 대상으로 한 통찰력 있는 연구에서 폴 윌리스는 학교의 지배적 방침에 냉소하며 거리감을 드러내는 강력한 반反문화를 발견했는데, 이는 급진주의가 아니었다.[71] 위협이 된 것은 역설적으로 학교(현대사회에서 매우 탁월한 헤게모니적 수단)의 가치를 적어도 형식적으로는 수용하는 것처럼 보이는 '동조자들'이었다. 그들은 지배 이데올로기에 내재한 약속(네가 열심히 일하고, 권위에 복종하고, 학교생활을 잘하고, 말썽 피우지 않는다면 네 실력으로 졸업할 것이고 원하는 직업도 얻을 것이다)을 수용한 것처럼 움직이기 때문에, 자기 규율과 통제를 위해 스스로를 바쳤고, 배신당하기 일쑤임에도, 나름의 기대를 키워 왔던 것이다. 고용주들은 이들을 선뜻 채용하려 하지 않았는데, 그 이유는 자기주장이 강한 이들이 현실적이고, 기대를 적게 하며, 하루하루 불평 없이 일하는 보다 전형적인 노동자계급 출신 젊은이들에 비해 다루기가 어렵기 때문이었다. 체제는 가장 성공적인 헤게모니 제도에 속해 있는 피지배자들로부터 가장 큰 공포를 느낄지 모른다.[72] 기성 종교에 대한 치명적인 위협은 항상, 그것이 제시한 약속에 한 번도 마음을 빼앗긴 적이 없던 이교도가 아니라, 그것에 환멸을 느낀 골수 신자(칼리반*)다. 배신 감에서 태어난 분노는 그 이전의 강한 신앙을 암시한다.

* 셰익스피어의 희곡 『템페스트』에 등장하는 반인반수半人半獸 캐릭터.

—

5장

저항적
하위문화의
사회적 공간
만들기

인간은 평형을 열망하는 존재다. 곧 그는 자신의 등에 얹힌 악의 무게와 자신이 갖고 있는 증오의 무게 사이에 균형을 맞추고자 한다.

_밀란 쿤데라, 『농담』.

사람들은 …… 안락의자에 앉아 노예의 삶에 대해 아무런 생각 없이 말할지 모른다. 하지만 그들로 하여금 노예와 함께 들판에서 고생하게 해보라. 매를 맞고, 쫓기고, 짓밟히는 노예를 직접 보도록 해보라. 그러면 그들은 돌아와 다른 이야기를 입에 담을 것이다. 그들로 하여금 가난한 노예의 속마음을 알게 하라. 그의 비밀스러운 생각, 곧 그가 백인 앞에서는 감히 드러내지 않는 생각 말이다. 그들로 하여금 고요한 한밤중에 노예와 나란히 앉아, 진실한 신뢰 속에 그와 대화를 나누어 보게 하라.

_솔로몬 노스럽(전 노예).

이 장에서 나는 은닉 대본과 지배 경험 사이의 동태적 연계를 개괄하고자 한다. 다음 차례는 어느 정도 강요된 연기가 어떤 반응을 불러일으키는지, 그리고 그런 반응은 어떤 형태를 취하는지를 보여 주는 일이다. 내가 부정否定의 작업이라고 부르는 이것은 매우 단순한 형태를 취할 수도, 매우 정교한 형태를 취할 수도 있다. 정교한 부정의 보기로는 자신들의 고유한 경험과 희망에 응답하는 내용을 담은 노예들의 기독교 교리 재구성이 있다.

균형 있는 논의를 위해 특정한 사회적 장소와 특정한 행위자가 은닉 대본의 소재지와 운반자를 각각 대표하게 되는 과정을 탐구할 것이다. 이것들의 중요성을 가장 잘 입증하는 것은 엘리트의 입장에서는 그런 장소들을 파괴하거나 침투하려는 노력이, 피지배 집단의 입장에서는 그런 장소들을 방어하려는 노력이 끊임없이 지속된다는 점이라고 나는 주장한다. 끝으로 나는 특정 집단의 은닉 대본이 얼마나 강한 응집력과 일관성을 갖출 수 있는지에 대한 문제를 제기하고자 한다. 이에 대한 답을 얻기 위해 우리는 지배의 동질성과 그것에 복종하는 사람들 사이에 존재하는 상호성의 강도, 두 가지를 분명히 밝혀야 한다.

'패배 인정'에 대한 반응

상식적으로 우리는 자신들이 생각하기에 정의롭지 않은 모욕이나 물리적 폭력에 항상 굴복하지 않으면 안 되는 사람들이 심각한 심리적 비용을 치르고 있다는 사실을 알고 있다. 그것의 비용이 정확히 얼마인지는 또 다른 문제다. 하지만 강요된 순종의 결과를 구체적으로 밝히고자 시도한 사회심리학 분야에서 이에 대한 몇몇 가벼운 증거들은 존재한다.

이 연구 결과들은 조심스럽게 다룰 필요가 있다. 그것들이 주로 실험 방법을 사용하고 방법론적 개인주의를 실천하는 학문으로부터 나왔다는 점을 고려해, 나는 문화적·역사적 설명은 거의 하지 않을 예정이다. 그럼에도 그것들이 순종과 믿음 사이의 관계를 분명히 하는 데는 도움이 될지 모른다. 여러 가지 실험들 가운데 두 가지 보편적 결과가 흥미를 끈다. 첫째, 그 결과들에 따르면, 강요된 순종은 지배가 부재할 경우에도 순종이 지속될 수 있는 태도들을 생산할 수 없을 뿐만 아니라 오히려 그와 같은 태도들에 반하는 대응을 생산한다. 둘째, 그 결과들에 따르면, 개인적인 믿음과 태도는 오직 순종이 자유로운 — 자발적인 — 선택의 결과로 인식될 때만 권력자가 원하는 바에 대한 순종을 강화할 개연성이 높다. 강제가 순종을 생산할 수 있는 것처럼 보이지만 사실상 그것은 순종자에게 자발적 순종을 어렵게 만드는 예방 백신을 접종하는 것으로 보인다.

저항 이론이라고 불리는 최근 사회심리학 분야의 발전은 고전적 공격 이론의 연구 결과에 크게 의존하고 있다. 그러나 공격 이론이 본능적 충동에 뿌리를 내리고 있는 것과 달리, 저항 이론은 자유와 자율성을 향한 인간의 갈망이 물리력을 동반한 위협을 받을 경우 반대 방향의 대응을 유발한다는 가정에서 출발한다.[1] 이런 입장에서 진행된 다양한 실험에 따르면 설득적 커뮤니케이션에 위협이 가해지면, 그런 위협이 없을 경우 발생하는, 태도 변화의 정도가 감소한다. 위협이 강하게 부과되는 경우 명시적인 동의와 순종이 겉으로는 우세할지 모르나 은밀한 저항 역시 증가한다. 현실적 위협 속의 명시적 순종은 일탈을 감지하고 처벌하는 근접 감시가 있을 때만 종종 확보된다. 만약 감시가 철회되면 순종은 갑자기 사라질 것이며, 강제의 소산인 감시 그 자체는 저항의 정도를 더욱 증대한다. 따라서 관련 연구의 결론 가운데 하나는 이렇다. "저항 이론을 설명하는 문헌들에 따르면 위협받는 선택지들이 보다 매력적으로 여겨지는 경향이 있으며, 입장을 협박할 경우 자신에게 부메랑으로 돌아오는 입장 변화를 야기한다는 사실이 입증된다."[2] 공개적 행동과 은밀한 행동 사이의 간격을 벌리는 권력관계의 역할은 다른 실험 결과에서도 동일하게 나타난다. 그 가운데 하나에 따르면 종속적인 피지배자들은 '온정적이고 관대한 상급자' 대신 '화를 잘 내는 악질 상급자'에게 더 잘 순종하는 것으로 밝혀졌다. 하지만 종속 — 곧 지배 — 이 제거되는 경우 그 결과는 반대로 나타났는데, 이는 폭압적 상급자가 은밀하게는 줄곧 미움을 받아왔으며 그와 같은 증오가 억제된 것은 오직 처벌의 공포 때문이었다는 사실을 암시한다.[3] 어떤 연기의 이행을 강요하는 불가항력이 강하면 강할수록 피지배자는 그러한 연기가 자신의 '진정한 자아'를 덜 대표한다고 생각할 것이며, 자신의 자아 개념과는 거의 혹은 아무런 상관이 없는 단순한 조작술로 여기게 된다.

가면을 연기하는 것이 피지배자에게 다소간 비강제적인 선택으로 보이지 않는 한, 그 행동이 그 연기자의 표정에 눈에 띄게 영향을 줄 가능성은 거의 없다. 그리고 만약 영향을 준다고 하더라도, 가면 뒤의 표정은 그것에 반발해 가면을 더 많이 닮아 가기보다 덜 닮아 갈 가능성이 더 크다. 다시 말해 우리의 행동을 강요하는 외부적 요인이 크면 클수록 — 여기서 커다란 위협과 커다란 보상은 엇비슷하다 — 우리의 행동을 설명하기 위해 우리 자신에게 이유를 충분히 제공할 필요성은 감소한다. 한국전쟁 당시 북한 수용소에서 '망가지기도 하고' 자백서에 서명도 하고 선전 방송에 동원되기도 하다가 석방된 미군 포로들을 조사한 심리학자들에 따르면, 포로들은 자신들의 신념이나 태도와 관련해 일반적으로 생각했던 것에 비해 장기 지속적인 영향을 훨씬 적게 받은 것으로 나타났다. 그들이 적에게 협조한 이유는 너무나 불가항력적인 상황에서 살아남기 위한 수단이었을 뿐 자신의 신념에는 영향을 거의 남기지 않았다.[4] 이와 같은 결과들이 우리가 검토했던 무력감의 보다 엄격하면서도 문화적으로 정교화된 형태에 밀접히 연관되어 있는 한, 강제와 감시만으로도 숨어서 기다릴 수도 있던 반응을 어떻게 실제로 발생시키는지를 이해하는 데 도움을 준다. 따라서 비자발적으로 업무를 수행하는 사람들에게 밀착된 감독이 필요하다는 사실은 하등 놀라운 일이 아니다. 왜냐하면 감시가 잠시만 소홀해도 업무에 대한 겉치레 열정을 급속히 떨어뜨릴 개연성이 높기 때문이다.

부정의 노력

저항 이론에 따라 설계한 작위적인 실험 세계에서는 반응의 대상이되는 사회적 사실들이 비교적 사소한 것이며, 따라서 반응 그 자체도 정교하지 않다. 하지만 노예나 농노, 불가촉천민, 농민 등의 경우 역사적으로 실존했던 매우 복잡한 통치 형식에 대한 반응이라는 점에서, 반응 역시 그것에 상응해 매우 정교하게 나타난다.

정의상 존재론적 차원에서 우리는 지배의 공개 대본을 당연히 막후의 은닉 대본 앞쪽에 놓았다.[5] 이런 모습으로 진행해야 중화中和와 부정否定의 노력이라는 은닉 대본의 자기 성찰적 속성을 강조할 수 있게 된다. 만일 우리가 공개 대본을 물질적 착취의 영역(예컨대 노동, 곡물, 조세에 대한 착취), 공식적 지배와 복종의 영역(예컨대 위계와 공경, 언어, 처벌, 모멸의 의례), 그리고 끝으로 불평등에 대한 이데올로기적 정당화의 영역(예컨대 지배 엘리트가 공식적으로 표방하는 종교관 및 세계관)으로 구성되어 있다고 도식화한다면, 은닉 대본의 경우 우리는 아마도 그와 같은 공개 대본에 대한 막후 반응 및 응수로 구성되어 있다고 말할 수 있을 것이다. 말하자면 그것은 지배 권력이 눈앞의 무대에서 물리친 험악한 대화의 일부라고 말해도 무방하다.

전통적 마르크스주의 분석이 잉여가치의 전유專有를 착취와 저항의 사회적 지점으로 특권화하는 것으로 알려져 있다면, 여기서 우리의 분석이 특권화하는 것은 모욕과 통제, 굴복, 치욕, 강요된 공경, 그리고 처벌이다. 이처럼 강조하고자 하는 내용을 선택하는 목적은 계급 관계에서 물질적 전유의 중요성을 부정하기 위해서가 아니다. 전유란 궁극적으로 지배의 목적 가운데 가장 중요한 것이다. 하지만 전유의 과정은 약자에게 이런저런 모욕을 부과하는 복종의 체계적 사회관계를 필연적으로 동반한다. 이와 같은 모욕들이 은닉 대본을 배양하는 분노와 분개, 좌절, 그리고 인내하고 있는 증오의 온상이 된다. 이런 것들은 대지주를 향해 포이저 부인이 수년 동안 예행연습을 했던 상상 속 연설에 에너지와 열정을 제공했다(1장 참조).

따라서 저항은 단순히 물질적 착취로부터 유래하는 것이 아니라 그와 같은 착취의 성격을 규정짓는 인간적 굴욕의 형태에서 비롯된다. 피지배 집단으로부터 노동이나 곡물을 착취하는 것이 보편적인 차원에 속하는 그 무엇이라면, 인신 지배의 모습은 이보다 훨씬 더 문화적으로 특수하고 독특한 것이다. 여기서 강조하려는 견해는 결코 물질적 전유를 무시하는 것이 아니다. 대신에 상상의 범위를 넓히려는 것이다. 예컨대 노예의 경험을 이해하기 위해 강제 노역보다는 구타, 모욕, 성적 학대 및 강요된 자기 비하를 중시할 것이다. 농노를 이해하기 위해 농민으로부터 수탈되는 곡물이나 노동보다, 존경과 굴종에 필수적인 몸짓, 호칭에 깃든 숨은 원칙, 초야권初夜權, 그리고 많은 사람 앞에서의 매질 등을 중시할 것이다.

우리가 검토해 왔던 종류의 지배와 관련해 나로 하여금 이런 주장을 하게 만드는 자신감은 자유민주주의 체제하 노동자계급의 가치관 연구를 통해 한층 강화되었다. 만약 정치적 권리를 향유하고 형식상 퇴직이 자유로운 노동자들이 수행하는 비교적 비인격적인 형태의 임금노동에서도 복종의 인간적 측면이 중요한 의미를 차지한다면, 이보다 직접적이고 개인적인 지배 형태에서는 인간적인 측면이 훨씬 유의미할 수밖에 없다. 리처드 세넷은 미국 노동자들이 노동생활을 경험하는 방식을 설명하면서 분노를 가장 크게 야기하는 것은 끊임없이 명령을 따라야만 하는 상황이라고 강조한다. 나는 세넷이 말을 걸어 본 노동자에게서 나온 두 가지 대표적 인용구를 제시하고자 한다. "그러나 그때 나는 기계공장 같은 곳에 일하러 갔는데 그게 낭패였어. 평생 사람들은 너한테 이래라저래라 명령을 내릴 수 있고 너는 그것을 하지 않으면 안 돼. 왜냐하면 너에게는 일이 필요하니까."[6] "온종일, '네, 맞습니다', '네, 옳습니다'. …… 노동은 어떻게 해서 평범한 사람은 그 명령에 따를 수밖에 없는지를 나에게 알려 주었지, 알겠어?"[7] 깊은 분노를 자아내는 그들의 노동에서 또 다른 측면은 직장에서 인간으로 누려야 할 최소한의 대우도 부여받지 못한다는 믿음이다. 이와 관련해 세넷은 이렇게 썼다. "이와 함께 사람들은 우리와의 대화 속에 언제나 '아무것도 아닌 것으로 여겨지는 것', '쓰레기처럼 다뤄지는 것', '목조의 일부처럼 취급되는 것'에 대한 강한 분노를 표현했다. 어떻게 하면 인간은 자신의 존재감을 드러낼 수 있을까?"[8]

인격체로서 자신이 갖고 있는 존엄과 지위에 대한 공개적 상처는 미국 노동자들에게 계급적 경험의 한복판을 차지하고 있다고 세넷은 주장한다. 왜냐하면 사실상 특정 개인과 상관없이 물질적 전유(예컨 대 기계 노동, 성과급 방식의 작업)가 진행될 수 있는 반면, 지배는 보통 훨씬 개별화되어 있기 때문이다. 곧 하나의 인간으로서 경의를 표하 고, 하나의 인간으로서 처벌받으며, 하나의 인간으로서 무시당하는 것이다. 지배는 전유를 발생시키기도 하지만 인격적 위엄에도 흔적 을 남긴다. 비록 개인의 신체에 대해서는 아닐지 모르지만 말이다.

우리가 피지배의 조건에 대해 노동자라거나 노예와 같은 이름을 붙인다고 하더라도, 그런 지위를 차지하고 있는 당사자들이 피지배 를 경험하는 특정한 방식은 따로 논의되어야 한다. 말레이 농부가 가난하고 토지도 갖고 있지 않다는 사실을 아는 것만으로는 그들에 대해 우리가 진짜 아는 것은 별로 없다. 우리가 그의 가난에 내포된 문화적 의미를 잘 이해하려면, 라마단 기간에 손님들에게 식사 대접 을 하지 못해 특히 비참해진다든가, 마을 길가에서 마주친 부자들이 인사를 받지 않고 그냥 지나간다든가, 부모의 유해를 제대로 안장하 지 못한다든가, 지참금이 없다는 이유만으로 딸의 결혼을 미루게 된 다든가, 자식을 붙잡아 둘 만한 재산이 집안에 없어 아들을 외지로 일찍 떠나보내야 한다든가, 부유한 이웃에게 일감이나 먹거리를 얻 기 위해 비굴하게 행동하지 않으면 안 된다든가 — 그렇게 해도 별 성과가 없을 때가 종종 있지만 — 하는 등의 사실을 알아야만 하는 것이다. 이런 식으로 빈곤의 문화적 의미를 인지할 때만 그가 경험하는 치욕의 형태를 알게 되고 그런 만큼 분노의 강도를 잴 수 있게 된다. 그는 가난하며 땅도 없다고 말하는 정도에 그친다면 그것은 단지 그에게 소득과 생산수단이 별로 없다는 사실을 말해 줄 뿐이다. 우리가 언급했듯이, 어떤 가난한 사람이 역사의 어떤 특정한 순간에 특정한 의례적 체면을 중시하는 특정한 문화 속에서 과연 어떤 느낌으로 살아가고 있는지에 대해 훨씬 많은 것을 말해 주는 것은 자신의 계급적 위치로 말미암아 비롯되는 모든 일상적 치욕이다. 자신이 처한 조건과 자신의 의식 사이를 교량처럼 잇는 것은 이처럼 실제로 경험된 모욕들이다.

자존심은 매우 사적이면서도 매우 공적인 속성을 동시에 갖는다. 누가 그것을 보거나 듣지 않았음이 분명함에도 사람은 다른 사람 때문에 치욕을 경험할 수 있다. 하지만 논리적으로 확실한 것은 어떤 치욕이라도 남들 앞에서 경험될 때 훨씬 악화된다는 점이다. 욕설, 경멸하는 눈빛, 신체적 모욕, 한 사람의 성격이나 지위에 대한 공격, 무례 등은 공개적으로 진행될 경우에 훨씬 깊은 상처를 준다. 공개적으로 입은 상처가 개인의 자존감에 부가적인 위협이 된다는 사실을 알고 싶다면 어떤 종업원이 보스의 사무실에서 개인적으로 야단을 맞는 것과, 똑같은 야단을 동료들과 아랫사람들 앞에서 맞을 때의 차이를 잠깐 생각해 보라. 만약 내가 잘못 판단하는 것이 아니라면 종업원은 후자의 경우를 훨씬 지나치고 굴욕적인 행위로 인식할 것이다. 마찬가지로 노예들의 서사 가운데 많은 것들은 다음과 같이 가슴 뭉클한 문구를 담고 있다. 곧 "어린 자식들이 법의 보호를 받지 못한 채 매 맞고 고문을 받고 있는 것을 그저 바라봐야 하는, 그럼에도 정작 자신은 아무런 보호도 해줄 수 없는 상황에 처한 부모의 심정이 어떨지 누가 상상할 수 있겠는가".[9] 이 경우 직접적인 위해는 아이에게 가해지지만, 부모들은 자녀들을 위험에서 구할 수 없는 자신들의 무기력한 모습이 공개적으로 무참히 드러나는 고통을 겪는다. 흑인 노예 아기가 그랬듯이(1장 참조) 그들은 부모라는 공적 인정을 상실하게 되는데, 무엇보다 자식의 눈앞에서뿐만 아니라 지나가는 구경꾼의 눈앞에서 말이다. 한 인간으로서의 명망이 이때 이상으로 훼손당하는 경우를 떠올리기란 결코 쉽지 않다. 그 충격은 이런 고통을 받는 사람의 기억 속에 깊은 상처를 남기는 듯 보인다.[10]

그렇다면 어떤 관객 앞에서 가장 치명적인 치욕을 경험할까? 한 인간으로서 자신의 위신과 지위가 그 누군가 앞에서 가장 중요하다고 생각한다면, 그가 바로 그런 관객에 해당한다고 나는 믿는다. 왜냐하면 바로 그들이 개인의 자존심을 지키는 사회적 자원을 형성하기 때문이다. 이런 사람들의 범주에는 가족, 친구, 이웃, 동료, 또래 집단과 더불어 특히 권력관계상 비슷한 처지에 있으면서도 자신보다 아래에 있는 사람이 포함된다.[11] 여기서 어떤 노예가 자신의 주인과의 관계에서 누리는 지위와, 다른 노예들과의 관계에서 누리는 지위를 구분할 필요가 있다. 죽기로 작정하지 않는 한 노예는 주인 앞에서 자신의 인격과 존엄을 주장할 수 없다. 따라서 주인의 눈으로 볼 때 그는 상실할 위험에 놓인 자기 자신의 존엄을 처음부터 갖고 있지 않다. 그에게는 애당초 주인 앞에서 내세울 위엄이라는 게 없기 때문이다. 노예가 최소한 잠정적으로라도 자신의 위엄과 지위를 더 효과적으로 확립할 수 있는 영역은 동료들 사이이며, 그런 만큼 그가 자신의 위엄이 공개적으로 훼손될 때 잃을 것이 가장 많은 경우 또한 바로 그들 사이에서다.

이처럼 제한된 사회적 범주 내에서 피지배자는 지배 권력에 의한 모욕을 피할 만한 약간의 피난처를 확보할 수 있으며, 은닉 대본의 관객('대중'이라고 말해도 좋을 것이다)을 끌어내는 것도 이와 같은 범위 안에서이다. 똑같은 모욕을 겪고 있거나, 사정이 더 열악해 똑같은 피지배의 조건에 처해 있을 경우 그들은 존엄과 부정否定, 그리고 정의의 언설을 함께 창조하는 데서 이해관계를 공유한다. 덧붙여 그들은 지배 권력 바깥에 사회적 공간을 감추는 데도 이해관계를 공유하며, 바로 여기서 은닉 대본은 비교적 안전하게 다듬어질 수 있다.

이와 같은 은닉 대본의 사회적 공간에서 발견되는 가장 기초적인 형태의 부정은 무대 위 지배 권력에 의해 거부된 권리 주장과 공격성, 그리고 적대감을 안전하게 표출하는 정도를 넘지는 않는다. 권력 앞에서 신중해야 한다는 사실은 반박하거나 반격하는 듯한 '자신'의 일부가 남의 눈에 띄지 않도록 요구한다. 한결 안전한 은닉 대본의 영역에서 비로소 표현되는 것은 바로 이런 자신의 모습이다. 비록 은닉 대본이 권력자 앞에서 말한 거짓과 모순 관계를 초래하는 진리라고 묘사될 수는 없지만, 권력관계에 따라 공식 대본에서 일반적으로 배제되는 자기 노출이 은닉 대본이라고 말하는 것은 옳은 지적이다.[12] 은닉 대본이 얼마나 정교화되든지 간에 권력의 면전에서 그것은 항상 적극적으로 주장하는 행위의 대체물로 남아 있을 뿐이다. 아마도 이런 이유로 포이저 부인이 막후에서 악덕 지주를 향해 예행연습을 했던 '수많은 가상적 언설들'은 실제 그녀가 악덕 지주에게 퍼부었던 언설의 만족감이나 해방감에 결코 필적하지 못했을 것이다. 공개적으로 당하는 모욕은 공개적으로 갚는 대응이 아닌 한 결코 완전히 잠재워지지 않는다고 의심해도 괜찮지 않을까.

은닉 대본에서 발견되는 부정은 권력이 내재된 만남에서 피할 수 없는 언행을 종종 도로 거둬들인다. 자신의 상급자에게 공개적으로 야단을 맞은 하급자는 야단을 맞는 동안은 공손히 행동했지만 지금 자신 주위에 동료들뿐이라는 사실을 알게 되는 순간, 상급자를 저주하고 공격의 몸짓을 취하기도 하며, 다음번에는 어떻게 할지에 대한 말("…… 한번 두고 봐")을 하기도 한다. 하지만 포이저 부인의 경우를 비롯한 많은 다른 사례들에서처럼, 그것은 차후의 공개적인 부정을 위한 최종 연습으로 나타난다. 피지배 집단의 집합적 은닉 대본은 종종 부정의 형태를 띠면서, 지배의 맥락으로 전환될 경우 반란 행위를 대변하게 된다.

이데올로기적 부정

하지만 부정의 노력은 피지배자들이 미처 다 대응하거나 주장하지 못한 부분들을 안전한 상태에서 말할 수 있는 사회적 영역을 창조하는 것 이상으로 훨씬 높은 차원을 포함한다. 역사적으로 존재했던 주요 지배 권력의 형태가 형이상학, 종교, 세계관의 형식으로 스스로를 드러냈던 만큼, 은닉 대본 역시 어느 정도 여기에 필적하는 정교한 대응 형식을 발전시켜 왔다.

이러한 부정이 얼마나 철저해질 수 있는지는 남북전쟁 이전 미국 남부에서 노예주들이 노예들에게 설교했던 공식적 기독교와, 감시가 없을 경우 노예들끼리 실행했던 종교 사이의 차이에 대해 우리가 알고 있는 것으로 확연해진다.[13] 주인이나 주인이 보낸 누군가가 주관하는 공식적 종교 집회의 경우, 노예들은 몸짓이나 표정, 목소리, 일반적 행동거지 등을 통제해야 했다. 반면에 감시가 없는 곳 혹은 소리가 새지 않도록 모든 장비를 갖춘 '비밀 정원'(예컨대 항아리를 뒤집어 놓고 거기에다 고함치는 것)에서는 전혀 다른 분위기 — 지배 권력에 대한 지속적인 경계에서 벗어나 춤과 고성, 박수, 그리고 참여가 허용된다 — 가 지배한다. 노예들의 자체 종교는 단순히 공식적 종교 집회의 형식만 부정하는 것이 아니다. 내용상으로도 양쪽은 서로 많이 달랐다. 마음속으로 주인의 이익을 중시하는 설교자들은 온유함, 오른쪽 뺨을 때리면 왼쪽 뺨도 대주기, 억지로 5리를 가게 하거든 그와 10리를 동행하기 등과 함께 다음과 같은 구절(「에베소서」6장 5~9절)을 강조했는데, 이는 '유색인종'을 위한 교리문답에 더 자세히 설명되어 있기도 했다. 그 내용은 이렇다. "종들아 두려워하고 떨며 성실한 마음으로 육체의 상전에게 순종하기를 그리스도께 하듯 하라. 눈가림만 하여 사람을 기쁘게 하는 자처럼 하지 말고 그리스도의 종들처럼 마음으로 하나님의 뜻을 행하라." 노예들이 공식 대본을 진심으로 수용하길 바라는 이런 기도와 대조적으로, 무대 바깥의 기독교는, 우리가 아는 바와 같이, 자유와 구원, 모세와 약속의 땅, 이집트 노예 생활, 그리고 노예해방을 강조했다. 프레더릭 더글러스가 말한 것처럼 가나안 땅은 북부와 자유를 의미하게 되었다. 절도와 도망, 태만, 그리고 오만을 비난하는 설교를 무사히 거부하거나 외면할 수 있을 경우 노예들이 취한 것은 바로 다음과 같은 행동이었는데, 이는 1833년 남부에서 설교했던 찰스 존스가 발견한 것이었다.

나는 대규모 회중 앞에서 「빌레몬서」에 대해 설교하고 있었다. 내가 믿음과 복종이 종에게 요구되는 기독교적 미덕이라 주장하고, 바오로의 권위에 입각해 도망가는 버릇을 비난했을 때, 그들의 절반은 의도적으로 자리에서 일어나 그곳을 떠나 버렸다. 남아 있던 사람들도 설교자나 설교자의 교의에 대해 전혀 만족하는 않는 눈치였다. 끝나고 난 다음 그들 사이에는 미동조차 없었다. 누군가는 "성경에 사도 서간

따위는 없어"라고 경건하게 선언했다. 또 다른 누군가는 내가 다시 설교하러 온다고 해도 "전혀 상관하지 않겠다"고 말했다.[14]

이런 식으로 자신들의 의견 차이를 공개적으로 드러낼 정도의 행운을 가졌던 노예들은 결코 많지 않았다. 그럼에도 그들의 종교적 믿음이 종종 백인이 그들에게 설교한 겸손과 관대를 부정하는 것이었다는 사실만은 틀림없다. 전 노예 찰스 보울은 흑인들에게 천국이란 그들의 적에게 원수를 갚는 장소이며, 흑인 종교의 '주춧돌'은 '흑백으로 나뉜 상황 속의 혁명 이념'이었다.[15] 우리는 이와 같은 이념이 자신의 딸이 처벌받은 이후 흑인 노예 아기가 행한 서약과 상당히 비슷하리라고 추측할 수 있다.[16]

인도의 불가촉천민들 사이에는 카스트 지배를 정당화해 온 힌두교 교리를 부정하고 재해석하거나 혹은 무시한다고 볼 만한 증거가 꽤 많다. 브라만에 비해 지정指定 카스트*는 자신들의 현재 주어진 운명을 설명하는 카르마 교리를 훨씬 덜 믿을 것이다. 대신에 그들은 자신들의 현재 지위를 빈곤과 더불어 모종의 원초적이고도 허구적인 불의不義의 소행으로 돌릴 것이다. 사회집단 가운데 하나로서 그들은 힌두 전통 속에서 카스트제도를 무시하거나 아니면 최하급 계층의 지위를 승격하고자 하는 전통이나 성인, 서사를 이용했다. 물

* '지정 카스트'scheduled castes는 '불가촉천민'untouchable과 같은 뜻이다. 카스트제도를 공식적으로 금지한 1950년 제정 인도공화국 헌법은 기존의 불가촉천민 등을 특수 집단으로 '지정'해 이들의 인권 향상이나 처우 개선을 약속했다. 그러나 현실적으로는 여전히 차별이 남아 있을뿐더러 차별 철폐에 반대하는 여론도 강하다.

론 공식적으로는 불교나 기독교, 이슬람으로 개종하는 형태로 힌두교에서 대규모로 탈퇴하긴 했는데, 이들은 하나같이 신자들 사이의 평등을 강조했다. 그와 같은 부정은 수백만 명의 불가촉천민들이 카스트 질서의 핵심적 본질인 의례적인 자제와 경의의 몸짓을 일상생활에서 지속하는 일과 병행했다는 점을 부가적으로 언급하는 것도 중요하다. 한 작가가 적절히 표현했듯이 하급 카스트들로부터의 어떤 필요한 '정통 교리'도 없이 '기형 교정'을 얻은 셈이다.[17]

저항의 관행은 물질적 착취의 일상적 패턴을 약화할 수도 있으며, 은닉 대본 속의 부정적 몸짓은 자존감을 해치는 일상적 모욕을 해결해 줄 수도 있다. 하지만 체계적인 사회적 교의의 수준에서 피지배 집단들은 불평등과 예속, 군주제, 카스트 등을 정당화하는 정교한 이데올로기에 직면한다. 이와 같은 수준에서의 저항은 한층 정교한 대응을 요구하는데, 이는 저항의 단편적 실천을 넘어서는 것이다. 다시 말해 이데올로기적 지배에 대한 저항은 아마도 대항 이데올로기 — 정반대에 해당하는 — 를 필요로 하는데, 이는 피지배 집단들이 자기방어를 위해 고안한 수많은 저항적 실천에 대해 하나의 보편적 규범형型을 효과적으로 제공할 것이다.

상호성의 가치

한 개인이 자신의 생각을 공개적으로 소통할 수 있는 자유를 외부 권력이 박탈하게 된다면 이는 그로부터 생각할 자유를 동시에 박탈하는 것이다.

_임마누엘 칸트.

우리가 '공개적으로'라는 말을 얼마간의 제약에도 불구하고 어떤 맥락 속에서 생각들을 사회적으로 표현한다는 의미로 사용할 경우, 칸트의 주장은 지배에 대한 저항과 관련해 중요한 진실을 말해 준다. 은닉 대본이란 공개적인 것 — 비록 그와 같은 공개성에서 지배자는 반드시 배제되지만 — 이 될 필요가 있다. 저항의 관행이나 언설은 피지배 집단 내부의 암묵적 내지 공인된 조정이나 소통 없이는 존재할 수 없다. 그것이 이루어지기 위해 피지배 집단은 위로부터의 통제와 감시로부터 벗어난 사회적 공간을 스스로 만들어 내야 한다. 만약 우리가 저항이 발전하고 성문화되는 과정을 이해하고자 한다면 이런 사회적 공간의 막후 창출에 대한 분석이 필수적이다. 그와 같은 사회적 공간이 어떻게 형성 및 방어되고 있는지를 규명할 때만, 개인적으로 저항하는 주체 — 하나의 추상적 허구 — 로부터 저항적 실천과 담론의 사회화로 이동할 수 있게 된다. 그것은 착취에 분개한 나머지 절취를 통해 그것에 저항하거나, 모욕을 참지 못해 반격을 꿈꾸거나, 자신을 지배하는 이론적 근거를 받아들일 수 없어 꼴찌가 일등이 되는 세상을 꿈꾸는 피지배자들 각각을 자연스럽게 떠올리게 만든다. 하지만 중요한 점은 절취 행위조차 그것을 못 본 체하는 동료 피지배자들과의 공모가 필요하고, 모욕에 대한 원한을 갚고자 하는 희망도 동료들을 만족시키면서 상급자를 적절히 화나게 만드는 사회적 형식을 필연적으로 취하며, 지배적 종교 이데올로기에 대한 부정 또한 그와 같은 부정이 형성되고 명료화될 수 있는 막후의 하위문화를 요구한다는 사실이다.

상대적 자율성을 위한 사회적 공간들은 단순히 실천적이고도 담론적인 부정이 성장할 수 있는 중립적 매개 장치를 제공하는 데 그치지 않는다. 그것들은 그 자체로서 권력관계 영역이 되어 저항의 패턴을 형성하고 규율하는 데 기여한다. 사회화 과정은 어떤 형태로든 양식화된 감정과 매우 흡사하다. 만약 우리가 명확히 정리되지 않는 분노의 감정을 추측을 통해 상상할 수 있다면, 그와 같은 분노의 언어 속 표현은 반드시 그 속에 하나의 규율적 형식을 부과하게 될 것이다. 만약 지금처럼 명확히 표현된 분노가 소집단의 자산으로 자리 잡기 위해서는 바로 그 소집단 내부의 권력관계 및 그 안에서 공유된 경험을 통해 한층 더 규율화되어야 한다. 다음으로 만약 그것이 피지배자들 범주 전체의 사회적 자산이 되려면, 그들에게 실질적인 의미를 전달해야 할 뿐만 아니라 그들 사이의 문화적 의미와 권력 배분을 반영해야만 한다. '날것 상태'의 분노로부터 우리가 '요리된 상태의' 분개라고 부를 만한 단계까지의 이런 가설적 진행을 통해, 특이하거나 대표성이 없는 것들 혹은 집단 안에서 별로 공감을 얻지 못했던 것들은 도태되거나 삭제될 개연성이 높아진다. 물론 어떤 사회나 문화의 관점에서 보더라도 우리의 가상적 진행은 말이 되지 않는다. 분노나 모욕, 그리고 환상은 항상 피지배자들 사이의 막후 소통을 통해 부분적으로 창조되는 문화적 프레임 속에서 경험된다. 이런 점에서 비록 서로 소통한 적이 없다고 하더라도, 완전히 날것 상태의 분노라든가 모욕, 혹은 환상 같은 것은 아마도 존재하지 않는다. 왜냐하면 이미 그것은 개인적 경험의 문화사를 통해 형성되어 왔기 때문이다. 요체는 피지배자들 사이의 저항적 하위문화나 반反관습countermores은 필연적으로 상호성의 산물이라는 점이다.

우리가 은닉 대본이 생성되는 사회적 장소를 검토할 경우 다음 몇 가지를 염두에 두면 도움이 된다. 첫째, 은닉 대본은 사회적 산물로서, 피지배자들 사이에 존재하는 권력관계의 결과이다. 둘째, 마치 민속 문화가 그렇듯이, 은닉 대본은 순수 이론적 사고와 매한가지로 실체가 있는 것이 아니다. 대신에 그것은 이런 무대 뒤 사회적 장소 속에서 실천되고 명확히 표현되고 연기되고 전파되는 정도에 국한해 존재할 뿐이다. 셋째, 은닉 대본이 성장하는 사회적 공간들은 그 자체로서 저항의 성과이다. 그것들은 권력의 이빨 속에서 승리하고 방어된다.[18]

은닉 대본의 장소와 운반자 : 자유도自由度

그것이 카바레가 민중들의 의회인 이유다.

_오노레 드 발자크, 『농민』.

은닉 대본의 사회적 장소는 지배 관계에 의해 강요된 무언의 응대, 억압된 분노, 그리고 억눌린 혀가 격렬하게 목청껏 자신을 표현할 수 있는 지점이다. 은닉 대본이 가장 억제되지 않는 것은 다음 두 조건을 충족할 때이다. 첫째는 지배자의 통제와 감시 및 억압이 닿기 어려운 격리된 사회적 공간에서 표현될 경우다. 둘째는 이처럼 격리된 사회적 환경이 지배 관계 속에서 비슷한 경험을 공유하는 가까운 동료들끼리만 구성될 경우다. 전자는 무엇보다 피지배자들의 자유로운 발언이 허용되는 조건이며, 후자는 피지배자라는 공통점에 입각해 서로 간에 반드시 무언가 할 말이 있도록 하는 조건이다.

어떤 지배 관계에서도, 사회적 장소들은 지배 엘리트들이 얼마나 강하고 약하게 통제하는지에 따라 일련의 연속선상에서 파악할 수 있어야 한다. 가장 감시가 적어 가장 자율적인 장소가 아마도 은닉 대본을 찾아내기에는 가장 좋은 공간일 것이다. 가령 남북전쟁 이전 노예제 미국에서, 가장 확실하게 통제되었던 곳은 노동 활동이 조직화되는 곳 — 노동력 착취가 직접 발생하는 공간 — 과 지배 및 복종 관계가 공개적으로 전시되는 경우였다. 따라서 노예들의 사회적 자율성이 최소화되는 것은 백인 앞에서, 큰 건물 안에서, 그리고 일하는 동안이었다. 이처럼 강력하게 통제되는 영역 바깥에 노예가 집단으로 거주하는 곳이나 가족 및 친구끼리 모이는 곳처럼 자율성이 더 높은 영역이 존재했는데, 그곳에서는 민담이나 의복, 언어, 노래, 종교 등이 쉽게 표현되었다. 밀착된 감시의 중심으로부터 한층 더 멀어진 곳에 지배로부터 가장 효과적으로 격리된 사회적 공간이 있었고, 바로 그런 이유로 그곳은 은닉 대본을 위한 특권적 장소로 치부되었다. 여기에는 일종의 비밀 아지트도 포함되는데, 이곳에서는 금지된 말이나 노래, 종교적 열정, 구원의 희망, 도주 계획, 반란 음모, 절취 요령 등이 비교적 안전하게 논의될 수 있었다. 이와 관련해 한때 노예였던 헨리 치텀은 다음과 같이 말한다. "그놈의 감독관은 악마였지. 그는 그곳에서 일체의 모임을 허락하지 않았어. 가끔씩 우리는 언덕 아래로 슬며시 내려가 큰 대야를 뒤집어 놓고 그 밑으로 들어가 우리 목소리가 빠져나가지 못하게 했지. 그리고 바로 그곳에서 우리는 노래도 하고 기도도 하곤 했지."[19]

만일 우리가 사회적 장소라는 개념이 단지 격리된 물리적 위치라고만 생각한다면 그것은 잘못된 인상을 전달하는 셈이다. 물론 물리적 공간인 것은 맞다. 안전하게 만나고 말하기 위해 노예들은 외딴 숲, 빈터, 도랑, 덤불, 계곡 등을 찾아가기 때문이다. 또한 그들은 원래는 그리 안전하지 않은 장소를 변형하는 데 공모해, 감시망으로부터 자신들을 적극 은닉하기도 한다. 야간에 숙소 바깥으로 소리가 새나가지 않도록 누비이불이나 해진 천을 두르거나, 서로 무릎을 맞대고 속삭이거나, 확실한 은신을 위해 바깥에 보초를 세울 수도 있을 것이다. 하지만 은닉 대본을 위한 안전한 장소를 만들기 위해 언어상의 암호나 방언, 몸짓 — 주인 내외는 알 수 없는 — 이 동원되는 한, 지배자로부터의 물리적 거리가 절대로 필요한 것은 아니다.[20]

만일 공개 대본을 위한 최적의 사회적 공간이 엘리트들이 소집한 피지배자들의 공적 집회라면, 은닉 대본을 위한 최적의 사회적 공간은 인가되지도 않고 감시받지도 않는 피지배자들의 비밀 집회가 될 것이다. 따라서 앞에서 언급했듯이 크리스토퍼 힐은 롤러드파 '이단파'가 가장 융성한 곳은 교회나 대지주계급의 사회적 통제가 효과적으로 침투하지 못한 전원이나 산림, 황야, 소택지沼澤地 등이었다고 설명한다.[21] 그로부터 3세기가 흐른 뒤 에드워드 팔머 톰슨 역시 그동안 엄청나게 달라진 영국에서의 종교적 이단에 대해 거의 똑같은 대목을 지적한다. 곧 "농촌 지역은 젠트리가, 도시는 부패한 단체들이, 그리고 나라는 그중에서도 가장 부패한 단체가 다스리고 있었다. 그러나 예배당, 선술집, 그리고 가정은 그들 자신의 것이었다. '첨탑이 없는' 평범한 예배 장소에는 자유로운 지적 생활을 누리며 민주적 경험을 할 수 있는 여지가 있었다".[22] 톰슨이 말하는 노동자계급의 경우 순찰을 피해 반체제 인물을 양성하는 사회적 공간은 롤러드파가 성행했을 때처럼 인적 드문 야생 지대가 아니다. 이제 그것들은 가정의 사생활 속에서, 혹은 선술집이나 교회처럼 노동자계급이 마음대로 할 수 있는 대중적 공간 속에서도 발견될 수 있다.

하여튼 유럽 문화에서는 맥줏집, 술집, 선술집, 여관, 카바레, 맥주 창고, 싸구려 술집 등이 세속적 당국이나 교회에 의해 모반謀叛의 장소로 지목되었다. 이곳에서 피지배계급에 속하는 사람들은 근무시간 이후에 비공식적인 장소에서 술의 힘을 빌린 자유로운 분위기 속에 서로 만났다. 또한 이곳은 민중 문화 — 놀이나 노래, 도박, 신성모독, 그리고 무질서에 내재된 — 가 전파되는 특권적 공간이기도 했는데, 이는 일반적으로 공식 문화와 어울리지 못하는 것이었다. 피터 버크에 따르면 1500년부터 1800년 사이 영국 민중 문화가 발달하는 데 선술집이 수행한 역할은 압도적이었다. 어떤 종교사학자는 19세기에 교회와 대중 주점은 서로 경쟁 관계에 있었다고 말할 정도다.[23]

반反헤게모니 언설의 영역으로 선술집이나 그것의 등가물이 차지하는 중요성은 거기에서 제공한 음주나 상대적으로 헐거운 감시에 있기보다, 그곳이 하층 지역 주민들과 노동자들을 위한 비공식적 모임의 핵심 지점이었다는 사실에 있다. 더 넓고 자율적이었던 시장과 더불어 선술집은 피지배자들의 친교 모임을 위한 최적지였다. 18세기 커피 하우스와 클럽의 발달은 성장하는 중간계급을 위한 사회적 공간을 창출했고 여기서 다시 독특한 중산층 문화가 태동했는데, 이로써 맥줏집은 점점 더 노동자계급의 배타적 공간으로 남게 되었다. 단골 고객들의 사회적 위치에 따라 각각의 장소는 독자적인 문화와 언설 형태를 만들어 냈다. 이와 같은 계급문화의 발달을 연구한 피터 스탤리브래스와 앨론 화이트는 다음과 같은 결론을 내렸다.

언설의 형태는 그것이 생산하는 구성원들의 집회 형태에 따라 규제된다. 맥줏집, 커피 하우스, 교회, 법원, 도서관, 대저택 거실 등의 장소는 각기 다른 예의와 도덕을 요구하는 교류 공간이다. 언설적 공간은 사회적 장소와 결코 분리되어 존재하지 않으며, 새로운 종류의 말하기 능력이 형성되는 것은 새로운 공적 언설 공간 출현, 그리고 낡은 공간의 변형을 통해 추적할 수 있다. …… 그런 만큼 정치적 투쟁의 역사는 대부분 주요 집회 장소 및 언설 공간을 통제하는 노력의 역사였다.[24]

오늘날 유명해진 미하일 바흐친의 주장에 따르면, 중세 유럽에서 시장은 반헤게모니 언설의 특권적 공간이었고 카니발은 그것의 가장 가시적 표현이었다. 위로부터 강요된 격식 없이 사람들이 비교적 자발적으로 모인 곳은 시장뿐이었다. 사거나 팔기 위해 모인 군중의 익명성은 사람들에게 대등한 지위를 부여했고, 따라서 시장은 귀족이나 성직자 앞에 요구되는 의례나 공경이 적용되지 않는 영역이 되었다. 특권이 정지된 것이다. 바흐친에 따르면 이런 분위기는 위계와 예절의 세계로부터 벗어난 언설 형태를 고무했다. 여기에는 풍자, 조롱, 신성모독, 터무니없는 과장, 배설과 관련된 이야기, 흥청거리는 파티 등이 포함된다. 바흐친에 따르면 모든 것이 허락되는 시장 — 특히 카니발 — 은 공식적 가치의 흑黑미사였다. 이곳에서는 무대 위 공식 행동이 요구하는 경건함, 겸손, 비굴함, 심각함, 존경, 그리고 포즈가, 시장이 아니라면 틀림없이 금지되었을 언어 및 행위 유형으로 대치되었다.[25]

있는 그대로의 거친 은닉 대본이 선술집이나 맥줏집, 시장, 카니발 행사, 그리고 심야의 외진 곳에서 더 자주 발견되는 이유는 우리에게 시사하는 바가 크다. 체제에 저항하는 반문화는 "일련의 사회화 과정에서 약한 지점에 투자한다".[26] 1956년 포즈난에서 폭동이 발생하기 직전 폴란드의 노동자계급에게 그와 같은 약한 지점들은 비밀이 공유되는 곳이라면 사실상 어디에서나 생겨났다. 로런스 굿윈은 이렇게 설명한다. "체기엘스키[철도 사업장]의 조직화를 위한 대화는 현장감독의 눈을 속여 가며 진행되었다. 출퇴근길 기차나 버스 안, 공장 내 한적한 지역, 점심 식사 시간, 그리고 엄청나게 불편해 그 자체만으로도 더 큰 분노를 샀던 찬물뿐인 탈의실 등 말이다. ⋯⋯ 이와 같은 공간들은 결코 주어진 선물이 아니었다. 대신에 그것을 만들고자 했던 사람들의 힘으로 만들어진 공간이었다."²⁷⁾ 따라서 지배 권력에 의해 비워진 사회적 공간을 단순히 차지하는 것으로만 반헤게모니 언설을 이해한다면, 그와 같은 영역을 확보하고 정비하고 건설하고 방어하는 투쟁 과정을 간과하는 일이 될 것이다.

은닉 대본의 정교한 완성은 어느 정도 감시받지 않는 물리적 공간이나 자유로운 시간의 창조 못지않게 그것을 만들고 전파하는 적극적인 행동가들에게 달려 있기도 하다. 이와 같은 주동자들은 그들이 모이는 공간만큼이나 사회적으로 주변적인 존재일 개연성이 높다. 사회적으로 주변인이라는 것은 문화적으로 어떻게 정의하느냐에 달려 있기에 주동자들은 문화에 따라 그리고 시대별로 매우 가변적이다. 예컨대 근대 초기 유럽의 경우, 카니발의 형태로 전복적 주제를 발전시키는 데서 핵심적 역할을 수행한 것은 민속 문화 전파자들이었다. 모든 종류의 광대, 곡예사, 음유시인, 저글링 하는 사람, 점쟁이, 떠돌이 예능인 등이 이런 방식으로 살았다. 다른 떠돌이들 — 장인, 순회 기능 보유자, 책 행상, 제화공, 영세 상인, 부랑자, 자연 치유사, '치아 교정사' — 도 비록 반체제적 반문화를 정교화하는 데 상대적으로 덜 적극적이긴 했지만, 그것의 전파에서만은 중요한 역할을 담당했을 것이다. 지배 문화에 대한 대부분의 저항은 종교적 이단이나 비정통의 형태를 띠기에 막스 베버가 명명한 '삼류 지식인' pariah-intelligentsia의 역할은 결코 간과되어서는 안 된다. 여기에 우리가 포함할 수 있는 것은 지위가 낮은 배교背教 성직자, 자칭 예언자, 순례자, 미미한 종파나 수도회, 탁발승 등이다. 베버가 지적하듯이, 지배적 가치로부터 그들이 견지하는 비판적 거리는 그들의 기량과 주변적 위치에 기인한다. "사회적 위계상 하층부에 속해 있거나 아예 그 바깥에 존재하는 집단들은 사회적 관습과의 관계에서 어느 정

214

도 아르키메데스 지점[*] 위에 서있는데, 이는 외부 질서에 관해서나 일반 여론에 관해 공히 해당한다. 이 집단들은 사회적 관습에 제약 받지 않기에 우주의 의미를 향해 독창적인 태도를 취할 수 있다."[28]

만약 우리가 어떤 특정한 문화적 환경에 속한 특정 집단으로부터 한 걸음 뒤로 물러난다면, 은닉 대본의 주요 운반자들에 대해 더 보편적인 것을 언급할 수 있다. 이는 단순히 그들의 변칙적인 혹은 낮은 사회적 지위의 문제가 아니다. 아울러 그들은 신체적 이동을 고무하는 교역이나 직업을 좇는 경향이 있다. 여행자로서 스스로는 사회적으로 한곳에 덜 정주하고 그 결과 그만큼 더 자율적으로 남을 수 있지만, 가끔은 피지배 공동체들 사이에 문화적 중개와 사회적 연계를 담당하기도 한다. 조합이나 교파의 경우에도 직접적 통제에 맞서 자신들의 사회적 절연을 담보할 만한 조직적 실체를 갖고 있다. 끝으로 이와 같은 집단들 가운데 상당수는 먹고사는 문제와 관련해 하위 계급 대중의 후원에 직접 의존한다. 대중들의 자선에 의존하지 않을 수 없는 목회자나, 자신의 관객이 그를 먹여 살리며 적게나마 기부금을 낼 것으로 기대하는 음유시인은 본인들이 상대하는 대중들의 생각과 일치하는 문화적 메시지를 전달하기 십상이다.[29]

위로부터의 사회적 통제와 감시 : 은닉 대본 방지

은닉 대본을 생산하는 데서 자율적인 사회적 영역이 차지하는 결

---

[*] 세상을 움직일 수도 있는 지렛대라는 의미.

정적 중요성을 보여 주는 가장 강력한 증거는 그와 같은 영역을 없애거나 통제하고자 하는 지배 집단들의 끈질긴 노력이다. 15세기부터 17세기까지 유럽에서는 세속이나 종교나 상관없이 모든 권력 주체가 반체제적 민중 문화의 자율적 영역이 제기할 수 있는 위험성을 인지하고 있었다. 종교개혁 직전 독일의 농민전쟁에 앞서 발생했던 문화적 갈등만큼 이런 사실을 잘 보여 주는 것은 없다. '니클라스하우젠의 북 치는 소년'*과 연관된 성지순례 장소 논쟁을 둘러싼 라이어널 로스크룩의 분석은 그것의 가장 대표적 사례다.[30] 1476년 북 치는 소년의 예언자적 통찰은 반체제적 지하 종교 전통의 핵심 주제들을 거의 망라하고 있었다. 이 전통이 중시한 것은 그리스도의 희생이 모든 인류 — 농노를 포함해 — 를 속박에서 구제했다는 점, 그리고 구원의 길은 민주적으로 배분되어 있다는 점이었다. 북 치는 소년 뵘은 성직자의 부패를 비난하고, (특히 면죄부 판매 문제를 둘러싸고) 교황의 파면을 요구했던 교회는 다수의 위협적인 군중을 끌어모았다. 스위스의 평민 출신 궁수弓手들이 부르고뉴 지방 귀족 가문의 수뇌부를 격파한 초기의 작은 충돌 이후, 뵘은 체포되었고 이단 및 반란의 죄목으로 처형되었다. 이 같은 사건들 및 그 여파와 관련해 두 가지 측면이 우리의 목적과 관련해 시사하는 바가 있다. 첫째, 그 이전에는 특별히 중요하지 않았던 니클라스하우젠 교회가 오로지 예

* '북 치는 소년'의 본명은 한스 뵘Hans Böhm. 출생 연도는 미상이며 독일 중남부에서 태어나 니클라스하우젠(오늘날 바덴뷔르템베르크주 지역)에서 양치기와 거리 광대로 생업에 종사했다. 1476년 어느 날 밤 성모마리아의 환영을 만난 뒤 사회 평등을 지향하는 혁명적 종교운동가로 변모했다. 독일 전역에서 수만 명의 농민들이 '북 치는 소년'의 연설을 듣고자 니클라스하우젠에 운집하기 시작했으며 마침내 내규모 농민반란으로 비화했다.

언에 대한 대중적 호응 때문에 순례 행렬과 전복적 언설을 끌어들이는 사회적 자석磁石이 되었다. 은닉 대본의 이와 같은 자율적 영역은 사회적으로 만들어진 것이지, 사회적으로 주어진 것은 아니었다. 둘째, 일단 위협이 제기되면 당국은 이와 같은 반대 세력의 결절점을 분쇄하려는 노력을 결코 아끼지 않았다. 교회는 쑥대밭이 되었고, 뵘의 유골은 타우버강에 흩뿌려졌고, 성지에 남아 있던 공물은 파괴되었고 그의 모든 유적과 기념물이 압수되었으며, 이제는 공터가 되어 버린 장소에 대한 순례 또한 금지되었다. 이와 동시에 뷔르츠부르크[바덴뷔르템베르크주와 잇닿은 바이에른주의 북서부 도시]의 주교는 반反성직자 분위기를 겨냥한 문화적 공세에 착수했는데, 뵘을 비방하는 한편 그의 소명에 귀를 기울이는 '반역자'를 악마화하는 노래의 창작을 주문 의뢰했다. 전복적 언설의 물리적 공간을 제거하는 것과 더불어 민중의 구전 문화 속에 남아 있는 그것의 흔적을 삭제하는 데서 이것 이상으로 야심 찬 노력은 상상하기 어렵다.

체제 전복적인 대중적 이단의 지속과 그것의 전파자들 및 그것이 성행하는 장소들에 대한 세속적·종교적 당국자들의 적대감은 200년이 채 지나지 않아 30년 전쟁이 막 끝날 무렵, 독일 루터교의 한스 카일에 대한 데이비드 사빈의 설명에 잘 포착되어 있다.[31] 비적단, 역병, 그리고 살인적인 세금이 배경으로 작용해 한스 카일은 하느님의 계시를 받았고 천사에게서 신탁을 받았다. 그의 포도나무는 가지를 치면 피를 흘렸다. 천사가 내려와 인간의 사악함에 대해 집단적인 벌을 내리기로 약속했다. 천사가 벌을 내리기로 약속한 죄는 대부분 특히 귀족이 자행한 엄청난 곡물 및 노동의 수탈, 고위 성직자들이 거두어들이는 십일조 헌금, 그리고 탐욕스럽고 부도덕하고 허영심 많은 엘리트들이 하느님의 명령을 어기는 일이었다. 종교적 용어로 말하자면 하느님은 전쟁과 같은 고통의 책임이 위정자에게 있다고 보았고 따라서 그들을 몰락하게 만들 셈이었다. 예언의 내용은 '니클라스하우젠의 북 치는 소년'에서 이미 봤듯이 놀랍지도, 새롭지도 않았다. 그것은 대형 전단지의 유포, 기적에 대한 설명, 그리고 성서의 민중적 전통 속에 풍부히 예시되었다. 한스 카일이 하느님에게 받은 전갈이 제기한 위험성은 그것이 농민들에게 조세 저항의 명분을 제공했다는 점이었다. 기적에 관한 이야기가 새로 인쇄된 대형 전단지와 한스 카일의 행적을 담은 민중 시를 통해 전국에 유포되자 당국은 전면적 조세 폭동이 터질지 모른다는 위험을 감지했다. 대중들 사이에 떠도는 말이 확산되지 않게 하기 위해 그들이 취한 조처는 실제로 효과가 있었다. 기적을 묘사한 대형 전단지는 압류되었고 그것을 유포한 인쇄공, 가객, 그리고 떠돌이 노동자 등은 억류되었다. 누구라도, 특히 시장이나 여관에서, 그 주제를 말하다 발각되면 체포되어 심문을 받았다. 우리가 여기서 알 수 있는 것은 민중 언설의 자율적인 유통을 차단하고 그런 이단적 이야기가 안전하게 오가고 해석되는 사회적 공간을 모조리 없애려 했던 관계 당국의 체계적인 시도다.

이 두 가지 일화들 가운데 어느 것도, 만약 그것들이 당국의 공식적 관심 — 그리고 탄압 — 을 유발하지 않았다면, 결코 우리가 손쉽게 접하지는 못했을 것이다. 말하자면 어떻게 하여 그것이 공문서 형태로 남아 있게 되었을까? 각각의 예언은 은닉 대본의 격리된 폐쇄 공간으로부터 넘쳐 나와 권력자에게 직접적인 위협을 초래한다. 하지만 우리의 관심은 탄압의 유형이 은닉 대본의 순환 체계를 강조하는 대목이다. 17세기 중부 유럽에서 그런 체계는 민중 문화의 생산자들, 운반자들, 그리고 소비자들과 더불어, 그것들이 이동하는 경로 및 그것의 점유 내지 통과 거점 그 이상도 이하도 아니다. 더욱이 민중 문화와 그것의 사회적 영향력은 결코 중세 혹은 근세 초기 유럽 연구에 대한 고고학적 관심 대상이 아니다. 민중 문화의 수많은 순환 체계가 19세기 말 의도적인 기획에 의해 파괴되었고 그것이 프롤레타리아의 규율화 및 문화적 순화에 가공할 만한 결과를 초래했다고 주장하는 근대 노동자계급 역사가는 결코 한두 명이 아니다.[32]

북미 및 서인도제도의 노예주들은 은닉 대본이 생산되고 공유될 수 있는 공간이 창조되지 않도록 막는 데 심혈을 기울였다. 물론 이런 노력은 자신들의 피지배자들이 사회적 행위의 익숙한 맥락에서 분리된 채, 새롭게 그리고 정신적 외상外傷을 동반하며 구성된 인구 집단이라는 사실에 힘입은 바 크다.[33] 의사소통을 어렵게 하기 위해 대농장 주인들은 언어적으로나 인종적으로나 최대한 다양한 출신 배경에 기반한 노동력을 선호했다.[34] 농장주가 알아듣기 어려운 피진어*가 두드러질 경우 작업장에서 노예들은 반드시 그들의 감독관이 이해할 수 있는 영어 형태로만 대화를 나누어야 했다. 농장주들이 소요가 발생할 가능성이 있다고 판단한 주일 및 휴일 집회는 엄격히 금지되었고, 그런 모임이 수많은 농장으로부터 나온 노예들로 구성되지 않도록 각별한 조처가 취해졌다. 유능한 노예 정보원의 사용은 은닉 대본을 위한 안전 공간의 형성을 더욱더 어렵게 했다. 끝으로 노예들의 비밀 심야 회동을 분쇄하기 위해 개와 동행하는 기마 순찰대 — 공포의 순찰자들 — 를 조직했는데, 이는 허가 없이 돌아다니

---

* 두 개의 언어가 섞여서 만들어진 보조적 언어로 한정된 단어와 간략한 문법이 특색이다.

는 노예라면 무조건 검거하고 처벌하기 위한 목적이었다.

이런 모든 조처들은 노예들 사이의 내밀한 커뮤니케이션을 제거하기 위해서였고, 한결같이 모두 절망적으로 유토피아적인 과제(두 말할 나위 없이 주인의 유토피아)의 일부였다. 그런 염원은 기본적으로 실현될 수 없었는데, 무엇보다 노동 그 자체가 노예들 사이의 수월한 커뮤니케이션을 필요로 했기 때문이다. 아무리 감시에 따른 방해가 있어도, 여전히 외부인들이 알 수 없는 언어적 코드의 급속한 발전, 조롱과 풍자로 가득 찬 민중적 노예 문화, 구원을 강조하면서 자생적으로 나타난 종교적 비전, 그리고 방화와 파괴 행위 등 구체적 형태를 막아 내지 못했다. 여기에다 자유롭고 고립된 공동체가 산속에 형성되는 것을 방지하지 못한 점은 두말하면 잔소리다.

여기서 우리의 논의와 가장 직접 관련된 것은 그와 같은 계획들의 불가피한 좌절이 아니다. 대신에 그것은 자생적 커뮤니케이션 영역이라면 예외 없이 제거하거나 침투함으로써 피지배자들을 원자화하고자 했던 노력과 열망이다. 그와 같은 염원은 심지어 조직원들 내부의 획일적 규율과 충성을 요구하는 자발적 조직에서도 반복적으로 등장했다. 이와 관련해 루이스 코저는 이렇게 주장한다. 예수회, 수도회, 정파, 내시나 친위 세력을 동원하는 왕실 관료, 혹은 유토피아 공동체와 같은 '탐욕스러운' 조직들을 정밀하게 분석해 보면 해당 조직의 헤게모니적 목적과 경쟁을 벌일지도 모르는 피지배자 쪽의 충성이나 언설의 발전은 각종 사회규범을 통해 어떤 경우라도 차단되었다는 사실이 밝혀졌다.[35] 아마도 그런 사회규범들은 이런 목적을 달성하기 위해 피지배자들로 하여금 상급자들에게 완벽히 의존하지 않을 수 없게 만들고, 서로 효과적으로 격리되도록 만들며, 어느 정도 끊임없는 감시하에 놓이도록 만들 것이다.

제국의 황실에서 하잘것없는 변방으로부터 행정 관료를 충원하는 전통은 본래의 종족 집단으로부터 분리된 채 자신의 지위를 유지하고자 철저히 지배 권력에 의존할 수밖에 없는 훈련된 핵심 간부를 양성하는 것에 정확히 초점이 맞춰졌다. 척신戚臣이나 환관의 경우 가족 간 충성심의 경쟁은 물론 원천적으로 불가능했다. 그들은 훈련 — 종종 어릴 때부터 시작된다 — 과 근무에서 일반 주민들과는 가급적 최대한 빈번하게 격리되었다. 농노나 노예의 경우와는 달리 엘리트 참모들에게는 고도의 적극성, 능동적 충성심 및 협력이 요구되었는데, 이는 다시 고도의 단체정신을 창조하는 데 필요한 수평적 연대와 훈련을 필요로 했다. 하지만 심지어 이런 경우에도 지배 권력의 공식적 목표와 어긋나는 어떤 의도의 생산도 최소화하려는 구조적 조처가 작동했다. 19세기 미국의 유토피아 공동체들 가운데 더 오래 지속했던 곳은 공동체 내 독신주의나 자유연애를 고수한 경우였다. 독신주의나 자유연애 둘 중 어떤 것을 선택하더라도, 대안적 충성 대상을 만들어 낼 수 있는 위험한 커플 혹은 가족 연대의 발전을 예방하는 효과가 있었다. 이와 관련해 코저는 이렇게 말했다. "가정생활의 폐지는 각 개인들로 하여금 항상 그들의 공적인 역할만 수행할 수 있게 했다. 곧 그들은 사생활의 권리를 단념한 것이다."[36] 이를 우리가 지금까지 사용해 온 어법으로 바꾸어 말한다면 가족의 폐기는 무대 위 공적 대본에 자신의 사회적 삶 전체를 헌납하게 만드는 확실한 시도였다. 또한 이는 어떤 잠재적 저항 언설도 파악할 수 있는 어느 정도 완벽한 감시 체제를 요구하기도 했다. 예컨대 셰이커 교단에는 감시 프로그램의 일환으로 망루, 내부를 들여다보는 작은 구멍, 그리고 공개 고백을 피할 수 없게 하는 사회적 압력이 있었다. 심지어 자발적 내지 의식적인 목표를 내건 공동체들에서도 완벽한 지배를 향한 열망이 드러나는데, 이는 인가되지 않은 은닉 대본을 우연찮게라도 태동시킬지 모를 자생적인 소규모 사회적 공간 및 연대를 철저히 제거하려는 그들의 다양한 조처들이 잘 말해 준다.

밑으로부터의 사회통제와 감시 : 은닉 대본 방어

만일 지배 양식의 논리가 피지배자들의 완벽한 원자화 및 그들에 대한 감시 상태를 초래한다면 이런 논리는 그것에 상응하는 밑으로부터의 저항에 직면한다. 도처에 존재하는 피지배자들은 만약 지배의 논리가 압도하게 되면 그들은 만인 대 만인의 투쟁이라고 하는 홉스식 전쟁 상태로 몰릴 수밖에 없음을 암묵적으로 알고 있다. 윗자리로 올라서려는 개인적 전략은 피지배 집단 구성원들을 지속적으로 유혹한다. 부분적으로 그것은 규범적·실천적 배신을 고무하는데, 이때 엘리트들은 자신들의 권위를 대변하는 복종을 공개적 행동을 통해 끌어내고자 한다. 또한 그런 수단들을 통해 엘리트들은 은닉 대본의 지점을 감시할 때 의존할 수 있는 충직한 하인들, '측근들' 그리고 정보원들을 만들어 낸다. 피지배자들 사이에 알려져 있거나 미심쩍어 보이는 임원들이 단순히 존재한다는 사실만으로도 안가安家로서 은닉 대본이 차지하는 위상은 박탈되기에 충분하다.

　피지배 하위문화의 저항적 구성원들은 지배 규범에 위반되는 표준들에 대해 높은 수준의 행동 동조를 비공식적으로 발전시킬 수 있다. 영국에서의 방언 사용에 대한 사회언어학적 연구로부터 도출된 유관 사례가 그런 과정을 이해하게끔 도와준다.[37]

　노동자계급에 속하는 남성과 여성의 말투를 비교 연구한 결과에 따르면 남성들에 비해 여성들이 방언을 표준 영어(지배 규범)에 훨씬 가깝게 사용한다. 그 차이는 이렇게 설명된다. 곧 노동자계급 남성들이 평등주의적 노동자 하위문화에 더 강력하게 뿌리내리고 있는 데 반해 노동자계급 여성들은 지배 문화에서 지탄받는 말투(예컨대 이중 부정문)를 가급적 피하려고 한다. 우리의 목적과 관련해 더욱더 의미 있는 차이는 여성들의 경우 자신들이 생각하는 것보다 실제로는 더 표준적인 형식의 어투를 사용한다고 생각하지만, 남성들의 경우 실제에 비해 훨씬 비표준적인 어투를 사용한다고 스스로도 생각한다는 점이다. 남자들이 현실에서 그런 것 이상으로 노동자계급 어투의 잦은 사용을 훨씬 갈망한다는 사실이야말로 남자들 사이에서는 노동자계급 화법이 은밀한 자부심임을 입증한다. 상급자들의 어투가 만들어 내는 압력을 거역한 채, 그리고 학교 제도나 라디오, 텔레비전 등이 조성하는 표준화에 거역한 채, 노동자계급 문화는 언어적 연대의식으로부터의 이탈을 좌절시키는 자신들만의 강력한 제재를 진작해 왔다. 노동자계급 영어와 표준 영어는 대부분의 생각을 소통하는 데 공히 적합하기 때문에 여기서 방언은 중산층 내지 상류계급과 구분되는 노동자계급으로서의 정체성과 동료 의식을 공개적으로 표현하는 일종의 도덕적 언설로 기능한다. 노동자계급 방언에 대한 어떤 기미의 언어적 배신이든 보다 일반적 배신을 향해 나아가는 숨길 수 없는 단서로 읽히는 것이다.

지배 문화에 비해 사회적 역량이 적을 수밖에 없는 피지배자들의 하위문화가 어떻게 높은 수준의 동조를 이끌어 낼 수 있을까? 여기에 대한 확실한 대답은 자신들의 규범을 준수하는 구성원들에게는 보상을 제공하고, 그것을 어기는 구성원들에게는 처벌을 가할 수 있는 사회적 유인과 제재에 달려 있다. 만약 피지배 하위문화가 최소한의 존재감이라도 가지려면 이런 제재들은 무엇보다 위로부터의 압력을 무력화해야 한다. 여기서 핵심적으로 중요한 사회적 사실은 노예나 농노, 불가촉천민, 그리고 대다수 노동자계급이 역사적으로 볼 때 엘리트의 직접적인 응시 바깥에서 가족 내지 이웃 단위로 살아왔다는 점이다. 심지어 작업장에서도, 그들이 개인 단위로 노동을 하지 않는다는 점을 감안하면, 그들은 상사가 아닌 작업자 동료들의 감시에 더 자주 노출된다. 피지배계급은 이와 같은 문화투쟁에서 자체적으로 순찰을 벌이는데, 이를 통해 잘난 척하는 사람이나 자신의 출신 성분을 부정하는 사람, 그리고 엘리트들과 친해지려는 사람을 배척하게 된다. 이들에게 가해지는 제재는 못마땅해하는 작은 몸짓에서부터 완벽한 따돌리기, 그리고 두말할 나위 없이 신체적 위협이나 폭력에 이르기까지 다양한 형태를 취할 수 있다.

피지배 집단 내부에서의 동조 압력에 따른 감시에는 말하는 행위뿐만 아니라 피지배자들의 집단적 이익을 침해한다고 간주되는 더 넓은 범위의 관행들도 포함된다. 후안 마르티네스-알리에의 보고에 따르면 프랑코 치하 스페인의 농업 노동자들에게는 조합이라는 개념이 연대 의식의 공유된 이상을 표현했다.[38] 앞서 언급한 노동자계급 방언처럼 항상 어김없이 지켜진 것은 아니었지만 — 동료와 의견을 달리하고 싶은 유혹을 감안한다면 — 그럼에도 사람들의 행동에 뚜렷한 영향력을 행사했다는 사실만은 부인할 수 없다. 그것은 삯일을 하는 데 동의하거나 최저임금 이하로 일하는 사람들을 대놓고 무시하거나 외면하거나 창피한 것으로 여기도록 요구했다. 또한 그것은 노동자들이 자신의 동네에서 일자리를 기다리도록 요구했고, (땅을 둘러싸고 꼴사납게 서로 다투는 데 연루되는 대신) 소작에 동의하지 않도록 요구했으며, 일자리를 얻겠다고 동료보다 임금을 낮게 제시하지 않도록 요구했다. 이와 같은 명령을 어기는 노동자들은 자신들에게 수북이 쌓인 수치심뿐만 아니라 신체적인 보복 또한 무서워했다.

안달루시아 지방 노동자의 경우를 놓고 알리에가 지적하듯이 이런 순응은 언어적 관행의 공유에 의해 창조되고 유지되었다. 남이 보는 곳에서는 존경받는 지주들도 등 뒤에서는 욕설과 조롱조의 별명으로 불렸다. 엘리트들이 강요해 소작을 공식적으로 콤파르티시파시오네comparticipazione[공유]라고 부르는 대중적 완곡 표현도 사적으로는 놀림을 받았다. 시민 경호대 지역 간부들이나 성직자들을 둘러싼 비방과 중상도 난무했다. 계급적 원한은 불평등이나 지배 관계만이 아니라 불의不義를 생생히 전달하는 농담이나 이야기, 풍자시로도 증폭되었다. 예컨대 "우리는 맛있는 엉겅퀴와 맛 좋은 풀을 먹지만 그들은[부자들은] 몸에 해로운 햄과 더러운 소시지를 먹는다네"와 같은 것이다.[39] 이와 같은 언어적 관행과 사회적 관점의 공유 속에서 우리는 피지배 집단 구성원들이 실행하는 문화 작업의 확실한 증거를 찾아볼 수 있다.

이와 같은 소규모 접전의 군사적 세부 사항들은 말쑥하지 않다. 무엇보다 적을 상대하는 것에 덧붙여 자기 자신의 부대가, 도주의 유혹이 큰 경우에는 특히, 고도로 규율화될 수밖에 없음을 기억해야 한다. 지배자들이 폭력과 위협, 그리고 경제력 사이의 열린 관계에 더 많이 의존할 수 있는 데 비해, 피지배자들이 서로 일치되기 위한 유인책들의 혼합은 동료로부터의 압력을 더 많이 포함하는 경향이 있다. 하지만 피지배자들 사이에서도 폭력의 관계가 전혀 없지는 않다. 피켓라인에서 노동자들이 파업 방해자를 폭행하거나 남아프리카 공화국 흑인 거주 지역에서 경찰의 첩자로 의심되는 자를 살해하는 경우가 대표적 사례이다. 그러나 대부분의 경우 피지배자들은 자신들 사이에 투입할 만한 강제력이 그리 많지 않다. 강제력의 불가피성과 관련해 그들이 전형적으로 의존하는 것은 그것이 완수되기 위해 피지배자들 사이에 쥐꼬리만큼 존재하는 동의의 공유다. 동조는 폭력 대신 사회적 압력에 의해 크게 좌우된다. 동료들 사이의 사회적 압력에는 상대적으로 민주적인 측면이 있음을 감안할 때, 이런 사회통제 메커니즘은 고통스러울 뿐만 아니라 종종 추악하기까지 하다. 모략, 인신공격, 남 얘기, 소문, 공개적으로 경멸하는 몸짓, 따돌리기, 저주, 뒷소리, 추방은 피지배자들이 서로 간에 행사할 수 있는 제재들 가운데 일부일 뿐이다. 친밀하게 연계되어 있는 작은 공동체 내에서의 평판은 매우 구체적인 결과를 초래한다. 마을 동료들에게 경멸받는 농가는 수확기에 노동을 맞교환하기도, 약간의 빚을 내기도, 자녀를 결혼시키기도, 자신들의 수확물이나 가축을 노리는 좀도둑을 막아 내기도, 심지어 자신들의 주검을 위엄 있게 매장하기도 어렵다. 요컨대 그와 같은 제재는 강제적인 효력을 분명히 발휘한다. 그럼에도 비동조자들을 원래 자리로 다시 되돌아오게 만들기 위해서는 그들 사이에 또다시 일정한 수준에서 동의의 공유가 필요하다.

따라서 피지배자들끼리의 연대란, 만약 그것이 성취되는 것이라면, 역설적으로 갈등의 허용이라는 수단에 힘입어서만 성취된다. 몇몇 형태의 사회적 분쟁은 분열과 나약함의 표시이기는커녕, 단결을 지속하는 적극적이고도 공격적인 사회적 감시의 표지일 수 있다. 카리브해 지역 타밀 농장의 노동력에 대한 찬드라 자야와르데나의 멋진 연구에서 이와 같은 원칙이 잘 묘사되어 있다.[40] 이 공동체들은 농장에 고용된 가족으로만 온전히 구성되어 있었으며, 따라서 별다른 구분 없이 동일한 권위 구조의 지배를 받고 있었다. 그들은 폭력의 집단적 분출을 특징으로 하는 높은 수준의 연대를 발전시켜 왔는데, 이는 겉으로 드러나지 않는 리더십에 의한 은밀한 협조 혹은 사전 준비를 포함하는 것이다. 이런 연대는 마티mati(동료애)라고 명명된 철저하게 평등주의적인 사회적 관계 이념에 입각해 있었다. 작업자들 속에 부역자나 지지자를 양성하고 싶어 하는 관리자 측의 욕망에도 불구하고 이런 이데올로기는 노동자들 사이의 기본적 연대를 잘 보존해 왔다. 이 경우 이데올로기적 작업은, 다른 곳에서도 마찬가지이지만, 외부 세계에 대한 해당 공동체의 연대 의식을 약화할지도 모르는 지위 혹은 소득상의 내부적 차별이 증가하는 것을 방지하도록 고안된 일련의 관행들과 연계되어 있었다.[41] 이런 관행에는 대개 마티의 위반과 관련되어 있는 소문, 개인적 분쟁, 시기, 그리고 심지어 법정 소송이 포함된다. 자야와르데나가 적절히 지적하듯이 "이와 같은 갈등은 공동체적 연대의 약점이 아닌 강점을 의미한다".[42] 우리의 관점에서는 그런 갈등은 공동체의 유대를 보여 줄 뿐만 아니라 그와 같은 유대를 창조하고 강화하는 데서도 핵심적이다. 따라서 지배 관계의 형성이 체제 저항적 은닉 대본을 위한 사회적 거점을 만든다고 말하는 것은 잘못된 일이다. 더 정확한 주장은 지배 관계의 형성이 은닉 대본 생산의 개연성을 만든다는 사실이다. 이와 같은 개연성이 실현되는지 안 되는지는, 그리고 그것이 어떤 식으로 표현되는지는, 규범적 권력의 장을 장악하고, 방어하고, 확대하려는 피지배자들의 부단한 노력에 달려 있다.

두껍고 끈질긴 은닉 대본의 발전은 지배 엘리트들과 피지배자들 사이에 사회적·문화적 장벽이 존재하는 것을 선호한다. 권력관계에서 벌어지는 하나의 역설은 피지배자들에게 요구되는 연기가 힘없는 자들이 그들의 자율적인 삶을 엘리트에게 마음껏 불투명하게 할 만한 아주 단단한 장벽이 될 수 있다는 사실이다.

그것의 가장 뚜렷한 형태로서, 다른 현실이 간파되는 것을 감추기 위한 완벽한 모조품 외관이 세워질 수도 있다. 예컨대 식민지 치하 라오스의 산골 마을을 방문한 프랑스 관료들은 종종 자신들의 격에 맞는 촌장이나 원로를 천거할 것을 요구했다. 라오스인들은 일군의 가짜 명사를 내세우는 식으로 대응했는데, 이들은 지역사회에서는 아무런 영향력이 없었지만 식민 관료들에게는 진짜 지역 관리인 것처럼 소개되었다. 이와 같은 계략의 배후에서 존경받는 지역 내 유력자들은 가짜 관리들의 연기를 비롯한 지역 현안들을 계속 직접 지휘했다.[43] 라오스의 경우는 동남아시아 농촌 마을들이 자신의 토지제도, 친족 구조, 소득, 수확량, 가축, 내부 파벌 등을 철저하게 극비 사항으로 유지함으로써, 무너지는 국가와 일정한 거리를 두고자 하는 아주 오래된 노력들의 극적인 사례 가운데 하나일 뿐이다. 이와 같은 목적을 종종 가장 잘 달성하는 것은 국가와의 접촉을 최소한의 어전 공연에 국한할 때였다.

더 일반적으로는 매끄럽게 정형화된 맹종盲從을 구사함으로써 관통할 수 없는 사회적 장벽을 창조하는데, 그것은 지배자들이 원하는 것을 통째 준수하기에 그만큼 오래 지속할 수 있다. 이런 목적으로 복종심을 고의적으로 사용하면 공격적 분위기를 띨 수 있는데, 이는 랠프 엘리슨의 『보이지 않는 인간』에서 할아버지가 임종 때 남긴 다음과 같은 유언에서 잘 드러난다. "사자 입 속에다 머리를 처박고 살아야 한다. 예, 예 하면서 상대방을 사로잡고, 웃으면서 그놈들의 발밑을 파는 거지. 놈들에게 죽고 파멸당할 때까지도 복종하는 척하라는 말이야. 그리고는 놈들이 토하거나 창자가 터질 때까지 너를 씹어 삼키라고 해. …… 애들에게도 그렇게 가르쳐라."[44] 피지배 집단의 이차원적 공식 연기가 만들어 낸 장벽은 가끔 위장된 무지로 보충되기도 한다. 연기의 경우와 마찬가지로 지배자들은 무지를 고의적 무지로 간주할 수 있는데, 그것이 요구를 거부하거나 정보를 차단하려는 목적을 띤다고 보기 때문이다. 어느 아프리카인은 자신의 관할 지역 내 유색인종에 대해 언급하는 자리에서 무지의 사용가치를 알고 있었다. "유색인종은 한 가지 배운 게 있다. 그것은 말을 못 하는 척하라는 것이다. 이런 방식으로 위대한 것을 성취할 수 있다. 나 자신은 그들에 대해 정말 아는 바가 없다. 나는 그게 가능하다고 생각하지도 않는다. 그들은 내게 말을 했지만 우리 사이에는 항상 벽이 있었으며, 그것을 넘어 내가 이해하고 있는 것은 없었다. 나는 그들에 대해 알 수는 있지만 그들을 알지는 못한다."[45] 말을 못 하는 척함으로써 피지배자들은 자신들을 낙인찍기 위해 고안된 고정관념을 창의적으로 이용한다. 만약 그들이 멍청한 존재로 취급받는다면, 그리고 만약 직접적인 거절이 위험을 초래할 수 있다면, 그들은 무지로 위장하며 거절할 수 있다. 엘리트와 국가를 방해하기 위해 농민들이 무지를 체계적으로 이용하는 모습을 본 에릭 홉스봄은 이렇게 말했다. "이해하기를 거부하는 것은 계급투쟁의 한 형태다."[46]

엘리트들이 자신들과 하급자들 사이에 의도적으로 설정해 놓은 언어적·사회적 거리가 후자에 의해 창조적으로 이용되는 방식을 더 일반화하려는 시도는 구미가 당기는 일이다. 자신들의 우위를 주장하는 필수적 요소로서 지배 계층은 화법, 의상, 소비, 몸짓, 이동 수단, 에티켓 등의 양식 측면에서 아랫사람들과 최대한 구분되기 위해 심혈을 기울인다. 또한 인종적·식민주의적·지위기반적 사회질서 속에서 이런 문화적 분리는 오염될지 모른다는 공포 때문에 서로 다른 계층에 속한 사람들 사이의 비공식적 접촉을 억제한다. 부르디외가 강조했듯이 이런 구별과 분리의 혼합은 하나의 엘리트 문화를 창조하는데, 이는 판독 불가능한 '성각문자'hieroglyph로서 피지배자들이 결코 쉽게 모방하기 어렵다.[47] 하지만 부르디외가 간과한 것은 엘리트 문화를 밑으로부터 침투하기가 거의 불가능하게 창조한 똑같은 과정이 다른 한편으로는 위에서 들여다보기 어려운 피지배 문화의 정교화를 조장한다는 점이다. 실제로 정확히 바로 이와 같은 피지배자들 내부의 농밀한 사회적 교류, 그리고 상급자들과 매우 제한적이고 형식적으로 접촉하는 양식이 독자적인 하위문화들과 그것에 기인한 차별적 방언을 배양하게 된다.

은닉 대본에 나타나는 응집의 사회학

특정한 피지배 집단 구성원 사이에 공유되는 은닉 대본은 얼마나 응집력이 강한가? 이 질문은 단순히 어떤 주어진 은닉 대본이 피지배 집단의 무대 위 연기의 관점에서 볼 때 얼마나 크게 다른지를 다른 방식으로 묻는 것이 결코 아니다. 우리가 살펴본 것처럼 공개적 행동과 막후 언설 사이의 차이는 지배가 혹독한 정도에 크게 달려 있다. 다른 모든 조건이 동일하다면 더 비자발적이고, 모욕적이며, 괴롭고, 착취적인 지배일수록 공식적 주장과 극명하게 불화하는 저항 언설을 더 많이 조성할 것이다.

    은닉 대본이 얼마나 하나로 통일되어 있는지를 질문하는 것은 복종이 통과하는 사회적 렌즈의 해상력解像力을 질문하는 것에 필적한다. 만일 피지배자들이 완전히 원자화되어 있다면 비판적이고도 집단적인 설명이 초점을 맞추게 될 렌즈조차 없다는 사실은 두말할 나위도 없다. 하지만 이와 같은 극단적인 사례를 제외한다면 은닉 대본의 응집력은 지배 권력의 동질성과 피해자 자신들의 사회적 응집성에 공히 달려 있는 것으로 보인다.

일치된 은닉 대본의 성장을 촉진하는 조건을 파악하기 위해 우리는 서구 사회 노동자계급 내부의 투쟁성 및 응집력 차이를 설명해 왔던 오랜 연구 전통에 도움을 청해 볼 만하다. 이 연구 결과들을 거칠게 요약한다면 '운명 공동체'에 속해 있는 노동자일수록 자신들의 고용주에 대해 분명히 적대적인 태도를 공유하면서 연대적 행동을 취할 공산이 가장 크다는 사실이다.[48] 예컨대 노동자들의 파업 경향에 대한 국제 비교에 따르면 광부, 선원, 벌목꾼, 부두 노동자와 같은 직업 집단들이 이 점과 관련해 평균 이상으로 훨씬 투쟁적이었다. 일반 노동자들에 비해 이 집단들이 어떤 점에서 다른지를 파악하기란 어렵지 않다. 그들의 노동은 이례적으로 매우 높은 수준으로 위험했고, 따라서 그런 위험을 최소화하기 위해 그에 상응하는 동지애와 협동심을 요구했다. 다시 말해 그들은 생명 자체를 동료 노동자들에게 의존하고 있었던 것이다. 둘째, 광부나 선원, 벌목꾼 등은 다른 노동자나 다른 계급들과 떨어져 상대적으로 고립된 지리적 환경에서 노동하고 생활한다. 벌목꾼이나 선원은 연중 많은 시간을 가족과 헤어져 지낸다. 따라서 이런 직업의 특징은 그들의 공동체 및 노동 경험의 동질성과 고립, 긴밀한 상호 의존, 그리고 끝으로 그들 직업 내부의 상대적인 차별화 (또한 외부를 향한 이동성의) 부재 등이다. 이와 같은 조건들은 응집력을 높이고 그들의 하위문화를 극대화하는 데 안성맞춤이다. 그들은 거의 별종이다. 그들은 공히 동일한 명령을 받고 똑같은 위험을 감수하며, 거의 전적으로 자신들끼리 섞일 뿐만 아니라 높은 수준의 상호관계에 의존한다. 따라서 우리는 그들에 대해 사회적 삶의 모든 측면 — 노동, 공동체, 권위, 여가 등 — 이 계급적 집중성을 증폭하고 예리하게 만든다고 말할 수 있다. 이와 대조적으로 다양한 이웃들과 어울려 살고, 서로 다른 직업에 종사하며, 크게 상호 의존하지 않을 뿐만 아니라 각양각색의 방식으로 여가를 즐기는 노동자계급은 자신들의 계급적 이해 및 그에 따른 사회적 초점을 강한 힘으로 분산하는 데 기여하는 사회적 삶을 살아간다.

그러므로 운명 공동체들이 유별나게 통일된 하위문화를 만들어 낸다는 사실은 하등 놀라운 일이 아니다. 그들은 '자신들만의 관례, 신화, 영웅, 그리고 사회적 기준들'을 발전시킨다.[49] 그들이 은닉 대본을 발전시키는 사회적 공간은 그 자체로 일체적이고 응집력이 높을 뿐만 아니라, 경쟁적 언설들을 근거리에서 통제하는 강력한 상호 규제에 얽매인다. 그처럼 높은 수준의 도덕적 밀도가 발전되는 과정은 독특한 방언이 발전하는 과정과 다르지 않다. 방언은 일단의 화자話者들이 다른 사람들을 배제한 채 자기들끼리만 섞이면서 발전한다. 그들의 언어는 점차 조어祖語로부터 분리되며, 그 과정이 충분히 오랫동안 지속할 경우, 그들의 방언은 조어 사용자들이 이해할 수 없는 것으로 바뀐다.[50]

이와 유사한 방식으로 격리, 조건의 동질성, 그리고 피지배자들 사이의 상호 의존은 독특한 하위문화의 발전을 선호하는데, 이는 종종 '우리 대 그들'이라는 강력한 사회적 이미지를 띤다. 물론 이런 일이 벌어지면 독특한 하위문화 그 자체가 사회적 연대를 위한 강력한 힘이 되며, 따라서 모든 후속 경험들도 세상을 바라보는 하나의 공유된 방식에 의해 조정된다. 그러나 은닉 대본은 결코 언어와 떨어질 수 없다. 그것이 지배적 가치와의 끊임없는 대화 — 더 정확히는 논쟁 — 속에 존재한다는 단순한 사실 또한 은닉 대본과 공개 대본이 상호 이해를 도모하는 관계에 반드시 남아 있게 만든다.

6장

지배하에서
목소리 내기

: 정치적 위장술

구부러진 막대기로 똑바로 때리기.
_자메이카 노예 속담.

말을 억지로 잡아 늘여 우리는 그것을 얼마든지 왜곡하고 그 안에 숨을 수 있지만,
주인들은 말에 걸려들 것이다.
_장 주네, 『흑인들』.

철부지 아이야, 너는 세상에 정면으로 맞서면 안 된다. 너는 너무나 약해. 정말이
다. 부당한 방법을 써. …… 죽은 척해, 잠자는 개 시늉을 하란 말이야.
_오노레 드 발자크, 『농민』.

피지배 집단의 정치적 삶 대부분은 권력자에 대한 공공연한 집단적 저항에 있지도 않고, 완전한 헤게모니적 순응에 있지도 않다. 대신에 그것은 이런 양극단 사이의 광대한 영역에 걸쳐 존재한다. 따라서 두 극단적 영역을 표기하는 지도는 이제까지 다음과 같은 인상을 줄 위험성이 있었는데, 하나는 무대 위에서 펼쳐지는 오로지 확신에 찬 (그러나 아마도 가짜인) 공연이고, 다른 하나는 비교적 통제받지 않는 무대 아래에서의 은닉 언설이다. 이런 인상은 심각한 문제를 초래할 수 있다. 이 장에서 나의 목적은 피지배 집단들이 자신들의 저항을 위장된 형태로 공개 대본 속에 교묘히 집어넣기 위해 노력하는 다양한 전략들에 직접 초점을 맞추는 것이다.

만약 피지배 집단이 일반적으로 교묘하다는 평판 — 그들의 상급자들이 종종 교활함과 속임수로 여기는 평판 — 을 얻는다면 이는 자신들의 취약성이 직접 대결이라는 호사를 거의 허락하지 않기 때문이다. 따라서 약자에게 요구되는 자기통제와 우회적 행동은 상대적으로 거침없는 권력자의 지배와 뚜렷이 대비된다. 예컨대 결투 행위의 귀족적 전통을 흑인이나 다른 피지배 집단이 모욕에 맞서 자제력을 훈련하는 것과 비교해 보라. 자제력 훈련이 미국 흑인 청소년 사이의 이른바 '다즌스'dozens 혹은 '상스러운 다즌스' 전통 이상으로 명백히 드러나는 것도 없다. 이 다즌스는 각운에 맞춰 상대방 가족 (특히 어머니와 누이들)에 대한 모욕을 주고받는 것으로 구성되는데, 승리는 결코 화를 내거나 싸움을 통해 쟁취되는 것이 아니라, 순전히 말로만 하는 결투에서 이기기 위해 더 정교한 모욕을 고안하는 쪽에 돌아간다. 귀족은 모든 심각한 언어적 모욕을 도덕적 전투의 영역으로 이전하도록 훈련받지만, 사회적으로 힘이 없는 사람들은 물리적 보복 없이 모욕을 흡수하도록 훈련받는다. 로런스 레빈이 지적하듯이 "다즌스는 감정과 분노를 통제하는 능력을 교육하고 강화하는 메커니즘으로 작용했는데, 그와 같은 능력은 종종 생존을 위해 필수적이었다".[1] 자기 통제력의 상실이 패배를 의미하는 이와 비슷한 모욕의 의례는 수많은 다른 피지배 집단들도 발전시켜 왔다.[2]

이런 종류의 의례가 암시하고 있는 언어적 재능상의 훈련은 취약 집단들로 하여금 자신들의 분노를 통제하게 할 뿐만 아니라, 공개 대본 내 베일에 감춰진 위엄과 자기주장의 언설에 합당한 행동을 취하도록 만들기도 한다. 이와 같은 애매한 영역에서 벌어지는 이데올로기적 갈등의 유형을 완전히 묘사하려면 지배하에서 목소리 내기를 정교하게 설명할 이론이 필요하다.[3] 비록 여기서 지배하의 목소리를 완벽하게 분석할 수는 없더라도, 안전을 담보하기 위해 이데올로기적 저항이 변장하고, 침묵하고, 위장하는 방식들을 검토해 볼 수는 있다.

이와 같은 정치적 공간 속에 맹위를 떨치는 신고되지 않은 이데올로기적 게릴라 전쟁은 우리로 하여금 소문, 남 얘기, 위장, 말장난, 은유, 비유, 민담, 의례상 몸짓, 그리고 익명성의 세계로 진입하도록 요구한다. 여기에는 복잡하지 않은 것이 없다시피 한데 그럴 만한 이유가 있다. 피지배 집단들에게 주어진 권력의 현실은 그들의 정치적 행위 대부분을 해석할 필요성을 일정하게 요구하는데, 이는 틀림없이 정치적 행위가 의도적으로 애매하거나 불투명하기 때문이다. 최근 제도화된 민주주의 규범이 발전하기 전까지 정치적 갈등의 이런 모호한 영역은 ― 혁명이 일어나지 않는 한 ― 공개적 정치 언설의 유일한 지점이 된다. 시민권이라는 것이 기껏 유토피아적 갈망일 뿐인 현대 세계의 많은 국민들에게도 이는 여전히 사실이다. 따라서 남아프리카 츠와나족 사람들의 독특한 기독교적 신념과 관행을 설명하면서 진 코마로프는 "그와 같은 공개적인 반항은 필연적으로 은폐되고 암호화되어야 했다"는 사실을 있는 그대로 받아들인다.[4] 역사가 톰슨에 따르면 18세기까지도 영국의 하위 계급들은 억압으로 말미암아 직접적인 정치적 의사 표명이 불가능했다. 대신에 "사람들의 정치적 공감 표현은 대개의 경우 완곡하거나 상징적이었으며, 너무나 애매한 나머지 처벌받지 않을 정도였다".[5] 피지배 집단들이 강적에 맞서 반대 의견과 자기주장을 내세우며 공개 대본에 잠입하는 기술은 별도로 논의할 만한 사안이다.

사회적 약자들이 은닉 대본의 안전망 바깥에서 취하는 위장을 이해함으로써 공개 대본 속에 나타나는 권력과의 대화를 간파할 수 있다고 나는 믿는다. 이런 나의 주장이 견지될 수 있다면 이는 역사적으로 중요한 많은 피지배 집단들의 은닉 대본을 현실적으로 필요한 모든 목적을 위해 본래 모습 그대로 복원할 수 없다는 점에서 의미가 크다. 하지만 우리는 그들이 침묵이나 베일 속에 가려 공개 대본에 끼워 넣을 수 있었던 것들을 종종 입수할 수 있다.[6] 은닉 대본에서 우리가 직면하는 것은 정의나 존엄과 관련해 나타나는 이상한 종류의 이데올로기적 논쟁인데, 이는 그 속에서 한쪽 당사자가 권력관계에 의해 심각한 언어장애를 겪고 있다는 의미에서다. 만일 우리가 이쪽의 대화 내용을 듣고 싶다면 그들의 방언과 암호를 배우지 않으면 안 된다. 이런 언설의 복원은 무엇보다 정치적 위장술을 숙지할 것을 요구한다. 이런 목적을 염두에 두고 우선 나는 익명, 완곡 화법, 그리고 내가 투덜거림이라고 부르는 기본적이고 초보적인 위장 기술들을 검토할 것이다. 다음에 나는 구술 문화, 민담, 상징적 도치, 그리고 카니발과 같은 전복 의례에서 발견되는 복잡하고 문화적으로 정교화된 형태의 위장으로 넘어가고자 한다.

위장의 초보 형태들

엄격하게 검열받고 있는 신중한 야당 쪽 언론 편집자들처럼 피지배 집단들은 현행 법률 속에서 자신들의 메시지를 전달할 방법을 찾아내야 한다. 이는 자신들에게 주어진 모든 빠져나갈 구멍, 애매모호한 규정, 침묵, 부주의한 실수들을 시도하고 활용하고자 하는 실험 정신과 역량을 요구한다. 따라서 이는 당국자가 허용할 수밖에 없거나 예방할 수 없는 바로 그 주변에 진로를 정한다는 것을 의미한다. 그 것은 위로부터 철저히 조직화되지 않는 한 그런 삶을 원칙적으로 금지하는 어떤 정치적 질서 속에서, 자신의 힘만으로 미미한 공적 차원의 정치적 삶을 힘겹게 얻어 낸다는 사실을 의미한다. 이어지는 내용에서 우리는 위장과 은폐의 주요 기법들을 간단히 검토한 다음, 그것들이 어떻게 읽힐 수 있는지에 대해 말하고자 한다.

가장 기본적 단계에서 그와 같은 기법들은 메시지를 위장하는 것들과 메신저 및 전달자를 위장하는 것들로 구분할 수 있다. 여기서 극과 극의 대조는 말하자면 한편으로 "네, 주인님" 하고 응답하는 하인의 약간 비꼬는 듯한 말투와, 다른 한편으로 모르는 누군가가 불을 질러 당장 위협에 처한 상황에서 똑같은 하인이 똑같은 주인에게 말하는 것 사이에 있다. 전자의 경우, 연기를 하는 피지배자가 누구인지 확인할 수는 있겠지만, 아마도 그의 행동은 너무나 애매해 상급자가 막상 어떤 조처를 취하기는 쉽지 않다. 후자의 경우, 위협은 너무나 명백하지만 누구한테 그런 행위의 책임이 있는지는 드러나 있지 않다. 물론 메시지와 메신저가 공히 위장될 수도 있는데, 카니발 행사 동안 가면을 쓴 농민이 귀족을 향해 아리송하면서도 위협적인 모욕을 가할 때처럼 말이다. 그런 경우 만약 메시지와 메신저가 공개적으로 알려진다면, 그때 우리는 정면 대결(그리고 아마도 반란)의 영역에 있게 된다.

은폐의 실제 방식은 피지배자들의 상상력에 따라 무궁무진하다. 하지만 은닉 대본의 구성 요소 및 그 전달자들이 공개 대본에 성공적으로 진입하려면 반드시 취해야 할 위장의 정도는 아마도 정치적 환경이 매우 위협적이고 자의적일수록 심해질 것이다. 여기서 우리는 위장의 창출이라는 것이 무엇보다도 조종되고 있는 의미 규범에 대한 민첩하고도 확실한 이해에 달려 있다는 사실을 깨달아야 한다. 이런 조정의 절묘함은 아무리 강조해도 지나치지 않다.

최근 동유럽에서 나타난 두 가지 사례는 과장된 순응과 완벽한 일상 행동이, 보편화되고 규범화될 경우, 얼마나 비교적 안전한 형태의 저항을 구성할 수 있는지를 이해하는 데 도움을 준다. 정치범 수용소 병영 안에서 보낸 시절에 대한 (희미하게 위장된) 자전적 설명 속에서 체코의 작가 밀란 쿤데라는 그것을 조직한 수용소 간수들과 죄수들 사이에 벌어진 이어달리기 경주를 묘사하고 있다.[7] 자신들이 져야만 한다는 사실을 알고 있던 죄수들은 [열심히 뛰는 척하면서 전혀 속도를 내지 않거나, 일부러 거듭 넘어져 뒤처지는 식의] 정교한 무언극 연기를 통해 시합에서 의도적으로 패배했고 [결과적으로 간수들이 의도한] 공연을 엉망으로 만들었다. 거의 조롱에 가깝도록 자신들의 규범 준수를 과장함으로써 그들은 그런 행사에 대한 경멸을 공개적으로 표현했고, 간수들은 그들에게 별다른 조처를 취하기 어려워졌다. 그들의 작은 상징적 승리는 심각한 정치적 결과를 초래했다. 쿤데라가 언급한 것처럼 "그 신났던 릴레이 경주 파업은 내 동지들 사이에 유대감을 강화시켜 주었고 그들의 진취적 기상을 불러일으켰다".[8]

　　폴란드에서 나온 두 번째 사례는 규모가 컸고 더 계획적이었다. 1983년 솔리다르노시치라는 이름의 자유노조를 억압하기 위해 보이치에흐 야루젤스키 장군이 계엄령을 선포하자 우치Łódź시에 거주하던 노조 지지자들은 독특하고 신중한 항의 방법을 고안했다. 국영 텔레비전 뉴스가 선전하는 거짓말에 대한 경멸을 과장해 보여 주기 위해 그들은 정확히 방송 시간에 맞춰 일제히 일일 산책에 나섰는데 하나같이 모자를 거꾸로 쓴 채였다. 머지않아 도시 전역이 그들과 동참했다. 물론 정부 관리들은 체제에 반대하는 용기백배의 강력한 상징이 되어 버린 이와 같은 대중 산책의 목적을 알고 있었다. 하지만 아무리 수많은 사람들이 명백한 정치적인 목적을 염두에 두고 있다고 하더라도 하루 중 특정 시간에 산보에 나서는 것 자체는 결코 불법이 아니었다.[9] 자신들이 임의로 할 수 있는 일상생활 영역을 조정하고 이를 정치적 의미로 코드화함으로써 폴란드 자유노조의 지지자들은 정부 당국이 탄압하기에 곤혹스러울 수밖에 없는 형식으로 체제에 '항의했다'.

　　이제 나는 위장의 몇 가지 주요 형태에 대해 말하겠다.

익명성

관객 가운데 한 명이 세심하게 타이핑된 메시지 말미에 왜 서명이 빠져 있는지를 설명하면서 다음과 같이 썼다. "이번이 늑대가 본 첫 겨울은 아니다"라고.

피지배자들이 권력자들의 눈에 은닉 대본을 감추는 것은 보복이 두렵기 때문이다. 하지만 만일 그것을 공개하는 사람의 신원을 위장한 채 은닉 대본을 공표할 수 있다면 두려움은 상당 부분 해소된다. 이런 사실을 알고 있는 피지배자들은 공개 비판과 위협, 그리고 공격을 촉진하면서도 자신의 신원을 감추는 기법상 무기를 대거 개발해 왔다. 이와 같은 목적을 달성하는 유력한 기법에는 접신接神, 남애기, 마술을 통한 공격, 소문, 익명의 위협과 폭력, 익명의 편지, 그리고 익명의 대중적 저항이 포함된다.

접신은 매우 많은 전근대사회에서 공통적으로 나타났던 일이다. 그것들이 존재하는 곳에서 그것들은, 그렇지 않으면 적대감의 위험한 표현이 될 법한 것들에게, 상대적으로 자유로운 행동을 취할 수 있는 의례 공간을 제공한다. 예를 들어 I. M. 루이스는 많은 사회에서 접신은 여성과 소수자, 그리고 공개적 항의가 각별히 위험한 것으로 여겨졌던 피억압 남성 집단들에게, 준準비밀 형태의 사회적 항의를 대변했다고 주장한다.[10] 루이스의 주장은 궁극적으로 우리가 포이저 부인의 발언에서 처음 조우했던 수압의 비유를 암묵적으로 사용한다. 곧 지배 관계에서 경험하는 치욕은 그것에 대한 비판을 초래하는데, 만약 그 비판이 위험을 무릅쓰고 공개적으로, 또한 지배 관계가 실현되는 장소에서 행해질 수 없다면, 그것은 베일 속에 가려진 안전한 출구를 찾아내지 않으면 안 된다. 접신의 경우, 영성靈性에 사로잡힌 여성은 남편이나 남자 친인척을 향해 자신의 분노를 공개적으로 나타내고, 그들을 저주하며, 자신이 원하는 것을 확실히 요구할 뿐만 아니라 일반적으로는 남성 지배의 강력한 규범을 거역한다. 신들려 있는 동안 그녀는 일을 하지 않아도 좋고, 선물을 받기도 하는 등 일반적으로 관대하게 받아들여진다. 행위의 주체는 그녀 자신이 아니라 그녀를 붙들고 있는 영성이기에 자신이 하는 말에 개인적인 책임을 추궁당하지도 않는다. 그 결과는 일종의 완곡한 항의다. 왜냐하면 그것은 그런 여성 자신에게서가 아니라 강력한 영성으로부터 발현하는 것처럼 주장되기 때문에, 본인의 이름을 밝히지 않은 채 항의의 효과를 충분히 발휘할 수 있는 것이다.

I. M. 루이스는 피지배 집단이 행한 모든 공개 항의가 어떤 결과를 낳을지 뻔히 정해져 있던 다른 많은 유사한 상황들에까지 자신의 논지를 적용하고 있다. 특히 그는 인도 남부 케랄라주의 고위 카스트인 나야르Nayars에 예속된 하층 카스트 하인들 사이의 접신 관련 에피소드들을 검토했는데, 여기서 그는 접신의 망토 아래 완전한 발언권을 갈구하는 똑같은 유형의 불만과 요구를 발견했다.

이런 영성들의 문 앞에 놓인 현실적 고통이 발생하는 정도는 주인과 하인의 관계에서 긴장과 부당한 대우의 경험과 일치하는 경향이 있다는 사실을 발견한다 해도 놀랍지 않다. 따라서 종종 다른 경우에서도 그렇듯이 객관적인 관점에서 볼 때 이런 영성들은 일종의 '부자the rich의 양심'* 역할을 하는 것으로 보일 수도 있다. 그들의 악의적 힘은 질

---

* 영국의 과학자 겸 소설가 찰스 퍼시 스노Charles Percy Snow가 1958년에 발표한 단편소설의 제목. 20세기 전반 어느 부유한 영국계 유대인 명문가에서 벌어진 부자간 갈등이 주제이다. 가문의 일차 상속자로서 막대한 부를 향유할 수 있던 아들이 돈보다 가치 있다고 판단되는 자신만의 삶을 찾아나서는 과정에서 아버지 및 신앙과 부딪치는 이야기이다.

투와 분노의 감정을 반영하는데, 그것은 불운한 하급 카스트라면 상급자와의 관계에서 반드시 품고 있으리라고 상급 카스트 사람들이 가정하고 있는 것이다.[11]

접신에 대한 엄격한 정의를 넘어서 I. M. 루이스는 자신의 분석이 종종 열광적 추종, 흥청망청 종파, 고주망태 의례, 과잉 흥분, 그리고 빅토리아시대 여성들의 '히스테리 질환'에까지 적용될 만하다고 주장한다. 이런 사례들에서 그가 유사하다고 생각하는 것은 피지배 집단이 개인적 책임이 면제될 수 있는 선에서 불만족을 표현하는 방식이다. 그런 행동을 항의라고 부를 수 있을지 여부는 형이상학적 질문에 가깝다. 한편으로 그것은 그것이 겨냥하고 있는 지배 관계를 결코 정면으로 도전하지 않는 무의식과 접신 상태로 경험된다.[12] 다른 한편으로 그것은 잘못을 바로잡을 수 있는 약간의 수단을 제공한다. 지배 관계를 비판하는 목소리를 제공하는 것인데, 광신도 집단의 경우 그것은 종종 그와 같은 지배에 복종할 수밖에 없는 사람들 사이에 새로운 사회적 유대를 만들어 낸다.

　루이스가 발견한 유형들의 의미가 대단한 지점은 두말할 나위 없이 그것들이 지배 권력에 대한 비판적 요소를 표현한다는 점인데, 그렇지 않았더라면 공개 포럼 자체가 존재하지 못했을 것이다. 루이스가 검토하고 있는 정황들을 고려할 경우, 선택지는 접신처럼 법망을 피해 가는 저항 아니면 침묵, 둘 중 하나였을 것이다.

　남 얘기는 위장된 대중적 공격 가운데 가장 친근하고 기본적인 것이다. 상급자를 공격하기 위해 피지배자들이 사용하는 것에 결코 제한되지 않는 것으로서 남 얘기는 비교적 안전하게 사용할 수 있는 유형의 사회적 제재를 대표한다. 남 얘기는, 문자 그대로 작자作者를 확인할 수 없지만, 소식을 단지 전달할 뿐이라고 주장할 수 있는 다수의 열성적 전파자를 갖고 있다. 남 애기 — 내가 여기서 염두에 두고 있는 것은 악의적인 남 애기다 — 에 의문이 생길 경우 모든 사람이 그것을 처음 퍼뜨렸다는 책임을 부인할 수 있다. 남 애기와 소문을 의미하는 말레이 단어 하바르 앙긴khabar angin(바람결에 들린 소식)은 그와 같은 공격을 성사시킨 책임의 소재를 분산하는 측면을 잘 포착하고 있다.

남 애기를 소문과 구분하는 속성은 전자의 경우 특정한 인물이나 인물들의 평판을 의도적으로 떨어뜨리기 위한 이야기들로 구성된 것이 일반적이라는 점이다. 가해자는 익명인 반면, 희생자는 뚜렷이 명시적이다. 남 애기는 다른 사람들도 그것을 전하는 데서 이익을 얻는 정도에 국한해 전파된다는 점에서, 틀림없이 일종의 위장된 민주적 의사 표현에 해당한다.[13] 만일 다른 사람들이 그런 이익을 발견하지 않는다면 그것은 소멸되기 마련이다. 무엇보다 대부분의 남 애기는 위반되어 온 사회적 규칙에 대한 언설이다. 어떤 이에 대한 평판은 그의 인색함, 모욕적인 언사, 부정행위 혹은 옷차림에 대한 이야기에 의해 훼손될 수 있는데, 이는 그런 이야기가 도는 일반 대중 사이에 관용과 공손한 말씨, 정직, 그리고 적절한 의상에 대한 기준이 공유되고 있는 한에서 그렇다. 일탈의 정도가 측정될 수 있는 규범적 기준이 널리 수용되어 있지 않을 경우 여하한 남 애기의 개념도 성립되지 않는다. 결국 남 애기는 한편으로 규범적 기준들을 환기함으로써, 다른 한편으로는 남 애기를 하는 사람 누구에게라도 어떤 행동거지가 조롱 및 경멸의 대상이 되는지를 정확히 가르침으로써, 이런 규범적 기준들을 재차 강화한다.

우리에게 친숙한 남 애기는 아래로부터가 아니라 비교적 동등한 사람들 사이에서 활용되는 사회적 통제 기법 — 전형적으로 다수결 방식의 마을 독재 — 을 따른다. 앞 장에서 강조된 것처럼 종종 덜 주목받아 왔던 점은 그런 상황에서 나타나는 대부분의 남 얘기, 훔쳐보는 눈, 그리고 그런 조건에서 이루어지는, 남의 비위에 거슬리는 비교가 외부인의 지배에 맞서 내부 단합을 유지하는 데 도움을 준다는 사실이다. 데이비드 길모어는 안달루시아 지방 농촌 — 많은 급진적·무정부주의적 과거가 있는 — 의 사회적 공격성을 분석하면서 부자와 국가를 겨냥한 공동전선이 공고화되는 방식을 강조한다.[14] 남 얘기의 피해자가 힘이 너무 세지 않을 경우에는 남 얘기를 하는 사람은 그 피해자로 하여금 자신이 남 얘기의 대상이 되고 있다는 사실을 반드시 알도록 한다. 가령 그 피해자가 거리를 지나갈 때 사람들에게 냉정한 표정을 보내거나 또는 친구의 귀에 두 손을 대고 속닥거리기도 한다. 목적은 나쁜 사람을 처벌하고 꾸짖고, 심지어는 추방하는 것이다. 부자와 권력자에 대한 남 얘기는 더 신중한 형식을 취해야 하는데, 이는 만약 남 얘기의 주동자가 발각될 경우 일자리를 잃어버릴지도 모른다는 두려움 때문이다. 남 얘기를 통한 쓰라린 비판 역시 카스트제도 밑바닥에 있는 사람들이 고위 카스트 상급자들의 평판을 훼손하기 위해 일상적으로 사용했다.[15] 심지어 가장 강력한 형태의 인신공격에서도 힘 있는 자에 대한 남 얘기는 상대적으로 가벼운 제재이다. 그것은 면대면 공동체뿐만 아니라 평판이 일정한 의미와 가치를 여전히 확보하고 있는 공동체를 전제로 한다.[16]

남 얘기는 마법의 언어적 등가물이자 전조前兆로 이해될 수 있다. 전통 사회에서 남 얘기는 가끔 마법에 의해 강화된다. 다시 말해 그것은 사회적 적대감이 확산되는 과정상 그다음 단계인 셈이다. 마법의 사용은 남 얘기의 차원을 넘어서는 일이며, '강경 발언'을 자신의 적이나 그의 가족, 그의 가축, 그의 수확물에 직접 해를 끼치는 비밀 공격 행위로 바꾸는 일이기도 하다. 누군가에게 불운이 일어나기를 바라는 공격적인 희망("그의 곡식은 시들라!")은 마법을 연기함으로써 피해를 가하는 주체가 된다.[17] 남 얘기와 마찬가지로, 그리고 전쟁의 구두 공개 선포와는 달리, 마법에 의한 공격은 비밀리에 이루어지며 언제나 책임이 부인될 수 있다. 여러 가지 측면에서 마법은 자신들을 분노하게 만드는 지배 형태에 대해 안전하고 개방적인 방식의 도전 기회가 거의 혹은 전혀 주어져 있지 않은 취약한 피지배 집단이 선택하는 고전적인 최후 수단이다. 마법이 성행하는 사회에서 자신들을 겨냥한 아래로부터의 생생한 분노와 질투를 인지하는 사람들이라면, 그들이 고통받는 어떤 좌절도 악의적인 마법의 결과라고 쉽게 확신하게 된다.

소문은 남 얘기와 마법적 공격의 둘째 사촌이다. 그것은 비록 특정 인물을 반드시 직접 지목하지는 않지만, 특정 이익을 위해 봉사할 수 있는 강력한 형태의 익명적 커뮤니케이션이다. 초기 연구들이 강조했듯이, 소문은 사람들의 이해관계와 관련해 결정적으로 중요한 사건들이 발생했거나, 신뢰할 만한 정보가 전혀 주어지지 않는 — 혹은 단지 애매한 정보만 있는 — 상황에서 가장 번창한다. 그런 상황에서 사람들은 세상 소식에 계속 귀를 기울이고, 뉴스라고 존재하는 것이라면 무엇이든 열심히 그대로 옮기고는 한다. 따라서 전쟁이나 역병, 기아, 폭동처럼 생명을 위협하는 사건들은 소문이 생성되기에 가장 비옥한 사회적 지점들이다. 근대적 뉴스 미디어가 발전하기 전까지, 그리고 오늘날에도 미디어가 불신받는 곳마다, 소문은 사실상 바깥세상 소식을 접하는 거의 유일한 원천이 될 수 있다. 입을 통한 소문의 전파는 정교화와 왜곡, 그리고 과장의 과정을 허용하는데,

그것은 너무나 확산적이고 집단적이어서 누가 그렇게 했는지를 알기 어렵다. 정치적으로 충전된 소문의 독자성과 휘발성은 폭력적 행동을 쉽게 유발한다. 라나지트 구하가 말하듯, "그 같은 사회 어디에서건 반란으로 인해 대부분을 잃게 되는 자들이 소문의 봉쇄와 통제에 대해 관심이 있었다는 것은 역사적으로 확인된 사실이며, 비록 간접적으로라도 그런 사실에서 소문의 힘은 명백히 인정되는 것이다. 로마 황제들은 간부급 관공리 — 델라토레delatore — 전체에게 소문을 수집하고 보고하는 일에 나서게 할 만큼 소문에 민감했다".[18]

소문의 전파 속도는 놀랄 만하다. 부분적으로 이는 행운의 편지 현상과 같은 단순한 수학적 논리를 따른다. 만약 소문을 접한 사람들 각자가 그것을 두 번 반복하는 일이 열 번 계속된다면 천 명 넘게 그 내용을 알게 되는 결과를 낳는다. 하지만 소문의 속도보다 더 놀라운 점은 소문의 정교화이다. 예컨대 1857년 군대 내 반군이 주도한 인도의 대반란과 관련해 라나지트 구하는 돼지기름을 바른 탄약통에 대한 최초의 공포가 어떻게 [기독교로의] 강제적 개종이나 농사 금지, 그리고 모든 사람들에게 [뼈가 섞인 밀가루로 만든] 빵 식사를 강요하는 새로운 법령에 대한 소문으로 빠르게 커졌는지를 설명한다.[19]

우리의 목적과 관련해 핵심적으로 중요한 사실은 윤색과 과장의 과정이 결코 무작위적이지 않다는 점이다. 소문은 전파되는 동안 이를 듣고 다시 옮기는 이들의 희망과 공포, 세계관에 동조하는 형태로 점점 바뀌어 간다. 소문이 전파되면서 어떤 정보는 누락하는 반면, 전달자의 일반적 심리 전체(게슈탈트)에 부합하는 어떤 요소들은 추가하는 과정을 수반한다는 사실은 몇몇 기발한 실험 결과들을 통해 알려져 있다.[20] 이와 관련해 미국의 실험자들은 사람들에게 군중 사이의 위험한 상황을 담은 그림을 보여 준 적이 있는데, 면도칼을든 백인이 아무런 무기도 갖고 있지 않은 흑인과 대치하는 장면이었다. 이 그림을 보고 말을 옮긴 백인들 가운데 절반 이상은 흑인들에 대한 자신들의 공포와 선입관에 따라 면도칼이 흑인의 손에 들려 있었다고 말을 뒤집었다! 반면에 흑인 피험자들은 면도칼의 위치를 옮기지 않았다. 소문은 익명으로 보호되는 커뮤니케이션 기회일 뿐만 아니라 그 전파자들이 공개적으로 인정하지 못할 수도 있는 불안과 염원을 운반하는 수단이기도 하다. 이에 기초해 우리는 소문이라는 것이 순환하는 계급과 지위, 지역 혹은 직업에 따라 매우 다양한 형태를 취하리라고 예상해야만 한다.

역사적으로 유명한 소문에 대한 가장 정교한 연구 — 바스티유 감옥 습격 직후의 여름, 군주제 지지자들의 난입을 둘러싼 공포 상황을 조르주 르페브르가 집대성해 분석했다 — 는 '대공포' 상황에서 희망 (그리고 두려움)의 충족이 행한 역할을 매우 상세히 보여 준다.[21] 프랑스혁명 그 자체, 시민 갈등, 기아, 그리고 재산을 빼앗긴 이들이 무리를 이루고 돌아다니는 상황은 예외가 상식이 되고 소문이 창궐하는 상황에서 전례 없이 격앙된 분위기를 제공했다. 이와 관련해 혁명 이전 국왕이 1614년 이래 처음으로 삼부회를 소집해 불만을 수집하기 시작했을 때, 농민들의 유토피아적 희망과 끔찍한 공포가 삼부회 소집의 의미에 대한 그들의 해석을 사로잡았다는 사실은 전혀 놀라운 일이 아니다.

유권자들은 선거인단을 선출할 뿐 아니라 진정서를 작성할 수 있었다. 왕은 분명 모든 폐단을 고치기 위해서 백성들의 소리를 듣고 그들의 고통, 필요, 소원을 정확하게 알기를 원하신다. 이 얼마나 새롭고 놀라운 사태인가! 교회에 의해서 기름 부음을 받은 자로서 신의 대리인인 왕은 전지전능한 존재였다. 그래서 가난과 고통도 끝이 날 것이다! 그러나 백성의 가슴속에 희망이 날개를 펴는 한편 동시에 귀족에 대한 증오도 용솟음쳤다.[22]

희망의 충족과 이런 유토피아적 해석으로 빠져들게 된 의도적 오해 사이의 상대적 비중을 판단하는 문제는 그리 간단하지 않다. 하지만 차르의 소원을 해석하는 러시아 농민들과 마찬가지로 이들의 해석 또한 상당 부분 자신들의 이해관계에 입각해 있었다는 점은 분명하다. 그 당시 유포되고 있던 소문들에 대해 관리들이 작성한 다음 두 가지 현안 보고를 우리는 어떻게 이해할 것인가?

정말 골치 아픈 것은 이들 소집된 무리가 일반적으로 자신들에게 어느 정도 독립적 권력이 부여되었다고 믿었다는 점, 그리고 집회가 끝나고 집으로 돌아갈 무렵 농민들은 이제부터 십일조나 수렵 금지, 봉건세로부터 해방되었다고 생각했다는 점이다.[23]

하층계급 사람들은 왕국의 재건을 위해 삼부회가 열렸을 때 전면적이고 절대적인 변화를 생각했으며, 여기에는 현재의 공적 절차만이 아니라 생활 상태나 소득까지 포함되었다. …… 사람들은 국왕이 모든 이가 평등하길 바라고, 주교나 영주를 원치 않으며, 신분의 차이와 십일조 내지 영주권領主權도 바라지 않는다고 들었다. 그리하여 잘못 인도된 불쌍한 사람들은 자신들의 권리를 행사하면서 자신들의 왕에게 복종한다고 믿었다.[24]

이 두 번째 지적은 '하층계급들'의 엄청난 기대가 모종의 외부 선동가들로부터 기인할 수도 있다고 전제하는 것처럼 보인다. 하여튼 하층계급들은 자신들이 믿고 싶은 것만 골라서 믿었고 결국 어떤 유토피아적 유언비어도 자유롭게 묵살하게 되었다. 물론 이 경우 소문은 혁명의 진행을 압박하는 엄청난 결과를 초래했다. 실제로 대부분의 농민들은 봉건세 납부를 중단했고 십일조를 거부했으며 자신들의 소와 양을 영주의 땅에 풀어 풀을 뜯게 했을 뿐만 아니라 나무를 마음대로 패갔는데, 이는 혁명 입법기관이 이런 문제들을 해결하기 전까지 일어났다. 뜻을 이루지 못한 그들은 "국왕의 명령을 숨긴 당국자들을 향해 불만을 터뜨렸으며 귀족의 대저택을 불살라 버리는 일에 국왕이 기꺼이 동의했다고 주장했다".[25] 그와 동시에 과거의 모든 농민반란이 피바다로 끝났다는 점을 알고 있던 그들은 귀족들의 반격, 사재기, 혹은 반혁명 음모와 관련된 소문이라면 극도로 경계했다. 소문이 제공한 정치적 충격은 혁명 과정에서 불가결한 요소였다.

왜 억압받는 집단은 소문 속에서 임박한 해방의 약속을 자주 읽어 내는 걸까? 피지배의 질곡에서 벗어나고 싶은 강력하면서도 억압된 욕망은 억압받는 자들의 독자적인 종교 생활을 고취할 뿐만 아니라, 사건들에 대한 자신들의 해석에도 커다란 영향을 끼치는 것으로 보인다. 카리브해 지역 노예제와 인도의 카스트제도로부터 나온 몇몇 사례는 이런 경우를 밝히는 데 도움을 준다. 마이클 크레이튼에 따르면 18세기 말과 19세기 초에 걸쳐 발생한 노예 반란에서 국왕과 영국 관리들은 노예를 해방했음에도 현지 백인들이 이 소식을 감추었다고 믿는 경향을 꽤 오래 지속했다고 한다.[26] 바베이도스 노예들은 1815년 새해를 맞이해 자신들의 해방을 기대하게 되었고, 그와 같은 자유를 맞이하기 위한 몇몇 조처를 취하기도 했다. 국왕은 노예들에게 일주일에 사흘 동안 자유를 주었고 체벌 또한 금지했음에도 백인 노예주들이 이에 동의하지 않고 있다는 소문이 돌면서 식민지 생도밍그Saint-Domingue는 크게 동요했다.[27] 노예들은 상상 속 칙령을 기정사실로 받아들였고, 불복종 사례나 관행적 노동에 대한 저항이 늘어 갔는데 이는 머지않아 아이티 독립에서 절정에 이른 혁명으로 치달았다. 이런 특정 소문의 진원지를 우리가 잘 모르긴 해도, 머지않은 해방에 대한 대부분의 암시들은 그 배후에 몇 조각의 실체를 갖고 있다. 노예 폐지 운동, 아이티 독립, 그리고 1812년 독립전쟁 당시 영국 쪽으로 귀순하는 미국 노예들 누구에게나 자유를 준다는 약속은 하나같이 다가올 자유에 대한 상상을 확실히 유발했다.

노예와 마찬가지로 불가촉천민 또한 소문 속에서 자신들의 희망을 발견하려는 경향이 있다. 마르크 위르겐스마이어가 지적했듯이 식민통치 시절 여러 차례에 걸쳐 불가촉천민들은 총독 혹은 그의 국왕이 이미 그들에게 보속을 주어 불가촉성을 철폐했다고 믿게 되었다.[28] 평범한 불가촉천민들은 영국의 유토피아적 이상과 연계해 브라만을 비롯한 다른 고위 카스트 힌두교 신자들이 한때 자신들이 비밀리에 소유하고 있던, 해방을 약속하는 내용이 담긴 경전을 훔쳐갔다고 확신했다.[29]

여기서 프랑스 농민, 노예, 불가촉천민, 러시아 농노, 그리고 이 문제에 관한 한 서구의 정복에 압도당한 사람들의 화물 숭배*는 무

---

* 선조의 혼령이 되살아나 비행기나 배를 타고 와서 백인들로부터 해방해 준다는 남태평양 제도의 신앙으로 적화積貨 신앙으로도 불린다. 배가 닿거나 비행기가 내릴 곳을 마련하고 죽은 조상의 도래를 기다리는 원주민의 풍습이었으며, 제2차 세계대전 때 미군이나 일본군의 비행기가 화물을 싣고 오는 것을 보며 더욱 고착화되었다.

시할 수 없을 만큼 유사성이 너무나 뚜렷하다. 자신들의 속박 상태가 종식을 눈앞에 두고 있고, 하느님이나 당국자는 그들에게 희망을 수여했으며, 악의 세력이 자신들의 자유를 가로채고 있다고 믿는 경향은 피지배자들 사이에 공히, 그리고 대개 비극적으로, 자주 나타났다.[30] 자신들의 해방에 대한 그런 식의 표현을 통해 공격에 취약한 집단들은 그들의 숨은 욕망을 공개적으로 드러냈다. 그리하여 그들은 개인적인 책임에서 벗어나기도 하고, 그들로서는 그저 따를 수밖에 없는 명령을 내리는 몇몇 상부 권력을 지지하기도 했다. 동시에 그와 같은 불길한 징조들은 수많은 반란을 부채질했는데, 대개의 경우 실패로 끝났다. 헤게모니적 이데올로기가 지배의 자연화를 초래함으로써 어떤 대안 경로도 상상할 수 없게 만들었다고 가정하는 일부 사회 이론가들은, 피지배 집단들이 자신들의 집단적 욕망에 따라 자력으로 벌떡 한번 일어난 듯한 경우들을 미처 다 설명하지 못할 것이다. 만일 피억압 집단에게 세상사를 오해하는 것이 있다면, 그것은 지배 형태를 구체적으로 생각할 정도로 자신들이 원하는 해방이 금방이라도 올 것처럼 종종 상상한다는 점이다.

피지배 집단들이 채택하는 다양한 형태의 익명성에 대해 우리는 모든 것을 샅샅이 말하지 못했다. 거의 예외 없이 그들은 행위자의 개인적 신상을 감춤으로써 훨씬 직접적인 언어적·신체적 공격이 가능하도록 만든다.[31] 예컨대 18세기 영국의 대중행동에서도 그런 전형적 요소가 존재했는데, 이에 관해 톰슨은 다음과 같이 자신 있게 말할 수 있었다.

익명의 전통. 전적인 후견 및 종속 상태의 사회에서 익명적 위협이나 심지어 개인적 테러 행위는 위장된 존경심의 훈장과 더불어 종종 발견되곤 한다. 그것은 지배 권력에 대한, 공개적이며 식별 가능한 저항이, 비록 법률상의 부당한 처우는 아닐지라도, 즉각적 보복으로 돌아오거나 거주권, 고용 상태, 세입자 권리 등의 상실을 초래할 수 있는 사회에서 정확히 그러하다. 여기에는 흔히 어둠속에서 이루어지는 행동들이 관찰되는데, 익명의 투서, 창고나 별채의 방화, 가축의 다리 절단, 창문에 대고 총질하거나 벽돌 던지기, 경첩 뜯기, 과수원 나무 베기, 밤중에 어류 양식 저수지 물 빼기 등이 포함된다. 낮에는 대지주에게 머리를 조아리고 윗사람을 존경한 모범 사례로 역사에 남은 사람이, 밤에는 그의 양을 죽이거나, 덫을 놔 꿩을 잡거나, 개에게 독약을 먹일 수도 있다.[32]

말과 행동 속 익명적 공격의 은닉 대본을 통한 순종적 연기의 공개 대본이라고 내가 이름 붙이려는 것에 대해 톰슨이 비슷하게 주장한 대목은 의미심장하다. 예외 없이 [누군가를] 위협하는 익명의 편지 속에서 우리는 내가 무대 뒤에서 비교적 있는 그대로 행해진 연기라고 상상하는 것을 읽을 수 있으며, 그것을 공식적 연기와 비교할 수 있다. 따라서 귀족들의 사냥 놀이가 초래한 작물 피해로 촉발된 익명의 편지는 결코 모든 것을 까놓고 말하지 않는다. 곧 "[우리는] 그런 개 같은 뚱보 악당들이 그들 가족의 우월감과 호화로운 생활을 지속하기 위해 사냥이나 승마와 같은 악랄한 방법으로 가난한 사람을 고의적으로 굶겨 죽이도록 내버려 두지 않을 것이다"처럼 말이다.[33] 익명의 위협은 단순히 진심 어린 분노의 표현만이 아니다. 편지의 형식을 띠든 알 만한 신호의 형식(짚단 속에 박힌 불붙이지 않은 횃불, 문간에 놔둔 총알, 집 근처에 놓인 십자가 및 무덤 모형)을 띠든 무엇보다 그것은 그 자체가 위협으로서, 상대방의 행동을 변화시키는 데 목적이 있다. 톰슨이 이해하듯이 그런 행동들은 반극장counter-theatre의 장면들이다. 만일 상류 계층의 법정, 사냥, 의복, 교회의 외관이 그들에게 의지하며 사는 사람들을 겁주려는 목적이라면, 가난한 농민들이 취하는 익명의 위협과 폭력은 "지주계급과 재판관, 그리고 시장의 등골을 오싹하게 만드는 것을 목적으로 한다".[34]

개별적으로든 집단적으로든 피지배자들이 상급자의 재산이나 신체에 대한 직접적인 공격에 착수할 때, 야간에 움직인다든가 위장복을 입는다든가 하는 예방 조처를 통해 자신들의 신분을 알기 어렵게 만드는 경향이 있다는 점은 두말할 나위도 없다. 밀렵꾼이나 방화범, 선동 전령傳令, 그리고 진짜 반란자들은 노상강도와 똑같이 신중한 단계를 밟는다. 앞으로 보게 되겠지만 서구 가톨릭교회의 사육제 전통은 직접화법 및 직접행동과 결합된 변장술을 용인하는 의례 전통을 제공한다. 영국 웨일스 지방의 레베카 폭동Rebecca riots,* 프랑스에서 산림 규제를 겨냥한 드모이젤 항거Demoiselles protest**에서 여장남자는 새로운 전통을 다시 창안할 필요가 없었다.

이와 같은 두 가지 사례 역시 특정한 사회질서 안에서 여성들의 미미하고도 비정치적인 지위가 창조적으로 활용될 수 있는 방법을 여실히 보여 준다. 스탈린의 집단화 프로그램에 저항하기 위한 필사

---

* 1839~44년 영국 남웨일스에서 공공 도로의 통행 요금 부당 징수에 항의해 일어났다. 밤에 여장女裝한 채 말을 타고 다니며 통행 요금 징수 시설을 파괴하거나 징수원들을 위협한 것으로 알려졌다.
** 1829~32년, 간헐적으로는 1872년까지 프랑스 아리에주에서 지속된 민중 항거로서 '아가씨들의 전쟁'War of the Maidens으로도 불렸다. 주동자들은 밤에 여장을 하고 가발을 쓰거나 얼굴을 검게 칠한 채, 자산계급이나 산림 감독관을 공격했다.

적 노력 속에서 농민들은 만약 여성들이 공개적 반대의 선두에 서면 가혹한 보복 가운데 최악의 형태는 피할 수 있다는 사실을 깨달았다. 그런 다음 남성들은 위협받는 여성들을 위해 더 안전한 상태에서 사태에 개입할 수 있었다. 이를 린 비올라는 다음과 같이 설명한다.

> 여성 농민의 저항은 농민운동 전반을 위한 상대적 안전판뿐만 아니라, 심각한 대가를 치르지 않고는 적극적·공개적으로 정책에 반대할 수 없었던 정치적으로 보다 취약한 남성 농민의 보호막으로 기능했다. 그리하여 배후에서 남성들은 조용히 그리고 위협적으로 서있거나 서있을 수 있었다. 아니면 저항의 수준이 자신들의 처가 쪽 친척들을 지키기 위해 전투에 참여하는 단계로 비화할 경우에는 소요에 동참할 수 있었고 실제 동참했다.[35]

넓게 보자면 당국이 폭동이라고 분류하는 대중적 집단행동의 몇 가지 기본 형태는 익명성을 전략적으로 사용하고 있다는 점이 거의 확실해 보인다. 역사적으로 의미 있는 무리를 만들어 낸 대중 정치는 영구적인 반대 운동은 지속 가능하지 않은 반면, 순간적으로 모였다 흩어지는 장점을 활용한 단기간의 집합행동은 성공 가능성이 높은 상황에서 특히 자주 발생했다. 따라서 톰슨은 18세기 영국 군중들의 '민첩한 직접행동 능력'을 설명할 수 있었다. 곧 "군중 혹은 무리 가운데 한 사람이 된다는 것은 익명의 상태로 남을 수 있는 또 다른 방법이었다. 이에 반해 상설 조직의 일원이 된다는 것은 스스로를 감시와 희생에 노출하기 십상이다. 18세기 군중들은 자신들의 행동 역량과 가능성의 예술을 나름껏 잘 숙지하고 있었다. 집합행동의 성공은 순식간에 이루어지거나 아니면 아예 이루어질 수 없는 것이었다".[36] 똑같은 관점은 상당 부분 18세기 중반부터 19세기 중반까지 프랑스 도시 군중에게도 적용된다. 공식 조직의 부재 그리고 그들의 행동에서 명백히 나타나는 즉흥적인 속성은, 여타의 대안적인 그 어떤 형태의 직접 행동도 허락지 않는 권력 상황에서 유난히 잘 적용했다. 윌리엄 레디가 지적하듯이 이런 각도에서 보자면 그런 사건을 자발적이라고 부르는 것은 "부적절한 판단 — 참여자들 스스로 자발성을 높이 평가했다고, 다시 말해 그들이 의식적으로 자발성을 추구했다고 우리가 인정하지 않는 한 — 이다".[37]

익명성이나 다른 전술적 이점들 때문에 피지배 집단들이 자발적 형태의 대중행동을 가끔 의도적으로 선택할 개연성은, 만약 그것이 함의하는 바를 깊이 생각한다면, 대중 정치에 대한 우리의 관점을 바꿀 것이다. 전통적으로 군중에 대한 해석은 하층계급들에게 어떤 일관적인 정치운동을 지속할 능력이 상대적으로 결여 — 그들의 단기적인 물질주의 및 열정에 따른 유감스러운 결과로서 — 되어 있다고 강조해 왔다. 이윽고 그와 같은 초보적 형태의 계급 행동은 근본적 정치 변혁을 지향하는 리더십과 더불어 (아마도 전위 정당으로부터) 보다 영구적이고 장기적인 운동으로 대체되리라고 기대되었다.[38] 하지만 훨씬 더 전술적인 상황 판단이 만약 정확하기만 하다면, 군중들에 의해 순식간에 벌어지는 직접적인 행동이라는 선택지는 보다 발전된 형태의 정치적 행동으로 나아가지 못하게 막는 어떤 정치적 장애나 무능력의 징조가 결코 아니다. 군중들의 기민한 행동에 따른 시장 폭동, '가격 조정' 목적의 식량 및 식빵 폭동, 기계 파괴, 세금 고지서 및 토지대장 소각 등은 오히려 현실적으로 직면하고 있는 정치적 규제에 의식적으로 대응하는 과정에서 발전된 대중적 차원의 전술적 지혜를 대변하기도 한다. 따라서 자발성, 익명성, 그리고 공식 조직의 부재는 대중 계급들의 빈약한 정치적 재능을 반영한다기보다, 다른 방식의 저항들을 가능하게 만드는 것으로 봐야 한다.[39]

군중들의 즉흥 행동이 지닌 정치적 이점들은 더 심층적이고 중요한 형태의 위장술과 익명성을 감추고 있는데, 만약 이것들이 없다면 그런 행동 자체가 불가능해진다. 공식 조직을 필요로 하지 않는 군중들에게도 반드시 필요한 것이 하나 있는데 그것은 효율적인 상호 조정 방식과 효능적인 대중 전통의 발전이다. 거의 모든 측면에서 전통적인 군중행동의 경우에 분명히 드러나는 사회적 상호 조정은 피지배 집단 구성원들을 가입시키는 공동체의 비공식 연줄망을 통해 이루어진다. 어떤 공동체인지에 따라 그런 연줄망이 작동하는 기제는 각각 다른데, 친족, 품앗이, 이웃, 의례적 관행, 혹은 일상적인 직업상 연계(예컨대 낚시나 목축) 등이 이에 해당한다. 여기서 우리의 목적상 중요한 것은 이런 연줄망이 피지배자들의 공동체 내부에 사회적으로 착근되어 있다는 점, 그리고 "지속적인 집합행동의 불가결한 요소"인 만큼 종종 당국은 결코 쉽게 알 수 없다는 점이다.[40] 시간이 지남에 따라 그런 형태의 집합행동은 대중문화의 본질이 되고, 폭동은 각본과 비슷한 것으로 변해 간다. 비록 위험하긴 하지만 이 각본은 레퍼토리가 많은 집단에 의해 공연되는데, 이때 구성원들은 기본 줄거리를 알고 있을 뿐만 아니라 주어진 역할을 맡기 위해 무대 위에 바로 올라갈 능력도 갖추고 있다. 따라서 이런 종류의 익명적 대중 행동은 은닉 대본을 위한 사회적 공간의 존재 여하에 전적으로 의존한다. 지배 엘리트에 대한 자율성의 정도와 더불어 사회적 연대와 전통은 바로 이 공간에서 성장할 수 있다.

익명의 대중행동 가운데 마지막 한 가지도 언급할 만하다. 왜냐하면 그것은 몇몇 가장 지독한 복종 형태들에서 발생하기 때문이다.

내가 여기서 염두에 두고 있는 것은 종종 죄수들이 벌이는 일종의 집합적 항의인데, 양은 식판을 율동에 맞춰 때리거나 감방 창살을 쾅쾅 두드리는 행위 등이다. 엄격히 말해 이때 항의자들은 익명적이지 않다. 하지만 숫자가 다수일뿐더러 그런 항의를 누가 부추기고 누가 시작했는지를 확인하기란 거의 불가능하기에 나름의 익명성은 확보된다. 비록 표현 형식 자체는 본질적으로 애매하지만, 맥락상 일반적으로 무엇이 불만인지는 매우 분명하다. 막후에서 보호되는 언설 공간을 거의 확보할 수 없는 총체적 사회통제 시설에서도 저항의 목소리를 낼 여지는 여전히 열려 있는데, 이는 처벌 가능한 개인을 구체적으로 지목하기가 거의 불가능하기 때문이다.

완곡 표현

만일 메신저의 익명성이 그렇지 않을 경우 권력을 향해 공격적으로 말하지 못하는 것을 종종 가능하도록 만드는 것이라면, 익명성이 없는 상황에서 피지배자들의 연기는 순종적으로 공경하는 모습으로 되돌아갈 것이라고 생각할지 모른다. 하지만 완전한 복종의 대안은 응징을 피할 수 있을 만큼 메시지를 위장하는 것이다. 만일 익명성이 아무런 꾸밈이 없는 메시지의 전달을 종종 고무한다면, 메시지의 포장은 메시지를 꾸미는 것에 해당한다.

이와 같은 꾸미기 과정에 대한 적절한 사회언어학적 비유는 워낙 신성모독이었던 것이 완곡 표현을 통해 암시적 신성모독으로 변형되는 방식인데, 이렇게 함으로써 공개적 신성모독이 초래할지 모를 제재를 회피할 수 있다.[41] 기독교 사회에서 '주의 이름을 망령되이 일컬으며' 내뱉는 욕설들은 전형적으로 점점 더 위험하지 않은 형태로 변해 왔는데, 이를 통해 말하는 사람은 종교적 지도자나 위선자는 물론 하느님의 분노도 모면할 수 있다. 따라서 '지저스'라는 욕설은 '지 위즈'Gee Whiz 혹은 '지즈'Geez로 바뀌고, '갓댐'Goddamn은 '지.디' G.D로 바뀌며, '예수의 피를 통해서'by the blood of Christ는 '살벌한' bloody으로 각각 바뀐다. 심지어 '똥'shit처럼 비교적 세속적인 비속어도 '제기랄'shucks로 변형된다. 프랑스에서는 똑같은 과정이 '신의 은총'par Dieu을 '당연히'pardi 혹은 '물론이지'parbleu로, 그리고 '하느님을 버린다'je renie Dieu를 '제기랄'jarnibleu로 바꾼다.

완곡어법은 행위자가 권력이 개입된 상황에서 직접적인 표현이 초래하게 될 화근을 피하려는 목적하에 은닉 대본에 일어나는 일을 정확히 기술하는 방법이다. 비록 완곡어법을 사용하는 것이 결코 피지배 집단만은 아니지만, 더 많은 제재에 노출되는 만큼 그들은 그런 수단을 자주 사용한다. 공개 대본에 남는 것은 완전한 신성모독의 성취는 아니지만 신성모독을 암시하는 것, 곧 이빨 빠진 신성모독이다. 시간이 흐르면 완곡어법과 이를 통해 흉내 내던 신성모독 사이의 본래 연관성은 통째 사라지고 완곡어법은 악의가 없는 것이 된다. 하지만 연관성이 지속되는 한 그 말을 듣는 사람들은 모두 그것이 진짜 신성모독을 대신한다고 이해한다. 피지배 집단들의 구두口頭 예술은 대개 영악한 완곡어법으로 구성되어 있는데 조라 닐 허스턴이 지적했듯이, 이는 "간접적이며 베일로 가린 사회적 의견 표명 내지 비판이 특징으로서, 구부러진 막대기로 똑바로 때리기라고 적절히 묘사되고 있는 기술이다".[42]

위장으로서의 완곡어법 활용은 일반적으로 힘이 없는 집단들 사이에서 민담이나 민속 문화의 형식을 통해 가장 두드러지게 나타난다. 이와 관련된 더 정교한 형태의 위장들은 나중에 다시 거론될 것이다. 여기서는 완곡어법이 허용되는 범위 내의 언어적 경계를 부단히 시험하고 있다는 점, 그리고 그것들이 의도하는 효과가 종종 권력자들의 이해에 달려 있다는 점만 지적하고자 한다. 사우스캐롤라이나주 조지타운에 살던 노예들이 남북전쟁 초기 다음과 같은 찬송가를 불렀다는 이유로 체포되었을 때 그들은 명백히 그런 언어적 경계선을 넘었다.

얼마 뒤 우리는 자유인이 될 거야[세 번 반복],
　주님이 우리를 집으로 부를 때.
형제여, 얼마나 오래 걸려야[세 번 반복]
　우리의 고통이 여기서 끝날까?
그렇게 멀지 않을 거야[세 번 반복],
　주님이 우리를 집으로 부르기 전에.
얼마 뒤 우리는 자유인이 될 거야[세 번 반복],
　예수가 우리를 구원할 때.
우리는 자유를 위해 싸울 거야[세 번 반복],
　주님이 우리를 집으로 부를 때.[43]

노예주들은 '주님'이나 '예수' 그리고 '집'이라는 말이 양키나 북부를 은근슬쩍 가리키는 언급이라고 생각했다. 만약 그들의 찬송가가 선동적인 것으로 끝내 판명되지 않았다면, 신자 노예들은 공개 대본에 담긴 자유를 향한 완곡한 외침을 들키지 않고 잘 끝냈다는 만족감에 젖었을 것이다. 프랑스혁명 초기 농민들은 자신들을 앙시앵레짐 당국 혹은 새로운 혁명 당국으로부터 보호하기 위해 종종 애매모호한 태도를 창의적으로 활용했다. 민주주의가 종종 전통적 권리로의 회

귀를 의미하는 한 그들은 '좋은 것을 돌려 달라'Ramenez la bonne고 외치곤 했는데, 관료들에게는 과연 그것이 '좋은 종교'la bonne religion인지, '좋은 혁명'la bonne revolution인지, '좋은 법률'la bonne loi인지, 혹은 또 다른 어떤 것인지 전혀 확실하지 않았다.[44]

하지만 마찬가지로 가끔씩 완곡어법은, 상대가 그런 사실을 간파하지 못하는 한, 상대로 하여금 힘을 쓰지 못하게 의도적으로 행해지는 협박이 될 수도 있다. 그러나 위협의 언어적 형식은, 만약 도전에 직면할 경우, 의도의 부인을 허용하는 완곡어법의 길을 따른다. 앙드레 아비아테치André Abbiateci는 18세기 프랑스에서 방화범들이 실제로 사용한 다음과 같은 완곡어법을 보고하고 있다.

> 나는 붉은 수탉이 너를 깨우게 할 거야.
> 나는 너의 담뱃대에 불을 붙일 거야.
> 나는 빨간 옷을 입은 사람을 보내 모든 것을 끌어 내릴 거야.
> 나는 네가 금방 후회하지 않을 씨앗을 뿌려 너를 고쳐 놓을 거야.
> 만일 네가 내 땅을 빼앗아 가면 너는 흑자두를 보게 될 거야.[45]

이런 위협의 실제 목적은 늘 잠재적 피해자[예컨대 봉건 귀족]로 하여금 압박을 느끼게 만드는 것이다. 이와 같은 논리가 의미하는 바는 만약 그가 자신이 요구받고 있는 것들(예컨대 소작료 인하, 산림 채취권 복원, 소작제 유지, 봉건 지대 인하 등)을 실천에 옮길 경우, 방화가 일어나지 않을 수 있다는 점이다. 바로 그런 식으로 협박이 이해되었기에 일반적으로 그것은 익명의 낯선 사람을 통하거나, 아니면 쪽지 형태로 전달되곤 했다. 협박을 전달하는 농민들은 양다리를 걸쳤는데, 한쪽은 내용상 확실한 위협을 전달하는 것이고, 다른 한쪽은 처벌을 피할 수 있을 만큼 그것을 애매한 형태로 전달하는 것이었다.

투덜거림

> 아치볼드 : 너는 나한테 복종하지 않으면 안 돼. 그리고 우리가 준비한
> 원본에도.
> 마을 사람 : (농담조로) 하지만 나는 여전히 연주와 공연을 내 마음대로
> 빨리 진행할 수도, 질질 끌 수도 있어요. 나는 천천히 움직일 수 있
> 어요. 그렇지 않아요? 나는 한숨을 더 자주, 더 깊이 쉴 수도 있어요.
> _장 주네, 『흑인들』.

우리 모두는 감춰진 불만의 한 가지 형태로 투덜거리거나 중얼거
리는 데 익숙하다. 보통 이런 것들의 배후 의도는 공개적이고도 구
체적인 불평complaint에 대한 책임을 부담하지 않은 채, 불만족의 감
정 일반을 드러내는 것에 있다. 문맥상으로 볼 때 듣는 사람은 무엇
이 불만인지를 확실히 알 수 있다. 하지만 투덜거리며 불만을 제기
하는 사람은 화를 면할 수 있고, 궁지에 몰리더라도 불평하려던 의
도를 부인할 수 있다.

투덜거림grumbling은 넓은 의미에서 얇은 베일에 가려진 반대 의
사의 일환으로 이해되어야 하는데, 이런 형태는 피지배 집단에게 특
히 유용하다. 투덜거림을 일례로 갖고 있는 부류의 사건은 아마도
조롱이나 불만 혹은 반감 등을 눈에 잘 띄지 않게, 그리고 거부 가능
한 느낌으로 전달하고자 하는 모든 의사소통적 행위를 포함할 것이
다. 그와 같은 메시지가 전달되는 한, 신음 소리, 하품, 탄식, 낄낄거
림, 시의적절한 침묵, 윙크 혹은 응시 등과 같은 다양한 형태의 커뮤

니케이션 수단으로도 그 목적이 달성될 것이다. 이 점과 관련해 한 이스라엘 장교가 최근 요르단강 서안 점령 지구에서 팔레스타인 10대들로부터 받은 응시를 어떻게 묘사하고 있는지 살펴보라. "그들의 눈은 의심의 여지 없이 증오심을 드러냈다. 깊은 증오였다. 그들이 말로 표현할 수 없는 모든 것들, 그들이 마음속에서 느끼는 모든 것들을 그들은 눈길에 담았고 쳐다보는 방식을 통해 표현했다."[46] 여기에 담긴 감정은 너무나 분명하다. 돌맹이를 던졌다는 이유로 체포될 수도, 구금될 수도, 혹은 처형될 수도 있음을 알고 있기에, 이 10대들은 응시로 대신한 것이다. 왜냐하면 그것이 훨씬 안전하면서도 문자 그대로 다음과 같은 의미를 표현하기 때문이다. "만약 나의 응시가 너를 죽일 수만 있다면……."

투덜거림으로 더 많은 이익을 얻는 쪽은 아무래도 상급자보다는 피지배자들이다. 만약 그들이 투덜거림을 넘어 직접적으로 불평을 제기할 경우 그들은 훨씬 큰 공개 보복의 위협에 처하게 된다. 공개적인 대결에서 자신들이 누리는 이점을 잘 알고 있는 상급자들은 종종 솔직함을 요구하려고 시도한다. 곧 투덜거리는 이에게 불만스러운 지점이 정확히 무엇인지를 말하도록 요구하는 것이다. 이에 상응해 애매모호함이라는 유리한 영역에 계속 남아 있고자 하는 피지배자는 불만을 드러냈다는 사실을 부정하고자 할 것이다. 매우 취약한 피지배자들이 그들의 상급자들과 나누는 그날그날의 정치적 커뮤니케이션 가운데 대부분은 그저 그와 같은 투덜거림의 수준에서 이루어진다고 나는 믿는다. 중얼거리는 형태는 시간의 경과에 따라 불평의 시점, 어조, 그리고 뉘앙스를 점점 더 분명히 이해하게 됨으로써, 제법 세련된 언어로서의 의사소통 능력을 꽤 발전시킬 수 있다. 이처럼 불평하는 언어는 순종하는 언어의 규정을 반드시 위반하지는 않은 채 공존할 수 있다. 주네의 경우와 마찬가지로 어빙 고프먼도 다음과 같이 말한다. "개인[행위자]은 또 적절한 존대 형식을 세심히 관찰하고 억양이나 발음, 속도를 영악하게 조절해 상대를 무시할 수 있는 방법이 많다는 사실도 안다."[47) 이 모든 과정에서 공개 대본의 겉모습은 보존된다. 투덜거림에서 중요한 점은 그것이 불복종 직전에 멈춘다는 것인데, 이런 점에서 투덜거림은 불복종에 대한 신중한 대안이다. 명시적으로 표현하려는 의도를 부인하기 때문에 직접 응답할 필요성도 부인된다. 결국 공식적으로는 아무 일도 일어나지 않은 것이다. 위에서 내려다보는 지배자들은 순종이라는 공적인 에티켓이 침해되지 않는 한 피지배자들에게 투덜거림을 허용한다. 아래에서 올려다보는 힘없는 자들은 자신들의 불만을 공개적으로 — 비록 애매하긴 하지만 — 표현하기 위해 자신들이 처한 종속 상태에 대해 말로 표현하는 방식을 능숙하게 조작하는데, 이럴 경우 그들의 적대자들은 반격의 빌미를 찾기 어렵다.

완곡어법 속에 위협이 은근슬쩍 포함되는 것과 마찬가지로, 메시지는 적대자가 핵심 내용을 완전히 이해하지 못할 만큼 애매해서는 안 된다. 종종 투덜거림의 목적은 단순한 자기표현에 그치는 것이 아니라 불만의 압력을 엘리트에게 가하려는 시도이기 때문이다. 메시지가 너무나 명시적일 경우 그것을 표현하는 자는 공개적으로 보복을 당할 수 있지만, 너무나 모호할 경우 그것은 눈에 띄지 않는 상태로 그냥 지나쳐 버린다. 하지만 투덜거림이 종종 의도적으로 전달하고자 하는 것은, 분노이든, 경멸이든, 결심이든, 충격이든, 혹은 배신이든 상관없이, 오해의 여지가 없는 단호한 말투다. 말투 그 자체가 효과적으로 전달되는 한, 애매모호성은 지배 집단에게 가해지는 충격을 전략적으로 강화할 수 있다. 예를 들어 공포가 적대자에게 미치는 효과는 그가 최악의 경우를 마음대로 상상하도록 내버려졌을 때 고조될 수 있다. 이런 주장을 좇아 라스타파리아니즘* 교도의 의상, 음악 및 종교를 분석할 경우, 그와 같은 간접적 형태로 자메이카 백인 사회와 이루어지는 커뮤니케이션이 반란을 꾀하는 한층 직설적인 언어보다 강점이 더 많다는 사실을 알 수 있다. 다시 말해 "'끔찍한 두려움'이란 역설적이게도 그것이 겨냥하고 있는 대상자들에게 잘 이해되지 않은 채 남아 있는 경우에만 제대로 전달되는데, 이는 철저하게 복수하는 최악의 의례를 의미한다".[48] 여기서 라스타파리아니즘 교도라는 위협의 발산은 자신의 효과를 증폭하는 동시에 지지자들에게 퇴각로를 열어 준다. 왜냐하면 그들은 결국 구체적인 위협을 가한 적이 없기 때문이다.

공식적 권력관계의 영역에서 우리는 오직 가장 예외적이면서 가장 소란스러운 경우에만 날것 상태에 가까운 은닉 대본을 겨우 만날 수 있다. 권력관계의 현실이 요구하는 것은 은닉 대본이 익명 상태에 있는 피지배자들에 의해 말로 표현되거나, 아니면 그것이 소문, 남 얘기, 완곡어법, 투덜거림 등 감히 자신의 이름을 걸고 말하기 어려운 위장에 의해 감싸여 있는 것이다.

---

* 에티오피아의 옛 황제 하일레 셀라시에를 숭상하는 자메이카의 종교. 흑인들이 언젠가는 아프리카로 돌아가리라고 믿으며 독특한 복장과 행동 양식을 따른다.

위장의 정교한 형태들 : 문화의 집단적 재현

만일 이데올로기적 선동이 남 얘기나 투덜거림, 소문, 그리고 가면 쓴 행위자들의 부정기적 적대감처럼 일시적으로 흘러가는 형태들에 국한될 뿐이라면, 그것은 말 그대로 하찮은 의미밖에 갖지 못한다. 사실 피지배 집단들의 이데올로기적 불복종은 민속 문화 혹은 대중 문화 요소들을 통해 그 모습을 꽤 공개적으로 드러낸다. 하지만 이 와 같은 민속 문화의 담지자들이 관행적으로 겪고 있는 정치적 핸디 캡을 감안해 그것의 공개적 표현은 잘못 사용될 가능성을 애써 피해 간다. 그것이 공개적으로 표현되는 조건은 두 가지 의미 — 그 가운 데 하나는 악의 없이 한 것이라는 조건이다 — 로 읽힐 수 있게끔 충 분히 간접적이고 애매모호해야 한다는 점이다. 완곡어법의 경우와 마찬가지로 공격받을 경우 퇴로를 제공하는 것은 — 아무리 무미건 조한 것으로 간주되더라도 — 그것의 악의 없는 의미다. 이처럼 민 속 문화의 애매하면서도 다의적인 요소들이, 지배자들이 인가한 공 개 대본을 직접 공격하지 않는다는 조건에서, 언설적 자유가 상대적 으로 보장되는 자율적인 영역을 만들어 낸다.

(엘리트 문화와 구분되는) 대중문화의 주요 요소들은 그것들에 대한 공식적인 해석을 잠재적으로 약화할지도 모르는 — 비록 그것과 모 순되는 것은 아니지만 — 의미를 구현할 수 있다. 피지배 집단의 문 화가 어찌하여 은닉 대본의 일부를, 베일 속에 적당히 가린 채, 공개 무대에 잠입시키는 것을 의미할 수밖에 없는지에 대해 적어도 세 가 지 이유가 존재한다.

민속 문화 혹은 대중문화가, 자신들의 사회적 위치에 따라 특유 의 경험과 가치를 생산하는, 어떤 특정 계급 혹은 사회계층의 자산인 한 그들이 공유하고 있는 특징은 그들의 의례, 무용, 연극, 의상, 설화, 종교적 신념 등에서 드러나리라고 기대해야 한다. 막스 베버는 '특권 없는 사람들'의 종교적인 신념이 자신의 세속적 운명에 대한 묵시적 항의를 반영하고 있다는 점을 알아차린 유일한 사회 이론가가 아니다. 그들은 자신들의 분노로부터 생겨난 종파주의 정신에 따라 세속적 부나 지위의 궁극적인 역전이나 평준화를 꿈꾸며 연대나 평등, 상호부조, 정직, 단순함, 그리고 감정적 열정을 강조한다. 피지배 집단의 문화적 표현에서 드러나는 특징은 대개의 경우 — 최소한 이와 같은 영역에서는 — 문화적 선택의 과정이 비교적 민주적이라는 사실에 기인한다. 실제로 그것의 구성원들이 그들이 강조하기 위해 선택한 노래나 이야기, 춤, 경전, 의례를 선별하고, 그것들을 자신들의 목적에 맞게 차용할 뿐만 아니라, 그들이 필요하다고 느낀 수요에 부응하고자 새로운 문화적 관행 및 산물을 창조한다는 사실은 두말할 나위가 없다. 농노나 노예, 그리고 농민의 민속 문화 속에 살아남아 번성하는 것은 대체로 무엇을 수용하고 무엇을 전파할지에 대한 결정에 달려 있다. 여기서 문화적 관행의 영역이 지배 문화의 영향을 받지 않는다는 암시를 주려는 것은 결코 아니다. 단지 그것은, 말하자면 생산의 영역에 비해 덜 효과적으로 감시된다고 주장할 따름이다.

피지배 집단들이 왜 문화적 삶을 통해 반대 의견을 표현하는지를 설명하는 두 번째 이유는 그것이 간단히 말해 모조리 자신들을 비하하는 내용으로 가득한 공식 문화에 대응하는 방법 가운데 하나가 되기 때문이다. 귀족, 영주, 노예주, 상급 카스트의 문화는 궁극적으로 아래에 있는 농민, 농노, 노예 그리고 불가촉천민 대중과 자신들을 구분하고자 고안된 것이다. 예를 들어 농민 사회의 경우 기존의 문화적 위계는 문명인에게 걸맞은 행동 모델을 견지하는데, 이때 농민들은 그것을 따라갈 만한 문화적·물질적 자원을 결여하고 있다. 경전을 이해하는 것이든, 적절히 옷을 입거나 말을 하는 것이든, 식사 예절이나 태도와 관련된 것이든, 공들여 성인식이나 결혼식, 장례식을 치르는 것이든, 식성과 문화적 소비 유형에 대한 것이든, 농민들은 사실상 자신들이 성취할 수 없는 기준을 숭배하도록 요구받았다. 예컨대 중국의 전통 사회에서 문자 해득은 사회계층화의 결정적 수단이었으며, 송나라의 유서類書에 나와 있듯이 그것은 "표의문자를 아는 사람은 현명하고 가치로운 반면, 그것을 모르는 사람은 단순하고 어리석다"는 사실을 암시했다.[49] 일반적으로 지배 집단의 문화적 권위와 지위라는 것이 피지배계급에 강요된 체계적인 명예훼손과 수모를 통해 구축된 만큼, 보통 사람들이 이런 권한을 거의 똑같은 열망으로 공유한다는 것이 결코 쉽지 않았다는 사실은 놀랍지 않다.

마지막으로, 피지배 집단으로 하여금 공적으로 인가된 문화적 규범의 지위를 약화하도록 허용하는 것은 복합적 상징 및 은유에 의한 문화적 표현 그 자체가 위장의 여지를 제공하기 때문이다. 의례나 복식 패턴, 노래, 이야기 사이에 교묘하게 끼어들 수 있는 암호나 부호를 은밀하게 사용함으로써 특정 관객에게는 의미에 대해 접근할 수 있게 만들고, 배제하려고 하는 또 다른 관객에게는 의미에 대해 접근하지 못하게 만드는 것이다. 혹여나, 배제하고자 했던 관객(이 경우 권력자)이 연기 속에 숨겨진 선동적 메시지를 포착할 수 있다 해도, 그것에 대해 반응을 나타내기란 결코 쉽지 않다. 왜냐하면 그런 선동은 다른 측면에서 완벽하게 결백한 해석을 주장할 수 있는 표현 방식 속에 감춰져 있기 때문이다. 명석한 노예 소유자들은 노예들이 믿는 기독교가 여호수아와 모세에 대해 관심을 갖는 것이 이스라엘 사람들을 노예 상태에서 벗어나게 만드는 해방자로서의 예언자적 역할과 모종의 연관성이 있음을 분명히 알았다. 하지만 궁극적으로 그들은 구약의 예언자들이었다. 따라서 노예들을, 그들이 믿는 기독교 신앙 — 인가받은 — 의 일부인 예언자들을 숭배한다는 이유로, 처벌할 수는 없었다.

　두 가지 짧은 사례가 그와 같은 코딩이 어떻게 일어나는지를 이해하는 데 도움을 줄 것이다. 첫째는 일본의 부락 원로이자 순교자인 사쿠라 소고로 숭배에 관한 것인데, 그것은 1653년 그의 처형 이후로 시작해 18세기까지 점점 커졌다.[50] 사쿠라는 억압받는 자신의 부락민을 대신해 탄원했다는 이유로 나리타 지방의 영주에 의해 십자가에 못 박혀 죽었는데, 당시 탄원은 사형에 처할 정도의 중죄에 해당했다. 그가 자신들의 이익을 위해 순교했다고 여긴 농민들은 그의 영혼을 (격하게!) 찬미했으며, 그는 '자기 이웃의 행복을 위해 자신을 희생한 의로운 사람(의민義民)'의 가장 유명한 사례가 되었다. 그의 이름을 딴 신사, 음유시인 내지 인형극 공연단이 전한 이야기들, 연극, 불교 성인의 지위를 부여한 그의 영혼 흠모 등을 통한 사쿠라 숭배는 점차 대중적 연대와 저항의 초점 같은 것이 되었다. 여기까지만 보면 이때 속임수는, 그것이 직접적인 정치적 저항 대신 영웅 숭배의 형태를 띤다는 사실을 제외한다면, 최소한에 그치는 것으로 보인다. 그럼에도 숭배의 표현이 가령 대중 연극 속에 한층 공개적으로 드러날 경우, 이는 자비로운 통치의 공덕이라는 견지에서 대단히 정교하게 표현되었다. 만약 농민이 토지를 요구할 경우, 그것은 지주에게 더 많은 세금을 내기 위한 요구라고 주장되었다. 달라진 것은, 그리고 암묵적으로 선동적이 된 것은, 정의의 실현이 귀족의 의무, 곧 노블레스 오블리주로 남아 있는 대신, 농민의 행동 차원으로 옮겨졌다는 점이다. 영웅 숭배와 그것의 정교화가 위로부터의 강압에 저항하는 농민들의 집단적 저항을 창조하고 유지하는 데 결정적인 역할을 수행했다는 점에는 의심의 여지가 없다.

또 다른 중요한 사례로, 필리핀 사람들이 엘리트 문화에 대한 일반적인, 하지만 신중한, 반대 의사를 전달하기 위해 예수 수난극이라는 기독교 전통을 이용하는 것을 들 수 있다. 레이날도 일레토가 능숙하게 보여 주었듯이, 필리핀 사람들이 식민지 지배자들의 종교에 자신들이 굴복하고 있으며, 잔인한 운명 앞에 체념하고 있음을 보여 주기 위해 채용한 문화 형태에는 이런 것들과는 상당히 다른 의미가 융합되어 있었다.[51) 성주간聖週間 동안 타갈로그족 사회 전역에서 공연된 그것의 다양한 변종들 가운데, 토착 파션pasyon*은 스페인의 문화적 정통 및 히스패닉화된 현지 일루스트라도ilustrado 동맹 세력들 가운데 상당 부분을 부정하고자 했다. 전통적으로 권위가 있던 인물들은 무시되거나 거부되었고, 후원자에 대한 충성은 수평적 연대로 대체되었으며, 아랫사람들(가난한 사람, 노예, 희생자)일수록 가장 고귀하게 그려졌을 뿐만 아니라, 제도권 교회를 비판하면서 천년왕국의 꿈이 향유되었다. 주제에 걸맞은 생각이 공연에 담기는 것과는 아주 별개의 차원에서 연극의 실제 조직과 공연은 보통의 필리핀 사람들을 한데 묶는 매우 강력한 사회적 유대가 되었다. 물론 이 모든 것의 매개체는 위로부터 인가된 교회 의례였다 — 바로 이런 사실이 체제 비판적 의미를 더 잘 보호하는 사회적 공간을 만들 수 있도록 했다.

* 필리핀에서 사순절에 영창되는 장편 서사시로서, 예수그리스도의 수난시 1
행 8음절의 오행시 형식으로 쓰였다.

이는 결코 예수 수난극이 미리 계획된 냉소적 조작극이라고 주장하는 것이 아니다. 오히려 그것은 필리핀 보통 사람들의 종교적 경험속에 그들의 감수성을 대변하는 이런 민속 의례가 점차 스며들게 된단순한 경우 — 상대적 안전성을 지키며 모험을 시도하는 한도 내에서 — 라고 말할 수 있다. 일레토는 파션에 내포된 이데올로기가 상당히 많은 폭력적 봉기들 안에서 어떻게 전투적 양상으로 나타나는지를 보여 주는데, 여기에는 가장 대표적으로 19세기 말 스페인 및현지 폭군에 대항하는 혁명과 관련된 민중운동이 포함된다. 또한 그것은 이들 둘[필리핀 토착 파션과 스페인의 정통 기독교 문화] 사이에 존재하는 단순한 친밀성의 문제도 아니다. 정확히 말하자면, 필리핀 보통사람들에 의해 전유된 파션은 민속 의례 안에서의 공식적인 — 비록위장된 형태이긴 하지만 — 상연上演을 통해 그들끼리 공유되는 피지배 정서를 창조하는 데 도움을 준다. 타갈로그족 주민들은, 다른 피지배 집단들과 마찬가지로, 은닉 대본의 사회적 지점들에 가둬지기는커녕, 공개적 언설 속에 자신들의 일탈적이고도 저항적인 사회적비전이 감지하기 어려운 형태로 계속 명멸하게 만들었다.[52]

대중적 위장으로서의 구술 문화

하위 계급들의 문화적 표현 가운데 대다수는 글이 아닌 말의 형태를 띠는 것이 일반적이다. 구술 전통은, 단순히 전달 방식의 특성이라는 측면에서 격리나 통제와 더불어 익명성까지 제공하기 때문에, 문화적 저항을 위한 이상적 수단이 된다. 선동적 함의를 전하는데 민속음악, 민간설화, 농담, 그리고 당연히 전승 동요가 상당 부분책임지고 있다는 사실을 이해하기 위해 구술 전통의 구조에 대해 간

단하게라도 설명할 만하다.[53]

우리 모두는 사적 대화, 특히 친구나 동료 사이의 비공식적 대화의 경우, 인쇄물은 말할 것도 없이 공식 연설에 비해, 구문이나 문법, 암시 등에서 훨씬 자유롭다는 사실을 잘 알고 있다. 우리가 종종 간과하는 것은 오늘날처럼 활자 언어가 지배하는 근대사회에서조차 당대의 구술 전통을 엄청나게 많이 포함하고 있다는 점인데, 이는 문화사가文化史家들조차 대체로 무시하고 있다. 이와 관련해 로버트 그레이브스는 다음과 같이 정곡을 찌른다.

만일 미래의 역사가가 19세기 및 20세기의 사회적 터부들을 열네 권짜리 생애 대표작에서 다루게 된다면, 외설과 관련된 엄청난 양의 암어暗語들이나 음란한 내용과 운율로 구성된 수많은 구술 문학의 존재에 대한 자신의 이론은 그가 글을 쓰고 있던 계몽된 시대에는 비현실적 관념으로 취급받을 것이다. 왜냐하면 비록 이쪽에 입문入門한 정도는 다양하겠지만, 장안의 모든 남녀가, 비록 알고는 있지만 한 번도 활자로 옮기지 않았거나 공개적으로 그러한 암어 내지 구술 문학의 실재를 인정하지 않았기 때문이다.[54]

만약 이만큼의 주장이 비교적 문자 해득률이 높고 사회적으로 통합된 산업사회를 대상으로 제기될 수 있다면, 우리가 직접적인 관심을 기울이고 있는 피지배 집단들의 구술 문화에서는 얼마나 더 광범위하고 중차대할 것인가?

구술 문화 내에서 익명성이 가능한 것은 그것이 말하고 행해지는 과정에서 오직 비영구적 형태로 존재한다는 사실 때문이다. 그러므로 각각의 실행은 시간, 장소 및 관객에 따라 유일무이하며, 모든 다른 실행들과도 구분된다. 소문이나 남 얘기처럼 민요는 듣는 사람의 선택에 따라 수용되거나 불리거나 배우는 것이며, 애초의 기원은 궁극적으로 통째 사라진다. 모든 후속 공연이나 연주를 일탈이나 왜곡으로 간주하게 만들 수 있는 최초의 판본을 찾아내기가 불가능해지는 것이다. 다시 말해 민속 문화에서는 정통이나 중심이 존재하지 않는다. 왜냐하면 이단을 판단할 수 있는 기본 텍스트가 없기 때문이다. 그 결과, 민속 문화에서 실제 일어나는 것은 집단적 소유의 익명성과 지속적인 조정과 개정 및 축약인데 여기에는 망각도 포함될 수 있다. 저자의 다양성은 이들을 보호할 덮개를 제공하며, 연주자 혹은 관객을 찾지 못할 정도로 현재의 관심에서 멀어지면 그냥 영원히 사라지고 만다.[55] 개별 연주자나 작곡가는 마치 소문의 창시자처럼 익명성 뒤에 숨을 수 있다. 세르비아의 어떤 민요 수집가는 다음과 같은 불만을 토로하기도 했다. "모든 사람들이 [새로운 노래를 만들었다는] 부담을 지기를 거부한다. 진짜 작곡가조차 그렇다. 그도 누군가에게 그 노래를 들었다고 말한다."[56]

엄밀하게 말해 글을 통한 커뮤니케이션이 말로 하는 커뮤니케이션에 비해 익명성의 측면에서 더 효과적이다. 글을 돌려 가며 읽는 익명의 독자들이 비밀리에 내정될 수도 있고, 비밀리에 글이 전달될 수 있을 뿐만 아니라, 글에 서명이 없는 경우도 있다. 이에 비해 구술 커뮤니케이션은 (전화가 등장하기 전까지) 최소한 서로 아는 두 사람 사이에서만 — 그들 자신이 각자 위장하지 않는 한 — 교환된다. 하지만 은폐의 측면에서 볼 때 글쓰기에는 나름 불리한 점이 있는데, 일단 문건이 저자의 손을 떠나면 이를 사용하고 확산하는 데서 통제권이 사라진다.[57] 구두 커뮤니케이션의 장점은 (몸짓, 의복, 춤 등을 포함해) 전달자가 그것의 전파 방식 — 상대방, 장소, 환경, 연출 등 —

에 대한 통제권을 견지할 수 있다는 것이다. 그러므로 구두 커뮤니케이션의 통제는 회수가 불가능할 정도로 분권화되어 있다. 예를 들어 어떤 특정 민담은 다시 말해질 수도 있고 무시될 수도 있으며, 만약 개작할 경우에는 이해관계나 취향, 화자가 느끼는 공포에 따라 축약될 수도, 확대될 수도, 변화할 수도, 혹은 완전히 다른 형태나 방언으로 말해질 수도 있다. 이런 이유로 사적 대화의 영역에는 심지어 가장 집요한 경찰 당국조차도 침투하기 어렵다. 말로 하는 이야기가 감시로부터 면역력이 상대적으로 강한 이유는 부분적으로 그것의 기술적 수준이 낮기 때문이다. 인쇄기나 복사기는 압류될 수 있고, 라디오 수신기는 정확한 위치가 파악될 수 있으며, 심지어 타자기나 녹음기도 압수될 수 있다. 하지만 사람의 목소리는 그 소유자를 죽이는 방법 이외에는 억누를 길이 없다.

구전 커뮤니케이션에서 가장 안전한 형식은 두 사람 사이의 대화이다. 안정성의 수준은 단 한 차례에 모일 수 있는 인원이 증가할수록 감소한다(예컨대 대중 집회). 따라서 구전 커뮤니케이션은 영세 소매로 작동할 때만 안전하다. 이처럼 명백한 단점을 피할 수 있게 만드는 두 가지 요소가 있다. 첫째, 이런 설명은 연속적으로 말을 옮기는 데 따른 기하급수적 확산을 감안하지 못한다. 이때 말은 순식간에 수천 명에게 전달될 수 있는데 이는 우리가 소문의 경우에서 살펴본 바 있다. 둘째 요소는 각각의 구전 연기가 그것이 노출되어 있는 당국의 감시 정도에 따라 뉘앙스가 달라지기도, 위장되기도, 애매해지기도, 내용이 흐려지기도 한다는 점이다. 이런 의미에서 선동적이 될 가능성이 있는 민요는 수백 가지 다른 방법으로 불릴 수 있다. 적대적 관객 앞에서는 전혀 악의가 없는 듯이, 하지만 우호적이며 안심할 수 있는 관객 앞에서는 보란 듯 선동적으로 노래를 부르는 것이다. 과거에 더 선동적인 해석을 은밀히 공유해 본 경험이 있는 사람들은 겉으로 악의가 없어 보이는 판본 혹은 버전의 숨은 의미를 알아차릴 것이다. 결국 구술 문화의 개별성과 탄력성 덕분에 감지하기 쉽지 않은 의미들의 전달이 비교적 안전하게 이루어진다.

트릭스터* 민담

베일에 싸인 피지배 집단들의 문화적 저항을 트릭스터 우화라고 불리는 것 이상으로 잘 설명할 수는 없다. 내 생각에 동물의 형태이든 사람의 형태이든 전설적인 트릭스터 인물이 존재하지 않는 농민, 노예 혹은 농노 사회를 찾기는 쉽지 않다. 전형적인 트릭스터는 자신을 무찌르려는 — 혹은 잡아먹으려 드는 — 적들로 가득 찬 위험한 환경에서 자신의 길을, 힘이 아니라 잔꾀와 술책을 통해, 성공적으로 열어 간다. 기본적으로 트릭스터는 자신의 적대자들보다 작고 약하기 때문에 어떤 경우라도 직접 대결에서는 승리할 수 없다. 단지 적들의 습관을 알고, 그들을 기만하고, 그들의 탐욕, 몸집, 멍청함 혹은 조바심을 이용해 그들의 마수로부터 벗어나 승리를 쟁취한다. 종종 바보와 트릭스터 인물은 서로 결합되며, 약자의 간교한 속임수는 바보처럼 행동하는 것 혹은 적을 유인하기 위한 어휘를 매우 영악하게 사용하는 것에 달려 있다.[58]

트릭스터 영웅의 구조적 위치와 그가 구사하는 술책들은 피지배

---

* 사기꾼 주인공. 문화인류학에서 도덕과 관습을 무시하고 사회질서를 어지럽히는 신화 속 인물이나 동물 따위를 이른다.

집단들의 실존적 딜레마와 매우 유사한 측면이 있다. 실제로 사우스 캐롤라이나주 노예들 사이에 흔히 발견되는 속담이 트릭스터 영웅의 좌우명을 잘 포착하고 있다. 곧 "백인 놈들에게는 계획이 있고 니그로에게는 속임수가 있다. 그리고 백인 놈들이 한 번 계획을 짤 때마다, 니그로는 두 번 속인다".[59] 소설 장르의 일종으로서 트릭스터 이야기들(예컨대 말레이 세계의 상 칸칠 쥐사슴 이야기들, 타이 북동부의 시앙 미앙 이야기들, 아프리카 서부의 거미 이야기들, 그리고 서유럽의 틸 오일렌슈피겔 이야기들)은 폭력적이고 공격적인 내용 역시 상당히 포함하고 있다. 이처럼 환상 속의 공격성을 극심하게 잔혹한 상황과 연결하거나, 특히 공격적인 이야기들을 공개적 공격을 억압하는 사회와 연결한 흔적들은 제법 많다.[60] 투사投射나 전이轉移에 대한 심리학적 이론들을 굳이 언급할 필요 없이, 여기서는 그런 이야기 전반에 걸쳐 자신을 압도하는 적대자들의 허점을 찌르는 사회적 약자들이 신체적으로 복수를 가하기 위해 자신만의 강점을 잘 활용하는 경향이 있다는 점을 이해하는 것만으로도 충분하다.

　북미 노예들 사이의 토끼 형제 우화는 트릭스터 이야기의 구전 전통에서 가장 잘 알려진 이야기들 가운데 하나로서, 그것의 다양한 변종들이 수집되었다. 수집된 어떤 판본이든 당연히 단일한 한 가지 연기를 재연하고 있으며 — 조율이나 강조의 뉘앙스 없이 — 그 가운데 백인 노예주들이나 외부의 민속학자들이 옮겨 적은 별전들이 가장 잘 위생 처리되고 가장 분별 있는 내용을 대변하리라는 것은 충분히 가능하다. 우리가 예상하듯이 이 우화들의 기원은 확실하지 않다. 비록 서부 아프리카의 구전 전통이나 청년 시절 석가모니의 인도 본생경本生經* 설화에서의 유사한 우화가 하나의 가능성 있는 계보로 손꼽히지만 말이다. 토끼 형제는 보통 여우 형제 혹은 늑대

형제와 맞붙는데, 그는 샘솟는 위장과 간계 및 민첩성을 통해 이들을 격파한다. 종종 그의 활용 능력은 이런 우화를 정교하게 만들어 낸 노예 자신들의 생존 전략처럼 보인다. "의미심장하게도 트릭스터의 최대 즐거움 가운데 하나는 자신의 강적에게서 강탈한 음식을 먹는 것이었다."[61]

토끼가 승리로 가는 길이 마냥 평탄한 것은 아니다. 하지만 그 실패는 대체로 경솔함(예컨대 타르 베이비 우화**)이나 아니면 강자들의 진정성을 신뢰한 탓이다. 승리가 찾아올 때 종종 그것은 섬세하게 향유된다. 토끼는 늑대를 그냥 죽이지 않는다. "늑대를 올라타고, 모욕하고, 노예처럼 망가뜨리고, 늑대의 여자를 훔치고, 마침내 그의 자리를 빼앗는다."[62]

토끼 형제 우화는 복합적으로 위장할 수 있다. 어떤 재담가도 자신은 단지 이야기를 전달하기만 할 뿐 아무런 책임이 없다고 주장하며, 그렇게 함으로써 자신이 우스갯소리를 잘하는 농담꾼에게 우연히 들은 사실로부터 일정한 거리를 둘 수 있다. 이럴 경우 이야기는 명백히 동물에 관한 것이고 그것도 판타지 이야기로서, 인간사회와는 아무런 관련도 없는 것이 되고 만다. 토끼 형제를 말하는 사람은

---

* 석가가 이 세상에 태어나고 성불해 부처가 되기 이전, 곧 전생에 보살로서 수행한 일과 공덕을 이야기로 구성한 경전.
** 조엘 챈들러 해리스의 연작 동화에 나오는 이야기. 채소를 훔쳐 먹는 토끼를 잡기 위해 검게 칠한 토끼 인형을 사용하는데, 이는 진짜 토끼들이 가짜 토끼를 친구로 착각하고 자꾸 모여들기 때문이다. 일반적으로 진퇴양난의 수렁을 의미하기도 하고, 행정학에서는 잘못된 정부 규제가 또 다른 규제를 계속 불러오는 현상을 뜻하기도 한다. 간혹 흑인을 경멸하는 용어로 쓰여 문제가 되기도 한다.

수많은 이야기들 가운데 한 가지를 선택할 수 있고, 어떤 특정 우화라도 주어진 상황에 결부할 수 있다.

하지만 이처럼 비교적 베일 속에 가려진 맥락 속에서도 노예들은 자신보다 훨씬 힘센 적을 속이고 조롱하고 고문하고 파괴하는 데 성공하는 주인공을 인지하는 동시에, 이야기의 흐름을 겉으로는 악의가 전혀 없는 맥락 속에 끼워 넣는다. 또한 이런 이야기들은 하나같이 교훈이나 충고를 제공하는 측면을 지니고 있다. 토끼 형제와 자기 자신을 동일시하면서 노예의 자녀들은, 다른 방법을 통해 배우기도 하겠지만, 안전과 성공이 자신의 분노를 억제한 채 그것을 속임수와 교활함의 형태로 전환하는 것에 달려 있으며, 그때 성공할 가능성이 더욱더 높아진다는 점을 깨닫게 된다. 또한 이런 이야기를 통해 그들이 가르치는 바는 자긍심과 만족감의 원천으로 찬미된다. 이때 찬미되는 것은 교활한cunning이라는 특정한 의미의 영어 단어로는 적절히 포착되지 않는다.[63]

간교함과 영리함에 대한 찬미는 결코 토끼 형제들의 우화에 한정되지 않는다. 그것은, 속담이나 노래에서는 말할 것도 없이, 하이 존 High John(혹은 올드 존Old John) 우화*[64]나 코요테 우화**에서도 발견

---

* 19세기 미국 흑인 사회의 민속 설화로서 '정복자 존'John, the Conqueror 이야기로도 알려져 있다. 아프리카 콩고의 왕이었던 하이 존은 노예가 되어 미국으로 팔려 왔지만 강자를 골탕 먹이는 온갖 용기와 기지를 발휘해 미국을 탈출하는 데 성공한다.

** 인디언 카라파야족의 우화. 연못을 독차지한 채 물을 마실 때 쓰는 조개껍데기를 갖고 오는 동물에게만 물을 주는 개구리가 있었다. 어느 날 코요테가 사냥을 나갔다가 죽은 사슴의 가슴뼈가 조개껍데기를 닮은 것을 발견했다. 이를 개구리에게 가져가 물을 실컷 마시게 해달라고 했더니, 개구리는

되는데, 이들 모두는 강자에 대한 모종의 증오심과 사회적 약자의 집요함 및 명민함에 대한 숭배를 강화하는 구전 문화의 공적인 면모였다.

토끼 형제 우화와 같은 구전 전통들을 노예들 사이의 내부 소통으로 간주해 저항 정신의 사회화에서 기능하는 그 역할을 추정하는 것은 관례화되어 있다. 하지만 이것이 간과하는 점은 토끼 형제 우화의 공공성이다. 그것들은 단지 무대 밖 노예 숙소 안에서만 말해지지 않는다. 공개 대본의 일부로서 그런 우화들이 차지하고 있는 위상은 특정한 해석 방향을 암시한다. 이는 모든 피지배 집단에게는 은닉 대본 속에 있는 것을 공개적으로 표현 — 안전하려면 반드시 은유와 암시를 통해 표현해야 할지라도 — 하고자 하는 엄청난 욕구와 의지가 있다는 사실을 의미한다. 본질적으로 은닉 대본은 복종과 순응의 공개 대본에 대한 응답이라는 견지에서 나름 안전하게 시도될 수 있는 한계들을 압박하기도 하고 시험하기도 한다. 따라서 분석적으로 볼 때 우리는 공개 대본 속에서는 물론 은닉 대본 속에서도 지배적 공식 문화와의 대화를 발견할 수 있다. 은닉 대본으로부터 이런 대화를 읽는다는 것은, 아무런 방해도 없이 엘리트 특유의 훈계에 대한 어느 정도 직접적 대응을 읽는 것과 다르지 않다. 이와 같은 직접성이 가능한 것은 물론 그것이 권력이 개입된 영역의 바깥,

그것을 자신에게 주면 그러겠다고 대답했다. 그런데 연못에 머리를 처박은 코요테가 좀체 그만두지 않자 참다못한 개구리가 그렇게 많이 마시려면 조개껍데기를 더 가져오라고 소리쳤다. 마침내 코요테가 고개를 들었을 때 연못이 무너지며 물이 폭포처럼 구릉으로 흘러내려 갔다. 코요테가 연못에 구멍을 내버린 것이다.

곧 무대 뒤에서 일어나기 때문이다. 피지배 집단들의 공개적 구전 전통으로부터 대화를 읽는다는 것은 뉘앙스에 주목하는 한층 문학적인 방식의 읽기를 요구하는데, 이는 은닉 대본이 그때그때 분위기에 맞춰 신중하게 말해져야 한다는 단순한 이유 때문이다. 그것이 가장 성공하는 것은 — 또한 상상컨대 가장 잘 받아들여지는 것은 — 위험을 피하면서 감히 은닉 대본의 수사학적 역량을 최대한 많이 보존하려고 할 때이다.

따라서 주인들을 상대로 하는 노예들의 대화는 세 가지 차원에서 진행된다. 첫째는 공식적인 공적 문화인데, 남북전쟁 이전 미국 남부에서 흑인들을 위해 만든 교리 문답서에서 발췌한 다음 내용에서 알 수 있다.

질문: 노예는 자신의 주인에게 복종하지 않으면 안 되나요?

대답: 네. 성경은 노예들이 자신의 주인들에게 복종하라고, 또한 매사에 걸쳐 그들을 즐겁게 하라고 말씀하십니다.

질문: 만약 주인이 비이성적이라면 복종하지 않아도 되나요?

대답: 아니오. 성경은 다음과 같이 말합니다. "노예들아, 범사에 두려워함으로 주인들에게 순종하되 선하고 관용하는 자들에게만 아니라 또한 까다로운 자들에게도 그리하라. ……"*

질문: 만약 노예들이 불의에 의해 고통받을 경우, 그들은 어떻게 해야 합니까?

대답: 그들은 그것을 참을성 있게 견뎌야 합니다.[65]

* 「베드로전서」, 2장 18절.

이런 차원에서 보자면 당국자들이 감시하는 복종의 의례 한가운데에서 노예들은 그들이 요구하는 연기를 실행하는 것 이외에 다른 선택의 여지가 없다 — 비록 몸짓을 작게 함으로써 자신들의 열의가 적다는 점을 보여 줄 수는 있지만 말이다. 반면에 [둘째 차원으로] 무대 뒤에서 그들은 어전 공연을 정면으로 부정할 수 있다. 북부로 넘어온 노예들의 이야기를 분석함으로써 우리는 이처럼 무대 뒤에서 행해지는 부인否認의 증거를 발견할 수 있다. 두 가지 있음 직한 대답들은 이런 내용이었을 것이다. "그러나 그때 나는 그것[좀도둑질]을 절도 행위라고 여기지 않았다. 또한 지금도 그렇게 생각하지 않는다. 나는 노예도 자신이 필요로 하는 모든 것들을 먹고, 마시고, 입을 도덕적 권리가 있다고 주장한다. …… 왜냐하면 그것은 나 자신의 손이 행한 노고이기 때문이다."[66] 혹은 노예들의 실제 종교적 신념으로부터 겸손 대신 복수의 직접적 절규가 분명히 드러날 수도 있다. 곧 "무릎 꿇린 그가 찢긴 등에 피가 흐르는 상태에서 온유와 용서의 정신만을 간직한 채 일어서리라고 상상하는 이들은 속고 있는 것이다. 그날은 올 것이다 — 그의 기도가 들리면 그날은 올 것이다. 이번에는 주인이 자비를 구하며 절규하는 끔찍한 복수의 그날 말이다".[67] 문장의 의례적 격식과 북부의 백인 관객을 감안한다면 우리는 흑인 거주 구역에서 말로 표현되었을 법한 이런 대답들의 구술 판본을 원래 모습 그대로 그려 볼 수 있다.

토끼 형제 우화가 말하고자 하는 것은 앞에서 인용한 직접적 대응이 소리를 낮춰 완곡하게 표현한 버전[곧 셋째 차원]이라고 나는 믿는다. 아마도 피지배 집단들의 구술 문화 대부분이 이와 비슷할 것이다.[68] 이런 대답을 감싸고 있는 무거운 위장은 그것이 제공하는 즐거움을 결코 제거하지 않은 것으로 보일 수 있다. 비록 그것이 은닉 대본의 공개적 선포에 비해 확실히 덜 만족스러운 것은 사실이지만 그럼에도 여기에는 막후 무대가 결코 따라갈 수 없는 성취가 있다. 비록 잠정적이긴 하지만 그것은 반대 의사를 문화적으로 표현할 수 있는 자율적 공적 공간을 스스로 만들어 낸다. 비록 위장되어 있지만 적어도 금지되어 있지는 않기에 그것은 권력을 향해 말을 건네는 것이다.[69] 이는 지배받는 처지에 목소리를 통해 얻어 내는 성취치고는 결코 작은 것이 아니다.[70]

상징적 도치倒置, 세상이-거꾸로-그려진 판화

만약 토끼 형제 우화에 대한 노예들의 구술 전통이 공개적인 전언傳言을 허용할 정도로 충분히 모호하고 위험하지 않은 것이었다면, '세상이-거꾸로-그려진' 회화와 판화의 범유럽적 전통은 보다 대담한 것으로 간주되어야 한다. 이들은 특히 16세기에 출현한 인쇄술이 하층계급들에게도 보급되면서 유럽 전역에 걸쳐 엄청나게 대중화되었는데, 여기서는 모든 정상적인 관계와 위계가 온통 뒤죽박죽인 세상이 그려졌다. 쥐가 고양이를 먹고, 자녀들이 부모들의 엉덩이를 때리며, 토끼가 사냥꾼에게 덫을 놓고, 마차가 말을 끌며, 낚시꾼이 물고기에 끌려 물속에 빠지고, 아내가 남편을 두들겨 패며, 황소가 푸줏간 주인을 도살하고, 가난한 이가 부자에게 자선을 베풀며, 거위가 요리사를 냄비 속에 집어넣고, 걸어가는 왕이 말 위의 농부를 인도하며, 물고기가 하늘을 나는 등 이런 사례는 끝이 없어 보일 만큼 무궁무진하다. 이런 각각의 삽화가 실린 대형 전단지들은 대부분 서적 행상인의 부대 속에 들어가 있는 기본 품목으로서, 위계 혹은 포식捕食관계나 이 둘 모두가 겹친 전형적인 관계를 거꾸로 뒤집었다.[71] 토끼 형제 우화들에서 했듯이 사회적 약자가 복수를 실행한 것이다.

세상이-거꾸로-그려진 대형 전단지들을 어떻게 해석해야 할지를 묻는 본질적 질문으로 돌아가기 전에 나는 그것들이 그 자체로 가만히 있는 것이 아니라 반전의 이미지가 넘쳐흐르는 민중 문화 속에 자리 잡고 있다는 사실을 강조하지 않을 수 없다. 그와 같은 주제들은 풍자적 노래, 하층계급인 광대나 해설자(예컨대 폴스타프*)가 주인과 의상 및 역할을 맞바꾸는 민중 극장, 사육제라는 귀중한 전통(전복 의례), 그리고 천년왕국에 대한 광범위한 기대 속에서 발견된다. 민중 문화는 상징적으로 너무나 풍성해 단 하나만으로도 사실상 세계관 전체를 대변할 수 있을 정도였다. 따라서 라뒤리는 사육제의 상징들 가운데 어떤 것 — 녹색 나뭇가지, 갈퀴, 양파 혹은 스위스 트럼펫 — 이든지 평등화 — 음식이든, 재산이든, 지위든, 부이든, 혹은 권위이든 상관없이 — 를 표현하는 것으로 이해했다.[72] 평민과 귀족의 구분을 은근히 의심했던 민중 속담들 역시 인기리에 전파되었다. 일반적으로 존 볼John Ball** 및 1381년의 농민반란과 연관해 2행 연구로 쓰인 선동적인 풍자시 "아담이 밭을 갈고 이브가 베를 짜던 때에 누가 귀족이었는가?"는 다른 독일어 계열 언어(독일어, 네덜란드어, 스웨덴어 등)에서 거의 똑같은 형태로 발견되며, 약간 변형된

---

* 셰익스피어의 『헨리 4세』 및 『윈저의 즐거운 아낙네들』에 등장하는 쾌활하고 재치 있는 허풍쟁이 뚱뚱보 기사.

** 14세기 영국의 성직자이자 농민반란 지도자로 '켄트의 미치광이 신부'the mad priest of Kent로도 불렸다. 평등주의와 계급 타파를 주장하다 교회에서 파문당했다. 수차례 투옥되면서도 방랑 설교를 이어갔고 와트 타일러 난을 주도했다. 1381년 처형되었다.

형태로 슬라브어파나 로망어를 쓰는 곳에서 나타나기도 한다.[73]

물론 세상을-거꾸로-뒤집는 전통은 아무런 정치적 의미가 없는 것으로 간주될 수도 있다. 즐거운 상상적 유희 — 하나의 단순한 경구警句 — 에 불과할지도 모른다. 일반적으로 그런 전통은 종종 안전판 혹은 통풍구라는 기능주의적 관점에서 이해되기도 했는데, 그 까닭은 마치 사육제처럼 그렇지 않을 경우 기존 사회질서에 위해가 될 수도 있는 사회적 긴장을 별다른 피해 없이 소멸시키기 때문이다. 이런 주장의 약간 어두운 버전에 따르면, 세상을-거꾸로-뒤집는 내용의 인쇄물이나 다른 전복 의례들은 지배자들이 꾸미는 음모의 일종으로서, 실제적 사실에 대한 상징적 대용代用으로 의도적으로 고안된다고 한다. 이런 종류의 기능적 주장은, 특히 그것이 계속 은폐되어야만 하는 이유가 오만 가지나 있는 음모론에 입각해 있을 경우, 직접적으로 반박하기가 쉽지 않다. 내가 볼 때 우리가 할 수 있는 일은 그와 같은 관점이 얼마나 황당한지, 그리고 어떻게 정황적 증거들이 반대 방향에 확실히 힘을 실어 주고 있는지를 보여 주는 정도이다.

거꾸로 뒤집힌 세상을 상상한다는 것은 그것이 거울에 비친 상에 해당하는 똑바로 선 세상으로부터 시작하지 않고서는 불가능하다는 사실을 우리는 인정해야만 한다. 이는 어떠한 문화적 부정 현상에서도 마찬가지다. 곧 히피의 생활양식은 중산층들의 체제 순응적 행동을 배경으로 할 때만 항의의 의미를 가지며, 어떤 이가 무신론자를 자임하는 것 역시 종교적 신앙인들로 가득 찬 세상에서만 의미가 있다. 하지만 이와 같은 전도顚倒는 중요한 상상적 기능을 수행한다. 비록 그 밖에 달리 성취하는 것이 없더라도 말이다. 최소한 사고의 수준에서 그것은, 정상적인 것으로 여겨지는 질서 및 위계의 범주가 완벽하게 불가피한 것만은 아니라는 식으로, 상상력이 숨 쉴 공간을 만들어 낸다. 도대체 왜 지배 집단들이 자신들에게 도움이 되는 기존의 사회적 차별을 전적으로 구체화 혹은 자연화하지 않는 이런 것을 장려하는지는 명확하지 않다. 또한 만약 이것이 질서를 유지하기 위해 취할 수밖에 없는 하나의 문화적 양보라고 주장한다면, 그와 같은 전도는 위에서 베풀었다기보다 밑으로부터 강요되는 것이 되고 만다. 우리가 상상을 통해 어떤 사회적 범주를 조작할 경우 — 겉과 속을 뒤집든, 위아래를 뒤집든 — 우리는 그것이 어느 정도 인간의 자의적인 창작품이라는 사실을 분명히 깨달아야 한다.

당국에서는 세상이-거꾸로-그려진 대형 전단지의 제작과 보급을 장려하기는커녕 최대한 유통되지 못하게 막고자 했다. '쥐와 고양이의 전쟁'이라 불리며 인기를 끌던 판화 시리즈는 특히 반역적인 전도로 간주되었다. 1797년 당시 프랑스혁명군에게 점령되어 있던 네덜란드에서는 당국이 그 출판업자를 체포하고 인쇄물의 재고분을 압수했다. 표트르 1세하에서 러시아는 판화 속의 고양이를 다시 그릴 것을 요구했는데, 고양이가 차르와 닮아 보이지 않게 하려는 목적이었다. 1842년 차르의 정부 관리는 황소가 푸줏간 주인을 도살하는 모습을 그린 초대형 그림을 모두 압류했다.[74] 그것의 선동적인 함의 — 시위를 예방하려는 입장에서는 너무나 명백했는데 — 를 판화를 마주한 광범위한 민중들이 놓치지 않았으리라는 점을 우리는 상상해야만 한다. 잠재적으로 위험한 민중 문화를 제한하는 것만으로는 부족하다고 여긴 당국이 자신이 보기에 하위 계층들에게 적절하다고 생각하는 민중 문화를 선제적으로 생산하고 보급하는 경우도 결코 적지 않았다. 이에 따라 노예용 교리문답집을 연상케 하는 속담집이 유포되었다. 예컨대 "배고픔을 이기는 것에는 돈이 적게 들지만 화를 이기는 것에는 돈이 많이 든다"라거나, "많은(모든) 것들을 위해 가난은 좋은 것", "너무 많은 정의는 불의", "각자는 자신의 분수에 맞게 처신해야 한다" 등의 속담 내용을 보면, 지위가 높은 사람들 사이에서 이 속담집이 빠른 반향을 일으켰다는 사실은 그리 놀라운 일이 아니다.[75] 위협적인 민중 문화에 대응할 만한 수단이 당장 손에 하나도 없을 경우, 다른 사람의 명예를 중상하는 시작詩作이 때맞춰 의뢰되기도 했다. 앞 장에서 살펴봤듯이 15세기 후반 독일에서 뷔르츠부르크 주교가 니클라스하우젠의 북 치는 소년에 의한 반反교회 분위기가 확산되지 못하게 제어하고자 시도한 일이 여기에 해당된다. 그리고 빌헬름 텔의 종교적 이단을 비판하는 문화적 공세 속에서 그들은 목판화를 제작했는데, 농민은 동물의 얼굴을 하고 있고 도덕적으로 사악한 존재로 묘사되었다. 이처럼 짧은 예시들의 핵심은 세상이-거꾸로-그려진 이미지가 엘리트에 의해 문화적 마춰의 한 형태로 승인되었다기보다 오히려 진압과 역공逆攻의 대상이 되었다는 간단한 사실이다.

하지만 어떤 분명한 사회적 실체도 없었을 뿐만 아니라 물리적 자연법칙을 현실적으로 위반하는 전도가 암묵적 사회 비판과 서로 혼합되어 있을 경우, 이를 우리는 어떻게 해석할 것인가? 다음과 같은 종류의 대형 전단지들로부터 체제 저항의 의미를 발견하는 데는 해석상 아무런 어려움이 없는데, 예를 들어 귀족이 식탁에서 농부의 시중을 드는 그림, 가난한 사람이 자신의 땀과 피를 부자에게 건네는 그림, 삼중관三重冠을 쓴 교황의 옆자리에 가시면류관을 쓴 예수가 있는 그림, 땅을 파거나 괭이질을 하는 귀족을 농부가 감독하는 그림 같은 것이다. 그럼에도 이런 이미지는 일반적으로 다른 두 가지 판화와 결합되어 있다. 첫째는 말하자면 두 마리 거위가 인간을 꼬챙이에 끼워 화로 위에서 돌리는 것. 여기서 비록 '일반적인 의미에서 굽는 자와 먹는 자가 서로 바뀌어 있기는 하지만 그것이 무엇을 말하는지는 명확하지 않다. 인간관계를 설명하기 위해 농가 마당과 농촌 생활의 비유를 흔히 사용하는 것 — 오늘날보다 훨씬 일반적으로 사용되었다 — 은 판화에 대한 선동적인 독해를 그만큼 더 그럴듯하게 만든다. 결국 영국혁명 당시 재산법과 빈민 사이의 관계를 서술하도록 요구받았을 때 제라드 윈스턴리Gerrard Winstanley*는 친근한 용어에 빗대 다음과 같이 극적으로 표현했다. 곧 "법은 여우이고 가난한 사람은 거위다. 여우는 거위의 털을 뽑고 잡아먹으며 살아간다".[76] 물론 거위가 사람을 불로 굽는 것을 체제 전복적으로 독해하는 데 동의하지 않을 수 있다. 어쩌면 바로 그것이 애매모호한 용어로 묘사한 이유일 것이다. 그 당시 유행하던 코드나 이미지를 고려한다면, 전복적인 해석 또한 도움이 된다.

물고기가 하늘을 날거나 새가 물속에 있는 장면을 묘사한 판화는 또 다른 문제를 제기한다. 어떤 차원에서 그것들은 일련의 전도들을 완성하거나 확장한다. 또 다른 차원에서 그것들의 목적은 물고기가 하늘을 나는 것이 터무니없다는 점을 암시하며, 모든 전도 행위를 그저 조롱거리로 만드는 데 목적이 있다고 주장할 수도 있다. 이렇게 읽을 경우, 세상이-거꾸로-그려진 대형 전단지들의 총체적 효과

---

* 영국의 사상가로, 사유재산의 기원을 인간의 탐욕에서 찾으며 토지 공유제 실시 및 임금노동 철폐를 주장했다. 1649년 빈농을 이끌고 시작한 '개간파 開墾派, the Diggers 운동'이 좌절하자 1652년 사회주의 농업 유토피아를 구상한 책 『자유의 법 강령』(김윤경 옮김, 한길사, 2011)을 썼다. 개간파는 '밭갈이파'로도 번역된다.

는 사회적 위계의 그 어떤 전복도 상징적으로 배제하는 것으로 보인다. 여기서 나는 위장의 요소가 결정적인 역할을 한다고 믿는다. 하나의 공개적인 민중 문화로서 세상이-거꾸로-그려진 판화는 작자의 익명성과 의미의 모호성을 통해, 그리고 명백히 위험해 보이지 않는 소재를 추가함으로써, 진의가 위장되어 있는 것이다. 이런 점을 감안한다면 사회적 위계를 뒤집겠다는 희망은 그것이 야누스의 얼굴이라는 조건에서만 공개적인 것이 된다. 이런 민중 문화 분야를 가장 면밀하게 연구하는 학자 데이비드 쿤즐은 다음과 같은 결론을 내린다.

> 세상을 거꾸로 뒤집는world upside down, WUD 것의 원천적 양면성은, 상황에 따라, 기존의 혹은 전통적 사회질서에 만족하는 사람들에게는 그런 주제가 세상 질서를 뒤집는 사상을 조롱하는 것으로 보이게 하지만, 동시에 그런 질서에 만족하지 않는 사람들에게는 현재 비정상 상태 속에 있는 그것을 조롱하는 것으로 보이게 한다.
> ……
> 동물을 대상으로 하는 참으로 불가능하며 '순수하게 유희적인' 판타지는 불가능한 것보다 더 불가능한 인간의 반전에 내재해 있는 위험하고도 복수에 불타며 무정부적이고 '유치한', 그러나 다른 한편으로 억압되어 있거나 무의식적인 욕망을 가리는 기계로서 기능하고 있다.[77]

더 나아가 쿤즐의 해석은 그럴 경우 이단적 교리가 어떻게 성공적으로 성문화될 수 있는지를 말한 다른 설명과도 일치한다. 16세기의 수도원장이었던 피오레의 요아킴이 언급한 잠재적으로 선동적인 예언들은, 숱한 천년왕국 운동에서 일정한 역할을 수행했는데, 부분적으로 일련의 애매모호한 그림들로 전파되었다. 따라서 공석 중인 왕좌는 은둔 중인 교황 첼레스티노*의 징표 혹은 영적 혁명의 시작으로 생각될 수 있었다. 곧 왕관을 쓰고 있거나 사람 얼굴을 한 뿔 달린 동물 위에 자신의 주교관主教冠을 들고 있는 교황의 모습이 하느님의 어린 양이나 세속적 지도자, 또는 적敵그리스도로 받아들여질 수 있었던 것이다. 하지만 그들을 역사적인 맥락에서 검토하면서 리브스는 다음과 같이 주장한다. "예언들의 핵심 동력은 분명하다. 요아킴파派는 이런 상징들을 통해 당대의 교황권을 향해 베일에 가린 그러나 매서운 비판을 가할 수 있었고, 그만큼 요아킴의 기대를 강조할 수 있었다."[78] 리브스는, 좀 더 정확히 말하기 위해, "베일 때문에 매서운"이라고 쓸 수도 있었을 텐데, 이는 예언들이 이런 식으로 대중 사이에 널리 전파될 수 있었던 것이 좌우지간 베일 덕분이었기 때문이다.[79]

만약 세상이-거꾸로-그려진 대형 전단지들이 전혀 해로운 것이 아니거나 일시적으로 정신 상태를 흐트러뜨릴 뿐이라면, 실제 반란 과정이나 반란 주모자 자신들의 형상이나 행위 속에서 그것들이 그리 중요하게 작용했으리라고 기대할 수는 없다. 종교개혁 및 뒤이어 발생한 농민전쟁에서 판화가 혁명 이념을 전파하는 데 중요한 역할을 수행했다는 점은 부인할 수 없다. 충돌이 점차 공개적이고 폭력적이 되면서 혁명 이념은 직접적으로 형상화되었다. 루터교 만화 가운데 하나는 교황관敎皇冠에 똥을 누는 장면을 그렸을 정도였다. 토마스 뮌처 예하의 농민반란가들과 연관된 판화들은 "농민들이 학식 있는 신학자들과 토론을 벌이고, 성경을 사제들 목구멍에 쑤셔 넣으

* 교황 첼레스티노 5세는 1294년 취임 5개월 만에 스스로 사임했다.

며, 폭군의 성채를 무너뜨리는" 광경을 그렸다.[80] 체포된 반란자에게 (수사적으로) 당신은 어떤 종류의 짐승이냐고 물었더니 그는 이렇게 대답했다. "평상시에는 뿌리와 들풀로 연명하지만 기아가 덮치면 가끔 신부님도 먹고, 주교님도 먹고, 살찐 시민도 먹어 버립니다."[81] 그와 같은 급진적인 생각들 — 신분 차별의 종식, 부의 평준화, 민중의 정의, 민중의 종교, 착취를 일삼는 사제와 귀족 및 도회지 부자에 대한 복수 — 은 농민전쟁에서 수사학적인 역할을 수행했고, 더 나아가 반란자들이 세상을 뒤집는 이미지가 활인화活人畵*로 전환된 사례도 많다. 따라서 [판화 속에서] 어떤 농민 지도자는 거지처럼 옷을 입힌 백작 부인을 똥차로 보냈고, 누더기 옷을 입은 기사들은 식탁에서 가신들의 시중을 들었고, 농민들은 귀족처럼 입고 그들의 의례를 흉내 냈다.[82] 이처럼 짧게나마 농민들은 자신들의 환상 속에서 살아보며 복수를 꿈꿀 수 있는 기회를 누렸고, 이들은 바로 세상이-거꾸로-그려진 판화로부터 그러한 환상을 읽어 냈을 것이다.

농노 및 하층계급들의 유사한 열망들 가운데 많은 것들은 영국 내전이나 프랑스혁명 과정에서도 쉽게 발견될 수 있다. 영국 내전 당시 민중운동은, 다른 대중적 목표들과 더불어, 토지 분배, 법률가 및 성직자 제척除斥 등을 위해 직함에 대한 각종 존칭들과 그것들을 야기하는 신분 차별을 없애고자 했다.[83] 프랑스혁명 당시 식량 보급을 위해 지방을 샅샅이 훑고 다니던 상퀼로트 급진 혁명가들은 대저택에서 야영하면서 귀족들의 접대를 요구했다. "혁명 요원들은 자신

---

* 살아 있는 사람이 분장을 통해 정지된 모습으로 명화나 역사적 장면 등을 연출하는 것.

들의 제물이 된 이들에게 엄청나게 많은 음식을 요리하게 한 다음 서서 시중을 들게 했다. 그러는 동안 혁명 요원들 자신은 자리에 앉아 현지 헌병들 및 지역 위원회 장인匪人 회원들과 동석했다 — 음식 앞의 평등주의에 입각한 이런 식의 예수 수난극은 극단적인 혁명이 거듭된 지역에서 번번이 실시되었다."[84] 그와 같은 새로운 의례를 일반화하기라도 하듯이, 혁명적 판화 가운데 하나는 귀족을 올라타고 있는 농민을 보여 준 다음 "우리 차례가 올 것을 나는 알고 있었지"라는 글귀를 새겼다.[85]

이와 같은 모든 증거들은 세상이-거꾸로-그려진 판화의 전통이 위계와 복종의 지배 대본에 대한 공개적인 차원의 대응 부분 — 문자 그대로 의미에서의 반문화 — 을 표현한다는 사실을 보여 준다. 만약 그것이 눈에 띄지 않거나 애매하다면, 이는 공적인 성격의 것으로 남아 있기 위해 불가피하게 얼버무리는 모습을 취해야 했기 때문이다. 그것이 전파하고자 하는 이상은 종교적 경전, 민담, 가요에 대한 유토피아적 독해와 더불어, 두말할 나위도 없이, 은닉 대본의 거대한 그리고 검열받지 않은 영역에 의해 강화된다. 우리가 전망할 수 있는 것은 이처럼 종잡기 어려운 민중 문화를 규제하는 조건들이 완화될 때, 종종 그런 일이 일어나는데, 위장은 덜 불투명해지고, 은닉 대본 가운데 더 많은 것들이 어깨를 밀치고 무대로 나아가 실천으로 옮겨지리라는 점이다.

전복 의례, 카니발과 축제

나는 전투를 앞두고 장군들의 선전포고나, 영도자 혹은 총리의 연설을 듣지 못했다. …… 애국가도, 금주禁酒 팸플릿도, 교황의 회칙回勅도, 도박과 피임을 금하는 설교도 …… 내가 막후에서 들은 듯싶은 것은 이처럼 고상한 의견에 전혀 관심이 없는 수백만 보통 사람들의 야유 같은 합창이었다.

_조지 오웰.

웃음은 혁명적인 것을 포함하고 있다. 교회 안에서, 왕궁 안에서, 행군하면서, 부서장이나 경찰, 또는 독일 관료 면전에서는 누구든 웃을 수 없다. 농노들은 지주가 있는 곳에서는 웃을 권리를 빼앗긴다. 동급자들끼리만 웃을 수 있다. 상관 앞에서 하급자들의 웃음이 용인된다면, 또한 그들이 자신들의 즐거움을 억제할 수 없다면, 이는 존경심과의 작별을 뜻한다.

_알렉산드르 게르첸.

　만약 오웰이 말하는 야유라는 것이 특권을 누릴 수 있는 사회적 및 시간적 지점을 가진다면 두말할 나위도 없이 사순절 직전의 사육제 전통이다. 뒤집기와 풍자, 희롱, 그리고 각종 사회적 규제가 전반적으로 일시 유예되는 의례의 보기로서 사육제 혹은 카니발은 사회 질서를 해부할 수 있는 독특한 분석상 이점을 제공한다. 정확히 말해 카니발이 만들어 낸 문헌 자료는 많기도 하고 내용도 종종 빼어나기에 우리는 그것을 정치적 위장이 제도화된 형태라고 평가할 수 있다. 이와 같은 문헌 자료의 입수 가능성 때문에 카니발을 선택한다면 이는 단지 분석상의 편의 문제만 생각한 소치일 뿐이다. 왜냐하면 그 밖에도 카니발 자체의 많은 본질적 요소들을 공유하고 있는 축제, 장터, 의례 절차들도 대거 존재하기 때문이다. 바보제, 샤리바리,* 대관식, 부정기 시장, 수확제, 봄철 출산 기원제, 심지어 전통적 선거조차도 카니발의 속성들을 공유하고 있다. 더군다나 어떤 문화라도 그것의 연간 제의 달력에 카니발과 관련된 것들을 몇 개쯤 담고 있는 법이다. 따라서 힌두 사회에서는 크리슈나 축제(홀리)가, 동남아 내륙 대부분의 나라에서는 수상 축제가, 고대 로마에서는 농신제가 열렸다.

이 모든 경우에서 공통적으로 나타나는 점은 몇 가지 중요한 측면에서 그것들이 평범한 일상을 넘어서는 사회적 차원의 것으로 정의되고 있다는 사실이다. 사회적 관계의 일상적 규칙은 강요되지 않으며, 사람들이 실제로 위장을 하고 있기 때문이든 아니면 대규모 군중의 일부라는 사실에 기인한 익명성 때문이든, [탈일상적인 것을] 용인하는 전반적 분위기 — 무법과 부도덕 — 는 증폭된다. 카니발에 대한 많은 기록들은 신체적 방종의 정신, 춤과 폭음, 개방적 성생활, 그리고 일반화된 무례 등을 강조하고 있다. 카니발에 등장하는 전형적인 인물은 뚱보, 폭식가 그리고 폭음가인 반면, 이를 뒤따르는 사순절의 인물은 말라깽이 노파다.

우리의 목적과 관련해 카니발의 가장 흥미로운 대목은 그것이 어떤 것들을 말할 수 있게 허락하는 방법, 다시 말해 이런 의례의 공간이 아니면 못 하게 했거나 억압받았을 형태의 사회적 권력이 행사될

---

* 신혼부부의 집 밖에서 놋대야·냄비·주전자 등을 두드리며 놀려 대는 일을 가리키며, 더 일반적으로는 중세 말 유럽에서 공동체의 규범을 어긴 자에게 가하던 의례적인 처벌 행위를 칭한다. 젊은이들을 중심으로 한바탕 야단법석을 떤 다음 규범을 어긴 자가 벌금을 내는 것으로 용서받고, 공동체의 일원으로 다시 인정한다.

수 있게 하는 방법이다. 예컨대 무대의 익명성은 일반적으로 남 얘기를 통해 행사되는 작은 공동체 내 사회적 제재가 보다 거침없는 목소리로 발설되게 만드는 것을 용인한다. 그 무엇보다도 카니발은 "사람들의 비공식 법정"으로서,[86] 그 내부에서는 무례한 사람이나 악한 사람을 대상으로 남을 물어뜯는 노래나 비난하는 장단을 직접 불러도 괜찮다. 젊은이가 노인을 야단칠 수도 있고, 여성이 남성을 조롱할 수도 있으며, 바람난 아내를 둔 남자나 공처가를 공개적으로 놀릴 수도 있고, 침묵해 왔던 사적 복수나 파벌 간의 갈등도 밖으로 표현될 수 있다. 다른 때에는 위험하거나 사회적 비용 때문에 승인되지 않는 모험도 카니발 기간에는 용인된다. 카니발은, 적어도 말로서는, 개인적·사회적 상처를 달래는 시간과 공간이다.

따라서 카니발은 모든 종류의 사회적 긴장과 적대감을 빨아들이는 피뢰침과도 같다. 카니발은 신체적 감각과 관련되어 있는 것에 더해 분노와 증오로 충만한 축제이기도 하다. 카니발 속에서 이루어지는 사회적 공격 가운데 상당 부분은 지배층 권력자들을 향하고 있는데, 이는 바로 이들이야말로 자신의 권력 덕분에 보통 때는 사실상 공개적 비판에서 면제되어 있기 때문이다. 대중들의 분노를 촉발한 지역 인물들 — 인정사정없는 고리대금업자, 걸핏하면 폭력을 일삼는 군인, 부패한 지방 관료, 탐욕스럽고 음탕한 사제 등 — 이라면 누구라도 카니발 도중에 그들의 하급자들과 합심해 일으키는 공격의 대상이 된다. 풍자적인 노래가 그들의 집 앞에서 크게 불렸고, 화형식이 거행되기도 했으며, 가면을 쓴 위협적 군중에게 돈이나 마실 것을 빼앗겨 강제로 분배되거나, 사람들 앞에서 공개적 회개를 강요당하기도 했다. 개인뿐만 아니라 기관도 공격 대상이었다. 특히 교회는 카니발 도중 의례적으로 벌어지는 조롱의 필수적 대상 가운데 하나였다. 실제로, 생각할 수 있는 모든 성스러운 전례典禮는 카니발 풍자 속에 저마다 대응물을 갖고 있었다. 도둑이나 성 청어st. Hareng(물고기)를 찬미하는 설교, 교리문답이나 사도신경, 찬송가, 십계명 등에 대한 졸렬한 모방이 이에 해당한다.[87] 여기에 이단적인 민중 종교와 신앙의 공식 체계 사이의 공개 대화 비슷한 것이 적당히 애매하게 존재했다. 상급자로서의 지위 — 법률 지식, 작위, 고전 교양, 고급 미각, 군사적 기량 혹은 자산 — 에 대한 그 어떤 자임自任도 카니발의 평등화 기법 앞에서는 무사하지 못했다.

누구라도 합리적으로 충분히 기대할 수 있듯이, 계급적·정치적 적대감 또한 카니발 기법을 통해 드러낼 수 있었다. 20세기 안달루시아 지방에서 농업 노동자들과 지주계급 사이의 적대감 증가가 카니발에 어떤 영향을 미쳤는지를 설명한 길모어의 분석은 이런 점에서 유익하다.[88] 처음에는 두 계급 모두 카니발에 참여했는데, 이때 지주들은 자신들을 상대로 한 조롱과 풍자시를 인내했다. 농업 상황이 악화되자 [농업 노동자들의] 욕설과 위협이 지주들을 뒤로 물러나게 만들었으며, 제집 발코니에서 카니발을 구경하는 입장이 되었다. 카니발 기간이 되면 지주들은 얼마 동안 카니발을 자신들의 적대 세력에게 내주면서 실제로 마을을 떠나 있기도 했다. 이와 같은 개략적 설명에서 두 가지 측면을 강조할 만하다. 첫째, 그런 축제들은 고정불변의 것이 결코 아니며, 사회 안에서 변화하는 구조와 적대감을 반영하는 경향이 있다는 사실을 우리에게 일깨운다. 둘째, 카니발은 피지배 집단들이 맞대응할 수 있는 절호의 계기인데, 아마도 평소의 권력관계가 바로 그들을 침묵시킬 목적으로 작동하기 때문일 것이다. 길모어는 이렇게 말한다. "가난한 사람들과 힘이 없는 사람들은 특히 이런 계기를 통해 부자나 권력자에게 축적된 분노를 표현하거나 사회적 불의를 고발하기도 하지만, 다른 한편으로는 마을의 도덕적 전통, 윤리, 정직의 규범을 어기는 나쁜 농민들을 혼내기도 한다."[89] 카니발에 특별히 허용된 거리낌 없는 솔직함은 심지어 직접적 비판이 반역이나 불경不敬이 될 수도 있는 사회에서 일종의 국민 정치를 구성하기도 한다. 따라서 카니발 인형은 해당 자치도시가 선정한 그날의 주적 — 예컨대 마자랭,* 교황, 루터, 루이 16세, 마리 앙투아네트, 나폴레옹 3세 — 이 누구이든지 간에 그들처럼 보이도록 제작되기 일쑤였다. 하지만 이와 같은 공개 대본으로의 진출은 카니발의 자유와 익명성을 통해 정치적으로 보호되었으며, "명시적인 동시에 순진무구해 보이는 암시를 통해, 또한 억압을 무력화하거나 조롱할 만큼 충분히 애매한 오만불손을 통해, 당국을 조롱하는 한 가지 수단이었다".[90]

바흐친이 카니발적인 것에 대한 연구와 관련해 크게 공헌한 것은 카니발을, 라블레의 산문을 통해, 제약받지 않는 언설이 가능한 유일한 의례 공간으로 다루었다는 사실이다. 그곳은 지배받지 않는 언설이 넘쳐 나고, 비굴한 복종이나 허구적 가식, 아부, 혹은 에둘러 말하기가 존재하지 않는 유일한 장소였다. 만일 카니발과 장터에서 불경이나 저주가 횡행했다면 그것은 공식적 언설이 요구하는 완곡어법이 불필요하기 때문이다. 따라서 카니발적인 것의 대부분은 우리가 하등동물과 공유하는 기능들 — 먹고 마시는 일, 똥 누는 일, 간음, 고

---

* 이탈리아 태생의 17세기 프랑스 정치가. 1641년에 추기경, 1642년에는 재상을 지냈다. 루이 13세 사후 섭정인 모후와 함께 국정의 실권을 장악했고, 뛰어난 외교적 수완으로 프랑스의 국제적 지위를 높였으며 부르봉 절대왕정의 기초를 다졌다.

창鼓脹* — 에 초점을 맞추었는데, 바로 이 수준에서야말로 우리 모두는 서로 비슷해 그 누구도 남보다 높은 지위를 주장할 수 없기 때문이다. 무엇보다 이 공간은 긴장을 풀고 숨을 편하게 쉴 수 있는 곳으로, 값비싼 실수를 저지를까 봐 걱정할 필요가 없었다. 삶의 대부분을 복종과 감시가 초래하는 긴장 속에서 보내야만 하는 하층계급들에게 카니발과 같은 것은 해방의 영역이었다.[91] 곧 "공식적으로 왕궁이나 교회, 기관, 가정 등은 위계와 예절에 의해 지배되었지만, 장터에서는 특별한 종류의 말투가 들렸는데, 그것은 장터 고유의 언어로서, 교회나 왕국, 법정, 기관에서 사용되는 것과는 상당히 달랐다. 또한 공인 문학 혹은 지배계급들 — 귀족, 상류층, 고위직 성직자, 최상류 도시민 — 의 언어와도 달랐다".[92] 바흐친은 우리가 카니발에서 사용되는 언어를, 지배 관계에 따라 발생하는 왜곡이 부재한, 그림자 사회에서 사용되는 어떤 것으로 간주하길 원한다. 공식적 이야기에 비해 이와 같은 자유로운 이야기 영역은 소크라테스식 대화 혹은, 오늘날 사회 이론의 견지에서는, 하버마스가 꿈꾼 '이상적 담화 상황'에 가장 근접했다.[93] 하버마스에 따르면 의사소통적 행위가 제대로 작동하기 위해 반드시 필요한 암묵적 전제조건들로서, 말하는 사람은 자신이 무엇을 말하는지를 알고 있을 것, 그리고 진실하게 말할 것이 포함된다. 지배받는 언설은 필연적으로 왜곡된 의사소통인데, 권력관계가 진정한 이해의 토대를 허무는 '전략적' 조종 양식들을 고무하기 때문이다.[94]

---

* 반추 동물, 특히 소의 혹위에서 음식물의 이상 발효로 갑자기 많은 가스가 생겨 배가 불룩해지는 병.

우리의 관점에서 볼 때 카니발에서 하는 말을 진정한 말 혹은 이상적 담화 상황에 접근한 것으로 보는 것은 사회 현실을 너무나 이상적으로 읽는 결과다. 말하기라는 것이 어디까지나 사회적 상황에서 발생하는 한, 말하기에는 언제나 권력관계가 흠뻑 스며들어 있다. 그러므로 말하기[말 연기]와 '진정한' 말하기 사이의 거리를 측정하는 데 도움을 주는 유일하게 특권적인 지점은 없다. 요컨대 우리 모두는 우리의 단어들을 신중히 선택한다. 하지만 우리가 할 수 있는 것도 있는데, 각각의 상황들이 서로의 상황을 해석하는 데 도움을 주는 실마리들을 파악하기 위해 각기 다른 말하기 상황을 비교하는 것이 바로 이에 해당한다. 이런 의미에서 바흐친은 익명성과 축제 분위기가 어떤 일상적 권력관계로부터 벗어나게 해주고, 이를 다른 권력관계로 대체하는 곳에서 나타나는 말하기 방식을 [일상적인 권력관계 속의 말하기 방식과] 비교하는 셈이다. 카니발에서의 사회적 권력은 덜 비대칭적일 수 있다. 그러나 상호작용하는 권력 역시 권력이기는 마찬가지다.

바흐친 혹은 하버마스로부터 도출된 견해의 또 다른 난점은 권력의 한쪽 영역에서 나타나는 말하기의 특징이 얼마나, 부분적으로, 권력의 또 다른 한쪽 영역에서 봉쇄되거나 억압된 말하기의 산물인지를 말하지 않는다는 점이다. 따라서 카니발에서의 엽기, 불경, 조롱, 공격성, 그리고 인격 살해가 나름의 의미를 갖게 되는 것은 카니발 이외 기간에 작동하는 권력관계의 효과라는 맥락에서일 뿐이다. 권력의 한쪽 영역에서 생산되는 침묵의 심연은 또 다른 영역에서 생산되는 폭발적인 말하기에 비례할지 모른다. 안달루시아 지방의 어떤 농민이 카니발에 대해 다음과 같이 언급한 것을 보면서, 누가 이런 연계성을 깨닫지 못할 것인가? "우리는 살아서 돌아왔다. 우리는 얼굴을 가렸으며 아무도 우리를 알아차리지 못했다. 그러니 두고 봐라! 하려는 마음만 있으면 무엇이든 할 수 있다."[95] 카니발에 대한 기대감 그리고 그에 따른 환희는 대부분 일 년 내내 참아 온 바로 그 말을, 익명에 힘입어, 자신의 적대자에게 마침내 할 수 있게 되었다는 사실로부터 유래한다. 지위와 권력의 불평등이 거대할수록 풍성한 은닉 대본을 생산한다. 동등한 자들 사이의 세상에서도 카니발을 위한 여지는 없지 않은데, 그곳에서도 권력관계는 존재하기 때문이다. 단지 덜 격렬하다고 상상할 뿐, 카니발의 기쁨이 사회의 어느 한 영역에만 강하게 집중되어 있지 않다는 사실은 확실하다.

일단 억압된 말하기가 일어나는 장소와 카니발에서의 연기를 받아들이더라도 우리가 여전히 고려해야 할 사항은 과연 그것이 사회적 긴장들의 의례상 대체 및 제거에 기여하는지, 따라서 사회적 조화의 회복에 기여하는지 여부에 대한 것이다. 이는 우리에게 친숙한 안전판* 이론의 변용 — 사람들이 은닉 대본을 그들의 가슴속에서 훌훌 털어 내고 나면 일상적인 지배 관계로 되돌아가기가 더 용이하다는 주장 — 이다. 이런 주장을 우리는, 아마도 세상이-거꾸로-그려진 판화의 경우보다 카니발의 경우에서 더욱더, 심각히 다뤄야 하는데 그것은 카니발의 상징적 복종과 제도화 때문이다. 상징적 복종의 의미는 카니발이 의례상 특정 시기에 한정되어 있어서, 사순절 직전에 끝난 다음 곧장 사순절로 교대된다는 사실에 있다. 말하자면

---

* 기기機器나 배관의 압력이 일정한 정도를 넘었을 경우 자동적으로 열리는 장치. 사회현상에 적용하면 혁명적 상황이나 총체적 파국을 예방하기 위해 지배 권력이 피지배자들에게 선제적으로 허용하는 최소한의 안전지대 혹은 안전 행동을 의미한다.

마르디 그라Mardi Gras(기름진 화요일)가 재灰의 수요일에 자리를 넘기는 것이다. 폭식과 통음, 그리고 음주는 금식, 기도, 그리고 금욕으로 대체된다. 대부분의 카니발 의례에서는, 의례상 위계를 강조하려는 듯, 카니발 정신을 대표하는 인물은 사순절을 대표하는 인물에 의해 전례에 따라 죽임을 당하는데, 이는 마치 "이로써 너는 너의 즐거움을 만끽했으니 이제 우리는 진지하고 경건한 세계로 돌아갈 것이다"라고 말하는 듯하다. 카니발의 제도화 역시 안전판 이론을 지지하는 것으로 보인다. 카니발이 혼란이긴 하지만 그것은 규칙 내에서의 혼란이며, 심하게 말해 어쩌면 그것은 규칙을 어기는 것이 결과적으로 어리석다는 사실을 일깨우는 의례적 학습일 수 있다. 무력 분쟁과 관련된 제네바협약처럼 카니발의 규칙 혹은 관례 — 그 누구도 결코 타인의 가면을 벗겨서는 안 된다는 규칙을 포함해 — 가 카니발이 계속 진행되도록 용납하는 것이다. 테리 이글턴이 셰익스피어의 [『십이야』Twelfth Night의 등장인물인] 올리비아를 인용해 말하듯이, "허락된 어릿광대에게는 명예훼손죄가 해당되지 않는다".[96]

이 같은 해석상 쟁점을 이 문제를 다룬 학자들 사이의 다수결 방식으로 해결하고자 한다면 안전판 이론이 거의 확실한 우위를 점할 것이다.[97] 이들 대다수는 당국이 "병이 통째 박살이 나는 것을 방지하기 위해 마개를 제거했다"는 로저 세일즈의 말에 동의할 것이다.[98] 역사적으로 카니발의 열성 지지자들도 자신의 상급자들을 정확히 이런 식으로 설득했다. 1444년 파리 신학교에서 바보제를 개최할 필요성을 내세우며 유포한 편지 내용을 보라.

따라서 우리의 제2의 천성이기도 하고 사람 속에 근본적으로 내재한 어리석음을 최소한 1년에 한 번 자유롭게 방출되게 하면 어떨까. 술통

300

도 가끔씩 우리가 마개를 열어 공기를 통하게 하지 않으면 폭발하는 법이다. 우리 인간 모두는 불완전하게 만들어진 술통으로서, 만약 포도주가 신에 대한 경건함과 두려움에 따라 발효 상태를 지속한다면 더 이상 지혜의 술이 아니게 될 것이다. 우리는 술이 부패하는 것을 예방하기 위해 공기를 주입해야 한다. 바로 이것이 며칠 동안 바보짓을 허용함으로써 나중에 더 열성적으로 하느님의 사업에 돌아갈 수 있도록 하는 이유다.[99]

포이저 부인이 그랬듯이, 참았던 말을 폭포수처럼 토해 내는 모습을 자신들의 사례에 적용하면서, 앞서 말한 편지의 작성자들은 카니발의 헤게모니적 가치에 대한 심정적 호소와 요구를 들어주지 않을 경우 발생할지도 모르는 잠재적 위협을 멋지게 조합해 냈다.

카니발을 엘리트들이 인가한 사회통제 메커니즘으로 보는 견해가 전적으로 틀린 것은 아니다. 하지만 그것은 현실을 심각히 오도하고 있다고 나는 믿는다. 여기에는 엘리트의 의도와 그들이 성취하려는 결과를 혼동할 위험성이 있다. 나중에 살펴보겠지만 이런 견해는 이 문제와 직접 연관된 카니발의 실제 사회사社會史를 무시하고 있다. 하지만 사회사를 잠시 제쳐 두더라도, 우리는 이런 기능주의적 관점에 도저히 동의하기 힘든 본질주의가 내재해 있다는 사실 또한 발견할 수 있다. 카니발과 같은 사회적 행사는 마치 그것이 주어진, 유전적으로 계획된, 기능을 갖고 있는 것처럼, 이것 아니면 저것이라고 간단히 일컬을 수 없다. 수많은 형태의 사회적 갈등과 상징적 조작이 이루어지는 의례적 지점, 따라서 그 가운데 어떤 것도 다른 것들을 명약관화하게 압도할 수는 없는 것으로 카니발을 이해하는 편이 훨씬 타당하다. 따라서 카니발은 문화와 역사적 상황에 따라 가변적이며 참여자들에게 제공하는 기능 또한 다양할 것이다. 이 문제는 기능주의적 관점과 관련해 우리에게 더 큰 난제를 제시하는데, 그것은 엘리트들만을 독특한 행위자로 간주하기 때문이다. 피지배자 집단들에게 반란 놀이를 허락하는 것은 그렇지 않으면 이들이 실제로 반란을 일으킬 것이기 때문에, 지배 집단들이 단독으로 솔선해 카니발을 기획하고 진행한다고 보는 것은 확실히 잘못된 생각이다. 카니발이 존재하고 진화한 형태는 사회적 갈등의 산물이었지, 결코 엘리트들의 일방적 창작품이 아니었다. 카니발을 피지배 집단들이 엘리트들과 씨름하며 애매하게 성취한 정치적 승리로 이해하는 입장도 그것 못지않게 타당하다. 끝으로 안전판 이론 배후에 어떤 종류의 심리적 법칙이 존재하는지 질문하지 않을 수 없다. 의례적으로 반란을 실제와 가까운 모델로 만들어 보는 것이 실제 반란의 가능성을 반드시 감소하는 까닭은 무엇인가? 왜 그것이 실제 반란을 위한 무대 총연습(드레스리허설) 혹은 자극적 도발로 쉽게 이용될 수 없다는 말인가? 반란의 의례상 거짓 시늉은 실제 반란보다는 분명히 덜 위험하다. 하지만 도대체 무슨 근거로 그것이, 만족스러운 반란까지는 아니더라도, 실제 반란의 대체물에 그칠 것이라고 가정하는가 말이다.

이쯤에서 카니발이 아닌 실제 투쟁에 눈길을 돌리는 것이 유익하다. 만일 안전판 이론이 사실상 엘리트들의 행동을 인도했다면 엘리트들은 카니발을 장려했을 것이며, 특히 사회적 긴장이 높아진 상황에서는 더욱더 그랬을 법하다. 하지만 정반대의 경우가 실제로 훨씬 많이 벌어졌다. 하여간 비록 엘리트들이 안전판 이론을 신봉한다고 해도 그들은 그 이론이 현실에서 자동적으로 작동하리라고는 확신하지 않았다. 교회나 세속 엘리트들의 역사를 보면 대부분 카니발을 지속적인 감시가 필요한 무질서와 선동이 잠재해 있는 지점으로, 비록 실제 현장은 아니더라도, 간주했다. 루드원은 자신들을 무자비하게 풍자하던 카니발 희극(루디ludi)을 금지하거나 다른 것으로 교체하려던 유럽 내 독일어권 교회 당국들의 지속적인 노력에 대해 제법 길게 언급했다.[100] 교회는 대중들의 통속적 희가극喜歌劇이나 틸 오일렌슈피겔의 어린애 같은 장난 대신, 수난과 신비의 연극을 직접 경쟁 붙이는 방식으로 장려하고자 했다. 원래 교회 관리나 시정부에 의한 용인 혹은 심지어 인가 대상이기까지 했던 프랑스의 카니발도 그것을 자신들이 직접 장악한 다음에는 금지되었고, 대중들이 무슨 일을 일으킬까 의심을 사는 대상으로 의미도 달라졌다. 예컨대 바흐친은 카니발의 익살극, 막간극(소티soties), 그리고 풍자극(예컨대 바소시앙Basochiens과 앙팡 상 스시Enfants sans souci)을 창작하기 위해 만들어진 대중조직들은 종종 "금지와 억압의 대상이었고, 바소시앙은 결국 공연이 중단되었다"고 말한다.[101]

그것이 살아남은 20세기에도 사회적 진통은 있었다. 스페인 내전 당시 프랑코 장군의 정부에 의해 통과된 첫 법령은 카니발을 불법화하는 조처였다. 나머지 전쟁 기간에도 공화국 관할구역이 아닌 곳에서 가면을 쓰고 있다가 체포되면 누구든 가혹한 벌금을 물었으며, 그 결과 카니발은 크게 위축되었는데, 그렇다고 해서 없어지지는 않았다. 계엄령이 해제되자 "푸엔마호르 주민들은 그것을 포기하지 않았고, 자신들이 감옥에서 당한 모욕을 노래로 불렀다". "그 누구도 우리에게 카니발을 빼앗아 갈 수는 없다. 교황도, 프랑코도, 예수조차도'라고 그들은 푸엔마호르에서 말했다."[102] 프랑코가 생각했듯이 카니발과 가면은 늘 잠재적 위협이었다. 예수회 소속이기도 했던 라블레는 결국 글을 쓴다는 핑계를 대고 프랑스에 카니발을 즐기는 기분으로 잠시 도망을 갔고, 그의 친구인 에티엔 돌레Étienne Dolet[*]는 같은 주제의 이야기를 라블레 못지않게 많이 하면서도 위장하는 데는 더 소홀했기에 화형대 위에서 처형되었다.

카니발과 혁명이 결합할 수 있는 양상을 가장 잘 묘사한 라뒤리의 저작은 로마제국이 리옹 남동쪽에 건설한 도시에서 1580년에 유혈 사태로 번진 카니발을 내용으로 담고 있다.[103] 최근에 일어난 계급적 및 종교적 분규는 카니발의 정신을 잘 반영하고 있지만, 로마에는 1572년 성 바돌로매(바르톨로메오) 축일의 학살Massacre de la Saint-Bartholome^{**}이라는 역사가 이미 있었다. 도시의 신흥 부자 계급이 파멸에 이른 농민들로부터 토지를 사들여 그들에게 세금을 면제해 주는 권리를 얻게 되었는데, 그 결과 나머지 소작인들과 장인들이 짊어지는 조세 부담이 크게 증가했다. 이런 맥락에서 로마의 카니발은 '중간쯤에 걸쳐 있는 일반 장인들에게 귀속된 소규모 자산 소유 구역'을 둘러싸고 상인 상층부, 지주들, 그리고 부르주아 귀족들이 서로 충돌하는 현장이 되었다고 라뒤리는 설명한다.[104] 시골에서 그것은 농부와 귀족 사이의 갈등으로 표출되었다.

* 16세기 프랑스의 인문학자이자 출판업자로 고전어 및 프랑스어 문헌들을 출판했다. 발표한 저작들의 무신론적 사상 및 격렬한 성격 때문에 수차례 투옥되었고, 1546년 금단의 책을 출판·판매했다는 죄로 교수형에 처해진 뒤 화형당했다. '르네상스의 첫 번째 순교자'로 불리기도 한다.

** 프랑스 최초의 종교전쟁인 위그노전쟁 도중 1572년 8월 24일부터 10월까지 파리에서 가톨릭 세력이 개신교 신자인 위그노를 대상으로 벌인 대학살. 약 3만~6만 명이 희생된 것으로 알려진다. 8월 24일 밤이 성 바돌로매의 축일이어서 그런 이름으로 불린다. 로마 가톨릭교회는 이 사건에 가톨릭교회가 개입되었음을 줄곧 부인하다가 1997년 8월 23일 교황 요한 바오로 2세가 처음 이 사건의 실재를 인정했다.

최초로 문제가 발생한 것은 카니발이 도시 엘리트들이 지정한 의례 행로를 따라가지 않았다는 사실이었다. 카니발 축제 행사에 참여한 다양한 집단들이 지역과 직능에 따라 구성되었기 때문에 재정 부담을 둘러싼 긴장과 계급들 사이의 긴장은 어느 정도 카니발 단체들에 상응했다. 예컨대 기능공들과 소매상인들은 초기 가두 행진에 참여하기를 거부했는데, 행진 순서가 각자의 상대적 지위를 정확히 나타냈기 때문이다. 대신에 그들은 자신들의 구역에서 자체적으로 행진을 했다. 장 보댕은 이렇게 경고했다. 곧 "모든 계급과 모든 직업이 함께하는 행진에는 우선권을 두고 갈등이 벌어질 위험과 민중 반란의 가능성이 존재한다. 이런 종류의 의례를 …… 너무 자주 하지는 말자".[105] 이른바 세 가지 동물의 왕국, 곧 토끼 왕국(위그노), 수탉 왕국(연맹 가입자 혹은 저항 세력), 그리고 자고새 왕국(가톨릭과 귀족계급)에 자신들의 의례상 왕국을 세울 수 있는 기간이 각각 하루씩 주어졌다.[106] 그러나 이 경우 수탉의 행진이 특히 위협적이었다. 무용수들은 부자들이 가난한 사람들의 희생 위에 돈을 벌었다고 주장하면서 집집마다 돌아다니며 돈과 음식을 요구하는 방식을 통해 이에 대한 변상을 요구했는데, 전통적인 관행이긴 했지만 이 경우 위협은 공개적인 방식으로 진행되었다. 의례 진행상 수탉 왕국이 자고새 왕국에 순서를 물려줄 때가 되었지만 이에 반항하며 자리를 계속 지켰고, 이로써 상징적인 선전포고가 뒤따랐다. 이런 의례상 반란에서 당국자는 어떤 종말론적 징조를 읽었다. "가난한 이들이 이 세상에서 우리가 가진 모든 재산과 여자를 갖고 싶어 하며, 그들은 우리를 죽이기를 원하고 심지어 우리의 살을 먹을지도 모른다"고 느꼈다.[107] 단지 비유가 아니라 문자 그대로의 세상 뒤집기를 두려워한 나머지 엘리트들은 선제적 행동을 취했다. 연맹의 지도자 포미어를 암살하고 작은 내전을 일으켰는데, 그 결과 로마에서는 서른 명이, 그리고 인근 농촌에서는 1000명 이상이 목숨을 잃었다.

로마의 귀족들과 자산가들이 기존의 사회적 위계질서를 의례적으로 재확인하려는 의도 아래 카니발을 제아무리 섬세하게 조직했다고 하더라도, 결과는 실패였다. 다른 의례적 공간에서처럼 카니발에는 최하위 계층 참가자들이 반입한 신호와 상징, 그리고 의미가 스며들어 있었다. 그것은 무질서의 어리석음을 상징할 수도 있고, 만약 밑으로부터 적절히 활용되는 경우, 의례적 구속복拘束服에서 탈피해 억압과 저항을 상징할 수도 있다. 카니발과 관련해 역사적으로 두드러진 것은 그것이 기존의 사회적 위계를 유지하는 데 어떻게 기여했는지가 아니라, 얼마나 자주 공개적 사회 갈등의 장이 되었는지이다. 버크는 자신의 분석 결과를 이렇게 요약한다. "어쨌든 1500년부터 1800년까지 반란의 의식들은 사회적·정치적·종교적 질서에 대한 심각한 문제 제기와 분명히 공존했으며, 반란과 질서 가운데 하나는 종종 다른 하나로 변했다. 항의는 의례의 형식으로 표출되었지만, 의례가 항의를 억제하는 힘이 항상 충분하지는 않았다. 술통은 가끔 마개를 날려 버렸다."[108]

1861년 차르가 농노제 폐지를 결정했을 때, 그 칙령에 서명한 때는 카니발이 한창 진행되던 한중간이었다. "카니발이 열린 주에 너무나 빈번했던 광란의 북새통이 행여 반란으로 악화되는 것"을 두려워한 나머지, 관료들은 칙령의 공식 반포를 또다시 두 주쯤 미루며, 그 소식의 선동적인 효과가 다소 완화되기를 기대했다.

나는 전복의 카니발 혹은 의례가 반란을 야기한다고 암시하려는 것이 아니다. 대부분의 경우에 그렇지 않다. 문제의 초점은 오히려 상징주의와 위장 사이의 관계에 있다. 카니발은, 그것의 의례 구조와 익명성에 따라, 일반적으로는 억압되어 있는 말하기와 공격성에 대해 특권적 지위를 부여한다. 대부분의 사회에서 카니발은 전례 없이 많은 숫자의 하위 계급들이 가면을 쓰고 함께 모여 일상적으로 자신들을 지배하고 있는 사람들에게 위협적으로 표현할 수 있는, 일 년 가운데 사실상 거의 유일한 순간이었다. 이런 독특한 기회와 함께 카니발과 연관된 세상을-거꾸로-뒤집는 상징성을 감안할 경우, 그것이 종종 의례상의 제방을 넘어 폭력적 갈등이 되어 넘칠 수 있었다는 사실은 그리 놀랍지 않다. 그리고 만일 누군가가 진짜로 반란이나 저항을 기획할 때 카니발에 의해 제공된 익명의 집회라는 정당한 덮개는 그 자체만으로도 그럴싸한 실행 장소를 암시한다. 카니발의 공인된 요소 — 하늘을 나는 물고기처럼 비교적 천진무구하게 세상이-거꾸로-그려진 판화들처럼 — 는 결코-위험하지-않은 메시지를 끼워 넣어도 상대적으로 안전한 무대장치를 제공한다. 바로 이것이 비교적 최근까지도 카니발적인 것을 정치로부터 사실상 분리할 수 없게 된 이유라고 나는 생각한다.[109] 실제 반란이 카니발 흉내를 내는 것도 이 때문이다 — 기계를 파괴하거나 정치적 요구를 할 때 [남성들은] 여성처럼 옷을 입거나 가면을 쓰고, 위협을 행사할 때 카니발의 인물상이나 상징성을 이용하고, 카니발에서 공짜를 기대하는 군중처럼 현금 복지나 고용 시혜를 강요할 뿐만 아니라 자신들의 의도를 감추기 위해 축제 혹은 장터의 의례적 계획 및 회합을 이용한다. 그들은 놀이를 하는 것인가, 아니면 진심인가? 이처럼 그때그때 사정에 부합하는 애매모호함을 최대한 활용하는 것에 바로 그들의 이익이 있다.

그리고, 물론, 만약 성공적 반란 직후의 후유증이 카니발과 매우 흡사하다면 그 또한 이해할 만한 일이다. 왜냐하면 둘 다 은닉 대본

이 세상에 드러날 수 있는 용인과 자유의 시간이기 때문인데, 후자
는 가면으로 가려진 상태에서, 전자는 모두가 쳐다보는 와중에 펼쳐
진다. 이와 같은 '광기의 순간'이 발생하지 않는 한 피지배 집단이
나선 거의 모든 대중행동에는 위장이 배어들어 있다.[110]

7장

—

**피지배
집단들의
하부정치**

문화적 형태들은 그들이 알고 있는 것을 말로 하지 않을 수 있다. 그들이 말하는 것을 모를 수도 있다. 하지만 그들이 행동하는 것에는 나름대로 의미가 있다 ― 적어도 그들의 실천 논리 속에서는 그렇다.

_폴 윌리스, 『노동을 배우다』.

[이삭줍기 감독은] 한계에 이르도록 짜증 나는 일이다. 그러나 화가 난 계급과 위협받는 계급 사이에는 엄청난 간극이 존재하기 때문에, 결코 말로는 그것을 설명하지 못했다. 다시 말해 우리는 오직 결과를 통해 무엇이 일어났는지를 알 뿐이었다. [농민들은] 땅속에서 두더지처럼 일한 것이다.

_오노레 드 발자크, 『농민』.

신조어가 이미 넘치는 — 혹자는 아직도 그 속도가 느리다고 말할지 모르지만 — 사회과학 분야에서, 개념을 하나 더 새로 제안하기가 주저되는 일이기는 하다. 그러나 하부정치라는 개념은 눈에 잘 드러나지 않는 정치투쟁 영역을 다룰 수 있는 적절한 약식 표기로 보인다. 자유민주주의의 비교적 공개된 정치, 그리고 헤드라인을 화려하게 장식하는 항의·데모·반란 등에 익숙한 사회과학에서 피지배 집단들이 일상적으로 벌이는 용의주도한 투쟁은, 마치 적외선처럼, 스펙트럼의 가시적 범위를 넘어서기 때문에 눈에 띄지 않는다. 그것이 비가시적인 이유는, 우리가 살펴봤듯이, 대부분 권력 균형에 대한 사려 깊은 자각에서 비롯되는 전술적 선택의 결과이기 때문이다. 여기서 말하려는 것은 박해받는 상황이 우리의 정치철학 고전 읽기에 어떻게 영향을 줄 수밖에 없는지를 설명한 레오 스트라우스의 주장과 유사하다. 곧 "박해는 이단적 진리가 공개적으로 표현되는 것을 예방조차 못한다. 왜냐하면 독립된 사상을 가진 개인이 신중하게 행동할 경우 자신의 입장을 공개적으로 드러낼 수도 있고 피해를 당하지 않을 수도 있다. 심지어 그에게 행간에 암시적으로 글을 쓸 수 있는 능력이 있다면 어떤 위험도 초래하지 않은 채 자신의 생각을 글로 표현할 수 있다".[1] 이와 같은 사례에 해당하는 것으로 우리가 해석하고 있는 텍스트는 플라톤의 『향연』이 아니라, 오히려 자신의 의견을 솔직하게 밝히는 걸 엄청 두려워할 수밖에 없는 피지배 집단들의 베일 속 문화적 투쟁과 정치적 표현이다. 어느 경우이든 텍스트의 의미는 대부분 단순명료하지 않다. 종종 그것은 사정을 잘 아는 사람들에게는 이걸 알리고, 다른 사람들이나 당국자에게는 저걸 알리는 것을 의미한다. 만약 우리가 은닉 대본(비밀 노트 혹은 철학자들의 대화에 비유할 수 있다)이나 보다 자유분방한 의견 표현(비교적 자유로운 조건에서 출간된 후속 텍스트에 비유할 수 있다)에 접근할 수 있다면, 해석상의 과제는 다소 쉬워질 것이다. 이처럼 비교할 수 있는 텍스트들이 없는 경우, 우리는 이미 알고 있는 문화적 지식을 동원해 결코 천진무구할 리 없는 의미들을 찾지 않으면 안 된다 — 이는 주로 노련한 검열관이 하는 방식이다!

내가 보기에 하부정치라는 개념은 다른 측면에서도 적절하다. 산업의 하부 시설을 말할 때, 우리는 그런 산업을 가능하게 만드는 기반, 곧 교통, 금융, 화폐, 자산 및 계약법 등을 염두에 둔다. 마찬가지로 나는 지금까지 검토해 온 하부정치가 우리의 일반적 관심의 초점이 되는 한층 가시적인 정치적 행위의 문화적·구조적 기반을 제공한다고 주장하려 한다. 이 장의 대부분은 이런 주장을 뒷받침하는 데 할애될 것이다.

우선 나는 힘없는 자들의 막후 언설을 공허한 가식 아니면, 더 나쁘게는, 진정한 저항의 대체재라고 보는 세간의 입장으로 잠시나마 되돌아가고자 한다. 이런 종류의 추론에 담긴 몇 가지 논리적 약점들을 언급한 다음, 물질적 저항과 상징적 저항은 서로를 떠받치는 일련의 실천들임을 보여 줄 것이다. 이는 지배 엘리트와 피지배자들의 관계가 대부분, 다른 측면도 없지는 않겠지만, 양쪽 모두 지속적으로 상대의 약점을 탐색하면서 작은 이점이라도 최대한 잘 이용하려는 물질적 투쟁이라는 사실을 재차 강조할 필요성을 제기한다. 이 주장의 일부를 다시 정리하기 위해 나는 지배에 대한 공개적 저항의 각 영역에 하부정치라는 쌍둥이 자매가 어떻게 그림자처럼 따라다니는지를 보여 줄 것이다. 이 쌍둥이 자매는 같은 전략적 목표를 추구하면서도 눈에 잘 드러나지 않게 저자세를 취함으로써 적에게 더 유리하게 저항하게끔 적응되어 있다. 비록 공개적인 대결에서는 그 적이 승리를 거둘 테지만 말이다.

문제 제기로서의 은닉 대본?

비록 의심이 많은 사람이더라도 지금까지 말한 논의 가운데 상당 부분을 받아들일 것이다. 그럼에도 정치적 생활에서 그것이 차지하는 중요성은 최소화하려 할지 모른다. 은닉 대본이라 불리는 것 가운데 많은 경우가, 심지어 그것이 공개 대본이라는 의심이 들 경우에도, 실제 행동으로는 거의 이어지지 않는 무의미한 문제 제기는 아닐까? 은닉 대본을 지배적 위치에 있는 인물을 안전하게 공격하는 표현으로 보는 이런 견해는 그것이 직접 공격이라는 진품眞品의 대체물 — 비록 차선일지라도 — 로 기능한다고 여긴다. 최선의 경우 그것은 결과가 얼마 없거나 아무것도 없는 것이며, 최악의 경우 그것은 얼버무리기로 끝난다. 석방 후 감옥 바깥 생활을 꿈꾸며 시간을 보내는 죄수는 그렇게 하는 대신 터널을 팔 수도 있다. 해방과 자유를 노래하는 노예들은 그렇게 하는 대신 탈주를 감행할 수도 있다. 이 점과 관련해 배링턴 무어는 다음과 같이 말한다. "자유와 복수에 대한 환상조차도 비교적 무해한 수사修辭와 의례 속에 집단적 에너지를 소진시킴으로써 지배 관계가 지속되는 데 이바지하기도 한다."[2]

우리가 언급했듯이, 안전한 장소에서 호전적 단어가 수압이 분출하듯 연기되는 경우는 대체로 그와 같은 호전적 단어들이 지배 집단에 의해 조정 내지 감독되는 듯할 때 수압이 가장 강력하다. 카니발이나 다른 의식들, 그리고 그런 이유로 반전의 요소를 흔히 포함하고 있는 것들이 가장 확실한 예이다. 최근까지만 해도 의례화된 공격이나 반전에 대한 지배적인 해석은, 위계적 사회질서에 따른 긴장을 경감시키려는 행동을 통해, 현 상태를 강화하는 데 이바지해 왔다는 것이었다. 헤겔이나 트로츠키 같은 다양한 인물들은 그런 의식儀式이 보수적인 효과를 낳는다고 간주했다. 맥스 글럭먼과 빅터 터너의 영향력 있는 분석에 따르면 그것들은 비록 짧은 기간이나마 사회 모든 구성원들의 근본적 평등을 강조하고, 비록 의례적이지만 무질서와 무정부의 위험성을 보여 줌으로써, 제도화된 질서의 필요성을 강조하는 기능을 수행한다.[3] 라나지트 구하에게 반전의 의례가 가진 질서유지 효과는 그것들이 위로부터 인가되고 처방되었다는 사실에 정확히 기인한다.[4] 피지배 집단들로 하여금 특정한 규칙 아래 정해진 시간 동안만 반란 놀이를 하도록 허용하는 것은 이보다 위험한 형태의 공격을 방지하는 데 도움을 준다.

한때 노예였던 프레더릭 더글러스는 남북전쟁 이전 미국 남부 노예들 사이의 휴가 축제를 설명하면서 똑같은 비유에 기댄다. 하지만 그의 논리는 약간 남다르다.

축제를 앞두고 예상되는 즐거움이 있다. 축제가 끝나면 즐거운 추억이 된다. 그리고 그것은 생각과 희망이 위험한 성격을 띠지 않게 하는 데 기여한다. 적어도 노예제 조건에서는 이런 축제가 인간 정신에서 분리될 수 없는 폭발적 요소들을 인내하도록 만드는 안내자 혹은 안전판이다. 그것들이 없었더라면 노예들에게 가혹행위와 속박 상태는 참고 견디기에 너무 버거웠고, 따라서 노예들에게 위험스러운 자포자기 상태가 강요되기 쉬웠다.[5]

314

여기서 더글러스가 주장하는 바는 어떤 모조 반란이 진짜 반란을 대신한다는 것이 아니라, 단지 축제가 제공하는 일시적 휴식과 방종이 반란 초기의 칼날을 무디게 만들기에 충분한 즐거움을 제공한다는 점이다. 이는 마치 주인이 자포자기의 절박한 행동을 야기할 만한 압력을 미리 계산한 다음, 그것이 폭발 직전에 멈추도록 억압의 강도를 신중하게 조정하는 것과 마찬가지다.

여러 모습을 띤 안전판 이론들과 관련해 아마도 가장 흥미로운 점이 가장 쉽게 간과되고 있다. 이 이론들은 하나같이 체계적 복종은 밑으로부터 모종의 압력을 생성한다는 공통의 가정에서 출발하고 있다. 더 나아가 이들은 하나같이, 이런 압력을 해소하려는 노력이 없을 경우, 압력은 점점 더 강해져서 마침내 일종의 폭발로 이어진다고 가정한다. 정확히 이런 압력이 어떻게 생성되며, 어떻게 구성되어 있는지를 자세히 알려 주는 내용은 거의 없다. 그런 복종 상태를 실제로 살아본 사람들에게 압력이란, 더글러스이든 아니면 소설 속 인물인 포이저 부인이든, 억압하는 권력자에게 (신체적으로든 언어적으로든) 반항할 수 없다는 사실에 따른 좌절과 분노가 빚어낸 너무나 당연한 결과다. 이쪽은 느끼지만 상대방은 알아주지 않는 불의로부터 생성된 그런 압력은, 우리가 주장해 왔듯이, 은닉 대본 속에 — 그 규모, 신랄함, 상징적 풍성함을 통해 — 표현된다. 다시 말해 안전판 이론은 은닉 대본에 대해 우리가 더 넓은 시각에서 주장하는 내용의 몇몇 주요 요소들을 암묵적으로 수용한다. 말하자면 체계적 복종은 반작용을 촉발하며, 반작용은 지배자에 대해 반격 내지 반박하려는 욕구를 포함한다. 그들의 차이점은 이런 욕구가, 무대 뒤편에서 오가는 수다, 감독하에 이루어지는 반전 의례, 혹은 분노의 열기를 주기적으로 식히는 축제를 통해, 대체로 충족될 수 있다고 가정하는

데 있다.

안전판 이론을 받아들이는 논리는 공통의 환상, 의례 혹은 설화에 나타나는 공격성의 안전한 표현이 자신을 좌절시킨 상대에 대한 직접 공격과 비슷한 수준의 만족감을 제공한다는(따라서 압력을 감소한다는) 사회심리학적 명제에 의존한다. 이 점에 관한 사회심리학 분야의 증거들이 모두 같은 결론에 도달하지는 않지만, 지금까지의 결과 가운데 상당 부분은 이런 논리를 지지하지 않는다. 대신에 그것들이 말해 주는 것은 부당한 처우를 받는 실험 대상들이라 하더라도, 자신들을 괴롭히는 주체에 대해 직접 위해를 주지 못하는 한, 좌절이나 분노 수준이 감소하는 경험을 거의 혹은 전혀 하지 못한다는 사실이다.[6] 이와 같은 발견은 그리 놀랍지 않다. 불의를 저지른 주체에게 구체적 영향을 미치는 보복이, 분노의 원인 제공자를 손대지 않고 놔두는 공격 형식에 비해, 카타르시스 방식으로서는 훨씬 많은 것을 제공한다고 볼 만하다. 또한 공격적인 놀이나 환상은 실질적인 공격이 일어날 개연성을 낮추는 것이 아니라 오히려 높인다는 실험 결과도 많다. 포이저 부인은 악덕 지주와 맞상대해 울분을 직접 터뜨림으로써 대단히 후련해졌다. 연습을 거친 연설이나 지주의 등 뒤에서 하는 욕설만으로는 아마 기분이 후련해지지 않았거나 충분히 후련해지지는 않았을 것이다. 따라서 포이저 부인의 막후 분노를 충분한 대안으로 보기보다, 궁극적인 분출을 위한 준비라고 간주할 만한 근거가 아주 많지 않다고는 하나 결코 적지도 않다.

사회심리학적 증거들이 전위轉位를 통한 카타르시스를 거의 혹은 전혀 지지하지 않는 가운데, 그런 주장을 뒷받침하는 역사적 사례 또한 아직은 존재하지 않는다. 만약 다른 모든 조건이 동일할 경우, 자신들을 향한 비교적 무해한 공격에 더 많은 배출구를 제공하거나 허락하는 지배 엘리트들이 결과적으로 피지배 집단들의 폭력이나 반란에 덜 취약하다는 사실을 보여 줄 수 있을까? 그런 비교를 시도할 때 일차적인 과제는 전위적 공격 행동 그 자체의 효과와, 각종 축제 속에 포함되어 있는 먹거리와 술, 자선, 그리고 노동 및 규율의 경감과 같은 물질적인 양보를 구분하는 일이다. 다시 말해 피지배계급의 정치적 권리로 종종 획득되는 '빵과 서커스'는 의례화된 공격과는 별도로 억압을 개선하는 모종의 효과를 보이는데 이와 관련된 증거도 많다.[7] 또한 이런 식의 주장은 중요한 변칙 한 가지를 설명해야만 한다. 만약 의례화된 공격이 그것의 명백한 표적으로부터 진짜 공격을 전위했다면, 노예나 농민, 농노가 일으킨 숱한 반란들이 어떻게 그 발생을 방지하고자 기획된 정기적인 축제 의례(예컨대 라뒤리가 기술한 로마의 카니발) 기간에 때맞춰 시작되었을까?[8]

실천으로서의 은닉 대본

안전판 이론을 주장하는 입장의 결정적인 단점은 근본적으로 그것이 관념적 오류를 구성하고 있다는 사실이다. 무대 뒤에서 일어나는 공격 혹은 베일 속에 감춰진 공격이 그저 현상유지를 지속시킬 뿐인 무해한 카타르시스를 제공한다는 주장은, 구체적이고도 물질적인 투쟁이 아니라 어느 한쪽이 불리한 조건에 처해 있는 다소 추상적 논쟁을 우리가 검토 중이라는 사실을 가정하고 있다. 하지만 주인과 노예, 브라만과 불가촉천민의 관계는 단순히 고귀함에 대한 관념이나 지배할 수 있는 권리를 둘러싼 충돌이 아니다. 대신에 그것은 물질적 관행에 견고히 닻을 내리고 있는 일종의 예속 과정이다. 대부분의 사적 지배는 전유專有의 과정과 긴밀히 연계되어 있다. 지배 엘리트는 존경, 처신, 태도, 화법, 겸손한 행동 등의 형태를 통한 상징적 징세에 더해, 노동, 곡물, 현금 및 봉사 형태의 물질적 과세도 함께 진행한다. 물론 실제 관행에서 이 둘은 서로 연결되어 있는데, 모든 공적 전유 행위가, 비유컨대, 예속의 의례라는 점에서 그렇다.

지배와 전유의 결합은 예속의 이념이나 상징성이 물질적 착취 과정과 분리될 수 없다는 사실을 의미한다. 정확히 똑같은 방식으로, 지배 이념에 대해 베일 속에서 전개되는 상징적 저항을 착취의 좌절 내지 약화를 기도하는 실천적 투쟁과 분리하는 것도 불가능하다. 저항은, 지배와 마찬가지로, 두 개의 전선에서 전쟁을 치른다. 은닉 대본은 결코 무대 뒤에서 내뱉는 불평이나 투정이 아니다. 오히려 그것은 전유를 최소화하기 위해 고안된 현실적이고 실속 있는 수많은 책략으로 등장한다. 가령 노예의 경우 일반적으로 절도, 좀도둑질, 시치미, 나태하거나 불성실한 노동, 질질 끌기, 밀거래 및 판매용 생산, 작물·가축·설비의 손괴, 방화, 도주 등을 포함한다. 농민의 경우에는 밀렵, 토지 불법점유, 불법적 이삭줍기, 불량 현물로 소작료 납부, 비밀 경작지 개간, 봉건 지대 체납 등이 공통적으로 채택된 책략이었다.

일례로 노예들의 절도를 문제 삼을 경우, 이런 행동이 노예들에게 갖는 의미를 과연 우리가 어떻게 알 수 있을까?[9] 곡식이나 닭, 돼지 따위를 훔치는 것이 극심한 배고픔을 채우려는 단순한 대응이었을까, 아니면 모험을 감행하는 즐거움 때문이었을까,[10] 아니면 미운 주인이나 감독자를 혼내기 위해서였을까? 물론 공식적으로는 주인이 규정한바 절도로 보는 견해가 우세했다. 하지만 우리는 그런 절도 행위가 은연중에 자신의 노동에 의한 생산물을 그저 회수해 가는 것으로 이해되었다는 사실을 충분히 짐작할 수 있다. 또한 우리는 노예들 사이의 반半비밀주의 문화가 주인의 물건을 절도하는 행위를 장려하고 축하했으며, 그런 절도를 감히 발설하는 노예라면 그 누구를 막론하고 도덕적으로 비난했다는 점도 잘 알고 있다. "훔치고 들키지 않는 것은 [노예들 사이의] 공적功績이다. …… 그리고 그들이 극도로 혐오하는 악덕은 다른 사람에게 그것을 말하는 것이다."[11] 행동이란 인간 행위자에 의해 의미가 주어지기 전까지는 이해가 불가능하다는 명백한 사실이 우리의 요점은 아니다. 오히려 요점은 은닉대본의 언설이 단순히 어떤 행위를 이해할 수 있는 단서를 제공하거나 그것을 설명하기보다, 처음부터 그런 행위를 구성하는 데 도움을 준다는 점이다.

18~19세기 유럽에서의 산림 범죄 사례는, 역사적 근거가 비교적 풍부하기 때문에, 저항의 실천과 저항의 언설이 어떻게 서로 떠받치는지를 더욱더 잘 보여 주는 한 가지 방식을 제공한다. 재산법과 국가 통제가 시행되던 시절, 반대 의사를 직접 표방하는 것은 일반적으로 대단히 위험했다. 하지만 산림에 대한 효과적인 치안 감시를 어렵게 만드는 요소가 매우 많았던 만큼, 낮은 수준에서 자행되는 저항의 형태는 그곳에서 비교적 별다른 위험 부담 없이 성공할 수 있었다. 모리스 아귈롱에 따르면 프랑스혁명 이후 바르 지역의 농민은 정치적 공백을 틈타 산림법에 맞서 도전 수위를 높였다.[12] 면책 범위가 커지자, 그들은 고목枯木 수집, 숯 굽기, 가축에게 꼴 먹이기, 버섯 채집 등을, 비록 새로운 국법은 이를 금지했지만, 관례적 요구의 관점에서 판단해 자신들의 특권으로 간주했다. 아귈롱은 이런 관행들이 암시하는 방식, 그리고 공개 주장의 형태로는 안전을 담보할 수 없는 숲에 대한 자신들의 권리 자각 관행이 실제로 발생

하는 방식을 멋지게 포착했다. 그는 이렇게 말한다. "그때부터 계속해서 하부정치의 차원에서는 진화가 이미 진행 중이었다. 숲에 대한 자신들의 권리 자각으로부터 농촌 범죄로, 그리고 이로부터 기소로, 그리고 나중에는 경찰관이나 토지 관리인, 지역 행정 책임자에 대한 증오로 이어졌으며, 종국적으로는 얼마간 자유주의적인 새로운 혁명에 대한 열망으로 나아갔다."[13]

18세기 영국에서의 산림 불법 침입과 이를 막기 위해 제정된 가혹한 사형 제도를 심도 있게 검토한 연구 결과는 공개적으로 주장하기 어려운 정의에 대한 대중적 감각과, 은밀한 방법으로 이런 권리를 실천하기 위해 고안된 다양한 관행들 사이에 존재하는 동일한 연계를 밝혀 주고 있다.[14] 이 시기 사유지 및 왕실 토지 소유자들은 그때까지 자신들의 배타적 소유권이 주장되던 곳에서 행해지던 산림 방목, 사냥, 덫 놓기, 낚시, 뗏장과 관목 자르기, 장작 수집, 이엉 자르기, 석회 하소煆燒, 채석 등 지역에서 통용되던 각종 관습적 권리를 본격적으로 규제하기 시작했다. 자작농이나 영세 소농 및 노동자가 이와 같은 관습법의 파기를 정의롭지 않다고 간주했던 것은 너무나 당연하다. 따라서 톰슨은 "권리와 관습에 대한 기억이 완강한 전통으로 남아 있는 …… 그리고 부유한 침입자들이 아니라 바로 자신들이 산림의 주인이라는 감각을 지닌" 자작농에 관해 글을 쓸 수 있었다.[15] 이처럼 그 당시 금지된 권리를 계속 행사했던 사람들을 지칭하는 범법자outlaws 개념은, 그들이 확실히 규범 내에서 행동했고 따라서 자신들이 속한 공동체 대부분의 지지를 받았다는 점을 상기할 경우, 어쩐지 이상하게 들린다.

하지만 우리는 스스로 덫을 놓기도 하고 잡은 토끼로 만든 스튜를 함께 나눠 먹기도 했던 시골 소농들의 은닉 대본에 직접 접근하기 어렵다. 물론 어떤 지속적이고도 공개적인 대결에서도 소농들의 입장이 불리한 정치적 상황이었기 때문에, 오랫동안 내려온 숲에 대한 자신들의 권리를 주장하는 공식적 시위나 공개 선언은 존재하지 않았다. 이와 같은 수준에서 우리가 접하게 되는 것은 거의 완전한 침묵 — 평민은 말이 없다 — 이다. 하지만 그들이 말을 할 경우 우리가 접하게 되는 것은 일상적 저항의 형태 속에 자신들의 권리를 옹호하는 대범하고 공격적인 주장을, 종종 야밤을 택하거나 변장을 통해 늘려 가는 것이다. 산림 내 재산권을 놓고 법적·정치적 대결을 펼쳐 봐야 그들에게 별로 도움이 되지 않거나 위험 부담이 너무 크기에, 그들은 자신들의 권리를 조금씩 그리고 조용히 행사하는 방법 — 법적으로 부인된 재산권을 실질적으로 쟁취하는 것 — 을 선택한다. 공식적 침묵과 은밀한 저항의 대비는 동시대의 당국자들도 눈치챌 수 있었는데, 그 가운데 한 사람인 트렐로니 주교는 "정부에 충성을 맹세하면서도 정부를 전복하고자 음흉하게 일을 꾸미는 것과 같은 …… 유독 악랄한 사람"에 대해 언급한 적이 있다.[16]

그처럼 광범위한 범위에서 자행되는 산림 불법 침입[밀렵]은 등기 서류들의 비공식 사본 범람, 암묵적 합의, 그리고 그것을 뒷받침하는 대중적 분노 없이는 늘어날 수 없었다. 하지만 은닉 대본은 대부분 관습 — 게다가 조용한 관습 — 으로부터 추정되어야 한다. 아주 가끔씩 공개 언설의 표면 아래에 있을 법한 것을 보여 주는 사건이 일어난다. 예를 들어 일반적 관행을 계속 가로막는 사냥터 관리인을 위협하고자 작성된 익명의 편지나, 양어장을 짓겠다고 최근에 만든 댐을 무너뜨린 동네 대장장이의 혐의를 밝힐 증인을 검찰 측이 반경 8킬로미터 안에서 전혀 찾아내지 못한 사실 등이다. 이보다 훨씬 드문 일이긴 하지만, 권리를 공개적으로 선언해도 잃을 것이 없을 때, 은닉 대본의 규범적 내용을 살펴볼 수 있게 되기도 한다. 따라서 '사슴 도둑'이라는 죄명으로 유죄판결을 받은 두 사람은 사형에 처해지기 직전 "야생동물인 사슴은 부자들뿐만 아니라 가난한 사람들도 합법적으로 이용할 수 있다"고 용감하게 주장하기도 했다.[17]

위에서 다룬 불법 침입에 대한 간략한 논의의 핵심은 위장된 형태로 이루어지는 이데올로기적 반대 및 공격이 '진짜' 저항을 약화하는 안전판으로 작동한다고 추정하는 어떤 주장도, 그런 이데올로기적 반대라는 것이 눈에 잘 띄지 않게 권력관계의 재교섭을 목표로 하는 실천 행동 속에 사실상 언제나 표현되고 있다는 대단히 중요한 사실을 간과하고 있다는 점이다. 문제가 되는 자영농이나 소농은 자신들의 재산권이라고 여기는 것들에 대해 단순히 추상적이고 정서적 만족을 추구하는 가운데 막후에서만 문제를 제기하는 것이 결코 아니다. 대신에 그들은 날마다 숲속에 가서 그들이 할 수 있는 최선의 방법으로 자신들의 권리를 행사한다. 여기서 은닉 대본과 현실적 저항 사이에는 중요한 변증법이 존재한다.[18] 그와 동시에, 만일 우리가 숲속에서의 실천적 투쟁이 관습과 영웅주의, 복수, 그리고 정의와 같은 막후 언설의 원천임을 이해한다면, 관습적 권리와 분노에 대한 은닉 대본은 불법 침입 확산의 원천이 된다. 만약 무대 뒤쪽의 수군거림이 만족의 원천이라면, 대부분 그것은 숲을 두고 벌어지는 일상적 갈등에 따른 구체적 실익 때문이다. 이와 다른 형태의 그 어떤 정식화도 한편으로는 사람들이 생각하고 말하는 것과 다른 한편으로는 사람들이 행동하는 것 사이에 넘을 수 없는 벽을 세우는 꼴이 될 것이다.

안전판이 실제로 저항하는 역할을 차지하는 것이 아니라 막후의 언설적 실천이 저항을 지속시키는데, 이는 공장노동자 동료들 사이의 비공식적 압력이 노동자 개인으로 하여금 노동 규범을 초과해 일하거나 밀고자가 되지 못하게 억제하는 방식과 마찬가지이다. 피지배자들은 이를테면 두 세계 사이를 앞뒤로 움직인다. 하나는 무대 위 주인의 세계이고, 다른 하나는 무대 뒤 피지배자들의 세계이다. 두 세계는 공히 제재하는 힘을 갖는다. 일반적으로 피지배자들은 다른 피지배자들의 공개 대본 연기를 감시할 수 있는 반면, 지배자들은 피지배자들의 은닉 대본을 완전히 검열할 수 없다. 이는 상관의 환심을 얻어 특혜를 누리려는 피지배자라도, 일단 그가 자신의 동료들이 있는 세계로 돌아오면 그런 행위를 반드시 해명해야 한다는 사실을 의미한다. 체계적 복종 상황에서, 그와 같은 제재는 꾸지람이나 모욕을 넘어 신체적 강압으로까지 나아갈 수도 있는데, 이는 감옥에서 밀고자를 구타하는 것과 마찬가지이다. 하지만 동료들 사이의 사회적 압력은 그 자체로는 피지배자들의 강력한 무기다. 일찍이 산업 사회학자들은 동료 작업자들의 비난[에 대한 두려움]이 더 많은 임금이나 승진에 대한 욕망을 가끔 능가한다는 사실을 발견했다. 이런 점에서 우리는 은닉 대본의 사회적 측면을 지배자와의 관계에서 특정 형태의 활동과 저항을 거대한 강적에 맞서 강행하려는 정치적 영역으로 이해할 수 있다. 요컨대 은닉 대본을 실질적 저항의 대체물이 아니라 그 조건이라고 여기는 편이 더 정확할 것이다.

혹자는 심지어 그런 실천적 저항이, 그것이 반영하고 그것을 지탱하는 언설과 마찬가지로, 지배의 총체적 상황에 실질적으로 영향을 미칠 수 없는 사소한 대응 기제에 불과하다고 주장할지 모른다. 그리고 베일 속 상징적 항의가 진짜 이데올로기적 반대가 아니듯이, 이 또한 진정한 저항이 아니라고 말을 이어갈지도 모른다. 어떤 한 수준에서 이는 전적으로 진실이지만 논점에서는 벗어난 것이다. 여

기서 우리의 핵심 주장은 권력의 현존으로 말미암아 전면 공격이 불
가능할 경우 정치투쟁이 취하는 형태가 바로 이런 것들이라는 사실
에 있기 때문이다. 또 다른 수준에서는 그런 '하찮은' 저항이 수천,
수만 개 합쳐질 경우 엄청난 경제적·정치적 효과를 낳는다는 점을
상기해도 좋을 것이다. 생산의 영역에서, 공장이든 농장이든 상관없
이, 그것은 처벌을 유발할 만큼은 나쁘지 않은, 그러나 사업이 성공
할 정도로 뛰어난 성과를 내지는 못하게 할 수 있다. 거대한 규모로
반복된 그런 행동을 본 질라스는 다음과 같이 말했다. 곧 "의욕을 잃
어버린 수백만 명의 더디고도 비생산적인 작업은 …… 어떤 공산주
의 체제도 회피하기 어려웠던 계산 가능한, 비가시적인, 그리고 엄청
난 낭비였다".[19] 대규모 불법 침입이나 불법점거는 자산 통제 방식
을 재구조화할 수 있다. 농민들의 대규모 탈세는 국가의 존립을 위
협하는 전유의 위기를 초래해 왔다. 농노들의 대량 탈주 혹은 농민
징집 때문에 붕괴된 고대국가가 한둘이 아니었다. 적당한 조건에서
사소한 행동들이 쌓여 가는 것은, 가파른 산비탈 위 눈송이처럼, 눈
사태로 이어질 수 있다.[20]

한계 시험하기

계층적으로 분화된 모든 사회에서 지배 집단과 피지배 집단이 할 수
있는 것과 관련해 …… 조합에는 한계가 존재한다. 하지만 실제로 일
어나는 것은 각자 무엇을 쟁취할지를 찾아내면서 복종과 불복종의 한
계를 발견하고자 노력하는 일련의 탐색이다.

_배링턴 무어, 『불의』.

노예이든, 불가촉천민이든, 농노이든, 농민이든, 노동자이든 각 개인이 (이들이 이루는 집단은 더 말할 것도 없거니와) 전적으로 순종적인 지 아니면 전적으로 반항적인지를 우리가 말하기란 거의 불가능하다. 하지만 베일에 가려져 있는 이데올로기적 반대와 눈에 쉽게 띄지 않는 물리적 저항은 어떤 조건에서 자신의 정체를 드러낼 정도로 과감하게 시도되는가? 이와 반대로 공개적 저항은 어떻게 점차 은밀하고도 비밀스러운 표현으로 바뀔 수밖에 없는가?

이런 과정을 이해하고자 할 때 게릴라전의 경우야말로 가장 좋은 은유이다. 지배 관계 속에서는, 게릴라전에서와 마찬가지로, 양쪽 모두 적대자의 상대적 강점과 능력, 그리고 그런 만큼 이쪽의 공격적 행동에 대해 저쪽의 반응이 어떨지를 어느 정도 이해하고 있다. 그럼에도 우리의 목적상 가장 중요한 것은 힘의 실제 균형은 결코 정확히 파악될 수 없으며, 상대의 힘이 어느 정도일까 하는 예상은 대개의 경우 이전의 탐색 및 조우의 결과로부터 추정된다는 사실이다. 양쪽 모두 자신이 우세하기를 희망한다고 가정하는 한 — 우리는 반드시 그렇다고 가정해야 한다 — 균형 상태에 대한 지속적인 시험이 있기 마련이다. 어느 한쪽이 뿌다구니를 드러내는 것은 자신이 살아남았는지 혹은 공격받았는지를, 만약 그렇다면 어느 정도의 세기로 그렇게 되었는지를 살피기 위해서이다. 통상적인 전투가 벌어지는 곳은 이처럼 상대방을 속이는 중간 지대, 소전투, 그리고 약점을 찾기 위한 탐색이지, 드물게 일어나는 전면 돌격이 일어나는 곳이 아니다. 결정적인 반격에 직면하지 않는 한 성공한 진격 — 상대의 저항을 무릅썼든, 아무 도전도 받지 않았든 간에 — 은 더욱 공세적인 진격을 이끌어 낼 공산이 크다. 가능성의 한계는 오직 수색과 탐색이라는 경험적 과정 안에서만 조우할 수 있다.[21]

이와 같은 과정의 동학은, 이를 분명히 해둘 필요가 있는데, 단지 대부분의 피지배자들이 지배자의 규범을 내면화했기 때문에 동조하고 복종하는 것이 아니라, 감시와 보상, 그리고 처벌의 구조가 그들로 하여금 순응하는 쪽이 사려 깊은 선택이라고 판단하게끔 하는 상황에서만 유지될 수 있다. 다시 말해 그것은 규율과 처벌의 관계에 의해 억제되고 있는 것으로, 지배자와 피지배자 사이에 존재하는 목표들의 기본적 적대 관계를 상정한다. 이와 같은 가정이 노예제, 농노제, 카스트 신분제, 그리고 전유와 지위 격하가 결합된 농민과 지주 관계에서 판박이처럼 해당된다고 추정해도 무방할 것이다. 이는 간수와 죄수, 직원과 정신병 환자, 교사와 학생, 사장과 노동자 사이에도 마찬가지로 유효할 수 있다.[22]

한편으로는 사냥터 관리인 및 산림 보호관과 다른 한편으로는 밀렵꾼 사이에 벌어지는 반전에 반전을 거듭하는 관계야말로, 서로 간의 한계가 어떻게 탐색되고 시험되며, 경우에 따라 위반되기도 하는지를 말해 주는 유용한 사례다. 18세기 초 밀렵에 관한 톰슨의 해석은 밀렵의 단계적 진행을 평민들이 사유지 및 왕실 소유지를 야금야금 잠식해 가는 과정으로 설명한다.[23] 일단 실행되기 시작하면, 그것은 관례로 간주될 수 있으며, 꾸준히 행사될 경우 관례는 거의 법률상의 권리처럼 여겨졌다. 하지만 대개 그 과정은 공개적 대결에 이를 만큼 자극하지 않도록 거의 감지할 수 없는 방법으로 진행되었다. 예를 들어 마을 사람들은 지면 바로 아래 나무껍질을 고리 모양으로 벗기곤 했는데, 그 때문에 나무가 하릴없이 말라 죽으면 죽은 나무는 자신의 소유라고 내세우며 권리를 주장할 수 있었다. 그도 아니면 아예 죽은 나무 묶음 한가운데에 푸른 가지를 감추기도 했다. 발각되지 않는 한 그들은 그것이 충분한 양이 될 때까지 생나무 비율을 점차 늘려 갔다. 산림에 대한 관리 통제가 느슨해질 때마다 이와 같은 점진적 과정에는 무섭게 가속도가 붙었는데, 이는 그때까지 방관하던 이들도 자신에게 똑같은 권리가 있다고 생각하며 목재나 사냥, 방목, 그리고 이탄泥炭 등에 달려들었기 때문이다. 따라서 상당한 규모의 산림을 보유한 어떤 교구의 주교가 "6개월쯤 자리를 비웠을 때 …… 소작인들이 …… 목재와 사슴을 대상으로 엄청난 공격을 해댄 것으로 보인다".[24] 숲에서 우세한 쪽은 전반적으로 볼 때 왕실이나 대자산가들임이 분명했지만, 밀렵꾼이라고 해서 자원이 하나도 없지는 않았다. 지형이나 지세는 그들 특유의 하부정치에 유리했으며, 그들은 익명의 위협, 폭행, 방화 등을 통해 치안판사나 사냥터 관리인이 표방하는 정의를 자주 겁박할 수 있었다. 밀렵이 점점 더 보편화되고 공격적·공개적으로 펼쳐지면서, 이는 단순히 사냥이나 목재에 대한 사실상의 재산 통제 문제에 그치지 않고, 밑으로부터의 공개적 반란으로 표현되는 암묵적 도발로 옮아갔다. 이에 톰슨은 다음과 같이 썼다.

> '비상사태'를 초래한 것은 당국에 대한 지속적 공개 모욕, 왕실이나 사유 재산에 대한 동시 공격, 특수한 요구를 확대해 가는 연합 운동 같은 느낌, 질서유지 실행 과정에서 가련하게도 고립된 상태에 있던 소요 지역 내 왕당파 상류층을 대상으로 공격하는 일종의 계급 전쟁 징후들이었다. 당국의 입장에서 비상사태를 조성한 것은 사슴 도둑질이라는 적폐가 아니라 이와 같은 권위의 전치轉置였다.[25]

얼굴을 검게 칠하고 밤중에 집 밖으로 다닐 경우 사형에 처할 수 있도록 조치한 블랙법Black Acts*은 국가의 결정적 대응 중 하나였다.

밀렵과 같은 하부정치 형태의 저항 배후에서 작동하던 추동력에 대해, 당국이 심혈을 기울여 만든 감시와 처벌의 대항력만이 영향을 준 것은 아니었다. 피지배 주민들 사이의 곤궁 및 분개의 수준 또한 커다란 영향을 주었다. 19세기 중반 독일의 나무 도둑은, 마르크스가 초기에 『라인 신문』Rheinische Zeitung에 게재한 몇몇 기사에서 말했듯이, 계급투쟁의 한 형태였다.[26] 전반적인 범죄 건수는 법적 조치의 강력함 못지않게 주민들의 생계상 필요에 의해서도 크게 좌우되었다. 산림 잠식이 늘어난 것은 식량이 비쌀 때, 임금이 낮을 때, 실업률이 증가할 때, 겨울이 가혹할 때, 타국 이주가 어려울 때, 그리고 자산 보유 축소가 만연할 때였다. 흉년이었던 1836년 프로이센 내 총 20만 7000건의 기소 가운데 15만 건이 산림 범죄였다. 1842년에는 불과 1년 동안 바덴주에서는 주민 네 명 가운데 한 명이 이와 관련된 유죄판결을 받았다.[27] 한때는 산림에 실질적으로 침입하는 행위에 국가의 법 집행 역량이 못 미칠 정도였다.

일상적 저항을 촉발하는 압력이 피지배 집단의 생계상 필요에 따라 달라지기는 했지만, 결코 완전히 사라질 정도는 아니었다. 요컨대 감시와 처벌이 조금이라도 약해지는 조짐이 보이면 이는 재빨리 최대한 활용되었다. 방어되지 않은 채 방치된 땅은 잃어버린 땅이 되기 십상이었다. 이런 패턴이 가장 뚜렷했던 곳은 소작료나 세금처럼 반복적 전유가 일어나는 경우다. 예컨대 라뒤리와 그의 동료들은 약

---

* 1723년 영국 의회가 제정한 법으로 1824년까지 지속되었다. 밤에 잘 보이지 않게 얼굴을 검게 칠하고 다니며 사슴을 비롯한 동물을 해치거나 건초 더미와 헛간에 불을 지르고 울타리와 연못을 망가뜨리는 등의 범죄행위가 성행하자 이를 교수형으로 처벌할 수 있게 했다.

400년에 걸쳐 십일조 징수(경작자들이 소출의 10분의 1을 납부하는 원칙)가 어떤 성쇠를 겪어 왔는지를 도표로 정리한 바 있다.[28] 원래 의도대로 지역 내 종교적·자선적 목적에 맞게 쓰이는 경우가 거의 없었기 때문에 십일조는 격렬하게 분개를 샀다. 하지만 이에 대한 저항은 공개 항의, 탄원, 폭동, 반란의 형태보다는, 물론 가끔씩 분출했을지언정, 대체로 조용하게 대규모로 진행된 탈루나 회피의 형태로 더 자주 나타났다. 농민들은 십일조 징수원이 도착하기 전에 추수를 몰래 끝내거나, 미등록 농지를 개척하거나, 십일조의 대상이 되는 작물과 그렇지 않은 작물을 혼작하기도 했다. 또한 품질이 형편없거나 수확량의 10분의 1에 못 미치는 곡물을 납부하고도 십일조 징수원으로 하여금 제대로 수령했다고 믿게끔 다양한 계량법을 동원해 눈속임했다. [농민에 대한] 압력 자체는 지속되었지만 강제적 조처가 이완되는 기회가 드물게 나타나면, 농민들은 그것을 재빨리 십분 이용했다. 전쟁이 발발해 지역 주둔군의 관할이 해체되면 십일조 징수는 곤두박질쳤고, 탈루 기법을 잘 모르는 신임 십일조 징수원이 방문할 경우, 그것에 따른 이점들이 최대한 가동했다. 주어진 허점을 가장 극적으로 활용한 사례는 프랑스혁명 직후 십일조를 점진적으로 폐지하기 위해 사제들에게 부과된 대속금代贖金과 함께 찾아왔다. 정치적 호기가 도래한 동시에 혁명정부가 대속금을 강제집행 할 여력이 부족하다는 것을 감지한 농민들은 십일조 납부를 효과적으로 회피했는데, 그 결과 그것은 머지않아 폐지되었다.[29]

이데올로기적·상징적 반대의 양상도 이와 거의 유사하다. 비유컨대, 은닉 대본은, 물줄기가 댐에 압력을 가하듯이, 무대 위에서 허용되는 바의 한계를 지속적으로 압박한다고 말해도 무방하다. 압력의 크기는 피지배자들이 공유하는 고통의 정도, 그리고 경험하는 분노의 정도에 따라 자연스럽게 달라진다. 압력의 배후에는 은닉 대본 속에 담긴 감정들을 여과 없이 지배자에게 직접 표현하고 전달하려는 욕구가 있다. 특히 전면적인 파열이 일어나기 직전 상태에서 한계를 시험해 보는 과정은, 말하자면 그런 한계를 가볍게 위반하는 듯한 피지배자들의 겁 없는, 격노한, 위험을 감수하는, 그리고 무방비 상태의 몸짓이나 언사를 포함한다. 만약 이런 불복종 행위(무례, 건방짐)가 징계를 받거나 처벌되지 않으면, 다른 사람들도 그런 위반 행위들을 적극적으로 활용할 것이며, 어디까지 말하는 것이 허용되는지를 규정하는 새롭고 실질적인 한계가 새로운 영토를 구축하며 설정될 것이다. 작은 성공은 다른 사람들로 하여금 위험을 무릅쓰고 한 걸음 더 나아가게 할 것이며, 결국 이런 과정은 빠르게 가속화한다. 정반대로 지배자 역시 한계를 파기하면서 그것을 반대 방향으로 옮길 수 있는데, 이전까지 용납되어 왔던 공개적 표현을 억압하는 것이 이에 해당한다.[30]

라나지트 구하는 신성을 거부하거나 존경을 철회하는 공개 행동이 종종 실제 반란의 초기 징조라고 확언했다.[31] 심지어 아주 사소해 보이는 행동 — 예컨대 하층 카스트 신분이 터번을 두르거나 신발을 신는 것, 절하거나 적절한 인사 방법을 거부하는 것, 반항적인 모습, 도전적 자세 — 조차도 복종 의례의 공개적 파기를 알리는 신호가 된다. 엘리트들이 자신의 권위에 대한 그와 같은 모독을 공개적 반란에 버금가는 것으로 간주하는 만큼, 상징적 차원의 저항과 반란은 제 역할을 수행하는 것이다.

따라서 상징적 저항의 논리는 저항의 일상적 형태와 놀랍도록 유사하다. 보통 때 그것들은, 신중하게 기획되어, 겉으로 잘 드러나지 않도록 베일 속에 감춰져 있어서, 실질적·상징적 질서에 대한 어떤 공개 도전과도 사실상 무관해 보인다. 하지만 압력이 커지거나 혹은 그것을 버티고 있던 '옹벽'에 약한 부위가 생기면, 밀렵은 토지 침범으로, 십일조 탈루는 공개적 납부 거부로, 소문과 농담은 공개적 모욕으로 비화하기 십상이다. 따라서 내전* 전까지만 해도 스페인 교회 위계질서에 대한 베일 속 남 얘기나 익살에 불과했던 막후의 경멸은, 전쟁이 발발하자마자, 대성당 지하실에 안치된 대주교와 수녀원 원장의 유골을 무단 공개 발굴하는 극적인 형태를 취했고, 그 유골들은 계단 앞쪽에 예의고 뭐고 없이 마구 버려졌다.[32] 이솝우화 속 언어가 직접적 독설에 자리를 내어 주는 것과 같은 과정은, 일상적 형태의 저항이 명시적이고 집단적인 저항에 자리를 내어 주는 과정과 매우 닮았다.

한계를 지속적으로 시험하는 논리는 지배자의 관점에서 볼 때 우리에게 누군가를 본보기로 삼는다는 것이 얼마나 중요한지를 일깨운다. 한계의 공개적 위반이 똑같은 내용의 잘못을 범하게끔 다른 사람들을 자극하듯이, 공개적 응징을 통해 상징적 세력 범위를 단호하게 주장할 경우 다른 사람들은 공개적 저항을 감히 시도하기 어려워진다. 탈주자 한 명이 사살되고, 소신이 강한 노예 한 명이 두들겨 맞고, 제멋대로 설치는 학생 한 명이 질책받음으로써, 피지배자 관객에게는 이런 행동들이 공적인 사건을 의미하게 된다. 그것들은 일종의 의도적 선제공격으로서, 현존하는 전선에 대해 앞으로 일어날 도전을 미연에 방지하거나(프랑스 말로 '다른 사람들을 격려하기 위해') 혹

---

* 1936~39년 스페인에서 일어난 내전. 1936년 2월 총선거 결과 인민전선 내각이 성립되자 프랑코 장군이 이끄는 군부가 반란을 일으키며 시작되었다. 국제전으로 비화한 끝에 1939년 3월 반정부군 측의 승리로 끝났다.

은 아마도 새로운 영역을 장악하려는 목적을 갖고 있다.

마지막으로 권력관계에, 특히 전유와 항구적 종속이 핵심적으로 중요한 권력관계에 연관되어 있는 '미시적' 밀고 당기기 과정을 분명히 인식한다는 것은 자연화나 정당화와 같은 어떤 정태적 견해도 옹호될 수 없게 만든다. 그와 같은 조건의 지배 엘리트는 자신의 물질적 통제와 상징적 범위를 유지하고 확대하기 위해 끊임없이 노력한다. 여기에 상응해 피지배 집단은 전유를 좌절시키거나 역전시킬 뿐만 아니라 더 많은 상징적 자유를 차지하려는 전략을 고안하고자 끊임없이 노력한다. 노예들이나 농노들에게 있어서 [지배자들의] 전유 과정에 맞서는 물질적 압박은 거의 다 생존의 필요성에 따른 것이며, 말로 반격하려는 욕구에도 강력한 자체 논리가 있다. 이런 지형에서 영원한 승자는 없다. 먼지가 가라앉기도 전에 빼앗긴 영토를 탈환하려는 탐색이 시작되기 때문이다. 지배의 자연화는 항상 작지만 중요한 방식으로 시험대에 오르는데, 권력이 가해지는 경우에 특히 그렇다.[33]

경계선 아래의 저항

이제 우리는 논의의 일부를 요약하고자 한다. 아주 최근까지도 피지배 집단의 적극적인 정치 활동 가운데 많은 부분이 우리가 정치적이라고 거의 인식하지 않는 수준에서 발생한다는 이유로 경시되어 왔다. 대체로 무시되어 왔던 이 부분이 양적으로 엄청나게 많다는 사실을 강조하기 위해, 나는 한편으로는 대다수의 관심을 끄는 공개적이면서도 공표된 형태의 저항과, 다른 한편으로는 하부정치의 영역

표 7-1   지배와 저항

	물질적 지배	신분적 지배	이데올로기적 지배
지배의 실행	곡물, 세금, 노동 등의 전유	모욕, 특혜 박탈, 무례, 품위에 대한 도전	지배 집단에 의한 노예제, 농노제, 카스트, 특권의 정당화
공표된 형태의 저항	탄원, 시위, 보이콧, 파업, 토지 침입, 공개적 저항	태도, 의상, 말씨 등을 통한 가치 있는 것의 공인. 그리고/혹은 지배자의 신분 상징에 대한 공개적 모독	평등이나 혁명을 전파하거나 지배 이데올로기를 부정하는 공개적 대항 이데올로기
위장된, 주목받지 못하는, 드러나지 않은 저항, **하부정치**	일상적 형태의 저항 (예컨대 밀렵, 불법 거주, 탈주, 탈루, 꾸물거림) 위장한 반대자에 의한 직접 저항(예컨대 차명 전유, 위협, 익명의 위협)	분노 및 공격의 은닉 대본과 품위에 대한 위장된 언설(예컨대 공격 의례, 복수 이야기, 카니발 상징주의와 남 얘기와 소문의 사용, 품위 주장을 위한 자율적 사회 공간의 생성)	체제 저항적 반문화의 발달(예컨대 천년왕국 교리, 노예의 '비밀 정원', 민속 종교, 의적 및 계급 영웅 신화, 세상이-거꾸로-그려진 이미지, '선한' 임금 혹은 '노르만의 멍에'* 이전 시대에 대한 신화)

을 구성하는 위장된, 거의 주목을 받지 못하는, 그리고 공표되지 않은 저항을 구분하고자 한다(〈표 7-1〉볼 것).

　오늘날 서구의 자유민주주의 체제에서는 공개적 정치활동에 관심을 기울이기만 해도 의미 있는 정치적 삶의 상당 부분을 포착하게 될 것이다. 언론과 집회의 정치적 자유라는 역사적 성취는 정치적 의사의 공개 표현에 따르는 위험성과 어려움을 크게 줄였다. 하지만 불과 얼마 전만 해도, 그리고 심지어 오늘날까지도, 수많은 최하층 소수자들이나 버림받은 빈곤 계층의 경우 공개적으로 표현하는 정치

* 1066년 노르망디 공이었던 윌리엄 1세가 영국을 정복한 이후 영국이 이민족 지배하에 있음을 비판하는 말로, 흔히 '앵글로·색슨의 자유'라는 말과 대비된다.

행위는 실제로 벌어지는 정치 행위 대부분을 거의 제대로 파악하지 못한다. 또한 공개 선언된 저항에만 관심을 기울여서는 새로운 정치 세력이 형성되고 정치적 요구가 새롭게 제기되는 과정을, 그것들이 현장에서 폭발하기 전까지는, 결코 제대로 이해할 수 없다. 예컨대 흑인 학생, 성직자 및 그들 교구 주민 사이에 존재했던 막후 언설을 이해하지 않고서 우리가 1960년대 민권운동이나 흑인 권력 운동으로 대표되는 그것의 공개적이면서도 급작스러운 출현을 어떻게 이해할 수 있을까?

장기 역사적 관점을 취할 경우, 비교적 안전하고 공개적인 정치적 반대는 일종의 사치처럼 여겨질 만큼, 희소하기도 하고 최근의 현상이기도 하다. 절대다수의 보통 사람들은 시민이 아닌 신민臣民이었고, 지금도 그러하다. 우리가 정치적인 것의 개념을 공개적으로 선포된 행위에만 국한한다면, 피지배 집단에게는 기본적으로 정치적 삶이 존재하지 않거나, 아니면 그들이 유일하게 갖고 있는 정치적 삶은 대중적 봉기라는 예외적 순간에만 한정된다는 결론에 다다른다. 그렇게 되면 침묵과 봉기 사이에 놓여 있는, 그리고 싫든 좋든 피지배계급의 정치적 환경에 해당하는, 광대한 정치적 지형을 놓치고 만다. 이는 정치를 조망한다면서, 눈앞에 보이는 해변에 초점을 맞춘 탓에 그 너머의 대륙을 놓치는 셈이다.

위장된 저항의 혹은 하부정치의 다양한 형태 각각은 공개적 저항이라는 요란한 형태의 조용한 동반자다. 따라서 점진적 무단 점유는 공개적 토지 침입의 하부정치적 등가물이다. 왜냐하면 둘 다 토지 전유에 저항한다는 목표를 지녔기 때문이다. 전자의 경우 목표를 공개적으로 드러낼 수 없으며, 그런 만큼 아무런 정치적 권리가 없는 피지배자에게 매우 적합한 전략이다. 따라서 복수에 대한 소문과 민담은 경멸과 신성모독이라는 공개적 몸짓의 하부정치적 등가물이다. 왜냐하면 둘 다 그 목표가 피지배 집단의 지위와 품위를 부정하는 것에 대한 저항에 있기 때문이다. 전자의 경우 직접 행동할 수도 없고 자신의 의도를 단언할 수도 없다. 따라서 그것은 아무런 정치적 권리가 없는 신민들에게 매우 적합한 상징적 전략이다. 끝으로 민속 종교에서 나타나는 천년왕국의 이미지와 상징적 반전 이미지들은 공개적이며 급진적인 대항 이데올로기의 하부정치적 등가물이다. 왜냐하면 둘 다 이데올로기적 지배의 공개적 상징성을 부정하려는 목표를 지녔기 때문이다. 결국 하부정치는 본질적으로 피지배자의 저항이 심각한 위험에 빠진 조건에서 반드시 취해야 할 전략적 형태가 된다.

하부정치의 전략적 중요성은 현대 민주주의의 공개 정치와 비교해 정도의 측면에서 차이가 있다는 것이 아니다. 대신에 그것은 정치적 행위에서 근본적으로 서로 다른 논리를 내세운다. 아무런 공개적 요구도 청구되지 않으며, 그 어떤 상징적 경계선도 그어지지 않는다. 모든 정치적 행위는 의도를 흐릿하게 만들거나 어떤 분명한 의미 뒤에 감춰지도록 고안된 모습을 띤다. 실제로 그 누구도 공언된 목표를 위해 자기 이름으로 활동하지 않는다. 그런 정치적 행동이 익명으로 이루어지거나 목적 자체를 부인할 수 있도록 세심하게 고안되었다는 사실이야말로, 하부정치에 대해 더 적극적으로 해석할 것을 요구한다. 겉으로 보이는 게 진상眞相은 아니기 때문이다.

하부정치에 수반된 위장의 논리는 그것의 실질 내용뿐만 아니라 그 조직에까지 이어진다. 또한 조직 형태는 정치적 선택의 산물인 만큼 정치적 필요의 산물이기도 하다. 공개적 정치활동이 완전히 불가능하기 때문에, 저항은 공식 조직 대신 혈연이나 이웃, 친구, 공동체 등 비공식적 연줄망에 제한된다. 민속 문화 형태에서 발견되는 상징적 저항이 나름 순진한 의미를 가질 수 있듯이, 하부정치의 기초 조직 단위들은 기존의 정치에 대안적이면서도 순진한 상태로 존재한다. 시장, 이웃, 가족 그리고 공동체 등과 같은 비공식적 군집은 저항을 위한 구조와 덮개를 동시에 제공한다. 저항은 소집단으로나 개별적으로 진행되며, 대규모인 경우라 하더라도 민속 문화 혹은 실제적 위장을 통한 익명성을 이용하기 때문에, 감시를 방해하는 데 능숙하다. 지지를 동원할 지도자도 없고, 자세히 살펴볼 명부도 없으며, 공표할 선언문도 없고, 관심을 끌 만한 공개 행사도 없다. 말하자면 이는 정치적 삶의 원초적 형태로서, 그것 위에 구축된 보다 정교하고, 개방적이며, 제도적인 형식들이 정치적 삶의 활력 여하를 좌우할 개연성이 높아질 수 있다. 그와 같은 초보적 형태는 왜 하부정치가 그토록 쉽사리 눈에 띄지 않는지를 설명하는 데도 도움을 준다. 만일 공식적 정치조직이 엘리트(예컨대 법률가, 정치인, 혁명가, 정당 지도자)의 영역이고, 문자 기록의 영역(예컨대 결의안, 선언문, 보도 기사, 탄원서, 기소장)이며, 공개적 행위의 영역이라면, 이와 대조적으로 하부정치는 비공식적 리더십과 비엘리트의 영역, 대화와 구전 언설의 영역, 그리고 은밀한 저항의 영역이다. 하부정치의 논리는 지나가는 자리에 거의 흔적을 남기지 않는다. 행적을 스스로 덮어 버림으로써 행동가들이 실제로 감수해야 하는 위험 부담을 최소화할 뿐만 아니라, 사회과학자들이나 역사학자들이 실제 정치가 나타났다고 확신할 만한 물증의 대부분을 제거하기도 한다.

하부정치는 실제 정치임에 확실하다. 많은 측면에서 그것은 자유민주주의의 정치적 삶에 비해 보다 열심히 진행되고, 보다 많은 것을 승부의 대상으로 걸며, 보다 거친 역경을 헤쳐 나간다. 영토를 실제로 빼앗기기도 되찾기도 한다. 하부정치의 탈주에 의해 군대는 끝장나고 혁명은 촉진된다. 사실상의 재산권이 확립되기도 하고 도전받기도 한다. 피지배자들에게 축적된 사소한 계략이 발휘되어 노동과 납세를 거부할 때 국가는 재정 위기 혹은 전유 위기에 직면한다. 권위에 대한 저항적 반문화와 복수심에 불타는 몽상이 창조되고 육성된다. 반헤게모니적 언설도 창안된다. 그러므로 하부정치는 항상, 앞에서 강조했듯이, 그것이 용인되는 범위를 압박하고, 시험하고, 탐색한다. 감시와 처벌의 이완과 망설이는 모습은 공개적 일격의 조짐이고, 완곡한 공격성 민담들은 면대면의 저항적 경멸이 될 조짐이며, 천년왕국의 꿈은 혁명 정치가 될 조짐이다. 이런 관점에서 볼 때 하부정치는 정치의 기본 형태 — 기초적이라는 의미에서 — 로 생각될 수 있다. 하부정치는 더 정교하게 제도화된 정치적 행위를 위한 건축 블록으로서, 전자 없이는 후자도 없다. 역사적으로 대부분의 피지배자들이 살아왔던 폭정과 박해하에서 유일하게 가능한 정치적 삶은 하부정치였다. 그리고 개방된 정치적 삶이라는 보기 드문 문명 상태가 박탈되거나 파괴될 경우에도, 너무나 자주 그래 왔듯이, 하부정치의 기본 형태는 힘없는 자들 가운데 깊은 곳에서 하나의 방어 수단으로 지금도 남아 있다.

___

8장

권력의
농신제

: 은닉 대본의
최초 공개 선언

전적으로, 시련의 이 시기는, 카지아[최근 어려운 처지로 전락한 가족의 집안 하인]에게 있어서 오히려 농신제 기간이었다. 그녀는 비난받지 않고 자유롭게 자신의 윗사람들을 호통칠 수 있었던 것이다.

_조지 엘리엇, 『플로스강의 물방앗간』.

그대는 내 가슴속에 숨겨 두고 있는 것을 말하도록 나를 부추기시는구려.

_소포클레스, 『안티고네』.*

가장 흥분되는 최고의 레슬링 경기는 …… 불의, 배신, 상처의 전력前歷에서 벗어나 응징을 약속하는 그런 것이다. 레슬러들이 즐겨 말하듯, 또한 그들의 팬도 배워서 기대하듯, "남한테 한 대로 돌려받는 법".

_도널드 노니니, 알린 아키코 데라오카, 「사각 링에서의 계급투쟁」.[1]

* 『오이디푸스왕·안티고네』, 387쪽에서 전재. 테이레시아스가 크레온에게 하는 말.

이 마지막 장에서 우리는 은닉 대본과 공개 대본의 경계가 결정적으로 사라질 때 어떤 일이 일어나는지 살펴보고자 한다. 특히 우리의 관심을 끄는 것은 은닉 대본이 처음 공개적으로 선언될 때 미치는 격렬한 정치적 충격이다. 만약 이와 같은 예외적 순간에 대한 분석이 앞에서 언급한 우리의 주장을 무효화한다면 불행한 일이 아닐 수 없다. 지금까지 내 주장의 핵심은 지배자 및 사회적 약자들의 공개 대본과 막후 대본을 이해하는 일이 어떻게 권력관계를 참신한 방법으로 조명하게 하는지를 밝히는 것이었다. 이제 우리의 관심이 공개적 대결이라는 보기 드문 경우로 옮아가는 만큼, 피지배 집단의 은닉 대본은 단지 정면충돌, 사회운동, 그리고 반란의 서막 — 기초공사 — 의 의미만 띨지도 모르는 약간의 위험이 존재한다. 만약 이게 사실이라면 피지배 집단이 일으키는 대부분의 정치투쟁이 애매모호한 경계에서 훨씬 많이 진행된다고 하는 나의 주장은 헛수고에 그칠 것이다.

이처럼 필요한 단서를 달더라도, 은닉 대본 분석이 정치적 돌파의 전조를 품고 있는 순간들에 대해 우리에게 말해 줄 수 있는 것이 있다는 점은 분명하다. 그런 순간들을 이해하는 첫 번째 단계는 가장 먼저 도전적으로 말하는 사람들이 경험하는 말투와 분위기를 우리의 분석 중심 부근으로 가져오는 일이다. 그들의 흥분과 에너지가 사태를 촉발하는 요소인 한, 그것들은 구조적 변수로서 상황의 일부가 된다. 더 나아가 그것들은 정치적 돌파구를 여는 본질적 동력인데, 이 동력은 공공선택이론은 차치하고 사회운동의 자원 동원 이론에서도 따로 포착하기 쉽지 않다. 저항적 행동들이 고무하는 초기의 호기豪氣(공포와 섞여 있음)에 대해 먼저 살펴본 다음, 나는 공개적 모욕에 대한 반전은, 그것이 충분히 향유되기 위해서라면, 공식적인 것이 될 필요가 있다는 점도 설명하고자 한다. 그다음은 카리스마적 행위들이 사회적 힘을 피지배 집단의 은닉 대본 속 그것들의 뿌리 덕분에 획득하는 과정을 검토하는 것이다. 바로 이와 같은 앞선 역사는 카리스마적 행위들을 가능하게 할 뿐만 아니라, 정치적 돌파구가 너무나 빠른 속도로 확대되는 나머지 혁명 엘리트들조차 어떻게 그것의 진행에 추월당하고 뒤에 남겨지는지를 우리가 이해하는 데 도움을 준다.

헤게모니적 외관의 재생산 거부

가혹한 권력의 이빨에도 불구하고 규범에 순종하는 언어나 몸짓 혹은 다른 표시의 생산을 어떤 식으로든 공개적으로 거부하는 일은, 전형적인 저항적 행위 — 일반적으로 다분히 의도적인 — 로 해석된다. 여기서 결정적인 구분은 순응에 대한 실천상의 실패와 순응에 대한 공공연한 거부이다. 전자의 경우는 지배의 규범적 질서를 반드시 위반하는 것이 아니다. 하지만 후자의 경우는 항상 그러하다.

순응에 대한 실천상의 실패가 특정한 상대에 대한 공개적 거부와 결합될 때 이는 정면 도전 혹은 상징적 선전포고로 간주된다. 적절한 예의를 갖춰 상급자를 맞이하는 데 실패하는 일은 일어날 수 있다. 그런 실패는 별다른 상징적 의미가 없는, 잠깐 동안의 부주의로 넘길 수 있다. 하지만 상급자에 대한 인사를 대담하게 거부하는 것은 별개의 문제다. 어떤 측면에서 이런 행동 자체는 겉보기에 거의 동일하다. 하지만 전자가 무해한 혹은 애매한 행동이라면, 후자는 지배 관계 자체를 암묵적으로 위협한다. 따라서 누군가와 부딪치는 것과 그 사람을 대놓고 밀치는 것, 물건을 좀도둑질하는 것과 공개적으로 압수하는 것, 국가國歌를 부르지 못하는 것과 국가 연주 시 다른 사람들이 서있는 동안 자기는 보란 듯 앉아 있는 것, 남 애기와 공개적 모욕, 부주의해 발생한 기계 파괴와 명백한 사보타주의 결과로 일어난 기계 파괴는 하나같이 전혀 다르다. 예컨대 가톨릭 조직에서 많은 신자들이 결혼 대신 동거를 선택한다면, 그런 선택이 얼마나 개탄스럽든지 간에 제도적으로는 큰 문제 없이 넘어간다. 똑같은 동거 지지자들이 결혼의 신성함과 그것을 부여하는 교회의 권위를 공개적으로 거부하는 것보다는 차라리 낫다고 생각하기 때문이다.

지배 엘리트들이 피지배자들의 부적절한 연기와 노골적인 규범 위반을 구분하려는 것은 지나치게 과민한 명예심 탓이 아니다. 그것은 지배 엘리트들이 공개적인 저항이 초래할 결과를 잘 알고 있기 때문이다. 상당수의 권력 행사 형태가, 헤게모니[적 지배]라는 공적 구조를 깨트리지 않는 한, 현저하게 높은 수준의 불순응적 행위까지 용인한다. 그 차이는 비톨트 곰브로비치가 다음과 같은 상황에서 멋지게 포착한 바 있다. 학생들이 으레 심드렁하고 활기 없이 참여하곤 하는 문학 수업의 분위기가 돌변한 것은 한 학생이 모두가 자신의 경우라고 여기는 그 무엇 — 공인된 시인의 대표작을 읽으면서 공인된 감정을 전혀 느끼지 못했다 — 을 정확히 공개적으로 선언했을 때였다. 그 순간, "엄청난 보편적 무력감의 그림자가 교실에 감돌았으며, 교사는 만약 자신이 지금 당장 갑절의 신념과 확신을 불어넣지 않는다면 스스로 무릎을 꿇을 수밖에 없으리라고 느꼈다".[2] 일단 자신의 역할에 대한 믿음의 부재가 은닉 대본을 떠나 하나의 공개적 사실이 되자, 그것은 무대 뒤편 딴소리만으로는 결코 제기할 수 없는 역할 자체의 정당성을 위협한 것이다.

지배의 공개적 군중집회 및 열광적 동의를 통해 세심하게 조직되어 왔던 것이 밑으로부터의 공개적 거부 행동에 의해 폭발하는 매우 드문 경우에서 "엄청난 보편적 무력감의 그림자"는 상징적 궤멸이라는 말을 제외하고는 달리 묘사할 방법이 없다. 수백만의 루마니아 사람들이 지켜봤던 바로 그런 역사적인 순간은 1989년 12월 21일 부쿠레슈티에서 니콜라에 차우셰스쿠 대통령이 변방 도시 티미쇼아라에서 발생한 미증유의 반정부 시위 이후 자신의 정치적 건재를 과시하기 위해 동원한 집회였고, 이는 텔레비전으로 생중계되었다.

> 젊은이들은 "우우"하는 야유를 보내기 시작했다. 그들은 점점 더 악화되는 상황을 아직도 깨닫지 못하는 대통령이 반反공산주의 세력을 맹비난하며 떠드는 소리를 조롱했다. 야유 소리는 점점 더 커졌고 텔레비전 시청자들에게도 간간 들릴 정도였다. 하지만 곧 방송 기술자가 상황을 장악해 녹음된 박수 소리 사운드트랙을 화면 없이 틀었다.
>
> 바로 그 순간 루마니아 사람들은 자신들의 전지전능한 지도자가 실제로는 취약하다는 사실을 느꼈다. 그것은 수도에서 시위로 물든 첫날 오후와 유혈이 낭자한 이튿날 밤을 촉발했다.[3]

이런 이유에서 헤게모니적 외관의 재생산은, 심지어 강압적 체제하에서도, 지배의 행사를 위해 필수적이다. 따라서 정체성을 확인할 때 독트린을 가장 중시하는 기관들도 종종 이단 세력이 행하는 고백과 변설變說의 진정성에 대해서보다, 그것들이 만들어 내는 만장일치의 공개 쇼에 관심이 더 크다. 한편으로 개인적 의심과 내면적 냉소,

다른 한편으로 제도 및 그것이 의미하는 바에 대한 공개적 의심과 대외적 거부는 별개의 문제다.

따라서 헤게모니에 순응하는 공연을 공개적으로 거부한다는 것은 특히 위험한 불복종의 형태다. 사실 불복종이라는 용어가 여기서는 매우 적절한데, 이는 순응하기를 거부하는 어떤 특정한 행동이 상징적 벽에 작은 구멍 하나를 내는 데 그치지 않고, 이런 형태의 복종에 수반되는 다른 모든 행동들에 대해서도 반드시 의심을 품게 만들기 때문이다. 자신의 지주에게 허리 굽혀 인사하기를 거부하는 농노가 곡물 상납과 노력 봉사를 어떻게 계속하겠는가? 순응에 대해 한 차례 실수를 저지른 것은 지배 체제에 대해 무시해도 좋을 만한 결과만 남길 뿐이기에 고치거나 변명하면 된다. 하지만 한 차례의 성공한 공개적 불복종은 외견상 동의 내지 합의의 매끈한 표면에 구멍을 내는데, 이는 수면 아래의 근본적 권력관계를 생생하게 상기시킨다. 상징적 저항 행위가 권력관계에 대해 이처럼 불길한 결과를 초래하기에, 로마인들은 단순한 법률 위반보다 불충을 더 가혹하게 다루었다고 폴 베인은 우리에게 알려 준다.[4]

확실한 불복종 행위가 일어났는지를 판단하는 문제는 결코 단순한 사안이 아니다. 왜냐하면 벌어진 행위의 의미는 주어지는 것이 아니라 사회적으로 구성되기 때문이다. 극단적인 경우라면 자유롭게 해석할 여지가 적다. 어떤 노예가 다른 노예들이 보는 앞에서 주인을 때렸다면, 이는 확실한 공개적 도전이라 해도 과언이 아니다. 도둑이나 밀렵꾼이 야밤에 쥐도 새도 모르게 옮겨 다니면, 이는 재산관계에 대한 공개적 도전이라 단정하기 어렵다. 이와 같은 두 가지 극단 사이에 놓인 사례들은 해석의 여지가 넓다. 만약 자신의 이익에 부합한다면, 지배자는 상징적 도전을 무시하는 쪽을 선택하거나,

그것을 듣지도 보지도 못한 척하거나, 어쩌면 도전자를 미친 사람으로 취급함으로써, 그러지 않았다면 중요하게 여겨졌을지 모를, 그가 저지른 행위의 의미를 박탈해 버릴 수 있다. 도전자로 인정하지 않는 것 역시 도전자에게 자신의 행동을 재고할 기회를 제공하기 위해 의도된 하나의 전략일 수 있다(예컨대 "만약 ……하다면 이번 위반 사항은 그냥 없던 걸로 넘어가지"). 똑같은 이유에서 지배자는 누군가를 공개직 본보기로 삼기 위해 애매한 행위를 직접적인 상징적 도전으로 해석할 수 있다. 프레더릭 더글러스는 대답하는 말투, 대답 회피, 표정, 그리고 끄덕거림을 주인이, 다소간 자의적으로, 어떻게 무례한 언동으로 해석하고 그것에 대한 응징으로서 노예들을 매질하는지에 대해 설명했다.[5]

이런 종류의 행동이 어떻게 해석되는지는 단순히 지배자의 기분이나 기질 그리고 감수성에 달린 문제가 아니다. 그보다는 상당 부분 정치의 문제다. 예를 들어 게릴라나 반역자들을 종종 산적山賊으로 취급하는 것은 지배 엘리트의 이해에 부합된다. 반역자들의 주장에 그들이 요구하는 공적 언설의 지위를 부여하지 않음으로써 당국은 국가에 대한 정치적 도전을 최소화하는 범주에 집어넣은 다음 그들의 행위를 체제에 동화시키려 하는 것이다. 이 같은 전략은 아래로부터 만들어진 거울 이미지를 만나게 되는데, 이는 농민들이 몇몇 산적을 신비한 영웅 — 부자에게 돈을 빼앗아 가난한 사람에게 나눠 주고 로빈 후드의 질서에 따라 조야한 정의를 베푸는 — 으로 둔갑시킬 때 그러하다. 어떤 상표 혹은 낙인은 대체로 습관이나 관례의 문제에 해당될 수 있지만, 수사학적 전략의 일부가 될 가능성도 적지 않다. 엘리트가 만들어 퍼뜨린 정의定義가 더 많은 관객들 사이에 얼마나 커다란 호응을 얻는지는 별개의 차원으로 하더라도, 엘리트가 혁명가를 산적으로, 반체제 인사를 정신병자로, 적을 반역자로 낙인찍는 것은 엘리트에게 종종 도움을 준다. 따라서 헤게모니적 외양의 재생산을 거부하는 일은 결코 간단한 문제가 아니다. 어떤 행위에 모종의 의미를 부과한 다음 그것을 계속해서 유지하려는 정치적 투쟁은 종종 의미를 부과하는 행위 못지않게 중요하다.

침묵 파괴 : 정치적 전율

이런 당국의 공식 해석은 결국 현실과 통합된다. 보편적이면서 모든 것을 아우르는 거짓말이 득세하기 시작하고 사람들은 그것에 적응해 간다. 그리고 모든 사람은 자신의 생애 중 일정 기간 거짓말과 타협하기도 하고 그것과 공존하기도 한다. 이와 같은 조건에서 진실을 주장한다는 것, 그리고 모든 것 — 자신이 세상 전부와 맞서야 할지도 모르는 위험까지 포함해, 그야말로 모든 것에도 불구하고 — 을 삼켜 버리는 거짓의 연결망을 돌파하면서 진실하게 행동한다는 것은 매우 특별히 중요한 정치적 행위이다.

_체코 극작가 바츨라프 하벨.[6]

아마도 독자들은 포이저 부인의 분노 폭발이 악덕 지주에게 전기 충격처럼 전달된 사실을 기억할 것이다. 나는 여기서 은닉 대본이 처음 공개적으로 표출되는 바로 그 특별한 정치적 순간에 집중하고 자 한다. 이런 순간을 이해하는 데서 가장 중요한 것은 그것이 공개 표출을 하는 당사자(들)에게 주는, 그리고 가끔은 그것을 지켜보는 관객들에게 주는, 엄청난 충격이다. 이와 같은 순간에 경험한 마음속 권력을 세상에 알리려면 그것을 직접 체험한 다수 사람들의 이야기를 경청하고, 개인적 증언을 해줄 목격자들을 소환해야 한다.

리카르도 라고스는 피노체트 독재 체제하 칠레에서 조심스레 정치적 반대 운동을 하던 수십 명의 정치인 가운데 한 명이었다. 이 모든 상황은 1988년 6월, 50세의 어떤 경제학자가 칠레 텔레비전의 한 시간짜리 생방송에서 침묵을 깨트렸을 때 완전히 변해 버렸다. 이 순간의 드라마를 한 신문 보도가 멋지게 포착했다.

> 한 시간짜리 생방송이 절반쯤 지났을 때, 그는 카메라에 대고 손가락질하며 우렁찬 목소리로 피노체트 장군에게 말로 직격탄을 날렸다. 그는 8년 전 국민투표 이후 앞으로 재선을 노리지 않겠다고 했던 피노체트의 발언을 환기했다. 라고스는 마치 피노체트 장군에게 직접 말하듯 이렇게 덧붙였다. "그리고 지금 당신은 우리 조국에 고문과 암살, 그리고 인권 위반을 향후 8년 이상 약속하고 있습니다. 나는 너무나 야심이 큰 한 명의 칠레인이 20년 동안이나 권좌에 앉아 있다는 사실을 인정하기 어렵습니다." …… 인터뷰 진행자 세 명이 거듭 만류했지만, 그는 그들을 옆으로 밀쳐 내며 이렇게 말했다. "당신들은 나를 너그럽게 봐줘야만 합니다. 나는 지난 15년간의 침묵을 대변하고 있습니다."[7]

기자가 강조했듯이 그것은 '지진이 난 것 같은' 충격을 주었다. "어떤 사람들은 경악했고, 어떤 사람들은 황홀해졌으며, 피노체트 장군은 격노했다." "또한 그것은 정치적 스타 한 명을 창조했는데, 일반적으로 그는 사회주의를 소생시킬 수 있는 가장 유능한 인물로 간주되었다."[8] 라고스의 분노 폭발이 낳은 정치적 충격파는 포이저 부인의 연설이 남긴 효과와 서로 가족처럼 닮았다. 각각의 사례에서 연

설이 낳은 정치적 충격은 듣는 사람들에게 새로운 정보를 제공하거
나 새로운 감정을 불러일으켜서가 결코 아니었다. 칠레의 경우 라고
스가 말한 것은 사실상 친구들, 직장 동료들, 그리고 정치적 단짝 ―
기독교 민주당에서부터 극좌에 이르기까지 ― 사이에서 오랫동안 공
유되어 온 의견이었고, 단지 공개적으로 표명하지 못하게끔 억제되
었을 뿐이다. 따라서 라고스가 "나는 지난 15년간의 침묵을 대변하
고 있습니다"라고 말했을 때, 그는 지난 15년 동안 수천 명의 칠레
국민들이 덜 위험한 환경에서만 생각하고 말해 왔던 것을, 지금 직
접 피노체트를 상대로 말하고 있다는 점을 분명하게 밝히고 싶었던
것이다. 그가 깨트리는 침묵은 공개 대본 속 저항의 침묵이다. 그 순
간의 전율과 긴박한 상황의 일부는 라고스가 그런 침묵을 깨트리며
자초했던 엄청난 개인적 위험이다. 지주에게 맞서면서 동네 주민들
을 대변했을 때 포이저 부인이 소작권 박탈의 위험을 감수했듯이,
독재자를 거역하며 칠레 국민 대다수를 대변했을 때 라고스는 목숨
을 건 모험을 감행한 셈이다. 은닉 대본 속의 이견異見이 공개 저항으
로 문턱을 넘는 순간은 항상 정치적으로 격앙된 때이다.

　개인적 해방감, 만족, 긍지, 그리고 의기양양한 감정 ― 종종 그
것이 동반하는 실제적 위험 요소에도 불구하고 ― 은 이와 같이 은
닉 대본을 처음 공개적으로 표현했을 때 경험하는 것들 가운데 빠트
릴 수 없는 부분들이다. 우리가 은닉 대본의 특징을 밝히는 과정에
서 진실이라는 용어의 사용을 특별히 피해 왔지만, 너무나 명확한
것은 권력의 강력한 통제하에서 이루어지는 은닉 대본의 공개 선언
이 일반적으로 속임수와 거짓을 대신해 마침내 진리가 말해지는 순
간으로 경험된다는 사실이다. 진리에 대한 그 어떤 주장도 그 근거
가 빈약한 것으로 보는 포스트모던적 감각이 우리가 그와 같은 용어

를 사용하는 걸 가로막는다 해도, 하벨이 언급했듯이, 이와 같은 용단을 내리는 사람들은 그것을 진리의 순간으로, 또한 자신의 개성 입증으로 경험하게 된다고 우리는 이해하지 않으면 안 된다.

노예들의 이야기에서 나온 증거들은 이런 점에서 명백하다. 예컨대 자신의 주인이나 감독자가 사망했을 때 노예들에게 통상적으로 기대되는 모습은 통곡을 하며 "그가 하늘나라 집으로 돌아갔다"고 공개적으로 말하는 것이었다. 막후에서 노예들은 의심의 여지 없이 미움받던 주인이 "가시로 가득 찬 통" 같은 지옥에 갔다고 자기들끼리 말했다. 하지만 특별히 악랄하고 미움을 많이 받았던 감독자의 경우, 그의 죽음에 대한 기쁨이 너무나 크고 자연스럽게 우러나온 나머지 공개 대본으로 삐져나오는 일도 있었다. 노예들은 이렇게 성가를 불렀다. "늙은 존 벨은 이제 죽고 없네. 나는 그가 지옥에 갔으면 좋겠어." 그 자리에 있던 또 다른 노예는 이렇게 말했다. "그때가 그 농장에서 니그로들이 행복해 보인 유일한 때였어."[9] 행복감은, 이야기들이 분명히 말해 주듯이, 단지 원수의 죽음으로부터 오는 것만이 아니라, 승리감의 집단적이고 공개적인 표현 속에서 경험되는 자유로움으로부터도 생겨난다. 그런 저항을 통해 진정한 자아를 찾게 된 가장 대표적인 경우는 프레더릭 더글러스가 주인과 몸싸움을 벌인 이야기일 것이다. 더글러스는 죽을 각오를 하고 주인에게 말대꾸를 했을 뿐만 아니라 주인에게 일방적으로 두들겨 맞으려고 하지도 않았다. 자긍심과 분노심에 찬 더글러스는 싸워서 주인을 물리쳤지만 그를 때려눕힐 만큼 심하게 대하지는 않았다. 대결은 무승부로 끝났고 더글러스는 기적적으로 처벌을 면했다. 하지만 여기서 우리의 목적상 중요한 것은 이와 같은 경험이 그에게 차지하는 의미이다. 더글러스는 이렇게 썼다. "그 전에 나는 아무것도 아니었지만 지금

나는 인간이다. …… 그에게 저항하고 나서 나는 이전에 결코 느끼지 못한 것을 느끼게 되었다. 그것은 부활이었다. …… 나는 죽음을 두려워하지 않는 지점까지 도달했다. 이런 정신이 나를 사실상의 자유인으로 만들었다. 비록 형식적으로는 노예로 남아 있었지만 말이다. 노예가 마음대로 두들겨 맞지 않게 될 때 그는 절반 이상 자유롭다."[10] 대다수 노예들에게, 그리고 대부분의 시간에 걸쳐, 생존에 가장 관건이 되는 것은, 말로 하는 것이든 몸으로 하는 것이든, 저항하고 싶은 충동을 단단히 통제하는 일이다. 노예가 주인에게 실제로 대드는 예외적인 순간, 마침내 자신이 진정성을 갖춘 행동을 취했다는 흥분이 발산하는데, 짐작하듯이 이는 그 결과로 맞게 될 죽음의 공포를 동반한다.

주어진 상황에서 당장 눈앞의 신체적 위험 요소만 제거되어도 여태까지 종종 경멸해 왔던 주인에게 더는 위선적인 존경을 표현하지 않아도 무방하다는 사실은 엄청난 성취감과 만족감을 주었다. 원래 자유인이었다가 노예로 10여 년 동안 납치 생활을 한 다음 마침내 탈출에 성공한 솔로몬 노스럽*은 노예로 살던 시절 자신의 처신에

---

* 1808년 미국 뉴욕에서 태어나 흑인 바이올린 연주자로 자유롭게 살아가다가 1841년 납치되어 루이지애나에서 12년간 노예 생활을 한 뒤 탈주했다. 1853년 출간된 자서전 내용을 바탕으로 2013년에 만들어진 영화 〈노예 12년〉은 이듬해 제86회 아카데미 시상식에서 최우수 작품상을 받았다. 한편 『뉴욕타임스』는 〈노예 12년〉의 수상 소식을 보도하면서, 1853년 1월 20일자 기사 내용을 정정한다고 밝혀 화제가 되었다. 솔로몬의 성인 '노섭'Northup을 161년 전 기사에서 '노스럽'Northrup과 '노스롭'Northrop으로 두 차례 잘못 기재했다는 내용이었다. 이 책에서 스콧의 오기도 이 때문인 듯하다.

대해 감동적인 글을 썼다. "10여 년 동안 나는 눈을 내리깔고 모자를 벗은 채 — 노예다운 태도를 취하고 그런 언어를 써가며 — 그에게 말을 붙여야 했다. …… [다시 자유인이 되고부터] 나는 사람들 사이에서 다시 고개를 들 수 있게 되었다. 나는 내가 고통받은 잘못된 일에 대해 말할 수 있으며, 잘못된 일을 저질렀던 사람에게 눈을 부라리며 말할 수 있다."[11] 노스럽의 나머지 이야기를 읽으면 우리는 그가 노예로 있는 동안 자신이 겪은 학대를 다른 노예들에게 말했다는 사실을 알 수 있다. 따라서 차이점은 그가 고개를 들고 자신이 느낀 바를 말할 수 있는 영역이 없었다는 사실이 아니라, 이제는 그가 막후에 있는 자신의 동료들에게뿐만 아니라 지배자에게도 직접 말할 수 있게 되었다는 사실이다.

당국에 의해 오랫동안 눌려 왔던 대응 행위가 처음 공개적으로 표현될 때 생기는 흥분은 다른 형태의 예속 관계에서도 전형적으로 드러난다. 1960년대 민권운동과 페미니즘 의식의 성장 간의 관계를 분석한 연구에서 세라 에번스는 달린 스틸Darlene Stille의 경험을 반추한다. 고등교육을 받은 여성 한 명이 자신의 성별 때문에 장래성 없는 직업밖에 구하지 못하고 관리직 승진마저 막히자, 그녀는 용기를 내 다른 여성들과 함께 자신의 고용주를 상대로 피켓 시위에 나선다. 그녀가 이런 단계를 밟기까지 거쳐 왔던 과정은 지금 여기서는 별로 중요하지 않다. 더 중요한 것은 그때 그녀가 느낀 심리적 충격에 대한 전언傳言이다. 그녀는 "나를 지탱해 온 내 안의 모든 분노가 분출되고, 어떻든 내가 상대를 향해 뒤돌아 짖을 수 있게 되고 …… 더 큰 여성 공동체 안에서 내 목소리를 찾을 수 있어서 정말 멋진 기분이 들었다"고 썼다.[12] 이런 종류의 자술은 인간적 존엄성을 회복했다는 강한 느낌으로부터 충격을 받지 않고서는 읽기 어렵다. 따라서 달린 스틸은 마치 그녀가 개처럼 살았다는 듯이 뒤돌아 짖게 되었다고 말하거나, 다른 사람들과 더불어 자신의 '목소리'를 찾았다거나 하는 식으로 말하고 있다. 더글러스는 '부활'에 대해 글을 썼고, 노스럽은 고개를 들어 진실을 말하는 것에 대해 글을 썼다. 은닉 대본을 공개적으로 드러내는 것은 그 전까지 [지배자들의] 시야 바깥에 안전하게 숨어 있던 한 개인의 특성 일부를 다시 제공함으로써 자존심과 인간다움의 감각 또한 회복시키는 것으로 보인다.

오랫동안 억압되어 왔던 대본의 일부 혹은 전부를 용기를 내 말하는 것은 대부분 각자의 기질, 분노, 그리고 객기와 관련된 매우 개인적인 사안이다. 하지만 공개적으로 말하는 것의 위험이 갑자기 충분히 줄어들어 종전까지의 소심함에 용기가 북돋워지는 역사적 순간들이 있다. 1988년 당시 고르바초프 서기장의 글라스노스트 캠페인은 소련에서 역사상 유례가 없는 공개 선언의 돌풍을 불러일으켰다. 그 가운데 제법 대표적인 사례는 야로스와프시* 시민들 가운데 많은 숫자가, 어떤 무례한 당 일꾼이 모스크바에서 열리는 당대회에 지역대표로 선출되었다는 사실에 화가 난 나머지, 그의 소환을 요구하는 대규모 대중 집회를 소집한 사건에 보고되어 있다. 새로운 시대 분위기를 타고 승리를 거둔 그들은 의기양양했다. 당원이면서 지역 교육 연구소에서 당의 역사를 가르치고 있던 발렌틴 셰미노프는 대담하게도 고르바초프에게 자신의 명의로 전보를 보내는 전대미문의 조처를 취하기에 이르렀는데, 전보의 내용은 지방 소비에트의 지

* 폴란드 남동부에 있는 프셰미실주 중부의 오랜 역사 도시로 우크라이나 국경 가까이에 있다.

도자들을 당의 리더십과 결합하려는 고르바초프의 생각이 틀렸다고 선포하는 것이었다. 거듭 말하거니와 우리가 주목하는 것은 그가 제기한 불만의 내용이 아니라 본인의 이름을 걸고 비판적으로 글을 썼을 때 발생하는 희열이다.

자신의 생각을 모스크바로 보내고 나서 몇 시간 지나서도 세미노프는 자신이 당 회의에 '참석'했다는 사실, 그리고 아직도 진화 중인 글라스노스트 자유화에 자신이 동참했다는 사실을 떠올리며 확실히 원기 충전해 있었다. 그는 자신의 호주머니에서 조심스레 접은 전보 신청서를 빼낸 다음 그것을 자랑스럽게 펼쳤다. "내가 이런 일을 한 것은 태어나서 처음이야"라고 말한 그는 "마치 내 영혼 속에 들어와 있던 돌 하나가 빠져나간 것 같아"라고 덧붙였다.[13]

우리의 분석 초점은 그 전까지의 은닉 대본을 공개적으로 선포하는 과정에서 어떤 개인이 혼자 겪는 주관적 경험이 아니라, 어느 정도 공통된 예속 상태를 공유하고 그에 따라 어느 정도 은닉 대본을 서로 공유한 집단들의 집합적 경험이다. 이런 집합적 경험의 분석적 중요성을 논의하는 쪽으로 돌아가기 전에, 모든 범주의 사람들이 일제히 자신들의 공개적 발언이 더는 억압받지 않는다는 사실을 깨달았을 때 생겨나는 사회 분위기부터 잠깐 살펴보자. 이와 관련해 연대기적으로 정리가 가장 잘되어 있을 뿐만 아니라 가장 극적이었던 최근 사례는 1980년 8월 폴란드 전역의 사회적 동요였다. 그단스크에 있던 레닌 조선소에서 발생한 파업이 솔리다르노시치로 알려진 전국 단위 노동조합과 새롭게 활기를 띤 공적 생활의 조직화로 이어진 것이다. 비록 카니발까지는 아니더라도 축제 분위기가 났다. 가령 노동자들은 인기 많은 크레인 노동자 안나 발렌티노비치Anna Walentyno-wicz를 다시 데려오기 위해 회사 임원의 리무진을 보냈다. 얼마 전 그녀는 절도 혐의를 받아 해고되었는데, 그 실상은 1970년 당국에 의해 희생된 파업 참가자들의 기일을 맞이해 촛불을 만들 요량으로 양초 토막을 수집해 온 것이었다.[14] 전체적인 상황은 반전의 의례였다. 이곳에 관제 프롤레타리아 정당에 공개적으로 저항하기 위해 동원된 노동자계급이 자리 잡았다. 어떤 정치인은 이를 이렇게 요약했다. "자신의 뿌리가 그곳에 있다고 주장하기도 하고 자신의 이름으로 통치하는 척하기도 하는 지배 정당이 계급의 재판정에 불려 나온 것이다."[15] 권력자를 향해 은닉 대본을 공개적으로 선포한다는 것은 단순히 상징적인 의미에 그치지 않는다. 노동자들의 요구에 못 이겨 부총리가 조선소까지 끌려 내려오다시피 해 노동자들과 협상했고, 그 과정은 확성기를 통해 그 자리에 집결한 수천 명의 조선 노동자들과 다른 공장들의 대표자에게 바로 전달되었다. 당국과의 이런 공개적 대결은 그때까지 은닉 대본의 안전망 속에 차폐되어 있던 불평 및 요구를 분출시켰고, 엄청난 사회적 충격을 초래했다. 이 순간의 의미를 굿윈은 다음과 같이 포착했다.

> 여기에 필요한 인간적 리듬이 한 가지 있다 — 최소한 그들은 말을 할 수 있고 거기 있는 감독관 대표는 말을 듣지 않으면 안 된다. 이처럼 역사적으로 매우 멋진 순간은, 어떤 사회에서든 혹은 어떤 비대칭적 인간관계에서든, 쉽게 발생하지 않는다. 약간의 과도함이 처음에는 항상 눈에 띈다. 그것이 있기 때문에 과거의 수모와 비극이 입증될 뿐만 아니라, 머지않아 어떤 근본적 재정렬이 성사되거나 혹은 가능하다는 사실, 아니면 최소한 그것에 대한 열정적인 바람이 있다는 사실을 예

고한다.[16)

대부분의 논평가들은 이 시기에 공개적 발언이 가능해진 다음에 발생한 대중적 수다의 범람을 강조한다. 그것은 마치 은닉 대본을 가두고 있던 댐이 갑자기 무너진 듯했다. 티모시 애시는 이런 대중적 열정을 30년에 걸친 공식 무대에서의 침묵이라는 맥락에서 해석하고 있으며, 이를 앞에서 언급한 분석에 긴밀히 상응시키고 있다.

이와 같은 '영혼의 혁명'을 이해하려면 폴란드 사람들 대부분이 30년 동안 이중생활을 해왔다는 사실을 알아야 한다. 그들은 두 개의 행동 양식, 두 개의 언어 ― 공식 언어와 사적 언어 ― 그리고 두 개의 역사 ― 관제 역사와 비공식 역사 ― 와 더불어 자라났다. 학창 시절부터 그들은 자신의 의견을 남들 앞에서 감출 뿐만 아니라, 지배 이데올로기가 미리 규정한 일련의 의견들을 앵무새처럼 따라 말하도록 교육받아 왔다. …… 이런 이중생활의 최후는 수많은 개인들에게 엄청난 심리적 소득을 제공했다. 드디어 그들은 자신들의 속내를 집 안의 잠긴 문 뒤에서는 물론 작업장에서도 공개적으로 드러낼 수 있었다. 비로소 그들은 비밀경찰을 두려워하며 자신들의 말을 조심스럽게 할 필요가 없게 되었다. 그리고 이제 그들은 주변의 거의 모든 사람들이 체제에 대해 자신과 똑같이 느낀다는 점을 확실히 발견했다. 이것은 크나큰 안도감의 원천이었다. 시인 스타니스와프 바란자크는 그것을 수년간 물속에 살다가 공기를 찾아 밖으로 나오는 것에 비교했다. 공개적으로 진실을 말할 수 있다는 것은 자존감 회복 ― 또 다른 키워드 ― 의 일부로서 이는 심지어 파업 현장을 우연히 방문한 사람조차도 참가자의 얼굴이나 태도에서 결코 놓칠 리 없는 것이었다.[17)

우리가 1980년 이전(1956년, 1970년, 1976년)에 있었던 폴란드 노동자들의 대중행동뿐만 아니라 이 시기에 은닉 대본을 정교하게 만들고 잘 키워 왔던 활동적인 사회적 거점을 알고 있다고 가정한다면, 사실상 거의 모든 사람들이 숨을 쉬기 위해 물 위로 올라왔다는 표현은 크게 빗나간 것이 아니다. 1980년에 새로웠던 점은 대중적 사회운동의 분위기가 아니라 그것이 비교적 장기적으로 성공했다는 사실이다. 1970년 발트해 연안 도시 그디니아 소재 당 본부를 습격했던 노동자들 집단 속에서 사람들이 느꼈던 감정이 이에 비견할 만하다. 어떤 이는 자신이 다음과 같은 경험을 했다고 설명했다.

글로 표현하기는 어려웠다. 그런 사람들 무리 속에서 우리가 우리의 힘을 어떻게 느꼈는지를 이해하려면 직접 경험해 봐야 한다. 우리는 난생처음 국가와 맞서 보았다. 이전에 그것은 금기였으며, 절대적으로 쟁취할 수 없는 것이었다. …… 나는 단지 물가 인상에 항의할 뿐이라고 생각하지는 않았다. 비록 그것이 불꽃이 되기는 했지만 말이다. 그것은 우리가 증오했던 모든 것들 가운데 최소한 일부라도 무너뜨리는 것과 반드시 관계가 있어야만 했다.[18]

그렇다면 1980년대의 배후에는 그보다 앞선 역사가 깔려 있다고 봐야 한다. 여기에는 가요, 민중 시, 길거리 지혜, 정치적 풍자뿐만 아니라 지난날 민중 반란의 영웅이나 순교자, 악당 등에 대한 대중적 기억 또한 당연히 포함되어 있다.[19] 각각의 실패는 대중들의 기억 속에 또 하나의 퇴적물을 쌓았는데, 이는 1980년대의 운동에 자양분이 되었다.

공개적 만족을 찾아서

나는 너의 면전에다 말하고 싶다. 그 말이 더 많은 무게를 갖도록.

_블레즈 파스칼, 『팡세』.

침묵 파괴에 따른 심리적 해방감과 그 사회적 의미를 강조할 만하다. 수많은 실험 자료에 따르면 부당한 대우를 받는 피지배자들은, 자신들이 상당한 비용을 치르지 않고서는 이에 대응할 수 없다고 깨달을 경우, 공격적인 행동을 표출할 수 있는 기회가 생기는 순간 그와 관련된 신호를 보여 줄 것으로 기대된다. 따라서 지도자에게 적대감을 표출하는 것이 금지된 권위주의적 리더십 아래에서 성장한 아이들은 마침내 억압적 조건이 완화될 경우 상당한 양의 공격적 행동을 전형적으로 드러낸다.[20]

지배에 의해 생겨나는 좌절에는 이중적 측면이 있다. 첫 번째 측면은 당연히 권력 행사에 따른 굴욕과 강압이다. 두 번째는 심지어 현재 수준보다 더 나쁜 결과를 예방하기 위해 자신의 분노와 공격을 지속적으로 제어해야만 한다는 사실에 따른 좌절이다. 아마도 이런 점 때문에 억제된 공격성이 다른 대상을 찾아 옮아갈지 모른다고 말하게 하는 증거가, 그처럼 전치된 공격성이 좌절감을 제공하는 주체와의 직접 대결을 효과적으로 대체한다는 주장과 거의 아무런 관련이 없다는 사실을 알게 된다. 아무리 전치가 일어나더라도 피지배자는 매일매일 지배자 앞에서 자신의 분노가 드러나지 않게 입마개를 써야 한다. 마침내 누군가가 저항적 행동을 공개적으로 취할 때, 만족감 역시 이중적 측면을 갖는다. 지배에 대한 저항이 가져다주는 해방(감)도 있고, 그간 억눌려 왔던 지배에 대한 대응이 마침내 표출될 때 나타나는 해방(감)도 있다. 따라서 지속적인 경계와 자기 검열에 의해 생성된 긴장의 방출은 틀림없이 그 자체가 엄청난 만족감의 원천이다.[21]

실제로 자기통제와 궁극적 공격 단계 사이의 체계적 관계를 보여주는 몇몇 증거들도 존재한다. 필립 짐바르도는 그와 같은 연계를 다음과 같이 서술한다.

> 공격성이 잠재되어 있는 과잉 통제된 개인을 식별하는 양식은 내적 소외와 결합된 외향적 동조다. 이 패턴은 사회 체계의 규칙에 대한 동조를 강조하는 사회화 과정에 기인할 수 있다. 그와 같은 개인은 부모의 애정을 얻기 위해 아무리 사소한 것일지라도 모든 적대감을 부인하거나 억압해야 한다. …… 그런 사람들은 심지어 극단적인 자극에 대해서도 대체로 반응을 보이지 않는다는 증거도 있다. 하지만 그들이 최종적으로 진짜 공세(사건의 전후 관계에 따라 그들이 과잉 통제되었다고 규정하는 데 분명히 필요한 기준)를 취할 때 그들의 행동은 극단적으로 공격적일 뿐만 아니라, 단지 마지막 한 가닥 지푸라기 무게에 지나지 않는 약간의 가벼운 자극에도 반응하는 경향이 있다.[22]

여기 짐바르도에 의해 설정된 연관성은 개인심리학이나 유년기 사회화 관련 어휘 속에 그대로 표현되어 있다. 따라서 그것들은 피지배 집단들이 직면해 있는 사회적·문화적 상황에 직접 적용되기 어렵다. 그럼에도 여기서 포착된 논리 가운데 어떤 것에는 지배의 사회심리학과 관련된 교훈들이 존재한다. 만약 우리가 공개적 존경 및 권력자의 바람에 대한 동조가 절대적인 생존책으로 받아들여지는 피지배자 범주 전체를 상상해 본다면, 은닉 대본 속에 어렴풋이 식별되는

'소외'나 '과잉 통제' 그리고 공격적 경향에 대해 그럴듯하게 말할 수 있을지 모른다. 예를 들어 짐바르도의 개별적 논리를 졸라가 프랑스 농민을 하나의 계급처럼 극단적으로 기술한 것과 비교해 보라.

> 마침내 고통을 견디기가 어려워졌을 때 자크 보놈Jacques Bonhomme*은 저항하려 일어설 참이었다. 그의 등 뒤에는 수백 년에 걸친 공포와 굴종이 있었고, 그의 딱딱해진 어깨는 부스러질 듯했으며, 그의 영혼은 너무나 짓밟힌 나머지 자신이 당한 수모조차 인식하지 못할 정도였다. 사람들은 그가 조심성과 어리석음을 포기할 때까지 끊임없이 그를 두들겨 팰 수 있었고, 굶길 수 있었으며, 그의 모든 것을 빼앗을 수도 있었다. 그의 마음은 그가 결코 온전히 이해할 수 없는 온갖 종류의 혼란스러운 생각들로 차올랐다. 그리고 이는 불의와 고통이 절정으로 치달아 그를 주인의 목구멍 속으로 뛰어들게 할 때까지 이어졌는데, 이때 그는 너무나 많은 몽둥이질에 시달려 극도로 포악해진 가축 같았다.[23)]

공격성에 대한 짐바르도의 기술이 개인적 성격의 심리학에 한정되어 있다면, 졸라가 말하는 포괄적 의미의 농민은 결코 하나의 인간이 아니라 자신의 행동이 본능에 의해 통제되는 말 없는 짐승이다. 하지만 각각의 경우에서, 일종의 과잉 자기통제 같은 것을 통해서는 폭력적 충동을 지속적으로 억지하기 어렵다. 우리가 이처럼 언뜻 이해하기 힘든 폭발을 은닉 대본, 다시 말해 모든 형태의 위장된 실천

* 1358년 프랑스 북부에서 자크리Jacquerie의 난으로 불린 농민 반란이 일어났을 때 귀족이 농민에게 붙인 멸칭. 그 뒤로 일어난 농민 반란에서는 농민들 스스로 자신을 이 이름으로 칭했다.

및 상징적 저항과 연결할 수 있는 과정에 대한 사회적 설명으로 대체할 수 있다면, 우리는 피지배 집단의 정치를 훨씬 덜 신비한 방식으로 설명하는 데 기여할 것이다.

거부 혹은 저항의 최초 행동이 얼마나 만족스럽든지 간에 우리는 그런 만족이 공개 여부에 달려 있다는 점을 결코 간과해서는 안 된다. 지배 관계에서 나타나는 공경, 아부, 굴욕 등은 공개 대본의 일부로 정제된 것이다. 품위와 지위의 상실이란 반드시 그것들의 공개적 상실을 일컫는다. 내가 생각하기에 공개적 굴욕은 오직 공개적 보복으로만 완전히 상쇄될 수 있다. 공개적으로 손상된 명예가 자존심에 대한 막후 언설이나 비밀스러운 복수 의례를 만들어 낼 수는 있다. 하지만 이것들이 본인의 위신을 회복하는 역량 면에서 자신의 명예에 대한 공개적 공언 혹은 보란 듯 밥상을 뒤엎는 것 — 더 바람직하게는 똑같은 관객이 보는 앞에서 — 에 필적할 수는 없다.

헤게모니적 외양의 재생산을 공개적으로 거부하는 행위의 중요성은 은닉 대본에 대한 최초의 공개 선포가 유난히 왜 기존의 공적 복종 의례에 대한 공개적 파괴라는 형태를 취하는지를 설명하는 데 도움을 준다. 가령 1936년 스페인 대성당에서 혁명 세력들이 자행한 시신 파내기나 성물 신성모독처럼 눈에 아주 잘 띄는 표현 행위는 다분히 의도적인 도발이었다. 그들은 혁명 군중들의 물질적 상황을 개선하는 일은 전혀 하지 않았다. 하지만 제도로서의 교회에 대한 전면적 저항을 드러내는 데 이보다 더 극적이거나 선동적인 상징은 없었을 것이다. 그 행위는 적어도 세 가지 목적을 달성했다. 첫째, 이전까지 막강한 교회를 상대로 감히 저항할 엄두도 내지 못했던 교권教權 반대주의자들을 크게 만족시켰을 것이다. 둘째, 이제 군중들은 교회의 정신적·세속적 힘을 두려워하지 않는다는 점을 알렸고,

교회는 자신이 가장 신성시하는 경내를 보호하는 데 무력한 모습을 드러냈다. 셋째, 일반 대중에게 뭐든지 가능하다는 사실을 보여 줬다. 지배자가 부과한 금기를 성공적으로 공개 파괴한다는 것 — 절하기나 고개 숙이기 혹은 존칭어 사용 거부 등 — 은 저항의 불길을 일으키는 매우 효과적인 수단이다.[24]

동의의 표면을 공개적으로 깨트리는 최초의 행동이 가진 극적 효력은 어느 정도 그 상황이 이미 엎질러진 물과 같다는 사실에 빚지고 있다. 그런 조치를 취한 피지배자는, 상징적으로 말하자면, 배수진을 친 것이다. 거듭 말하거니와, 그런 조치의 공개적 성격이야말로 그 위력을 계속 환기하는 데 꼭 필요한 부분이다. 무대 뒤에서 이루어진 지배자에 대한 모욕이나 위장된 형태로 은근슬쩍 행해진 모욕은 주워 담을 수 있다. 그러나 관객 앞에서 전달된 직접적이고도 노골적인 모욕은 사실상 도전 행위이다. 만약 그것이 격퇴되지 않는다면 그들의 관계는 근본적으로 바뀔 것이다. 설령 그것이 격퇴되어 땅속에 들어갔다고 해도 주워 담을 수 없는 그 무언가는 이미 일어나 버렸다. 복종 관계가 전적으로 정당하지만은 않다는 사실은, 실제에서는 제아무리 움직일 수 없는 현실이라 해도, 이제 공개적으로 알려진 지식이다. 모든 사람들이 어떤 수준에서 알고 있는 그 무엇은 묘하게도 그것이 무대 위로 당당하게 걸어 나오는 바로 그 순간까지도 어슴푸레 존재할 따름이다.[25] 예를 들어 노예들이나 노비들도 무대 뒤에서 혹은 에둘러대는 공개 행동을 통해 복종을 거부할 수 있고 실제로 종종 거부한다. 이와 동시에 주인은 자신의 등 뒤에서 수군거리는 것을 눈치 챌 수 있거나, 심지어 엿들을 수도 있다. 그러나 이와 같은 상호 인지는 마침내 그것이 지배의 공식적 가식假飾에 구멍을 내는 순간 완전히 다른 형태를 취한다. 구체적인 역사적 사례를 하나 들어보자. 대다수 폴란드 사람들, 그들의 지도자들, 그리고 러시아 관리들이 카틴 숲 학살 사건*의 책임이 소련군에게 있다는 사실을 알고 있는 것과, 그렇게 널리 알려진 사실이 공개적으로 선포되는 것은 서로 다른 차원의 문제다. 모든 당사자들이 사실이 아니라고 알고 있는 공식적 허구를 깨트림으로써 공개 진실을 규명하라는 요구가 일어나는데 이는 곧 정면 도전을 의미한다. 프랑스 혁명 직전에도 그런 요구들이 쇄도했기 때문에 아마도 당시 어떤 신문 하나가 '말하기 좋은 진실'Réalités bonnes à dire이라는 이름으로 불렸는지 모른다. 모종의 저항 행위를 주동한 인물은 탄압을 받을 수도 있다. 하지만 그들의 말과 행동은 대중들의 기억 속에서 사라지지 않는다.[26]

저항의 공개 선포가 취하는 구체적인 형태는 도전받는 대상인 지배 형태의 억압 및 굴욕의 정도에 달려 있다고 봄 직하다. 그럼에도 에밀 졸라가 물불 가리지 않는 격분이라고 표현할 만한 대폭발이 일어날 공산이 가장 큰 상황에 대해 언급할 만하다. 레비스트로스의 개념을 빌려, 저항의 공개 선포 중에서 비교적 '날것 상태'와 '요리된

* 제2차 세계대전 중인 1940년에 소련이 자행한 폴란드인 대량 학살 사건. 군 장교와 경찰, 대학교수, 성직자, 의사 등 약 2만 2000명이 살해되어 숲 속에 매장되었다. 소련은 처음에 독일의 소행이라고 했으나 1943년 독일 측의 현장 조사 결과로 진상이 밝혀졌다. 1989년 소련 당국은 스탈린의 지시에 따라 비밀경찰이 학살에 개입했음을 처음 인정했다. 소련 해체 이후 러시아는 구소련이 저지른 만행임을 인정하면서도 국가적 차원의 책임은 거부하고 있어 폴란드와의 반목이 계속되고 있다. 사건 70주기였던 2010년 4월 10일 폴란드의 레흐 카친스키 대통령이 카틴 숲 학살 사건 추모 행사에 참석하러 가는 길에 비행기 사고로 사망하는 일도 있었다.

상태'에 각각 해당하는 것들을 서로 구분해도 무방하다.[27] 요리된 상태의 선포는 뉘앙스를 띠거나 정제되어 있을 개연성이 높은데, 왜냐하면 이는 피지배 집단들이 무대 뒤쪽의 자유를 상당히 많이 확보한 상황, 그리하여 풍부하고도 깊숙한 은닉 대본을 공유하도록 허용된 상황에서 나타나기 때문이다. 어떤 면에서 피지배 집단의 그런 은닉 대본은 이미 반半공개적인 것으로, 나름 실재하고 있는 상호간 소통의 산물이다. 한편, 날것 상태의 선포는 그 어떤 대응도 여의치 않은 굴욕적인 상태에 처해 있을 뿐만 아니라, 지배 방식의 측면에서도 상대적으로 원자화되어 있는 피지배 집단으로부터 생겨날 개연성이 가장 높다. 엄격한 감시, 지리적 격리, 언어상 차이 혹은 공포 등 그 이유가 무엇이든 간에, 원자화는 정교하면서도 공유된 은닉 대본이 성장하지 못하게 방해하는 효과가 있다. 여기서 초래되는 한 가지 결과는 공개적 저항이 폭발하는 현장이 피지배자들 사이에 소통이 가능해지는 거의 유일한 사회적 지점이 된다는 사실이다. 또 다른 결과는 피지배자들을 체계적으로 원자화함으로써 체제 저항적 반문화가 다듬어질 수 있는 대부분의 사회적 공간을 박탈하는 당국이 비록 저항적 행위가 대규모로 일어날 가능성을 최소화할 수 있을지는 몰라도, 정작 그런 저항이 실제로 발생할 경우, 그것이 상대적으로 마구잡이식 보복 행위로 비화될 개연성을 역설적으로 높인다는 사실이다. 한 번도 무대 뒤 집합적 문화를 형성할 기회를 갖지 못한 피지배자들은 그들이 무대를 장악하는 순간 모든 것을 즉흥적으로 진행할 수밖에 없으며, 이처럼 즉흥적인 임기응변식 실행은 서로 무관한 억압된 열망의 요소들을 대거 갖게 된다.[28] 따라서 가장 억압적인 체제가 밑으로부터의 가장 격렬한 분노 표출에 가장 취약한 법인데, 그 체제가 지금까지 다른 형태의 분노 표출을 성공적으로 막아 왔기 때문에 그럴 수밖에 없다.

타이밍 : 자발성과 구조

은닉 대본을 누가 가장 먼저 공개적으로 선포하는지, 그리고 정확히 언제, 어떻게 그것이 이루어지는지를 파악하는 일은 대개 사회과학적 기량의 범주를 넘어선다. 이와 같은 문제들에 대해 모종의 단서를 제시할 만한 구조적 요인들을 전부 검토하고 나면, 끝내 남아 있기 마련인 많은 자발적 요소들이 드러난다. 예측 불허한 성격, 개인적 환경, 그리고 저마다 다른 사회화는 확실히, 동일한 상황에서도, 체계적 예속 상태에 대한 매우 다양한 종류의 반응을 예상해 봄 직하다. 하지만 어떤 측면에서 은닉 대본의 공개적 선포는 변수라기보다 상수로 간주될 수 있다. 그러므로 무례한 농노, '나아아쁜 검둥이', 반항기 있는 불가촉천민, 그리고 시건방진 하인은 언제나 존재하는 법이다. 내가 보기에, 이들이 특별히 중요해 보이지 않는 까닭은 보통의 경우 이들이 가혹하게 그리고 곧바로 처벌을 받을 뿐만 아니라 이를 통해 다른 피지배자들에게 찬물을 끼얹어 의욕을 상실하게 하는 효과를 발휘하기 때문이며, 사실 그것으로 사태가 종결되기도 한다.

왜 모욕을 당했을 때 어떤 피고용인은 사표를 내고 누군가는 잠자코 있는지, 왜 어떤 노예는 아무 말 없이 두들겨 맞고 누군가는 반항하는지, 왜 모욕을 앙갚음하는 하인이 있는가 하면 그냥 넘어가는 누군가가 있는지 등을 우리는 결코 예측할 수 없다. 예를 들어 1936년 인민전선 시기에 [수많은 사람들 사이에서 갑자기 나타난] 정치적 '배짱'에 대한 시몬 베유의 설명을 활용해 보자. 곧 "모든 측면에서 늘 고통을 당하고 매달 혹은 매년 그 모든 것에 대해 함구했던 시절을 끝내면서, 마침내 그것은 떨치고 일어서는 배짱 가다듬기의 문제가 된다. 말할 기회를 스스로 맞이하는 것이다. 며칠 동안이라도 인간답게 느끼는 것이다".[29] 갑자기 생겨난 배짱을 우리는 어떻게 설명할 수 있을까? 베유의 진술은 졸라의 서술과 비슷하게 읽힐 수 있다. 간단히 말해 그것은 피해와 모욕이 도를 넘어설 때까지 쌓이는 문제였던 것이다. 이와 같은 설명은 분노가 꾸준히 쌓인 끝에 한 개인의 조심성과 억제력을 넘어섰다는 사실을 의미한다. 이런 종류의 서술은 주관적인 경험과 매우 잘 조화될 수 있지만 [분석적으로는] 거의 쓸모가 없다. 우리가, 모든 증거들에 반해, 치욕을 감수하거나 분노를 억제하는 역량이 누구나 똑같다고 전제하지 않는 한 말이다. 주관적 경험의 수준에서조차 그것은 분연히 떨쳐 일어나는 최종 결정을 지나치게 조심스러운 톤으로 전달할지 모른다. 사실 이런 종류의 폭발은 계산된 분노의 행동이라기보다 본인의 신중한 자아를 압도하는 냉정의 상실 내지 분노의 질주 형태로 훨씬 자주 경험된다. 이와 같은 행위를 우리는 자발성 내지 자원주의自願主義라는 제목으로 분류하고 싶지만, 우리가 서술하고 있는 행동들이 종종 근본적으로 본의 아니게 경험된다는 사실을 결코 망각해서는 안 된다. 그리고 만일 행위자들이 자신의 행동을 합리적으로 설명하지 못할 경우, 이는 외부 분석가에게 추가적인 어려움을 제기한다.

그럼에도 이런 현상을 이해하는 데 사회 분석 나름의 역할은 존재한다. 공중 보건 의사가 특정한 개인이 병에 걸릴지 여부를 예측하지 못할 수 있다. 하지만 그 의사가 전염병을 야기할지도 모르는 조건들과 관련해 유용한 사실을 말할 수는 있다. 정치적 용기나 은닉 대본 공개 선포를 남에게 옮기는 전염병은 실제로 발생하며, 그것들에 관한 설명의 일부는 전적으로 구조적이다. 따라서 안달루시아 지방 농업 노동자들의 가치관 및 행동에 대한 연구에서 후안 마르티네스-알리에는 사실상 모든 노동자들이 분배의 정의, 곧 경작자에게 토지가 재분배되어야 한다는 원칙을 믿고 있었다고 썼다.[30] 대체로 이와 같은 신념은 프랑코 치하에서 공개적으로 발설되지 않았는데, 그렇게 드러내 놓고 말하면 해고되거나 블랙리스트에 올라가는 것은 물론이고 감방에 들어갈지도 모른다는 것이 불 보듯 뻔했기 때문이다. 겉보기에 노동자들은 자신들이 현행 소작제를 수용하는 듯이 행동했다. 그러나 이와 같은 견해를 공개적으로 수용해도 위험성이 훨씬 적었던 프랑코 정권 이전의 그리고 이후의 스페인 공화정 아래에서, 그것은 공개적으로 표명되었다. 그렇지 않을 경우 노동자들은 그것을 은닉 대본 안에 봉인했다. 따라서 우리는 밑으로부터의 공개적 권리 표명에서, 그것에 대한 국가 혹은 엘리트들의 적대감이 덜 단호해질 때마다 눈에 띄는 변화가 나타난다는 사실을 알아차릴 수 있다. 여기서 정도의 차이는 정치적 용기나 객기의 수준이 아니라, 공개적 발설과 관련해 느끼는 공포 수준에 따라 생겨난다. 공개 저항이 전염병처럼 번지는 사태는 남북전쟁 마지막 몇 달 동안 남군이 패배할 징조가 점점 더 뚜렷해져 가던 미국 남부 지역에서, 여기서는 흑인 노예들에 의해, 확실히 경험되었다. 북군이 연거푸 승리하며 가까이 진격해 오자 이에 고무된 노예들은 한층 태만하거나 나태해졌고, 도주자가 늘어났으며, 주인에게 불손하게 대하거나 독설 및 공격을 일삼기 일쑤였다. 백인 주인들이 특히 놀랐던 것은 가내 노예들의 탈주와 단호한 권리 주장이었는데, 그전까지만 해도 이들은 헌신적이고 충직한 존재처럼 보였기 때문이다. 그리하여 어떤 이는 이렇게 말했다. "도착하자마자 우리의 니그로들이, 아니 보다 정확히는 그들 중 일부가 지난밤에 양키 쪽으로 우르르 도망쳤다는 얘기를 듣고 놀랐다. …… 엘리자와 그녀의 가족도 분명히 도망갔을 것이다. 그녀는 자신의 생각을 감추는 대신 당돌하거나 모욕적인 행동을 통해 의견을 솔직히 드러냈다."[31] 전세가 역전된 상황에서 권력의 농신제가 그처럼 약식으로 펼쳐진다 해서 결코 놀랄 일은 아니다. 실제로 자신의 옛 주인에게 고용된 채 남아 있던 이들도 달리 처신하기 시작했는데, 이제 언제든 떠날 수 있다는 사실을 알았기 때문이다.

만일 우리가 앞에서 언급한 바 있는 댐과 수압의 비유로 되돌아간다면, 지배 집단의 권력을 약화하는 일련의 사건들 역시 댐이 약해지는 상황과 유사한데, 은닉 대본의 유출이 점점 많이 발생할수록 지배 권력이 완전히 붕괴할 가능성 역시 커지는 것이다. 또한 마찬가지 이유로, 몇몇 사건들이 댐 뒤쪽에서 댐의 (변치 않는) 보수력保水力을 위협하는 수준까지 수압을 높일 수 있다. 따라서 피지배 집단들이 당하고 있는 굴욕과 전유의 증가를 초래하는 경제적·정치적 변화는, 다른 모든 것이 동일하다면, 더 많은 공개 저항의 행동들 — 상징적 및 물리적 차원 모두 — 을 초래할 것이다.[32]

이와 같은 수력학적水力學的 구조주의에는 최소한 두 가지 문제점이 있다. 첫째는 그것의 조야함인데, 이는 위험이 감소할수록, 혹은 분노가 증가할수록, 더 많은 저항 행동이 발생하리라고 말하는 것과 다름없다. 이는 비록 당연히 진실이기는 해도 그다지 흥미로운 내용은 아니다. 둘째, 이런 식의 구조주의는 이런 변수들이, 물론 그것들이 사회적 사실일 경우, 마치 객관적 사실을 의미하는 것처럼 보인다는 문제점이다. 우리가 그것들을 유일하게 객관적인 사실 내지 객관적으로 이해할 수 있는 것으로 간주하는 한, 우리는 은닉 대본의 공개적인 선포로 말미암아 작동되는 사회적 논리의 대부분을 놓칠 수밖에 없다. 예를 들어 순전히 객관적인 견해는 최초의 저항 행동이 발생시키는 도발과 흥분을 우리가 이해할 수 없게 만든다. 그런 행동은 그 자체로 똑같은 상황에 처한 다른 사람들에게 그것을 따라 하도록 만들거나 그런 기분에 동조하게 만드는 선동의 일종이다. 객관주의적 입장은 지배 권력의 크기를 측정하는 일이 간단한 문제인 것처럼 여기게 만든다. 마치 정확한 압력계의 눈금을 읽기만 하면 된다는 듯이 말이다. 하지만 앞서 살펴봤듯이 지배자의 의도와 그가 가진 힘을 추정하는 것은 욕망과 공포가 강하게 영향을 미치는 사회적 해석 과정이다. 그렇지 않으면 가장 미세한 증거의 파편들 — 연설, 소문, 자연의 징조, 개혁의 암시 — 을 노예나 불가촉천민, 농노, 농민 등이 자신들의 해방이 임박했다는 징후로, 또는 그들의 적이 항복할 준비가 되었다는 징후로 받아들였음을 보여 주는 수많은 사례들을 과연 우리가 어떻게 설명할 수 있겠는가? 나는 단순히 피지배 집단이 권력관계에 대해 뭐든지 그들이 믿고 싶어 하는 대로 믿는다고 주장하려는 것이 아니다. 대신에 그 증거들은 결코 전적으로 자명한 것이 아니어서, 그것을 읽는 피지배 집단의 주관적 판단과 무관하지 않다는 점을 주장할 따름이다. 만약 그렇지 않다면, 곧 [적의 붕괴가 임박했다는] 증거는 명확하며, 언제든 이를 정확히 파악할 수 있다면, 성공하지 못할 저항과 반란은 하나도 없을 것이다. 그리고 혹시 어떤 하나가 실패했다면 우리는 그것을 미친 짓, 아니면 전적으로 어리석은 행동임을 충분히 알면서도 취한 자의식적 '제스처'로 평가절하 하지 않으면 안 될 것이다.[33]

아마도 여기서 핵심은 배링턴 무어가 '필연성의 정복'이라 부른

것이다.[34] 지배 구조가 필연적이고 뒤집을 수 없어 보이는 한 그것
에 대한 모든 '합리적' 반대는 하부정치, 곧 본래 의도를 공개적으로
드러내지 않으려는 저항 형태를 띤다. 공개 저항은 자신의 성질을
조절하는 데 실패하거나, 튀는 행동을 하고, 그 취향을 이해할 수 없
는 사람들에게 전적으로 국한될 것이다. 우리는 이미 어떤 사회질서
도 전적으로 불가피하거나 요지부동한다고 간주되지 않는다는 사실
을 언급한 바 있다. 우리가 아직까지 설명하지 않은 것은 객기, 분노,
혹은 제스처에 기인할지 모르는 저항의 초기 행동이 어떻게 가끔씩
저항의 눈사태를 초래하는지이다.

카리스마와 은닉 대본의 구조

그 수많은 사람들이 무엇을 해야 할지를 곧바로 이해하며, 그 가운데
누구도 충고나 지시를 필요로 하지 않는다는 사실이 어떻게 가능할까?
_체코공화국 대통령 바츨라프 하벨의 1990년 신년사.

어떤 범죄가 사회적 신체에 입히는 상처는 그것이 유입하는 무질서,
그것이 야기하는 스캔들, 그것이 제시하는 본보기, 처벌되지 않을 경우
그것이 반복되게 만드는 선동, 그리고 그 자체에 내재한 확산의 점증
가능성이다.
_미셸 푸코, 『감시와 처벌』.

만일 지금까지 우리가 개진한 핵심 주장들이 옳다면, 그것들은
카리스마 및 군중행동의 많은 중요한 형태들을 설명하는 데 도움을

준다. 그 관계를 알아보기 위해 마지막으로 포이저 부인에게 되돌아가 보자.

포이저 부인이 악덕 지주에게 퍼부은 일장 훈시가 발생시켰음이 분명한 그 전율은 실제로 어떻게 생산되었는가? 단호한 성격이긴 했지만, 포이저 부인이 소작인들 앞에 특별히 나서길 좋아했다는 흔적은 발견할 수 없다. 게다가 그런 효과를 발휘한 것이 그녀가 단어와 감정을 정확히 구사하며 연설해서도 아니었다. 왜냐하면, 엘리엇이 지적했듯이, 지주가 없는 데서 그 정도 내용은 노예들의 거주 지역 전역에서 말해지곤 했기 때문이다. 포이저 부인이 기존의 '텍스트'에 덧붙인 것은 그런 텍스트를 권력의 면전에서 소리 내어 말한다는 개인적 용기였다. 그와 같은 충돌이 노예 농장 주변에 기쁜 마음으로 바로 알려지고 널리 퍼져 나갈 때, 강조점은 '그녀가 지주에게 했던 말'에 놓인다. 곧 텍스트의 내용과 그 수신인 둘 다 순간의 전율을 만들어 내는 핵심 요소가 된다. 이를 더 일반화하면 포이저 부인이 자신의 노예 거주 지역에서 카리스마적 영웅이 된 것은 그녀가 은닉 대본을 갖고 권력에 공개적으로 부딪친 최초의 인물이었기 때문이라고 말할 수 있다.

일반적으로 이해하는 바에 따르면 카리스마라는 말에는 그것을 조작이라 의심하는 느낌이 있다. 통상적인 용법상 그것은 어떤 이에게 마음을 움직이는 개인적 자질이나 아우라가 있어서 그것 때문에 다른 사람들이 자신의 의지를 꺾고 그를 따르게 된다는 사실을 의미한다. 개인적 차력磁力이라는 용어가 자주 사용되는 이유는 카리스마적 인물들이 자신의 세력권 속에 추종자들을 마치 쇳가루처럼 정렬하는 힘을 지닌 듯 보이기 때문이다. 나는 이런 종류의 카리스마가 실재하는 것을 부정하고 싶지는 않다. 하지만 권력을 가진 인물에게 굴복해 개인적 의지를 완전히 포기한다는 것은 비교적 희귀하거나 미미한 현상이라고 나는 믿고 있다.

은닉 대본이 카리스마의 사회적 생산에서 차지하는 중요성을 우리가 주장하는 시점에서, 우리는 카리스마라는 개념의 중심에 위치한 상호주의를 재론하게 된다. 사회학자들이 즐겨 지적하듯이, 카리스마의 관계적 속성은 누군가에게 '카리스마가 있다는 것'은 다른 사람들이 그것에 카리스마를 부여하기 때문이라는 사실을 의미한다. 곧 그와 같은 관계를 성립시키는 것은 그들이 카리스마를 투사하기 때문이다. 또한 우리는 그런 관계가 종종 매우 특수하고 상호적이라는 사실을 알고 있다. 어떤 이에게 카리스마적인 것이 다른 사람에게는 그런 힘을 발휘하지 못하는 것이다. 어떤 문화권에서는 카리스마로 작동하는 것이 다른 문화권에서는 아무런 호응을 얻지 못한다.

이런 관점에서 볼 때, 가까운 미래에 나타날 카리스마적 인물에 대해 주도적 내지 최소한 제한적 효과라도 발휘하게 만드는 것은 추종자들의 문화적이고도 사회적인 기대다. 훨씬 앞에서 언급했듯이, 포이저 부인은 은닉 대본 영역 속에 자신을 위해 기본적으로 하고 싶은 말을 이미 써두고 있었다. 이 경우 여자 주인공의 역할은 대부분 막후에서 피지배 집단의 모든 구성원들이 미리 대본을 준비해 두었고, 그와 같은 역할을 채우는 개인은 어찌어찌하다가 다른 사람들을 대신해 권력에 맞서 말할 수 있는 수단 — 분노, 용기, 책임감 혹은 분개 등 — 을 불러낸 인물이다. 그런 연설이 제공하는 충격의 정도 — 포이저 부인에게 받은 것과 같은 — 는 그것이 모두가 공유하는 은닉 대본을 얼마나 성공적으로 대변하는지에 거의 전적으로 달려 있다. 물론, 그녀의 용기 그리고 특별한 언변이 중요하기는 하다. 만약 그녀가 말을 아주 못했다면 그것의 충격은 다소 약했을 것이다.

하지만 주요 논지는 이러하다. 곧 여주인공으로서 포이저 부인이 차지한 핵심적 위상은 지주에게 예속된 모든 다른 소작인들을 대신해, 정말로 문자 그대로, 말을 한다는 사실에 달린 문제였다. 포이저 부인에게 대변인 자리를 지명한 것은 아니었지만, 그들이 그와 같은 역할을 부여한 것만은 명백했다.

따라서 포이저 부인에 대해 찬양가를 부른 이들은 결코 단순히 조정된 사람들이 아니다. 그들은 그녀의 일창 연설 속에서 진정으로 자신들을 발견했고, 그녀는 진정으로 그들을 대변했다. 역사적으로 권력관계, 조작, 그리고 굴복으로 보여 왔던 관계는 이런 관점에 의해 진정한 상호성의 사회적 연대가 되는 것이다. 장-자크 루소를 환기하자면 포이저 부인은 '일반의지를 결행한 것이다'. 내가 보기에 피지배 집단을 위한 카리스마적 연설이나 행동이 유발하는 강력한 감정의 힘 — 그들의 득의감得意感이나 기쁨의 방출 — 은 그것이 은닉 대본 속에서 이와 같은 공명共鳴을 발견하는지 여부에 달려 있다.

은닉 대본의 공개적인 선포가 만들어 내는 고도로 격앙된 분위기는 집단적 광기의 특징을 띤 사회적 효과를 생산할 수도 있다. 만일 최초의 저항 행동이 성공을 거두고 그것을 다수의 다른 사람들이 자발적으로 흉내 낸다면, 관찰자로서는 그 어떤 개별적 의지나 가치관도 없는 한 무리의 소들이 우연히 혹은 의도적으로 우르르 몰리고 있다고 결론 내릴 만하다. 하지만 이와 똑같은 유형의 행동은 피지배 집단이 돌파구가 될 사건을 통해 전보다 안전하게 공개적으로 저항할 수 있겠다고 깨닫는 경우에도 만들어질 수 있다. 소작인들의 집단성이 사르트르가 "비-소외 융화 집단"이라고 불렀던 것과 닮은 꼴인 한, 피지배 집단 구성원 가운데 거의 누구라도 포이저 부인을 대신할 수 있다. "예컨대 누군가가 지령을 크게 외치면, 그것은 효과를 발휘해 …… 각자는 스스로를 혹은 남들 모두를 가능한 지도자로 느낀다. 하지만 그 누구도 다른 사람 위에 군림하지는 않는다. 집단적 목적을 지원하는 방법 중 하나로 각자는 한창 행동하는 와중에 집단의 감정을 표현할 수 있을 뿐이다."[35] 여기서 말하는 결속이란 인적 연대의 어떤 신비한 연결이 아니다. 그것은 사회질서의 구석구석에서 창조되고 농익은 은닉 대본의 공유된 언설로서, 피지배 집단은 그곳에서 자유롭게 말할 수 있다. 만약 동시적 상호성과 목표상 공통점이 존재한다면, 그것들은 은닉 대본으로부터 나온 것임에 틀림없다. 그와 같은 상호성은 과히 보기 좋은 모습이 아닐지 모른다. 예컨대 그것은, 글라스노스트 이후 소련에서 그런 사례가 나타났듯이, 과거에 은밀히 존재했던 대중들의 반反유대주의와 같은 형태를 띨 수도 있다.

은닉 대본이 일단 베일을 벗게 되면 대중행동의 구체적 응집은 종종 엄청나게 빨리 진행된다. 이 대목 역시 은닉 대본이 발전하는 상황들에 결부하면 신비주의적 관점에서 어느 정도 벗어날 수 있다고 나는 믿는다. 대부분의 피지배 집단에게 정말로 안전한 상태에서 말할 수 있는 사회적 장소는 좁게 제한되어 있다. 일반적으로 말해 집단의 규모가 작을수록, 그리고 구성원들이 친밀할수록 자유롭게 의사 표현을 할 가능성은 커진다. 피지배자들이 감시에서 벗어나 상당한 규모로 결집하는 일을 지배 집단이 효과적으로 예방할수록 은닉 대본의 사회적 역할은 축소된다. 따라서 은닉 대본이 평상시에 효과를 발휘할 수 있는 사회적 범주는 가령 농장, 불가촉천민들의 소부락, 동네 술집, 가족 정도에 그칠지 모른다. 피치배자들이 자신들의 주장, 희망, 분노가 그때까지 직접적인 접촉이 없었던 다른 피치배자들과 공유되고 있다는 사실을 충분히 알게 되는 순간은 이와 같은 은닉 대본이 공개적으로 선포될 때뿐이다. 물론 자신에게 종속된 피지배자 대다수를 원자화하는 데 성공한 엘리트들의 입장에서 저항이 발생할 경우 그것의 급속한 구체적 응집을 피하기 어렵게 되는 사실은 일말의 시적 정의, 곧 당연한 인과응보이다. 공개적 행동에 따라 가능해진 상호 관계적 인식을 졸버그는 이런 식으로 포착했다. "'말의 급류'에는 일종의 집중적 학습 경험이 포함되어 있는데, 이를 통해 초기에 소집단이나 분파 등에서 형성된 새로운 사고가 더 많은 대중들 사이에서 널리 공유되는 믿음으로 부상한다."[36] "집중적 학습 경험"이라는 구절을 매우 넓게 이해하는 한, 그리고 사전 "학습"이, 비록 사회적으로 제한되어 있다고 할지라도, 무대 뒤에서 이미 얼마나 일어났는지를 우리가 알고 있는 한, 이와 같은 공식은 유효하다. 결국 이는 기본적으로 텅 빈 머릿속을 새로운 관념으로 채우는 것이 아니라, 가까운 친척 관계에 있는 은닉 대본들이 서로를 알아보는 과정에 가깝다.

이렇게 볼 때 어떤 특정한 카리스마적 행동이나 언설의 사회적 범위는 구체적 사례를 염두에 두어야 하는 일종의 경험적 질문이 된다. 복종의 조건이 대다수 사람들에게 상대적으로 얼마나 동질적인지에 따라, 그들의 은닉 대본에서도 비교할 만한 가족 유사성이 있으리라고 나는 추측한다. 더 넓은 관계 프레임(예컨대 민족, 모국어, 종교 등) 속에서 자신들이 행동한다고 스스로 규정하리라 가정한다면, 그들은 같은 종류의 공개 행동, 같은 형태의 상징적 주장이나 거부, 같은 도덕적 주장으로부터 영향을 받기 쉬울 것이다. 만일 우리가 은닉 대본의 최초 공개 선포가 야기한 사회적 전율의 문제로 돌아간다면, 우리는 한 사회 안에서 서로 비슷한 은닉 대본들이 단일 전력망의 일부를 구성한다고 은유적으로 생각해 볼 수 있다. 같은 전력망 속에서 발생하는 은닉 대본의 사소한 차이는 전류의 손실을 초래하는 일종의 전기저항으로 간주할 수 있다. 이는 결코 모든 은닉 대본의 선포가 전력망 전체로 뻗어 나간다는 의미가 아니다. 그 대신 은닉 대본에 의해 실체를 드러낸 전력망 자체는 그런 행동을 통해 가능한 최대치의 상징적 범위와, 그런 행동에 의해 비슷한 의미가 전달될 수 있는 인구를 정할 뿐이다.[37]

환멸감 느끼기

이미 하인들이 고개를 들었다. 이미 부엌의 잡스러운 험담이 시작되었다. …… [하인이 나리의 뺨을 때림에 따라] 이미 규율이 무너지고 고삐가 풀려 버린 천민들이 드러내 놓고 주인들에 관해서 수다를 떨고 있으며, 주인을 비난하기 시작했다.

_비톨트 곰브로비치, 『페르디두르케』.*

지배 엘리트들은 말할 것도 없이 사회과학자들도 가끔 분명히 공손하고 조용하고 충직했던 피지배 집단이 집단적 저항에 신속히 나서는 모습에 놀라곤 한다. 이런 종류의 사회적 분출로부터 지배 엘리트들이 급습을 당하는 것은 힘없는 자들의 평소 태도를 믿고서 권력이 안전한 것으로 믿는 허위 감각에 긴장을 놓아 왔기 때문이다. 더 나아가 사회과학자들과 지배 엘리트들 공히 한 번의 성공적 저항

*『페르디두르케』, 윤진 옮김, 민음사, 2004, 365쪽에서 전재.

행위가 피지배 집단 전체를 대변할 수 있는 유인이 된다는 사실을 충분히 이해하지 못할 수도 있는데, 그 까닭을 정확히 말하자면 그와 같은 저항에 대해 에너지를 공급했던 은닉 대본에 관해 사회과학자들이나 지배 엘리트들 모두 아는 바가 거의 없기 때문이다. 이보다 좀 더 놀라운 것은 혁명 엘리트들이나 정당들이 자신들의 기존 추종자들이 드러내는 급진주의로부터 충격을 받아왔다는 사실이다.

라뒤리가 검토한 로마 카니발에서 우발적 봉기의 양편 지도자들은 도시 평민과 농민 양쪽 모두의 열성에 깜짝 놀란다. 상징적 저항의 작은 행동(겉보기에는 사소해 보이지만, 이는 정치적 공간이 확대되었음을 보여 주는 증거이다) 하나가 대담한 언명과 주장의 질풍노도를 촉발한다. 반역자들의 최후 지도자가 썼듯이 "마을 사람들은 너무나 고무된 나머지 처음에는 감히 엄두도 못 낸 것을 하게 되었다".[38] 로마에서 조세 저항이 일부 성공을 거두고 자신들의 안전을 염려한 도시 귀족들이 좀 더 안전해 보이는 다른 도시로 떠났을 때, 로마의 평민들은 이를 자신들이 승리할지도 모른다는 징후로 대부분 받아들였다. 그것은 돌파구처럼 보였다. 그런 징후는 점점 더 대담하고 무례한 행동과 불복종 행위를 촉발했다. 도시 평민들의 어느 주요 적대자는 다음과 같이 전했다. "귀족 그리고 심지어 기존 토지 소유 제도를 겨냥한 악담 혹은 그보다 더 심한 말들이 로마 전역으로 급속히 퍼져 나갔다. 앞에서 언급한 도시 및 주변 마을에서는 가장 처질로 막돼먹은 놈이 본인을 자신의 영주 못지않게 위대한 귀족이라고 생각했다."[39] 로마에서 일어난 사건들에 대한 이와 같은 설명으로부터 평소에는 갇혀 있다가 권력관계가 달라졌다 싶으면 풀려나는 듯한 그 어떤 느낌, 곧 평등, 정의, 그리고 복수의 총체적 언설이라는 느낌을 받지 않을 수 없다. 당국에 큰 충격을 안겼을 대담하고도 거만한 행동들은 아마도 공개 무대에서 즉흥적으로 만들어졌을 것이다. 하지만 그것들은 민중 문화 및 관행의 은닉 대본 속에서 오랫동안 그리고 풍성하게 준비되어 왔다.

영국의 내전 기간에 발생했던 급진적 민중운동에 대해서도 거의 똑같은 말을 할 수 있다. 과거의 막후 문화와 하층계급들의 저항을 검토하지 않고서는 이런 운동들을 특징짓는 열정과 행동의 폭발을 이해하기란 불가능하다. 크리스토퍼 힐이 설득력 있게 보여 주듯이, 격렬하게 분출되었다가 크롬웰에게 진압당한 민중 혁명의 제반 양상들과 비슷한 등가물들은, 그것이 공개적으로 발현하기 훨씬 이전부터 눈에 잘 띄지 않는 형태로 민중 문화 및 관습 속에 이미 존재하고 있었다.[40] 따라서 개간파와 수평파는 그 당시 공개적으로 널리 퍼져 있던 것과 근본적으로 다른 버전의 소유권을 공개적으로 주장하는데 명운을 걸었다. 그들의 인기 그리고 그들이 제기한 도덕적 주장의 힘은 인클로저를 결코 정의로운 것으로 수용하지 않던, 그리고 밀렵과 새로운 담장 허물기 등의 관행 속에 그 뜻이 표현되어 왔던 막후 민중 문화에서 비롯되었다. 이와 같은 은닉 대본은 내전의 시작, 그리고 그것을 뒷받침했던 혁명 공약과 더불어, 스스로를 공개적으로 드러낼 수 있었고, 또한 정의와 복수처럼 가장 좋아하는 꿈 위에서 행동할 수 있었다. 개간파의 이데올로기적 대변인격이었던 윈스턴리는, 포이저 부인이 성취했던 것 이상으로, 더 정교하고도 지속 가능한 버전처럼 보일 만한 것을 성취했다. 그가 토지 매매 행위를 사형에 처할 만한 중죄라고 주장했을 때 그 내용은 결코 새로울 게 없었다. 그는 지금까지 온전히 표현할 수 없었던 일련의 믿음과 관행 속에 내포된 민중의 에너지를 툭 건드렸을 뿐이다. 그의 매력적 호소가 생산한 힘은 은닉 대본의 전력망에 기반해 있었던 것이다.

시커파와 랜터파,* 그리고 초기 퀘이커파 교도 사이에서 이단적 종교 행위가 동시에 급속히 증가한 것 역시 일찍이 비밀리에 존재했던 믿음과 실천이 공개적으로 표현된 것이었다.[41] 그것들은 롤러드파 교도의 애매한 실천 속에서, 힐이 칼뱅주의의 "또 다른 자아"라고 부른 대중적 도덕률 폐기론 속에서, 성직자 및 공식 종교법에 대해 맥줏집이나 선술집에서 표출된 대중들의 회의와 불신 속에서, 형식적 교회 의전에 대한 공개적 기피 속에, 그리고 수많은 민중적 이단 속에서 감지될 수 있었다. 기성 종교 당국(그리고 나중에는 칼뱅주의)의 감시 탓에 민중 신앙은 공적 생활의 주변부에서 순간적으로만 존재했었다. 커튼을 열어젖히고 민중들의 이단적인 신앙이 마침내 공식적인 교리 및 관례의 노골적이고도 떠들썩한 경쟁자로 새롭게 자리매김한 계기가 바로 영국 내전이었다.[42]

사회운동 초기마다 모든 사람들의 입에 붙은 특정 구호가 분위기를 장악할 때마다 그런 힘은 바로 그 구호가 은닉 대본에 담긴 감정 가운데 가장 깊은 것을 응축하고 있다는 사실로부터 나온다. 1970년 폴란드의 발트해 연안 도시들에서 발생한 노동자계급 폭동 및 시위의 경우, "붉은 부르주아지를 타도하라"가 그런 슬로건이었다. 부르주아지라는 명사를 수식하는 붉은이라는 형용사의 수사학적 힘과는 별로 상관없이, 우리가 볼 때 이와 같은 구호는 부엌 식탁 옆에서, 노동자들의 소그룹 안에서, 맥주홀에서, 그리고 가까운 동료들이 주

---

* 시커파the Seekers는 17세기 전반 영국에서 출현한 종교개혁 운동 분파로 당대 모든 기성 교회를 부패한 집단으로 간주하며 예수의 재림을 기다렸다. 랜터파the Ranters는 17세기 중반 영국에서 나타난 신흥 기독교 분파로 기존 교회 및 정부의 권위를 부정하며 범신론의 입장을 취했다.

고받으며 쌓아 올린 수천만 개의 쓰라린 농담, 분노, 그리고 분개의 핵심을 포착하고 있었다.[43] 프롤레타리아트를 대표한다는 사람들이 누리고 있는 편한 삶 — 그들만이 누리는 특별 상점, 온천 휴양지, 산장이 딸린 사냥터, 당黨 운영 병원, 특권적 주택과 내구소비재, 자식에게 제공되는 교육 특혜, 교만과 사회적 특혜 의식, 국가 예산 착복, 부정부패 — 이 [실제 프롤레타리아트의] 안전한 장소들에서 엄청난 도덕적 분노와 힘의 언설을 부채질했을 것임에 틀림없다. 겉보기에 단순해 보이는 구호 배후의 위력을 설명하는 것은 1970년 훨씬 이전부터 막후에서 채워져 왔던 이와 같은 사회적 저수지였다.

따라서 은닉 대본의 최초 공개 선포에는 정치적 돌파의 결행 능력을 설명하는 전사前史가 있다. 물론 저항의 최초 행동이 결정적으로 패배하게 되면 다른 사람들이 따라 할 가능성은 별로 없다. 하지만 실패한 자의 용기는 용감성, 의적義賊 그리고 고귀한 희생을 전하는 이야기들 속에 언급되고, 찬미될 뿐만 아니라 심지어 신화로 남을 개연성이 크다.

은닉 대본을 처음 공개적으로 선포하는 행위가 성공을 거두는 경우, 상징적 행위로서 그것이 가진 동원 역량은 어마어마하다. 전술과 전략의 수준에서 그것은 장차 사태가 어떻게 전개될지를 알려 주는 강력한 징후이며, 현 상황이 뒤집힐 수 있는지를 가늠할 수 있는 전조가 된다. 어떤 사회학자가 지적했듯이, 핵심이 되는 상징적 행위는 "서로가 서로를 두려워하는 형태의 전체 체계가 견딜지 아닐지를 가늠하는 시험이다".[44] 정치적 신념과 분노, 그리고 희망의 차원에서 그것은 사회적 폭발이다. 최초의 선포가 다른 수많은 사람들을 위해 말한다는 것은, 오랫동안 소곤거려야 했고, 억제해야 했고, 참아야 했고, 억눌러야 했고, 숨겨야 했던 것을 마침내 고함치며 말하는 것이다. 만약 그 결과들이 광기의 순간을 닮았다면, 그리고 그에 따라 야기된 정치가 시끄럽고 광적이며, 정신을 차릴 수 없는 가운데 종종 폭력적이기까지 하다면, 아마도 그 이유는 힘없는 자들이 정치의 공식 무대 위에 올라가 본 적이 너무나 없기 때문에, 그리고 마침내 그들이 그곳에 도착했을 때 할 말과 할 일이 너무나 많기 때문이리라.

옮긴이 후기

인간사회에서 권력만큼 본질적이고 지속적인 것도 없다. 정도나 방식의 차이만 있을 뿐 지배와 복종 관계로부터 완전히 자유로운 사회란 존재하지 않기 때문이다. 이 책은 바로 이와 같은 권력과 지배의 문제를 다룬다. 그런데 저자 스콧이 보기에 권력은 결코 일방적인 것이 아니다. 또한 지배가 늘 성공적인 것도, 늘 안정적인 것도 아니다. 저자의 문제의식은 "지배의 관계는 동시에 저항의 관계"라는 사실이다. 곧 저항 없는 지배는 없다는 명제다. 저항은 눈에 보일 수도 있고 그렇지 않을 수도 있다. 그럼에도 중요한 것은 언제 어디서든 늘 존재한다는 점이다.

이 책은 권력관계를 이해하는 데서, 혹은 지배에 대한 저항을 이해하는 데서 새로운 관점과 방식을 제시한다. 스콧이 주목하고 강조하는 것은 권력관계의 "표면 아래에 숨어 있는 그 무엇"인 '은닉 대본'hidden transcript이다. 이 책의 키워드인 은닉 대본은 권력자의 직접적 감시 범위를 피해 장외場外나 막후幕後에서 형성되는 언어나 몸짓, 관행 등으로서, 지배 권력에 대한 비판과 반대 그리고 저항의 의미를 담고 있다. 그에 따르면 역사상 모든 피지배계급은 각자의 고된 시련을 바탕으로 나름의 은닉 대본을 생산하고 방어해 왔다.

은닉 대본의 반대 개념은 '공식 대본'official transcript 혹은 '공개 대본'public transcript이다. 그것은 지배하는 자와 지배받는 자들 사이에 공개된 상호작용을 묘사하는 약칭略稱이다. 그것은 존경과 충성,

시혜와 배려라는 공식적 연기 대본인 셈이다. 스콧에 따르면 공개 대본의 틀 안에서 이루어지는 사회적 행위는 '문화적 헤게모니' 혹은 '과시용 열병식'이다. 따라서 공식 대본이 권력관계의 모든 측면을 있는 그대로 말하지는 않는다. 구체적 현실에서 벌어지는 권력관계란 공식 대본상의 액면가가 아니라는 뜻이다. 권력자들 역시 공개적으로 드러내기 어려운, 그들만의 은닉 대본을 갖고 있다. 그들도 가족이나 가까운 친구, 동료 앞에서는 공식 대본이 아닌 은닉 대본을 따를 때가 많다.

일반적으로 지배하는 자와 지배받는 자의 권력 차이가 크면 클수록, 또한 권력의 행사가 자의적이고 폭력적일수록 은닉 대본이 발전하는 경향이 있다. 다시 말해 이 경우에는 지배자나 피지배자 모두 더 두꺼운 가면을 쓰게 된다. 지배와 저항을 동전의 양면처럼 이해하는 스콧은 지배 권력의 은닉 대본보다 피지배 집단의 은닉 대본을 더 집중적으로 분석한다. 권력자의 가청可聽·가독可讀 거리 바깥에서 엄청 다양한 형태로 이루어지는 아래로부터의 은밀한 저항 말이다. 스콧이 보기에 이런 종류의 저항은 지금까지 "감히 스스로 이름조차 가질 수 없는 것들"이었다. 그런 만큼 그것은 기존의 사회과학이 무지하거나 외면하던 정치 영역이기도 했다.

스콧에 따르면 지배받는 자들이 권력관계를 진심으로 수용하는 사례는 거의 없다. 역사적으로 볼 때 마음속으로 지배 권력을 거부하는 일은 오히려 일상사에 가까웠다. 다만 피지배 집단들이 공개적이고도 전면적인 저항 행동을 취하는 경우가 쉽게 그리고 자주 발생하지 않았을 뿐이다. 힘없는 자들은 그들끼리의 소문이나 유언비어, 완곡어법, 농담, 설화, 의례, 관행, 몸짓, 가무歌舞, 카니발 등을 익명으로 공유하면서 불복종의 내심을 은폐해 왔다. 공개 대본을 따르는 그들의 언행은 말하자면 지배 권력의 헤게모니에 대한 위장僞裝 동의인 셈이다. 다시 말해 강자의 면전面前에서 이루어지는 공개 대본은 약자의 가식적 연기에 가깝다.

권력 앞에서, 특히 가혹한 권력 앞에서 피지배자들이 취할 수 있는 생존 비결은 단순하면서도 이중적이다. 한편으로는 증오를 삼키고 분노를 누르고 폭력의 충동을 억제하는 것이다. 하지만 다른 한편으로 그들은 상상과 환상 속에서 권력자를 상대로 취할 수 있는 대응적 공격을 꿈꾸고 실행한다. 요컨대 '면종복배'面從腹背다. 만약 면종이 공식 대본의 영역이라면 복배는 은닉 대본의 영역이다. 만일 엘리트 주도의 공개 대본이 지배를 '자연화'한다면, 그와 같은 지배를 '비非자연화'하려는 일련의 반헤게모니적 힘이 축적되고 작동하는 영역, 그것이 바로 은닉 대본이다.

물론 힘 있는 자들이 이런 사실을 모르지 않는다. 은닉 대본의 단속과 탄압에 무심한 지배 권력이란 있지도 않고, 있을 수도 없다. 그들은 피지배자들이 꾸미고 노리는 위장과 익명 그리고 교묘한 찰나의 정치에 항상 촉각을 세우고 있다. 따라서 지배와 저항을 동시 진행형으로 인식하는 스콧이 궁극적으로 도착하는 지점은 마치 게릴라 전처럼 "강한 자와 약한 자 사이의 관계에 팽배한 위장과 감시의 변증법"이다. 이를 분석하기 위한 방법론적 자료가 바로 공식 대본과 은닉 대본이다. 약자의 은닉 대본과 강자의 은닉 대본을 비교하고, 두 집단의 은닉 대본을 공식 대본과 비교함으로써 "지배와 복종의 문화적 형식"을 파악할 수 있다는 것이 스콧의 연구 방법론이다.

이런 맥락에서 그는 '하부정치'infrapolitics라는 개념을 새로 만든다. 스콧에 따르면 지금까지의 사회과학은 자유민주주의와 같은 비교적 공개된 정치, 아니면 항의나 시위, 반란 등 언론의 헤드라인을 소란스레 장식하는 비일상적 정치 현상을 다루는 데 익숙해져 왔다. 이에 비해 하부정치는 "적외선처럼, 스펙트럼의 가시적 범위를 넘어서" 있는 것이다. 이를 하부정치라 부르는 이유는 그것이 쉽게 눈에 드러나는 정치적 행위의 문화적·구조적 기반이기 때문이다. 이는 산업의 '하부 시설'infrastructure이 교통, 금융, 화폐, 자산 및 계약법처럼 그런 산업을 가능하게 만드는 기반을 의미하는 것과 같은 이치다.

하부정치는 피지배 집단이 지배 권력에 대한 직접 공격이라는 진품眞品의 대체물로 확보하는 것으로, "공개적 저항에 그림자처럼 따라다니는 쌍둥이 형제"라 불러도 좋다. 명심해야 할 것은 하부정치가 단순한 공상이나 희망의 차원이 아닌, 분명히 실재하는 현실 정치라는 점이다. 하부정치는 정교하게 제도화된 정치적 행위를 위한 건축 블록으로서, 전자 없이는 후자도 없다. 스콧이 보기에 역사적으로 대부분의 피지배자들이 살아왔던 폭정과 박해하에서 유일하게 가능했던 정치적 삶은 하부정치뿐이었다. 오늘날 자유민주주의의 정치적 삶에 비해 이런 식의 하부정치는 "보다 열심히 진행되고, 보다 많은 것을 승부의 대상으로 걸며, 보다 거친 역경을 헤쳐 나간" 측면이 있다. 요컨대 모든 권력관계의 이면에는 하부정치의 "'미시적' 밀고 당기기" 과정이 작동하고 있다.

그렇다고 하부정치가 늘 수면 아래 잠복해 있는 것은 아니다. 은닉 대본이 직접적이고도 공개적인 방식으로 권력자와 직접 맞설 때가 있기 때문이다. 이런 점에서 스콧이 1장의 상당 부분을 조지 엘리엇의 소설 『아담 비드』 가운데 소작인 포이저 부인이 악덕 지주 도니손에게 오랫동안 참아 왔던 울분을 극적으로 발산하는 장면에 할애한 것은 이 책에 대한 독자의 몰입을 자연스레 유발하려는 의도로 보인다. 저자는 "은닉 대본이 처음 공개적으로 선언될 때 미치는 격렬한 정치적 충격"을 "정치적 전율電慄political electricity이라 불렀다. 그는 전근대사회에서 발생한 수많은 농민반란과 민중 반란 — 예컨 대 독일 농민전쟁, 영국 내전, 프랑스혁명, 러시아혁명 등 — 에서 이와 같은 정치적 전율의 순간을 읽어 낼 뿐만 아니라, 1960년대 미국 흑인 사회의 민권운동, 1980년 폴란드 자유노조의 출범, 1988년 칠레 피노체트 독재의 종식, 1988년 소련 고르바초프의 글라스노스트 캠페인, 그리고 1989년 루마니아 차우셰스쿠 정부의 붕괴 등 현대 사를 대표하는 극적인 순간들 또한 하부정치의 공개적 대폭발로 예증한다.

◆

이 책이 제시하는 은닉 대본이나 하부정치 개념은 권력과 지배, 그리고 저항의 문제를 분석하는 새로운 발상법과 탁월한 통찰력을 제공한다. 우리가 익히 아는 가시적 정치나 제도권 정치란 권력의 전부도 아니고 지배의 본질도 아니기 때문이다. 역사적으로, 그리고 보편적으로 실존했음에도 기존의 사회과학이 미처 몰랐거나 모르는 척했던 권력의 이면 현상과 지배의 배후 원리를 스콧은 발군의 이론적 섭렵과 광범위한 사례 분석을 통해 우리에게 성공적으로 밝혀내고 있다. 아마도 이런 유類의 발상과 작업은 정치학을 위시해 (문화)인류학, (농촌)사회학, 역사학 등을 포괄하는 풍부한 학제적 연구 역량을 갖춘 스콧이 아니면 감히 누구도 쉽게 흉내 내기 어려울 것이다.

스콧의 권력 이론 혹은 저항 이론은 지배 관계가 성립된 곳이라면 어디든 적용될 수 있다. 비단 국가와 같은 공적 영역뿐만 아니라 가족이나 학교, 기업 등 사적 차원도 불문不問한다. 그런 만큼 이 책은 지배·복종 관계가 도처에서 상시적으로 첨예하고 불안정한 작금의 한국 사회를 분석할 때 쓸모가 무궁무진하다. 하지만 이 책을 번역하는 과정에서 정작 뇌리를 떠나지 않았던 것은 북한이었다. 이른바 '극장 국가'theatre state의 전형으로서 외형적으로는 공식 대본에 입각한 '인민의 절대 충성'이 압도하지만, 그곳 역시 — 아니 바로 북한이기 때문에 더욱더 — 은닉 대본의 존재나 발전 가능성으로부터 완전히 자유롭기는 어려울 것이라는 생각 때문이었다. '저항 없는 지배는 없다'는 게 스콧의 지론持論 아닌가? 그렇다면 언젠가 북한에서도 하부정치가 공개적으로 폭발하는 날이 올지 모른다. 역대급 독재 권력의 최후가 대부분 그랬듯이 은닉 대본과 공식 대본의 경계가 결정적으로 사라지는 바로 그 '광기의 순간' 말이다.

◆

약 10년 전, 개인적으로 낸 첫 번역서가 이 책의 저자 스콧이 쓴 『국가처럼 보기』였다. 학계에 입문하면서 — 왠지 비생산적일 것 같다는 같잖은 이유로 — 번역 작업은 하지 않으리라고 했던 나름의 결심을 깨트린 학자가 바로 스콧이었다. 어쨌든 그때 나는 그것이 내 이력에서 처음이자 마지막 번역서가 될 줄 알았다. 그런데 나의 그런 다짐은 이번에 수포로 끝났다. 이 책의 출판사 후마니타스는 스콧 저서의 번역만은 꼭 나에게 맡기고 싶다며 집요하게 꼬드겼다. 괜히 우쭐해져 그 말에 속지 말았어야 했는데, 너무나 순진하게 혹은 너무나 바보같이 승낙하고 만 것이 지난 수년간 이어진 고통의 시작이었다.

막상 번역을 시작하고 보니 책의 내용은 난해했고 문장은 현란했다. 번역자로서 아무리 스콧을 '빙의'憑依하려 해도 내가 결코 그가 될 수는 없었다. 이 책은 전형적인 사회과학 분야 도서라기보다 한 편의 장중한 교향곡 같은 느낌을 준다. '저항의 예술'을 분석하면서 저자는 '글쓰기의 예술'을 보여 준다고나 할까. 특히 압권은 빠른 알레그로 템포로 끝나는 마지막 8장이다. 훌륭한 연주회의 뒤끝이 그런 것처럼 이 책의 경우도 일독한 이후 잔향殘響이 쉽게 가라앉지 않았는데, 그런 감동이 번역 과정에서 독자들에게 과연 제대로 전달될 것인지 이만저만 걱정이 아니다.

이래저래 출판사에 약속한 납품 기일은 예정보다 한참 늦어지고 말았다. 오랫동안 묵묵히 기다려 준 출판사에 미안하고 감사할 따름이다. 이번에 번역 작업 자체의 한계를 또다시 절감하기도 했다. 전문 번역가 조영학의 조언처럼 번역 투를 남발하는 '원서 사대주의'를 나름 경계하긴 했지만, 역시 한국어는 — 최소한 이 책에서 스콧이 사용한 영어에 비해 — '학술어'로서 갈 길이 멀다는 생각을 하지 않을 수 없었다. 모국어 학술 서적 불모지라는 불명예에다가 양서良書 번역의 세계에서도 우리는 변명의 여지 없는 후진국이 아닐까 싶다. 하지만 마지막 교정 및 수정 과정에서 우리 출판계의 저력과 희망을 보기도 했다. 책에 대한 애정과 직업적 전문성의 측면에서 후마니타스 편집부가 나를 여러 번 감동하게 만든 것이다.

10년 전쯤 스콧의 『국가처럼 보기』를 출간하고 나서 주변으로부터 받은 비판 가운데는 '우파' 학자가 '좌파' 원서를 번역한 이유와 계기에 관련된 것들이 많았다. 이른바 진보 성향 쪽에서는 『국가처럼 보기』가 주장하는 국가 주도 공공 계획의 실패를 당시 이명박 정부의 '4대강 사업'의 문제점에 견강부회하는 경우가 많았다. 하지만 내가 볼 때 스콧의 이념적 스펙트럼을 어느 한쪽으로 규정하는 일은 별로 명분도 없고 실리도 없다. 예컨대 『국가처럼 보기』에서도 스콧은 근대 국민국가 및 자본주의에 '내재된' 진보적 측면을 나름 인지하고 있다. 국가나 지배보다 약자나 저항을 더 강조한다고 해서 그를 좌파로 속단하는 것도 무리이자 편견이다. 내가 볼 때 그는 이데올로그가 아니라, 세상을 깊게 읽고 길게 보며 넓게 생각할 줄 아는 프로페셔널 학자이다. 이 책 『지배, 그리고 저항의 예술: 은닉 대본』에 영양가 없는 이념의 잣대를 부디 들이대지 않기를 바라며 덧붙이는 말이다.

2020년 초여름 북한산 비봉 아래에서
전상인

후주

1장
공식적 이야기의 이면

1) 여기서 공식이라는 것은 권력관계에서 공개적으로 상대에게 맹세하는 행동을 뜻하고, 대본은 구두로 표현된 것들의 최대 가능한 기록이라는 다분히 법률적 의미(의사록)에서 사용된다. 하지만 여기서 이와 같은 최대 가능한 기록은 몸짓이나 표정 같은 비언어적 행동들도 포함한다.

2) Emile Guillaumin, *The Life of a Simple Man*, Eugen Weber (ed.), Margaret Crosland (rev. and trans), p. 83. 다른 사례를 보려면 pp. 38, 62, 64, 102, 140, 153도 참조.

3) 같은 책, p. 82.

4) Lunsford Lane, *The Narrative of Lunsford Lane, Formerly of Raleigh, North Carolina* (Boston, 1848). Gilbert Osofsky (ed.), *Puttin' on Ole Massa: The Slave Narratives of Henry Bibb, William Wells, and Solomon Northrup*, p. 9에서 인용.

5) Mary Chesnut, *A Diary from Dixie*. Orlando Patterson, *Slavery and Social Death: A Comparative Study*, p. 208에서 인용.

6) 같은 책, p. 338.

7) 무대 밖에서 딴소리를 하거나 공개적으로 파열음을 내는 것 그 자체가 상황을 호도하기 위한 계략이 될 개연성을 나는 일단 모르는 척하고 넘어가고자 한다. 하지만 바위처럼 단단한 진리나 특정한 사회적 행동들의 막후 진실을 만족스럽게 알 수 있는 확실한 방법은 없는 게 분명하다. 연기자가 연기 그 자체에 위선을 암시함으로써 자신의 관객 전부 혹은 일부에게 연기의 진정성을 낮춰 보일 수 있는 가능성 역시 나는 못 본 척 넘어가고자 한다.

8) 이는 피지배자들이 자신들끼리보다는 그들의 지배자와의 관계에 대해 할 말이 더 많다는 사실을 의미하는 것이 결코 아니다. 이 개념은 피지배자들 간의 상호작용 가운데 권력자와 관련이 있는 부분에만 제한적으로 사용될 따름이다.

9) Mary Livermore, *My Story of the War*. Albert J. Raboteau, *Slave Religion: The "Invisible Institution" of the Antebellum South*, p. 313에서 인용.

10) George Eliot, *Adam Bede*, pp. 388~389 [『아담 비드 2』, 유종인 옮김, 현대문화,

2007, 123쪽].

11) 같은 책, p. 393 [『아담 비드 2』, 130쪽].

12) 같은 책, p. 398 [『아담 비드 2』, 132쪽에서 전재].

13) 같은 책, p. 394 [『아담 비드 2』, 135쪽].

14) 같은 책, p. 388 [『아담 비드 2』, 122~123쪽].

15) 나는 우리가 동료와의 논쟁에서 밀리거나 또래로부터 모욕을 당할 때도 이와 똑같은 환상을 가지는 경향이 있다고 생각한다. 차이가 있다면 비대칭적 권력관계는 이런 경우 은닉 대본의 공개적 표현을 방해하지 않는다는 점이다.

16) 같은 책, p. 395 [『아담 비드 2』, 133쪽에서 전재]. 『아담 비드』의 내용을 잘 몰라 그다음 일이 어떻게 전개되었을지 궁금할 독자를 위해 말한다면 다음과 같다. 지주는 몇 달 뒤 하느님의 부름을 받아 세상을 떠났고, 위협도 해제되었다.

17) George Orwell, *Inside the Whale and Other Essays*, pp. 95~96 [「코끼리를 쏘다」, 『나는 왜 쓰는가』, 이한중 옮김, 한겨레출판, 37~38쪽].

18) 서구의 자본주의적 민주국가에서는 이와 유사한 불평등이 그렇게 심각한 상징적 비난의 대상이 되지 않는다. 왜냐하면 그곳에서는 사적 소유권이 공식적으로 인정될 뿐만 아니라 노동자계급의 특수한 이익을 위해 국가를 운영한다는 식의 주장을 하지 않기 때문이다.

19) 집안에서 이런 점이 있다는 사실을 우리 모두는 알고 있다. 부모들은 자식들 앞에서 공개적으로 다투는 것이 부적절하다고 느낀다. 자식들의 규율이나 행동 문제를 두고 다툴 때 특히 그렇다. 만약 그렇게 한다면, 그것은 부모란 누구보다 상황을 잘 알고 있는 존재이며 따라서 무엇이 적절한지에 대해 서로 합의되어 있으리라는 암묵적인 주장을 스스로 깎아내리는 셈이 된다. 또한 그것은 부모 사이에 드러난 의견 차이를 자녀들이 정치적으로 활용할 기회를 제공하는 결과를 초래하기도 한다. 일반적으로 부모는 말다툼 공간을 막후에서 유지하고 자녀 앞에서는 다소간 통일전선을 보여 주기를 선호한다.

20) Ray Huang, *1571: A Year of No Significance* [『1587, 만력 15년 아무 일도 없었던 해』, 김한식 외 옮김, 새물결, 2004].

21) Milovan Djilas, *The New Class*, p. 82.

22) 사실상 거의 모든 위계적 조직에서 하위직 사무원들은 시야가 트인 곳에서 일하는 반면, 엘리트들은 잠긴 문 안에서, 그것도 종종 개인 비서가 머무는 대기실이 구비된 사무실 안에서 일하는 것도 기본적으로는 같은 이유가 아닐까 생각한다.

23) Honoré de Balzac, *A Harlot High and Low*, Reyner Happenstall (trans.), p. 505. 20세기 작가 중 지배와 복종의 가면을 작품으로 가장 많이 다룬 이는 장 주네Jean Genet였다. 특히 회곡 『흑인들』*The Blacks*과 『영화』*The Screen*를 보라.

24) 모든 행위자에게는 상대에 따라 공개 대본 및 은닉 대본이 여러 개 있다는 사실을 나는 당분간 의도적으로 간과하고자 한다.

25) Orwell, *Inside the Whale and Other Essays*, p. 91 [「코끼리를 쏘다」, 31~32쪽]. 고함지르는 모욕은 은닉 대본이 아닌 것처럼 보일 수 있다. 하지만 여기서 중요한 것은 '안전한 거리'가 모욕을 주는 사람을 익명의 상태로 만든다는 점이다. 곧 메시지는 공개적이지만 메신저는 은닉된 것이다.

2장
지배, 연기 그리고 환상

1) James C. Scott, *Weapons of the Weak: Everyday Forms of Peasant Resistance*.

2) Michel Foucault, *Discipline and Punish: The Birth of the Prison*, Alan Sheridan (trans.).

3) 따라서 나의 분석은 가령 '과학적 전문 기술', 관료적 지배 혹은 수요와 공급 원리에 의한 시장의 힘과 같은 비인격적impersonal 지배 형태와는 별로 상관이 없다. 미셸 푸코의 저작 대부분은 이들과 연관되어 있는데, 그가 볼 때 이들은 본질적으로 근대적 형태의 사회통제 방식이다. 명백히 비인격적 통제에 해당하는 많은 형태들이 푸코가 생각했던 것처럼 혹은 그보다 훨씬 자의적인 수준으로, 사적 지배에 의해 매개되거나 사적 지배의 일환으로 경험되고 있다고 나도 믿고 있다. 하지만 내가 여기서 말하고자 하는 것은 비인격적·기술적·과학적 지배에 기초한 권위를 주장하는 것과 모종의 질적인 차이가 있다.

4) 페미니즘 이론의 구조주의적 혹은 전후 맥락상 토대에 대한 이와 유사한 논의는 Lind Alcoff, "Cultural Feminism versus Post-structuralism: The Identity Crisis in Feminist Theory" 볼 것.

5) 베두인족 여성들에게서 성별에 따라 분리된 영역을 매우 깊이 있게 연구한 사례로 Lila Abu-Lughod, *Veiled Sentiments: Honor and Poetry in a Bedouin Society* 볼 것.

6) Howard Newby, "The Deferential Dialectics", p. 142. 이처럼 간결하게 설명할 수 있었던 것은 뉴비의 명쾌한 분석 덕분이다.

7) 이것의 예외는 아마도 이럴 때이다. 곧 존경의 행위 그 자체 안에 암시된 또 다른 태도를 우리가 상당히 눈치챌 경우인데, 예를 들어 "네, 정말 그렇습니다" Yes, Sir는 평범한 어투로 말할 수도 있고 넌지시 경멸을 암시하는 비꼬는 투로 말할 수도 있다. 하지만 심지어 이 경우에도 우리는 그런 느낌을 확인하고자

한다.

8) Orlando Patterson, *Slavery and Social Death*, p. 11.

9) Basil Bernstein, *Class, Codes and Control*, vol. 1.

10) 이와 같은 실례實例에서 중요한 정보의 상당 부분은 의도적으로 생략되었다. 설명했듯이, 그것은 전적으로 정태적이어서 시간의 경과에 따른 대본들의 발전 및 상호작용에 대해서는 말해 주지 않는다. 대상 관객은 물론 위치와 상황을 특정하지도 않는다. 흑인 노예가 백인 가게 주인과 일상생활 속에 대화를 나누는 상황은 한밤중에 말을 탄 백인을 만났을 때와 결코 동일하지 않다. 끝으로 그것은 우리가 언설 공동체라고 부를 수 있는 것 대신 단수 개인의 관점을 취한다. 그럼에도 그것은 권력과 언설에 대한 논의의 방향을 잡는 데 도움을 주는데, 이런 논의에는 노예제, 카스트제도, 임금노동, 관료제, 학교 등 무수히 많은 구체적 사례가 포함될 수 있다.

11) 문자 그대로 우리가 결코 접근할 수 없는 순수한 사적 상상이 아니라면, 아마도 어떤 사회적 위치도 전적으로 '진실'하거나 '자유'로운 언설의 영역으로 여겨질 수 없다. 그 누구한테라도 자신이 누구인지가 드러날 경우 권력관계는 즉각 작동한다. 관대하고도 우호적인 분위기에서 억압된 진실을 밝히는 것이 목적인 심리 분석에서조차, 그것이 진행되는 동안에는 고도로 비대칭적인 권력관계가 만들어진다.

12) Juan Martinez-Alier, *Labourers and landowners in southern Spain*, p. 126 볼 것.

13) 이처럼 지배 속 지배를 말하는 것이 가능하다면 은닉 대본 내 은닉 대본을 말할 수도 있다. 집단 내부의 지배 권력에 겁먹은 하급자들은 말이나 행동을 마음 놓고 할 수 없게 된다. 이런 상황이 발생할 경우 피지배 집단 내 권력자들은 자신이 가진 권력의 전제가 되는 전반적인 지배 구조 속에서 결과적으로 일종의 기득권을 갖게 된다.

14) Arlie Russell Hochschild, *The Managed Heart: The Commercialization of Human Feeling*, pp. 90~91 [『감정노동: 노동은 우리의 감정을 어떻게 상품으로 만드는가』, 이가람 옮김, 이매진, 2009, 115쪽]. 나는 몇 가지 중요한 이슈와 관련해 항공기 승무원들의 임금은 이른바 '감정노동'의 대가라는 혹실드의 미시적이고도 직관적인 연구로부터 큰 도움을 받았다.

15) 성공적인 연기를 위해 분노를 억누르려고 노력하거나 끓어오르는 화를 달래는 데 실패하는 것은 진 리스의 초기 소설에서 반복되는 주제이다.『매킨지 씨를 떠난 후』의 주인공인 줄리아는 자신이 원하는 방식대로 살기 위해 어떻게 하면 남자를 즐겁게 하는지를 알고 있지만, 그녀는 자신의 부정직한 연기를 오랫동안 지속할 수 없었다. 리스가 말하듯 "그녀는 우울증을 발작적으로 앓아

왔는데, 그때에는 겉모습을 유지하는 데 필요한 자기통제에 실패하곤 했다".
Jean Rhys, *After Leaving Mr. MacKenzie*, p. 27.

16) 사회심리학 분야의 연구 결과를 통해 존 티보는 "양자 관계에 놓인 각각의 입장에서 볼 때 우세한 힘을 가진 쪽은 유리한 점을 대거 확보한다"라고 말하며 나는 이에 동의한다. "그것은 상대의 행동에 대해 바짝 긴장하거나 자신의 행동에 대해 조심할 필요성을 줄이는 경향이 있기 때문이다." John W. Thibaut and Harold Kelley, *The Social Psychology of Groups*, p. 125.

17) 라 브뤼에르La Bruyere의 글. Norbert Elias, *Power and Civility, The Civilizing Process*, vol. 2, Edmund Jephcott (trans.) (원본은 1939년 바질에서 출간), p. 271 에서 인용.

18) Robin Lakoff, *Language and Women's Place*, p. 10.

19) R. S. Khare, *The Untouchable as Himself: Ideology, Identity, and Pragmatism among the Lucknow Chamars*, p. 13.

20) Lakoff, *Language and Women's Place*, p. 27.

21) 여기에서 나의 논의 대부분은 R. Brown and A. Gilman, "The Pronouns of Powers and Solidarity", Pier Paolo Giglioli (ed.), *Language and Social Context*, pp. 252~282, Peter Trudgill, *Sociolinguistics: An Introduction to Language and Society*, 5장에서 나왔다.

22) John R. Rickford, "Carrying the New Wave into Syntax: The Case of Black English BIN", Robert W. Fasold (ed.), *Variation in the Form and Use of Language*, pp. 98~119.

23) Mark Jürgensmeyer, *Religion as Social Vision: The Movement against Untouchability in 20th Century Punjab*, p. 92.

24) Robin Cohen, "Resistance and Hidden Forms of Consciousness among African Workers", pp. 8~22.

25) Khare, *The Untouchable as Himself*, p. 97. 이 책의 저자가 우리를 일깨우는 바는 일반적으로 하급자들이 권력자를, 반대의 경우가 아니라, 훨씬 자세히 관찰한다는 사실인데, 그 까닭은 그렇게 하는 것이 하급자들의 안전이나 생존에 직결되기 때문이다. 노예나 불가촉천민의 '하루'는 그날 주인의 기분을 정확히 읽는 데 달려 있다. 반면에 상전의 '하루'는 하급자의 기분에 거의 영향을 받지 않는다. 이와 같은 주장을 뒷받침하는 추가적인 증거로는 Judith Rollins, *Between Women: Domestics and their Employers* 및 Joan Cocks, *The Oppositional Imagination: Feminism, Critique and Political Theory* 볼 것.

26) Khare, *The Untouchable as Himself*, p. 130.

27) Lawrence Levine, *Black Culture and Black Consciousness*, p. 101에서 인용.

28) Theodore Rosengarten, *All God's Dangers: The Life of Nate Shaw*, p. 545. 네이트 쇼는 대공황 기간에 앨라배마 소작인 연맹에 가입해 있었으며, 자신의 가축을 보안관에게 압류당한 처지에 놓인 이웃이자 연맹 동료를 지키기 위해 권총을 사용했다. 그는 10년 이상의 감옥형에 처해졌고, 죽지 않고 형기를 채우기 위해 줄곧 순응하고 자제하는 태도를 견지했다. 감옥 같은 폭력 세계에서도 무해한 거동 하나가 성공적인 공격을 위한 가장 효과적인 수단이 될 수 있다. 잭 애벗이 설명했듯이 "당신은 그를 '웃겨' 제자리를 찾게 하는 법을 배워라. 호의를 베풀어 그를 무장해제 시키는 법을 배워라. 누군가에게 내적으로 격렬히 분노할 때 그것을 마음속에 감춘 채 웃으며 겁쟁이인 척하는 법을 배워라". Jack Henry Abbot, *In the Belly of the Beast*, p. 89.

29) 이와 유사한 주장으로 Erving Goffman, *Relations in Public: Microstudies of the Public Order*, p. 339.

30) Richard Hoggart, *The Uses of Literacy: Aspects of Working Class Life*, p. 65 [『교양의 효용: 노동자계급의 삶과 문화에 관한 연구』, 이규탁 옮김, 오월의봄, 2016, 104쪽].

31) Dev Raj Channa, *Slavery in Ancient India*, p. 57. Patterson, *Slavery and Social Death*, pp. 207~208에서 인용.

32) Tetsuo Najita and Irwin Scheiner, *Japanese Thought in the Tokugawa Period, 1600-1868: Methods and Metaphors*, p. 40.

33) Arthur Schopenhauer, *Selected Essays of Arthur Schopenhauer*, Ernest Belfort Bax (trans.), p. 341. Sander L. Gilman, *Jewish Self-Hatred: Anti-Semitism and the Hidden Languate of the Jews*, p. 243에서 인용. 필자가 강조.

34) Otto Weininger, *Sex and Character*, p. 146. Gilman, *Jewish Self-Hatred*, p. 245에서 인용.

35) Gilman, *Jewish Self-Hatred*, pp. 243~244.

36) 우리가 한편으로는 직접 표현할 길이 없는 증오와 분노의 문화적 산물, 다른 한편으로는 직접 표현할 길이 없는 사랑의 문화적 산물 사이에 모종의 유사성이 있다는 추측을 통해 상상해 봐도 도움이 될 것이다. 한쪽 극단에 세상이 뒤집히는 종말론적 관점이 있다면, 다른 극단에는 사랑하는 사람과 함께하는 완벽하게 신비한 시詩적 합일의 우아함이 있다. 하버마스의 '이상적 담화 상황' 분석에 따르면 대부분의 은닉 대본은 지배 관계 탓에 상호 대화로는 공개적으로 말하기 어려운 피지배자 측의 대응이다. 하버마스는 정의定義상 이상적 담화 상황에서 모든 '전략적' 행동과 피지배적 언설을 제외함으로써 이들을 합리적 합의의 추구로부터 배제한다. 이런 맥락에서 지배 행위가 성취하는 것은 언설의 분절화로서, 일관적 내지 통합적 언설이라고 하는 것은 대부분 피지배자의 은닉 대본과 지배자의 은닉 대본으로 구분된다. 예컨대 Thomas McCarthy,

The Critical Theory of Jürgen Habermas, pp. 273~352 볼 것.

37) 혹실드에 따르면 은닉 대본에 대한 이런 균형적 관점은 이보다 상대적으로 점잖은 편에 속하는 항공기 승무원의 세계에서도 드러난다. "하지만 공적 업무 영역에서 불균등한 교환을 인정하고 고객의 무례나 분노를 수용하는 것이 개인적 입장에서는 종종 직업의 일부가 된다. 이때 자신이 되돌려 주고 싶은 분노는 환상 속에 가두어 둔다. 손님이 왕이고 부등가교환이 정상이어서 고객과 손님은 처음부터 감정과 행동을 드러낼 특별한 권리를 가진 것으로 간주된다. 그것의 입출 내역은 승무원의 임금 체계에 나름 반영되어 있다." 이럴 경우 환상은 대부분 "만약 내가 참지 않아도 괜찮았다면 나는 어떻게 행동하고 싶었을까" 하는 기분으로 당한 모욕에 대한 보복 행위를 상상하는 것이다. 승무원들은 형편없는 승객과 욕설을 주고받거나, 그들의 무릎에 음료수를 쏟거나, 커피에 변비약을 듬뿍 넣는 등과 같은 자신들의 모습을 "머릿속에 그린다". 이것이야말로 가장 확실하게 소망을 성취하는 일이다. Hochschild, *The Managed Heart*, pp. 113~114 [『감정노동』, 149쪽].

38) 이런 식으로 은닉 대본을 이해하는 것은 니체가 말한 '원한'의 지점에 필적하는 것처럼 보인다. '원한'은 미움이나 질투, 복수의 감정을 겉으로 드러낼 수 없어 반복적으로 억압되는 상황을 의미한다. 최소한 이런 점에서는 은닉 대본은 원한에 부합한다. 하지만 니체에게 '원한'의 심리학적 동태는 이와 같은 감정이 문자 그대로 출구 — 외부화外部化의 부정 — 를 찾지 못해 마침내 의식의 수면 밑에 위치하는 것에 달려 있다. 우리가 주목하는 것은 은닉 대본의 사회적 지점으로서, 그것은 이와 같은 감정들이 집단적이고도 문화적인 형식을 갖춰 행동으로 발현할 기회를 제공한다. 막스 셸러가 말했듯, "만약 학대받고 있는 하인이 자신의 분노를 대기실에서 분출할 수 있다면 그는 원한의 앙심으로부터 자유로울 수 있다". Max Scheler, *Ressentiment*, William W. Holdheim (trans.), Lewis A. Coser (ed.). Friedrich Nietzsche, *On the Genealogy of Morals*, Walter Kaufman and F. J. Hollingsdale (trans.), 특히 첫째 권 8, 10, 11, 13절, 둘째 권 14~16절 볼 것. 나는 니체의 개념이 관련이 있다는 점을 현대 사회의 가내家內 노예에 대한 발군의 사회학적 연구를 통해 알게 되었다.

Judith Rollins, *Between Women: Domestics and their Employers*.

39) Richard Wright, *Black Boy: A Record of Childhood and Youth*.

40) 같은 책, p. 159.

41) 같은 책, p. 175.

42) 같은 책, pp. 67~69.

43) 이 책 부제는 "미국 흑인 퍼스낼리티 탐구"이다. Abram Kardiner and Lionel Ovesey, *The Mark of Oppression: Explorations in the Personality of the*

American Negro. 이 책은 문화 연구에서 카디너가 주도한 '모달 퍼스낼리티' modal personality[특정 사회의 구성원 사이에 빈번히 관찰되는 공통적 퍼스낼리티] 학파의 전통에 속한다.

44) 같은 책, p. 104.

45) 같은 책, p. 304. 카디너와 오베시는 자신들의 연구 대상자들이 갖고 있는 환상의 삶이 객관적으로 어떤 모습인지에 대해 제법 길게 설명한 적이 있다. 성격 테스트의 전형인 로르샤흐테스트 및 주제통각검사 결과가 전문가들의 블라인드 테스트에 의뢰된 적이 있었다. 이때 거의 통제받지 않는 상상의 영역과 관련해 다음과 같은 평가가 내려졌다. 곧 "엄청난 양의 감정적 분투가 공격선을 따라 조직되어 있으며, 그들의 내적 자아는 맹렬히 공격하고 다치게 만들고, 파멸시키는 충동으로 넘치고 있었다". 이런 프로토콜은 종종 지배 권력의 공개 대본이 요구하는 절제와 신중한 단어의 거울 이미지를 보여 준다. 여기서 발견되는 것은 그렇지 않을 경우 억압되어 있을 수밖에 없던 폭력과 복수심의 대량 방출이다. 같은 책, p. 322.

46) Gerard W. Mullin, *Flight and Rebellion: Slave Resistance in 18th Century Virginia*, p. 100. 라이트는 어느 술 취한 흑인의 다음과 같은 이행시二行詩를 인용한다. "이 백인 친구들은 하나같이 옷을 너무나 말쑥이 차려 입었네/하지만 그들의 똥구멍에서 나는 냄새는 나와 다를 바 없네." Wright, *Black Boy*, p. 162. 여성들 사이의 음주와 자기주장에 관해서는 예컨대 Mary Field Belenky et al., *Women's Ways of Knowing: The Development of Self, Voice, and Mind*, 특히 p. 25 볼 것.

47) Al-Tony Gilmore, *Bad Niggar!: The National Impact of Jack Johnson*, p. 5 볼 것. 영화의 영향력을 잘 알고 있었기에 지방 및 주 정부 당국은 일반 극장에서 상영되지 못하게 금지하는 법령을 공포하기도 했다.

48) D. C. Dance (ed.), *Shuckin' and Jivin': Folklore from Contemporary Black Americans*, pp. 215~216. 노래 곳곳에서 수차례 반전이 나타난다. 갑판 아래 뜨거운 엔진실에서 일하던 흑인 화부 샤인은 집으로 헤엄쳐 가서 새로운 성적인 승리를 쟁취한 반면, 갑판 상부의 백인 승객들은 배와 함께 물속으로 꺼꾸러져 차가운 바닷속 바닥에 가라앉았다.

49) Alice Walker, "Nuclear Exorcism", p. 20에서 인용. 워커는 비핵화 집회에서의 연설을 이와 같은 저주로 시작했는데, 그것은 많은 수의 흑인들이 핵 동결 청원에 서명하는 일에 왜 흥미가 없는지를 설명하기 위한 노력의 일환이었다. 그들의 '복수의 희망'은 백인이 지배하는 세상이 초래한 핵 파괴에 대해, 비록 악의적인 즐거움은 아닐지라도 차분한 마음으로 임하게 했다. 그녀가 암시한 바는 다음과 같다. 곧 피해자로서 공동체를 경험한 이들에게 시민적 공공심을

기대하는 것은 어불성설이라는 점이다.

50) 여성들의 전통적 환상과 관련된 전형적이고도 일반적인 내용은 의존성의 전도顚倒인데, 이때 애정의 대상이 되는 지배적 남성은 소경이나 불구자, 곧 무능력자가 되는 것으로 상상된다. 이런 환상을 즐기는 여성은 권력과 애정 모두를 입증할 피해와 헌신적 노력을 함께 상상한다.

51) W. E. B. Du Bois, "On the Faith of the Fathers", *The Souls of Black Folk*, pp. 221~222 볼 것.

3장
볼만한 공연으로서의 공개 대본

1) 현대적인 환경에서 선거는, 그것이 완전히 형식적이지만은 않은 한, 한편으로는 유권자로 하여금 지도자를 선택하는 기회를 제공하기도 하지만, 다른 한편으로는 국민주권을 체현하고 있는 민주주의 형태의 정당성을 상징적으로 확인하는 의미도 있다. 반대 세력이 부정선거 혹은 무의미한 선거라고 여겨 보이콧하려고 하는 경우 짐작컨대 그것의 정확한 이유는 선거의 상징적 확인이라는 가치를 평가절하 하고 싶기 때문이다.

2) 이에 관한 설명의 출전은 오언의 자서전이다. Robert Owen, *The Life of Robert Owen*, pp. 110~112.

3) 같은 책, p. 112. 필자가 강조.

4) Pierre Bourdieu, *Outline of a Theory of Practice*, Richard Nice (trans.), p. 85.

5) 예컨대 초기 스페인 왕정의 스파르타식 의례에 대한 J. H. 엘리엇의 설명을 보라. 그에 따르면 "왕의 절대적 패권이 당연하게 받아들여지는 곳에서는 정치적 이미지들이 신중하게 축소 언급될 수 있으며, 지배자를 정교한 우화적 과시용 장식으로 치장할 필요가 없다". "이와 같은 형태의 절제야말로 정치적 정밀화의 극치를 보여 주는지도 모른다"(p. 151). J. H. Elliot, "Power and Propaganda in the Spain of Philip IV", Sean Wilentz (ed.), *Rites of Power: Symbolism, Ritual, and Politics since the Middle Ages*, pp. 145~173.

6) 나의 개인적 경험에서 나온 비유가 지금 내가 염두에 두고 있는 것을 이해하는 데 도움을 줄지 모르겠다. 강력한 전류가 흐르는 울타리로 둘러싸인 들판에서 양들을 방목할 경우 처음에 그들은 그곳에 부딪치기도 하면서 고통스러운 충격을 경험한다. 하지만 익숙해지면 그 울타리와 적당히 떨어져 풀을 뜯어 먹는다. 가끔 내가 전기 울타리에서 작업을 한 뒤 그곳에 다시 전원을 넣는다는 것을 한 번에 며칠씩 깜박하고는 했는데, 그럴 때에도 양들은 계속 전기 울타리

에서 떨어져 있었다. 눈에 보이지 않는 전기가 끊어졌음에도 전기 울타리는 양들에게 그 전과 똑같은 연상 효과를 나타낸 것이다. 전류가 흐르지 않는 상태의 전기 울타리가 얼마나 오랫동안 효과를 발휘하는지는 분명하지 않다. 아마도 그것은 기억의 지속에 달렸을 수도 있고 울타리에 부딪치는 빈도에 달렸을 수도 있다. 비유가 가능한 것은 바로 이 대목에서라고 나는 믿는다. 양들과 관련해 우리가 단지 추정할 수 있는 것은 양들이 전기 울타리 너머의 목초지를 부단히 원하는 이유가, 이미 그들이 모든 풀을 먹어 치운 울타리 안쪽보다는, 그쪽이 일반적으로 '월등히' 푸르다는 사실에 있기 때문이다. 임차인이나 소작인과 관련해 우리는 한편으로는 밀렵, 절도, 은밀한 수확이나 추수 등을 통한 지속적인 실험, 다른 한편으로는 집합적 분노와 복수를 위한 문화적 능력 둘 다를 추론할 수 있다. 금지된 것을 하고자 하는, 혹은 그것이 금지되어 있다는 이유만으로 도전하고 싶어 하는 인간의 단순한 욕망 또한 이와 밀접히 연관되어 있다. 하지만 중요한 것은 일단 권력의 위력이 한번 경험되고 나면 권력의 상징은 그것의 대부분 혹은 모든 효력이 사라지고 난 이후에도 영향력을 계속 행사한다는 간단한 사실이다.

7) Gene Sharp, *The Politics of Nonviolent Action*, part 1 of *Power and Struggle*, p. 43에서 인용.

8) Orwell, *Inside the Whale*, pp. 96~97 [「코끼리를 쏘다」, 39쪽].

9) Mullin, *Flight and Rebellion*, p. 63.

10) N. Adriani and Albert C. Kruyt, *De barée sprekende torajas van Midden-Celebes*, 2: 96. Patterson, *Slavery and Social Death*, p. 85에서 인용.

11) Abner Cohen, *Two-Dimensional Man: An Essay on the Anthropology of Power and Symbolism in Complex Society*, 7장. 또한 Luc de Heusch, "Mythe et société féodale: Le culte de Kubandwa dans le Rewanda traditionel", pp. 133~146 볼 것.

12) James M. Freeman, *Untouchable: An Indian Life History*, pp. 52~53.

13) 이에 관해 자바에서의 권력관계에 대한 이나 슬라멋의 도발적인 분석을 참고하라. 그는 이렇게 말했다. "자바식 삶의 방식이 갖고 있는 이와 같은 극장적인 요소는 그러나 결코 사회의 하위 계층에 국한되어 있지 않다. 대신에 그것은 엘리트 구성원들의 경우에 훨씬 노골적이다. 왜냐하면 이들은 자신들의 노예나 하급자들의 면전에서(그리고 종종 자신들의 양심 앞에서도) 그들의 이상적인 역할을 엄격히 수행하지 않을 수 없는 가운데 자신들의 삶과 목표에서 덜 이상적인 현실을 의례적 내지 준의례적 외양 속에 숨겨야 했기 때문이다. Ina E. Slamet, *Cultural Strategies for Survival: The Plight of the Javanese*, p. 34.

14) Susan Rogers, "Female Forms of Power and the Myth of Male Dominance:

A Model of Female/Male Interaction in Peasant Society", pp. 727~756. 이
와 같은 입장에 대한 더 정교한 이론적 논의는 Shirley Ardener (ed.), *Perceiving
Women*, pp. 1~27 볼 것.

15) 이런 사실이 여성에 의해 사용되는 공식적 남성 지배의 상징들이 상황을 효
과적으로 통제하는 데 유리한 전략적 자산이라는 사실을 부정하는 것은 결코
아니다. '신화'는, 심지어 하나의 장막으로서도, 여전히 가치 있는 무기라는 점
이 그것의 지속적인 효능을 말해 준다.

16) 모든 형태의 지배는 피지배자의 공개적 시선에서 무언가를 감춰야 한다. 하
지만 더 많은 것을 감춰야 하는 형태의 지배도 있다. 우리는 지배 집단의 대중
적 이미지가 존귀함에 기반하면 할수록 더 정교하게 격리되어 '자세를 편하게
취할 수 있는' 무대 뒤쪽 영역을 확보하는 것이 더욱 중요하리라고 추정할 수
있다. 지배의 권리(카스트나 귀족, 인종, 성별 등)가 세습되거나 권력이 모종의 영
적인 권위에 기초하는 경우가 가장 전형적인 사례이다. 권위를 내세우는 일이
어떤 입증 가능한 기술[을 갖춘 이들] — 가령 생산직 간부, 전장戰場의 장군, 선
수단 코치 — 의 월등한 성취에 입각한다면 자신의 권력이나 피지배자들과의
상호 존경을 증대하려는 정교하게 연출된 공연이 그다지 중요할 이유가 없다.
이런 후자의 경우, 엘리트의 공개 대본과 은닉 대본 사이의 간격은 별로 크지
않으며, 그렇기 때문에 대중들의 눈에 노출되더라도 그리 위험하지 않다. 예컨
대 Randall Collins, *Conflict Sociology: Toward an Explanatory Science*, pp.
118~119, 157 볼 것.

17) Bourdieu, *Outline of a Theory of Practice*, p. 191. 권력 집단들이 사용하는
완곡어법의 사회적 기능에 대한 뛰어난 분석은 Murray Edelman, "The Politi-
cal Language of the 'Helping Professions'", pp. 295~310 볼 것.

18) 이 대목과 관련해 로빈 레이코프의 주장에서 도움을 받았다. Robin Lakoff,
Language and Women's Place, pp. 20 및 이어지는 부분.

19) Pierre H. Boulle, "In Defense of Slavery: Eighteenth-Century Opposition to
Abolition and the Origins of a Racist Ideology in France", Frederick Krantz
(ed.), *History from Below: Studies in Popular Protest and Popular Ideology
in Honor of George Rudé*, p. 230.

20) 이런 의미로 말하자면 물론 보통 사람들도 무언가를 참고 견디거나 말하지
않고 넘어갈 것이 요구될 수 있다. 그레이엄 그린의 『코미디언들』은 정확히 이
주제를 다루고 있다. 거기에 나오는 딱히 사기꾼이라고 할 것까지는 없는 반反
영웅은 자신의 허풍에 걸맞은 행동을 용감하게 취하든가, 아니면 사랑하는 여
인 앞에서 자신이 사기꾼이라는 사실을 깨끗하게 인정하든가, 둘 중 하나를 선
택하지 않으면 안 된다. Graham Greene, *The Comedians*.

21) 이와 관련해 내가 발견한 가장 설득력 높은 경험적 연구는 McKim Marriott, "Little Communities in an Indigenous Civilization"이 아닌가 한다.

22) 통일전선을 과시하려는 이와 같은 노력의 가장 예외적인 경우 — 비록 항상 성공하는 것은 아니지만 — 는 민주적 방식의 갈등 관리다. 하지만 여기서도 일반 유권자들에게 공개되는 것은 보통 몇몇 종류의 대립일 뿐이며, 공개적 레토릭과 충돌하는 사안은 막후 협상을 통해 이루어진다.

23) Peter Kolchin, *Unfree Labor: American Slavery and Russian Serfdom*, p. 143. 황제의 문제는 실상 모든 지배자들에게 공통적이다. 곧 자신들의 행위를 통해 밑으로부터의 봉기를 촉발한 지배 엘리트들을 어떻게 통제할 것이며, 이와 동시에 지배 세력 내부의 연대 및 공통 목적의 부재가 드러남에 따라 실제로 반란이 선동되는 것을 어떻게 막을지 등이다.

24) 이와 같은 일반화에도 예외는 있다. 바로 엘리트들에게 최후의 결전에서 승리할 수 있는 자원이 있다는 판단하에 피지배자들과의 대결을 자극함으로써 결과적으로 자신이 유리한 방향으로 복종의 조건을 재구성하고자 할 때이다.

25) Goffman, *Relation in Public*, p. 113.

26) 예컨대 Rhys Isaac, "Communication and Control: Authorigy Metaphors and Power Contests on Colonel Landon Carter's Virginia Plantation, 1752-1778", Sean Wilentz (ed.), *Rites of Power*, pp. 275~302 볼 것. 허먼 멜빌의 유명한 작품 「베니토 세레노 선장」에는 노예선 주인인 척하는 스페인 선장이 족쇄를 풀어 주는 대가로 사과를 요구하며 다음과 같이 말한다. "한마디만 말해, '용서해 달라'고. 그러면 너의 쇠고랑은 벗겨질 거야." Herman Melville, "Benito Cereno", in *Billy Budd and Other Stories*, p. 183.

27) 밀란 쿤데라는 『농담』이라는 작품에서 1950년대 중반 체코에서 벌어진 자기 기소起訴의 경우를 두고 유사한 사례를 언급한 적이 있다. "나는 수백 회의 모임에서, 수백 회의 교화 절차에서, 그리고 얼마 후에 열린 수백 회의 법정에서 미리 설정된 역할의 이행을 거부했다. 스스로를 기소하는 기소자의 역할, 그리고 스스로를 단죄하는 바로 그 열정으로 선처를 호소하는 것(자신과 고소인의 완전한 동일시) 말이다." Milan Kundera, *The Joke*, p. 168 [『농담』, 방미경 옮김, 민음사, 2011, 275쪽].

28) 이 행사에 대한 설명과 관련해 나는 홍콩 대학 교수인 그랜트 에번스Grant Evans에게 크게 빚졌다. 그는 이 행사에 참석했을 뿐만 아니라 그 이후 라오스의 농업협동조합에 대해 날카롭게 관찰했다.

29) 비록 모든 열병식이 위계적 질서를 함의하긴 하지만, 모든 열병식이 위로부터 조직화되는 국가적 의례는 아니다. 라오스의 경우를 에마뉘엘 르 루아 라뒤리가 언급한 16세기 후반 로마의 사육제 열병식과 비교해 보라. 그 열병식은

역사적으로 형성된 신분을 정확하게 지위에 따라 차등화했는데, 가장 높은 국
왕의 대표가 맨 선두에 섰고, 가장 낮은 상민이 맨 후미에 섰다. 이 경우 직인
들이나 상인들은 통상적으로 참여하지 않았다. 이런 종류의 도시 축제에서 발
생할 수 있는 갈등의 잠재력에 관해 장 보맹은 일반적인 차원에서 다음과 같
이 말했다. "모든 계급과 모든 직업이 함께하는 행진에는 우선권을 두고 갈등
이 벌어질 위험과 민중 반란의 가능성이 존재한다. 이런 종류의 의례를 ……
너무 자주 하지는 말자." Emmanuel Le Roy Ladurie, *Carnival in Romans*,
Mary Feeney (trans.), p. 201에서 인용.

30) Christopher Hill, "The Poor and the People in Seventeenth-Century England",
    Frederick Krantz (ed.), *History from Below*, p. 84.

31) 푸코의 『감시와 처벌』에 익숙한 독자들은 군대 행진, 제식훈련, 교도소에 대
    한 그의 분석과 라오스의 열병식에 대한 나의 분석이 유사하다는 점을 눈치챌
    것이다. 푸코의 독특한 눈이 없었다면 내가 지금 취하고 있는 관점을 생각하기
    는 어려웠다. 푸코는 다음과 같이 말한다. 곧 "규율은, 그럼에도, 그 자체의 양
    식을 갖고 있다. 중요한 것은 승리가 아니라 사열이고 '행진'이고, 대단히 과시
    적인 형태의 시험이다. 그 속에서 피지배자들은 오직 시선을 통해서만 발현하는
    권력의 관찰자에게 '사물'과 같은 존재로 표현된다". Michel Foucault, *Disci-
    pline and Punish*, p. 188. 중앙의 권력에 의해 자신의 위치가 결정되는 예속
    적이고 원자화된 피지배자들에 대한 생각은 푸코의 것이다. 나의 분석은 주로
    농노제나 노예제와 같은 인격적 지배에 초점을 맞추고 있는데, 이는 근대국가
    의 비인격적·'과학적'·규율적 형태의 지배에 몰두하고 있는 푸코와 차별화되
    는 지점이다. 내가 더욱더 관심을 기울이는 대목은 이와 같은 지배의 이상화가
    저항의 실천적 형태에 의해 어떻게 좌절되는가이다. 이와 관련해서는 이 책의
    4~8장을 볼 것.

32) Kolchin, *Unfree Labor*, p. 299.

33) Raboteau, *Slave Religion*, p. 53.

34) 같은 책, p. 66. 기독교 의식에 대한 규제는 pp. 139~144 볼 것.

35) Michael Craton, *Testing the Chains*, p. 258.

36) Richard Sennett and Jonathan Cobb, *The Fall of Public Man*, p. 214.

37) 피지배자들이 자신들이 처해 있는 종속적 상태와 관련해 집단적 토의를 감행
    하는 것에 대한 작지만 의미 있는 경우는 세라 에번스가 1960년대 뉴레프트
    집단에서 페미니즘 정치가 성장하는 과정을 설명한 데서 잘 나타난다. 민주학
    생연합SDS에 속한 주류 집단을 박차고 나온 수많은 여성들이 남성들의 동참을
    확실히 거부했을 때 그 효과는 폭발적이었다. 민주학생연합의 남성과 여성 공
    히 그것을 분수령으로 생각한다. Sara Evans, *Personal Politics: The Roots of*

Women's Liberation in the Civil Rights Movement and the New Left, pp. 156~162.

38) Jürgensmeyer, *Religion as Social Vision*, 10장.

39) Jean Comaroff, *Body of Power, Spirit of Resistance: The Culture and History of a South African People*, pp. 238~239. 비인가 대중 집회의 정치적 효과에 대한 또 다른 보기는 폴란드 쳉스토호바의 동정녀 묘역을 찾아가는 연례 성지 참배와 솔리다르노시치[자유노조] 해산 이후 그것이 차지하게 된 중요성이다.

40) 이 말은 군중 속의 개인이 자신의 행위에 대한 도덕적 책임을 개별적으로 부담할 필요가 없어짐에 따라 도덕적인 사고를 잊고 행동한다는 주장과 결코 동일하지 않다.

41) Gustav Le Bon, *La psychologie des foules*. 수정주의 학파는 조지 루데이에 의해 주도된다. 이에 대해서는 George Rudé, *The Crowd in History: A Survey of Popular Disturbances in France and England, 1730-1848* 및 그보다 일찍 출판된 *The Crowd in the French Revolution* 볼 것. 루데이가 화와 분노의 중요성을 흐림으로써 군중들을 지나치게 '부르주아화'했다는 비판에 대해서는 Richard C. Cobb, *The Police and the People: French Popular Protest, 1789-1820* 볼 것.

42) 이것이 엘리트 내부의 배신이 피지배자들 사이의 똑같은 현상(예컨대 교활한 노동자, 감옥의 모범수)보다 권력관계에 훨씬 큰 충격을 주는 이유다. 규범적으로 볼 때 엘리트 변절자는 피지배자 변절자와 똑같은 의미로 설명되지 않는다. 노예가 온갖 혜택을 누리는 감독관이 되고 싶어 하는 이유를 설명하는 것이, 노예주가 공개적으로 노예해방 혹은 철폐를 지지하는 이유를 설명하는 것보다 더 쉽다.

43) Nicholas Abercrombie, Stephen Hill, and Bryan S. Turner, *The Dominant Ideology Thesis*, 3장.

44) Max Weber, *The Sociology of Religion*, p. 107.

45) 아버크롬비는 아마 이 논의를 초기 및 현대 자본주의의 특성을 말하는 데까지 연장할 것이다. 그에 따르면 노동자계급과의 이데올로기적 통합에 대해서는 증거가 거의 없지만, 부르주아 이데올로기가 부르주아계급을 포용하는 일에 가장 직접적인 관심이 있는 그런 계급의 결집과 자신감을 향상하는 원동력이 된다는 증거는 대단히 많다. Abercrombie et al., *The Dominant Ideology Thesis*, 4~5장.

46) 프랑스의 경우에 관해서는 Ralph E. Geisey, "Models of Rulership in French Royal Court Ceremonial", Sean Wilentz (ed.), *Rites of Power*, pp. 41~61 볼 것. 스페인의 경우는 Elliott, "Power and Propaganda", 같은 책, pp. 145~173,

그리고 러시아의 경우는 Richard Wortmann, "Moscow and Peterburg: The Problem of the Political Center in Tsarist Russia", 같은 책, pp. 244~271 볼 것.

4장
허위의식 혹은 심한 과장

1) 이런 주장의 대표적인 연구 업적으로서 Robert A. Dahl, *Who Governs? Democracy and Power in an American City*; Nelson W. Polsby, *Community Power and Political Theory*; Jack E. Walker, "A Critique of the Elitist Theory of Democracy"; Peter Bachrach and Morton S. Baratz, *Power and Poverty: Theory and Practice*; Steven Lukes, *Power: A Radical View*; John Gaventa, *Power and Powerlessness: Quiescence and Rebellion in an Appalachian Valley* 등 볼 것.

2) 이런 주장의 대표적인 연구 업적으로서 Antonio Gramsci, *Selections from the Prison Notebooks*, Quinten Hoare and Geoffrey Nowell Smith (ed. and trans.) [『그람시의 옥중수고 1·2』, 이상훈 옮김, 거름, 1999]; Frank Parkin, *Class, Inequality and the Political Order*; Ralph Miliband, *The State in Capitalist Society*; Nicos Poulantzas, *State, Power, Socialism*; Anthony Giddens, *The Class Structure of Advanced Societies*; Jürgen Habermas, *Legitimation Crisis*; Louis Althusser, *Reading Capital* [『자본론을 읽는다』, 김진엽 옮김, 두레, 1991] 등 볼 것. 이런 유의 접근에 대한 날카로운 비판으로는 특히 Abercrombie et al., *The Dominant Ideology Thesis* 및 Paul Wilis, *Learning to Labour* 볼 것.

3) 여기서 언급한 호도의 방식에는 자유민주주의 체제하 경제적 기회 균등, 개방적이고도 접근 가능한 정치체제, 그리고 마르크스가 말한 '상품의 물신성'에 대한 공식적 믿음의 효과가 포함된다. 따라서 이런 믿음의 효과는 각각 빈곤의 책임을 가난한 당사자에게 온전히 뒤집어씌우거나, 경제적 권력에 의해 구축된 정치적 영향력의 불평등한 측면을 감추거나, 노동자들에게 저임금이나 실업이 전부 특정 개인과 상관없이 자연적으로(곧 사회적이지 않게) 발생한다고 호도하는 것이다.

4) Abercrombie et al., *The Dominant Ideology Thesis* 및 Willis, *Learning to Labour* 볼 것.

5) Gaventa, *Power and Powerlessness*, 1장.

6) 이것은 본질적으로 3장에서 언급한 전기 울타리 비유에 해당한다.

7) Gaventa, *Power and Powerlessness*, p. 22. 이와 같은 주장의 '더 두터운' 버

전은 Parkin, *Class, Inequality and the Political Order*, pp. 79~91 볼 것.

8) 하지만 그람시의 입장에서도 헤게모니의 대가에 해당하는 진짜 양보가 없는 것은 아니다.

9) 이와 같은 비판은 Arbercrombie et al., *The Dominant Ideology Thesis*, 여러 곳에 가장 잘 요약되어 있다.

10) 이런 증거들 몇몇은 James C. Scott, *Weapons of the Weak*, 8장에 요약되어 있다. 내용과 관련해 나는 Barrington Moore, Jr., *Injustice: The Social Bases of Obedience and Revolt* 및 Willis, *Learning to Labour*에 크게 의존했다.

11) Hoggart, *The Uses of Literacy*, pp. 77~78 [『교양의 효용』, 129쪽].

12) 또한 호가트는 사람들이 자신들이 가질 수 없다고 확신하는 일을 별로 꿈꾸지 않고, 자신들이 바꿀 수 없다고 믿는 것을 욕하는 데 시간을 낭비하지 않는다는 사실에 대해 우리가 동의하기를 암묵적으로 요청하고 있다. 다음에 살펴보겠지만 이와 같은 주장에 대해서는 훨씬 많은 논쟁이 가능하다.

13) 업보나 환생의 교리는 헤게모니적 이데올로기의 궁극으로서, 불가촉천민들의 순응적이고 겸손한 태도는 최고의 신분으로 환생하는 것으로 보상된다고 약속한다. 정의란 약정된 것이며, 거의 전적으로 기계적 방식으로 결정된다. 이때 정의는 한 생애 안에서가 아니라 여러 생애에 걸쳐 작동될 뿐이다.

14) Bourdieu, *Outline of a Theory of Practice*, p. 164.

15) Anthony Giddens, *Central Problems in Social Theory: Action, Structure, and Contradiction in Social Analysis*, p. 195.

16) Wilis, *Learning to Labour*, p. 162. 바우만에 따르면 헤게모니란 기존의 권력 및 신분 구조에 대한 대안이 배제되는 과정이다. 곧 "지배적인 문화는 도저히 불가능하지는 않은 것 모두를 있을 법하지 않은 일로 변형시킨다. …… 지나치게 억압된 사회란 자신에 대한 대안들을 효과적으로 제거하고, 그럼으로써 자신의 권력이 웅장하고 극적으로 보이는 것을 포기"한다. Zygmunt Bauman, *Socialism: the Active Utopia*, p. 123 [『사회주의, 생동하는 유토피아: '저 너머'를 향한 대담한 탐험』, 윤태준 옮김, 오월의봄, 2016, 232쪽에서 전재].

17) Bourdieu, *Outline of a Theory of Practice*, p. 77. 똑같은 의견이 후기 저작에서는 다소 모호하게 설명되고 있어서 '동의'라는 것이 불가피한 것에 대한 체념인지, 불가피한 것을 포용하는 것인지 구분하기 어렵다. 그는 이렇게 쓰고 있다. "피지배자들은 …… 분포 구조[사회적 배분의 결과 ─옮긴이]가 자신들에게 할당한 특질들이 자기 자신의 특질이라고 생각하며, 자신들에게 거부된 것을 거부하며('그건 우리를 위한 게 아냐'라는 식으로), 자신들에게 부여된 것에 만족하고, 자신들이 품은 기대를 그들에게 부여된 기회에 맞추며, 기존 질서가 자신들을 정의한 대로 스스로를 정의하며, 자기 자신에 대해 내린 결정 속에서

사회구조가 그들에게 내린 결정을 재생산한다. 한마디로 말하자면 그들은 결국 자신들의 운명 …… 에 몸을 맡기고, 자신들이 마땅히 취해야 할 태도, 즉 '검소하고', '겸손하며', '눈에 띄지 않는' 존재이기를 수락하는 것이다." Pierre Bourdieu, *Distinction: A Social Critique of the Judgement of Taste*, Richard Nice (trans.), p. 471 [『구별짓기 (하): 문화와 취향의 사회학』, 최종철 옮김, 새물결, 2006, 845쪽에서 전재].

18) Moore, *Injustice*, p. 64.

19) 이와 같은 이론에 대한 논의로는 John D. McCarthy and William L. Yancey, "Uncle Tom and Mr. Charlie: Metaphysical Pathos in the Study of Racism and Personality Disorganization" 볼 것.

20) 만약 우리가 니체의 다음과 같은 말 속에서 '친근함'을 '비굴함'으로 대체해 본다면, 그 과정을 더 분명하게 상상할 수 있다. "친근한[비굴한] 사람의 가면을 항상 써야만 하는 사람은 최종적으로 기질의 친근감[비굴함]을 얻게 된다. 그것이 없다면 친근감[비굴함]의 표현 그 자체가 얻어지지 않으며 ─ 궁극적으로 기질의 친근감[비굴함]이 자기보다 우위를 점하게 된다 ─ 그는 자애로운[비굴한] 존재이다." Hochschild, *The Managed Heart*, p. 35 [『감정노동』, 55쪽]에서 인용. 필자가 강조. 나중에 우리는 이와 같은 논리를 부정하는 수많은 이유를 말하게 될 것이지만, 중요한 것은 진행 중인 논쟁의 본질을 인식하는 것이다. 니체가 암시하는 것은 가면은 결코 벗겨져서는 안 된다는 것, 그리고 변형은 한참 시간이 흐른 뒤 불특정한 때에 일어나리라는 것이다. 또한 '친근함'을 '비굴함'으로 대체하는 것이 논리를 근본적으로 바꿀 수도 있다는 점에 주목하라. 우리가 가정하는 것은 '친근한 사람의 가면을 쓰는' 사람은 실제 진심으로 친근해지고자 하는 반면, '비굴함의 가면을 쓰는' 사람은 그것 이외에는 다른 선택이 없으며 가급적 그것을 벗고 싶어 한다고 믿을 만한 충분한 이유가 있다는 점이다. 비굴함의 경우에는 가면에 맞춰 얼굴을 다시 만들 수 있는 일차적 동기가 결여되어 있을 개연성이 높다.

21) 예컨대 Scott, *Weapons of the Weak*, 8장과 Abercrombie et al., *The Dominant Ideology Thesis*, 여러 곳을 참조하라.

22) 나중에 우리는 이와 같은 목표들 그 자체가 실은 더 야심적인 목표를 추구할 수 없게 만드는 권력관계의 인위적 가공물의 일부는 아닐지를 따져 묻게 될 것이다.

23) Moore, *Injustice*, pp. 369~370.

24) 우선 생각나는 것으로 제1차 세계대전 이후 '준準혁명' 당시 독일 노동자계급, 그리고 멕시코혁명에서 사파타가 주도했던 모렐로스 농민들이 있다. 달리 말해 레닌이 '노동조합 의식' ─ 이 경우 맹렬한 강도로 추구된 점잖은 목표들

— 이라 불렸던 것은 혁명적 상황들에서 가히 보편적이었다.

25) Willis, *Learning to Labour*, p. 175.

26) Marc Bloch, *French Rural History: An Essay on Its Basic Character*, Janet Sondheimer (trans.), p. 169.

27) 농작 단위가 평균적으로 훨씬 컸고, 노예들이 인구의 절대 다수를 구성했으며 또한 사망률을 감안할 때 삶의 조건이 물질적으로 훨씬 열악했다고 볼 수밖에 없는 서인도제도에서 반란은 훨씬 보편적이었다.

28) 전통적 농부들은 자연만 탈자연화한 것이 아니다. 반란을 일으키는 경우 전통 사회의 사람들은 부적과 액막이를 붙이거나 주문을 암송해 적들의 무기를 물리칠 수 있다고 믿었다. 그와 같은 탈자연화가 일어난 식민지 반란의 몇몇 사례에 대해서는 Michael Adas, *Prophets of Rebellion: Millenarian Protest against European Colonial Order* 볼 것.

29) 이 문제와 관련해 더 상세한 논의는 James C. Scott, "Protest and Profanation: Agrarian Revolt and the Little Tradition", *Theory and Society*, part I, vol. 4 (1977): 1-38 및 part II, vol. 4 (1977): 211-246 볼 것. 예술과 사회사상에서의 도치와 반전에 대한 주제는 Barbara A. Babcock (ed.), *The Reversible World: Symbolic Inversion in Art and Society* 참조. 이 책 가운데 특히 David Kunzle, "World Upside Down: The Iconography of a European Broadsheet Type", pp. 39~94 볼 것.

30) Nguyen Hong Giap, *La condition des paysans au Viet-Nam à travers les chansons populares*, p. 183.

31) Norman Cohn, *The Pursuit of the Millennium*, p. 245.

32) Kunzle, "World Upside Down", pp. 80~82.

33) 이 논의에서 물론 두 가지 종류의 복종은 제외한다. 첫째, 종교적 세계의 입문이 전형적으로 보여 주는 것과 같은 자발적이면서도 취소 가능한 복종을 제외할 것이다. 그런 삶을 선택한다는 것은 복종의 기저를 이루는 원칙에 자발적으로 따른다는 뜻이고 그런 원칙은 보통 엄숙한 서약을 통해 이루어진다. 하지만 그 원칙들은 언제라도 포기될 수 있어서 지배의 성격이 완전히 달라질 수도 있다. 헤게모니란, 우리가 그렇게 부를 수 있다면, 정의상 진실한 신자가 입문할 때만 성립될 뿐이며, 신자이기를 그만둘 경우 그곳을 떠나면 그만이다. 특정 기간의 군 복무나 자원입대 혹은 이와 유사한 자발적 상선商船 근무의 경우는 덜 분명하다. 예컨대 다른 경제적 기회가 없어 부득이 그곳에 들어갔다면 그것은 자발적인 경험이 아닐 수 있고, 복무 기간 내지 근무 기간이 끝날 때까지 복종 상태에서 벗어날 수 없기 때문이다. 그러나 원칙적으로 들어갈 때 선택의 자유가 많으면 많을수록, 그리고 탈퇴가 쉬우면 쉬울수록 복종의 정당성

은 더 높아진다고 볼 수 있다. 둘째, 유아 및 아동이 부모와 맺는 관계에서의 복종을 제외할 것이다. 여기서 권력의 비대칭은 극단적이며, 따라서 권력 남용의 개연성을 부인할 수 없다. 하지만 이들의 전형적인 관계는 착취라기보다 돌봄과 배려로서, 그것은 생물학적으로 주어진 것의 일종이다.

34) 봉사 및 준법 경력에 대한 보상으로 해방을 약속하는 것도 헤게모니와 상당히 유사해 보이는 순종 유형을 만들어 낼 수 있다. 이는 미래에 대한 기대가 현재의 조건에 대한 평가에 엄청난 영향력을 미친다는 점을 보여 주는 탁월한 사례이다. 이런 효과는 해방의 가능성이 오직 지배자의 의지에 따라 조정될 경우 획기적으로 증폭된다. 패터슨(Patterson, *Slavery and Social Death*, p. 101)이 노예의 사례에서 밝혔듯이, 주인의 사망과 더불어 마침내 해방이 주어질 것이라는 희망을 내보이는 방법이 복종을 지속적으로 받아 내려고 매질하는 것보다 더욱 효과적이었다. 이때 논리는 선행善行을 할 경우 자유 시간을 약속하는 감옥 제도와 일치한다. 그리고 '감형'減刑의 혜택과 마찬가지로, 해방에 대한 노예의 욕망, 자유에 대한 죄수의 욕망이 결국에는 교묘한 조종의 대상이기 때문에 노예해방의 가능성은 결코 헤게모니를 만들어 내지 못한다. 교묘한 조종의 근본 전제는 피지배자들의 입장에서 만약 그것이 자유를 얻는 대가라면 가히 무엇 — 기간 연장에 대한 충직한 수용까지 포함해 — 이든 한다는 것이기 때문이다. 그와 같은 협정이나 계약은 지배 이데올로기가 헤게모니적이지 않다는 가정에서만 가능할 뿐이다.

35) Foucault, *Discipline and Punish*, p. 237. 고독, 원자화, 그리고 지배는 조현병을 해석하는 유력한 주제들이기도 하다. 조현병을 만드는 괴롭힘과 통제의 경험은 개별적이기에(같은 환경에 처한 타인들과 공유되는 사회적 경험이 아니다) 환상과 행위 사이 경계가 사라진다. 예컨대 James M. Glass, *Delusion: Internal Dimensions of Political Life*, 3장 및 Harold F. Searles, *Collected Papers on Schizophrenia and Related Subjects*, 19장 참조.

36) Denise Winn, *The Manipulated Mind: Brainwashing, Conditioning, and Indoctrination*, 여러 곳.

37) Stanley Milgram, *Obedience to Authority: An Experimental View*, pp. 116~121. 밀그램의 실험은 피험자들이 자신들의 더 나은 판단에 배치되는 그 무엇에 얼마나 쉽게 유도되는지, 그리고 어떤 측면에서는 그들이 매우 쉽게 세뇌당할 수도 있다는 사실을 증명하는 것으로 보인다. 하지만 중요한 점은 밀그램의 피험자들이 비자발적으로 징용된 것이 아니라 모두 자원자들이었다는 사실이다. 우리가 2장에서 살펴봤듯이, 이 점은 설득당할 준비라는 측면에서 중요한 영향력을 행사한다.

38) 물론 피지배자들은 결코 정확하게 같은 배에 타고 있지 않다. 이는 또 다른 문

제, 곧 분리 통치를 야기한다. 만약 어떤 노예주에 속한 각각의 노예들이 엄격함과 관대함을 양편에 둔 단일 척도에 따라 서로 다르게 취급된다고 가정한다면, 문제가 되는 노예들의 절반은 평균 이상의 대접을 받는 셈이 된다. 만약 그렇다면 그들은 선택받은 자에 속한다는 사실에 감사하지 않을 것이며 노예제 이데올로기를 내면화하지 않을 것인가? 노예들과 다른 피지배자들이 그와 같은 특권을 누리기 위해 자신들의 주인을 만족시키려고 노력하리라는 데는 의심의 여지가 없다. 하지만 이것이 반드시 헤게모니적 기준의 내면화를 의미하는 것은 아니다. 그러리라고 가정한다면 이는 해당 노예들이 지배 형태가 불의이기도 하지만 동시에 그들은 다른 노예보다 상대적으로 낫다는 사실을 동시에 이해할 능력이 없다는 뜻이 된다. 막 해방된 노예가 그녀의 과거 여주인에 대해 다음과 같이 말하는 것을 생각해 보라. "글쎄, 그녀는 나이 많은 백인 여성이 대개 그렇듯이 좋은 사람이었어요. 그녀는 내가 함께 식사를 한 최고의 백인 여성이었어요. 하지만 당신도 잘 알잖아요, 그게 별것 아니라는 것을. '왜냐하면 그들 모두는 불쌍한 니그로를 증오했으니까요'." Eugene G. Genovese, *Roll, Jordan, Roll: The World the Slaves Made*, p. 125.

39) 여기에는 또한 이해관계가 걸려 있다. 보수적 성향의 사회 이론가들에게 아래로부터의 이데올로기적 동의는 확실히 위로가 된다. 한편, 레닌주의적 좌파에게는 전위 정당 및 지식인의 역할이 요구되는데, 이들은 억압자들의 눈에서 비늘을 떼어 내야 한다. 만약 노동자계급이 수의 힘이나 경제적 영향력뿐만 아니라 자신의 해방 이념까지 스스로 만들어 낼 수 있다면, 레닌주의적 정당의 역할에는 문제의 소지가 생긴다.

40) Christopher Hill, "From Lollardy to Levellers", Janos M. Bak and Gerhard Benecke (ed.), *Religion and Rural Revolt: Papers Presented to the Fourth Inter-disciplinary Workshop on Peasant Studies*, pp. 86~103.

41) 같은 책, p. 87.

42) 같은 책, p. 93.

43) 이와 같은 말레이 농부의 저항을 17~18세기 가톨릭 십일조에 대한 프랑스 농민들의 저항과 비교하는 확장된 논의는 James C. Scott, "Resistance without Protest and without Organization: Peasant Opposition to the Islamic *Zakat* and the Christian Tithe" 볼 것.

44) 이것은 철학적 질문의 정치적 변형을 제기한다. '만약 살아 있는 모든 이들에게 아무 소리도 들리지 않았다면 나무는 숲속에서 넘어질 때 과연 소리를 낸 것일까'와 같은 질문이다. 피지배자들의 '저항'이 엘리트들에게 의도적으로 무시되거나 혹은 다른 이름으로 불릴 경우 그것은 저항이 될 수 있을까? 다시 말해 저항은 저항을 받는 쪽으로부터 저항으로 인정되어야만 하는가? 이 문제는

공개 대본으로 간주될 수 있을지 아닐지를 결정하는 데서 (결코 완전히 일방적이지는 않지만) 권력과 권위가 실로 얼마나 중요한지를 지적하고 있다. 반란의 행동이 마치 전혀 일어나지 않은 것처럼 묵과하거나 무시하겠다고 선택할 능력이야말로 권력의 핵심적 행사이다.

45) 이 개념은 Edward E. Jones, *Ingratiation: A Social Psychological Analysis*, p. 47에서 나왔다. 그는 이 개념을 이렇게 정의한다. "보신용 아첨의 목표는 그렇게 하지 않을 경우에 비해 어떤 기대 수준 이상으로 자신의 성과를 향상하는 것이 아니라 잠재적인 공격을 무디게 하는 …… 멀리 내다보는 계획이다. 보신주의적 아첨꾼에게 세상은 잠재적 적대자들로 가득 차있다. 불친절하고, 공격적이며, 잔인하게 노골적인 사람들 말이다. 아첨은 잠재적 적대자에게 어떤 공격의 구실도 제공하지 않음으로써 이 세상을 보다 안전한 장소로 전환하는 데 기여한다."

46) Gramsci, *Selections from the Prison Notebooks*, p. 333 [『그람시의 옥중수고 2: 철학·역사·문화편』, 이상훈 옮김, 거름, 1999, 173~174쪽에서 전재].

47) Moore, *Injustice*, p. 84.

48) Michel Foucault, *Michel Foucault: Power, Truth, Strategy*, Meaghan Morris and Paul Patton (ed.), "Working Papers Collection, no. 2", p. 88.

49) Thomas Mathiesen, *The Defenses of the Weak: A Sociological Study of a Norwegian Correctional Institution*.

50) 물론 매번 계속해 새로운 목적들을 위해 이데올로기적 지배를 사용하거나 조작하게 된다면 그들은 중대한 방식으로 변형될 것이다.

51) Najita and Scheiner, *Japanese Thought in the Tokugawa Period, 1600-1868*, pp. 41, 43.

52) Ladurie, *Carnival in Romans*, p. 257. 여기서 인용된 도편 지방의 역사가는 니콜라 쇼리에이다. Nicolas Chorier, *Histoire generale de Dauphine*, 2: 697 (1672).

53) 같은 책, p. 152. 필자가 강조. 이와 동시에 포미어는 이런 말을 하면서 카트린 왕비 앞에 무릎을 꿇지 않았다. 이와 같은 행동은 민중운동의 적들이 볼 때 무례한 짓이다.

54) Daniel Field, *Rebels in the Name of the Tsar*.

55) 같은 책, p. 2에서 인용. 필자가 강조.

56) 예수의 일생과 유사해 보이는 것이 결코 우연이 아니긴 하지만, 다른 문화권처럼 러시아에서도 정의로운 왕의 귀환이라는 오랜 전통이 있었다. 서유럽에서처럼 반기독교와 폭정은 종종 서로 동화되었다.

57) 같은 책, p. 209.

58) 같은 책, p. 79.

59) 같은 책, p. 201.

60) 같은 책, p. 198. 추정하건대 탄원의 고전적 형태는 존경의 수사학 속에 끼워진 위협이다. 관리들은 그것을 낭독할 때 존경의 수사학 부분은 건너뛴 채 문제가 되는 구절로 바로 넘어갔으리라고 추측할 수 있는데, 그 대목은 아마 이렇게 (비록 더 점잖은 어투이긴 하지만) 쓰여 있을 것이다. 곧 "만약 당신이 세금을 낮추지 않는다면 큰 어려움에 직면할 것입니다"라는 식으로 말이다. 하지만 순진한 군주제의 연출법에서 탄원서는 사실상 이렇게 말한다. "잘 알겠어요. 만약 당신이 이번의 경우 세금 감면을 의미하는 자애로운 군주인 척하는 한, 우리도 충성스러운 농민인 척하겠어요."

61) 유럽에서의 이런 전통에 대한 간단한 분석으로는 Peter Burke, *Popular Culture in Early Modern Europe*, 6장을 보라. 동남아시아에서의 유사한 전통에 대해서는 Adas, *Prophets of Rebellion* 볼 것.

62) Peter Burke, "Mediterranean Europe, 1500-1800", Bak and Benecke (ed.), *Religion and Rural Revolt*, p. 79.

63) 이런 내용의 함성은 16세기 노르망디 지역에서 있었다고 보고된다. David Nicholls, "Religion and Peasant Movement during the French Religious Wars", 같은 책, pp. 104~122 볼 것.

64) 프랑스 역사의 유토피아적 순간에 대한 선구자적 분석 — 1789년 혁명의 초창기 약속들을 모두 재발견한 — 은 Aristide Zolberg, "Moments of Madness" 볼 것.

65) 예를 들어 필리핀의 혁명 지도자 안드레아스 보니파시오는 스페인이 형제애 협약을 배신했다고 비판하는 성명을 발표했는데, 이에 따르면 형 스페인은 동생 필리핀에 지식과 번영, 그리고 정의를 약속한 바 있었다. 성명은 이런 내용을 담고 있다. "우리가 스스로의 희생을 무릅쓰고 계약을 이행하는 동안 그들은 자신들의 계약을 이행한다고 보십니까? 우리가 보기에 우리의 선의에 대한 그들의 보답은 배신뿐입니다." 이는 Reynaldo Clemeña Ileto, "Pasyon and the Interpretation of Change in Tagalog Society", p. 107에 인용되어 있다. 스페인이 그들의 지배와 관련해 스스로 제시한 조건을 배신했기 때문에 필리핀 사람들은 그것에 복종할 어떤 의무로부터도 자유롭다는 것이다. 물론 보니파시오의 주장은 만일 스페인이 자신들의 기독교적 공언에 충실하다면 필시 타갈로그족 사람들 역시 충성을 계속 바치리라는 점을 암시하고 있다. 보니파시오는 그렇게 믿었을까? 우리는 알 수 없다. 하지만 우리가 알고 있는 것은 그가 스페인 사람들이 알아들을 수 있는 말 — 곧 그들 자신의 수사학적 언설의 견지에서 — 로 스페인에 뜻을 전하기로 선택했다는 점인데, 이런 해석 위에서

무장 노선은 정당화되었다.

66) Moore, *Injustice*, p. 84.

67) 이런 맥락에서 20세기 초 인도 벵골 지방의 황마黃麻 공장에서 발생한 갈등을 다룬 한 도발적 연구는 그와 같은 질문이 얼마나 값진 것인지를 잘 알려 준다. 디페시 차크라바르티는 공장에서 감독자들이 행사했던 후견인-고객 권위 스타일이 인간적 절제, 자비와 야만 양쪽 모두의 직접적 관계, 의상이나 수행원, 주택, 처신의 형태로 나타나는 권력의 전시를 어떻게 요구했는지를 보여 주고 있다. 부모-자식을 모델로 한 관계 유형을 채택함으로써 감독자는 개인적 폭군부터 자상한 아버지까지를 하나의 연속선 위에 경험했다. 계약의 조합, 노동 시장, 분업, 노동의 조직화 등으로부터 유래된 산업적 규율 관계와는 다르게 황마 공장의 관리는 전적으로 개인적·직접적으로, 그리고 가끔은 폭력적으로 표현되었다. 차크라바르티가 말했듯이, 그것의 결과는 감독자에 대한 저항 역시 개인적 복수나 폭력의 형태를 띠는 경향이었다. 사회적 통제의 일환으로 사용되었던 노동자의 자존심 모독은 그것이 가능할 경우 감독자에 대한 모욕으로 되갚아졌다. 저항의 형태와 지배의 형태는 서로 매우 흡사했다. Dipesh Chakrabarty, "On Deifying and Defying Authority: Managers and Workers in the Jute Mills of Bengal circa 1900-1940".

68) Ranajit Guha, *Elementary Aspects of Peasant Insurgency*, 특히 2장 「부정」, 『서발턴과 봉기: 식민 인도에서의 농민 봉기의 기초적 측면들』, 김택현 옮김, 박종철출판사, 2008, 2장, 36~104쪽] 볼 것.

69) Bourdieu, *Outline of a Theory of Practice*, pp. 193~194. 내가 보기에 이런 제약은 부분적으로 스스로 부과한 것이기도 한데, 왜냐하면 이런 주장들은 단순히 지배자의 냉소적 허세가 아니기 때문이다.

70) Vladimir Voinovich, *The Anti-Soviet Union*, Richard Lourie (trans.), p. 147.

71) Willis, *Learning to Labour*, pp. 110~111.

72) 유사한 맥락에서 1960년대 초 미국 민권운동의 제도적 거점이 교회나 대학이었던 것은 도덕적 요구가 강한 곳에서 평등의 원칙과 차별적인 현실 사이의 모순이 특히 심했기 때문이라고 볼 수도 있다. Evans, *Personal Politics*, p. 32.

5장
저항적 하위문화의 사회적 공간 만들기

1) Sharon S. Brehm and Jack W. Brehm, *Psychological Reactance: A Theory of Freedom and Control*.

2) 같은 책, p. 396.

3) Jones, *Ingratiation*, pp. 47~51. 거의 비슷한 모습으로 좌절되고 발산된 공격성에 대한 연구로는 Leonard Berkowitz, *Aggression: A Social Psychological Analysis* 볼 것.

4) Winn, *The Manipulated Mind* 볼 것. 우리가 볼 때 자유로운 선택에서 비롯되는 행동은 이와 반대 방향으로 진행된다. 우리가 어떤 행동에 자발적으로 전념하다가 그것이 우리의 가치에 부합하지 않는다는 사실을 알게 될 때 우리는 우리의 행동에 맞게 우리의 가치를 재평가하는 경향이 크다. 이런 과정은 밀그램의 유명한 실험을 통해 많은 증거가 확보되어 있다. 실험에 자원한 이들이 실험 당국자로부터 그들이 믿기에 피실험자들에게 고통이 될 것이 분명한 전기 충격을 가하라고 요구 또는 명령을 받는 상황 말이다. 비록 자발적으로 참여한 피실험자들은 이를 틀림없이 꺼렸지만 실험 과정을 준수하는 정도는 일반적으로 높았다. 진땀을 흘리는 등 긴장하는 기미가 역력했고 실험 당국자가 방을 떠날 경우 그들 중 다수는 전기 충격을 보내는 시늉만 했지만 말이다. 두말할 나위도 없이 이들이 동조한 핵심적 이유는 이런 실험에 자발적으로 참여했다는 사실에 있다. 자원자들 가운데 자신들의 참여에 대해 더 적게 보상받은 경우는 왜 피실험자가 전기 충격을 받을 수밖에 없는지에 대해 더 많은 명분을 만들어 냈다. 스스로를 정당화할 필요성이 더 많았던 것이다. 징병 군대와 모병 군대 사이에 그와 같은 구분이 첨예하게 존재한다는 점도 우리의 상식화된 지식에 일치한다. 감옥이나 수도원 혹은 수녀원에서의 권리 박탈도 얼핏 보면 서로 비슷하다. 하지만 전자의 경우 수감자들은 서로 멀리하며 적대적이다. 왜냐하면 자신들의 의지와 무관하게 그곳에 있기 때문이다. 후자의 경우에는 자신들의 권리 박탈을 헌신하는 마음으로 포용한다. 왜냐하면 자신이 선택한 결과이기 때문이다. Philip G. Zimbardo, *The Cognitive Control of Motivation: The Consequences of Choice and Dissonance*, 1장 볼 것.

5) 이 대목은 푸코의 저작에서도 중요한 주제다. 그에 따르면 "권력이 있는 곳에 저항이 있다. 하지만, 혹은 차라리 결과적으로, 이런 저항은 권력과의 관계에서 결코 바깥에 존재하는 것이 아니다". Michel Foucault, *The History of Sexuality*, vol. 1, *An Introduction*, R. Hurley (trans.), p. 95. 내가 볼 때 우리가 두 가지에만 유의한다면 이는 방어가 가능하도록 논의를 진행하는 방법이 된다. 첫째는 푸코의 주장을 "권력은 저항과의 관계에서 결코 바깥에 존재하는 것이 아니다"라는 식으로 뒤집어도 여전히 이치에는 합당하다는 것이다. 타인을 복종시키려는 시도란 늘 저항을 초래하기 때문에 지배 형태는 고안되고 정교화되고 정당화되는 법이다. 둘째는 우리의 진짜 분석 주제가 지배와 저항을 제외하고는 말할 수 있는 것이 전혀 없으리라고 가정해서는 안 된다는 점이다.

6) Richard Sennett and Jonathan Cobb, *The Hidden Injuries of Class*, p. 97.

7) 같은 책, p. 115. 각각의 경우에서 세넷이 언급하고 있는 사람들은 공장에는 위계 논리가 있고, 심지어 그것이 필요하다는 사실도 알고 있다. 그럼에도 바로 그것이 자신들의 일 가운데 가장 견디기 힘들어 하는 부분이다.

8) 같은 책, p. 139.

9) Osofsky, *Puttin' on Ole Massa*, pp. 80~81.

10) 불가촉천민이 자신의 집 앞에서 그리고 자신의 가족이나 자식, 이웃의 면전에서 모욕을 당한 수치심을 설명한 것에 대해서는 Khare, *The Untouchable as Himself*, p. 124 볼 것.

11) 마지막의 경우는 자신을 평소에 괴롭히던 상급자가 이번에는 그의 상관에게 공개적으로 수모를 당하는 것을 보면서 느끼게 되는 미묘한 즐거움과 분명히 관련이 있다. 어떤 피지배자가 자신의 상급자가 공개적으로 수모를 당하는 것을 보게 되면, 비록 그들의 권력관계가 근본적으로 바뀌지는 않지만 그럼에도 무언가는 돌이킬 수 없이 달라진다.

12) '이상적 발화發話 상황'에 대한 하버마스의 이론 또한 어떤 형태일지라도 지배 관계는 정의로운 사회를 위한 자유롭고 평등한 언설을 방해할 것이라는 유사한 가정에 기초하고 있다. 따라서 그가 볼 때 이상적 발화 상황이란 소통을 꾀하는 모든 노력의 배후에 깔린 현실적 가정 그 이상은 아니며, 그런 만큼 그것은 어디에나 적용될 수 있다. 하버마스가 시민사회나 정치사회란 완벽한 대학원 세미나처럼 되어야 한다고 보려는 경향은 차치하더라도, 내 주장은 그처럼 엄청난 가정을 요구하지 않는다. Jürgen Habermas, *The Theory of Communicative Action*, vol. 1, *Reason and the Rationalization of Society*, Thomas MaCarthy (trans.) 볼 것. 또한 Jürgen Habermas, 4장 참조.

13) 별도로 표기되지 않는 한 이 단락의 내용은 Raboteau, *Slave Religion*, 4장 및 5장에서 나왔다.

14) 같은 책, p. 294.

15) 같은 책, p. 291.

16) 우리는 이런 형태의 부정을 토막과 조각 상태 — 백인들의 시선으로부터 대부분 감춰진 세상 속을 잠깐 들여다보는 것이다 — 로 찾아낼 수 있다. 우리가 확보한 남북전쟁 이후의 증언에 따르면 많은 노예들이 북부가 승리하기를 열광적으로 기도했다는 점이 확실하다. 하지만 백인들은 전쟁 기간에는 이런 사실을 거의 몰랐다. 남부가 전쟁에서 패배할 것이 사실상 분명해지면서 노예들은 점점 더 대담해졌다. 도망간 숫자도 크게 늘었고 집요하게 게으름을 피웠을 뿐만 아니라 뒷소리하는 빈도도 더욱더 많아졌다. 따라서 전쟁이 끝이 다가오는 순간 자신의 주인 내외로부터 남부연합의 승리를 위해 기도하기를 강요받

은 조지아의 한 노예는 비록 자신이 주인에게 복종해야만 하는 존재이긴 하지만 자신의 양심을 거역하면서까지 기도할 수는 없으며, 자신은 본인의 자유와 '모든 니그로'의 자유를 원한다고 말했다고 한다. 이런 공개적 선언은 남부연합 세력이 무너지기 시작했기에 가능했다. 앨버트 라보토가 지적했듯이 "노예들이 한밤중에 자신들만의 장소로 삼아 왔던 사적 기도 공간에서 되풀이해 왔던 것을 마침내 공개적으로 소리치고 있었다"고 볼 수 있다. 같은 책, p. 309. 따라서 우리의 관심은 단순히 지배의 종교적 근거를 부정하는 능력뿐만 아니라 그와 같은 부정이 말과 행동으로 실천될 수 있는 곳으로서 사회질서의 사각지대 속에 존재하는 사회적 지점까지 포함할 필요가 있다.

17) J. F. Taal, "Sanskrit and Sanskritization". 또한 Bernard Cohn, "Changing Traditions of a Low Caste", Milton Singer (ed.), *Traditional India: Structure and Change*, p. 207; Gerald D. Berreman, "Caste in Cross Cultural Perspective", George DeVos and Hiroshi Wagatsuma (ed.), *Japan's Invisible Race: Caste in Culture and Personality*, p. 311; Mark Jürgensmeyer, "What if Untouchables Don't Believe in Untouchability" 볼 것. 여기서 말하는 사례연구 결과들을 부정하면서 '이데올로기적 포섭'을 강조하는 대표적인 주장으로는 Michael Moffat, *An Untouchable Community in South India: Structure and Consensus* 참조.

18) 어떤 판단이든 약간의 사회적 지지가 없다면 지속하기 어렵다는 것을 보여주는 사회심리학 실험은 저항에서도 상호성이 중요하다는 사실을 간접적으로 뒷받침한다. 그와 같은 실험 가운데 가장 단순한 형태는 두 직선의 길이를 비교하는 것인데, 이때 실험의 모든 참가자들은 짧은 쪽이 사실상 더 길다고 확신하는 데 고의적으로 공모한다. 이런 일이 생기면 대부분의 피실험자들은 (잘못된) 의견의 파도를 거슬러 헤엄칠 수 없게 되며, 다른 사람의 견해에 공개적으로 동조한다. 하지만 실험 참가자들 가운데 한 사람이라도 이견을 내면 그 사람은 자신이 원래 생각했던 쪽으로 방향을 바꾸면서 반대 의견을 지닌 입장에 합류한다. 동조의 압력을 물리치는 데는 종종 단 한 사람만으로도 충분하다. 이와 같은 실험들이 지금 우리가 직접 관심을 갖고 있는 지배의 조건과 관련해 결코 그대로 복제될 수는 없다 하더라도, 연대를 통한 이견 제시가 과연 얼마나 어려운지, 그리고 이견을 만들 수 있는 극도로 작은 사회적 공간일지라도 저항적 하위문화를 형성하는 데 일조한다는 사실을 말해 주기에는 부족함이 없다. Winn, *The Manipulated Mind*, pp. 110~111.

19) 치텀과의 인터뷰에서. Norman Yetman (ed.), *Voices from Slavery*, p. 56.

20) 그와 같은 비밀 사인이나 코드의 발전은 아마도 그것들이 지배자의 눈앞에서 사용되기에 앞서 공통의 의미를 서로 주고받을 수 있게 되는 막후의 맥락을 요구할 것이다.

21) Hill, "From Lollards to Levellers", p. 87.

22) E. P. Thompson, *The Making of the English Working Class*, pp. 51~52 [『영국 노동계급의 형성 (상)』, 나종일·노서경·김인중·유재건·김경옥·한정숙 옮김, 창작과비평사, 74쪽]. 18세기 불법 침입 행위 및 재산권을 둘러싼 농촌 사회의 갈등에 대한 톰슨의 설명에 따르면 산재되고 격리된 주거는 항상 무법 상태를 초래하는 경향이 많았으며 따라서 인클로저 농지에서는 주민을 촌락으로 강제 재배치하려는 엄청난 노력이 있었다. E. P. Thompson, *Whigs and Hunters: The Origin of the Black Act*, p. 246.

23) Burke, *Popular Culture in Early Modern Europe*, p. 109 및 Colin Campbell, *Toward a Sociology of Irreligion*, p. 44 볼 것.

24) Peter Stallybrass and Allon White, *The Politics and Poetics of Transgression*, p. 80. 셰익스피어 시대 및 그의 희곡에 등장하는 맥줏집의 문화적 의미에 대한 깊이 있는 연구로는 Susanne Wofford, "The Politics of Carnival in *Henry IV*", Helen Tartar (ed.), *Theatrical Power: The Politics of Representation on the Shakespearean Stage* 볼 것.

25) 내가 여기서 포즈pose라고 말하는 이유는 공개 대본상의 신체적 몸짓이나 자세에 주목하라는 의미에서다. 바흐친이 이해하고 있듯이 카니발의 핵심 요소는 무대 위 연기의 긴장에서 벗어나 신체적 해방을 경험하는 것이다. 이런 맥락에서 나는 감시로부터 벗어난 노예들만의 축제나 종교적 의식에서 광란이나 육체적 열정이 종종 발생한다는 점을 잘 알고 있다. 방학 기간에 학생들이 드러내는 행동에도 유사한 점이 나타나는데, 이는 평소 그들이 피지배자로서 교실에서 행하는 연기가 육체적으로 엄격한 제약 속에 놓여 있기 때문이다. 몸과 목소리, 표정의 관리는 그것이 외부로부터 강요될 경우 일종의 신체적인 은닉 대본 같은 것을 만들어 내는데, 이는 집단행동과 더불어 풀어진다.

26) Stuart Hall and Tony Jefferson, *Resistance Through Rituals: Youth Subcultures in Post-war Britain*, pp. 25~26.

27) Lawrence Goodwyn, "How to Make a Democratic Revolution: The Rise of Solidarnosc in Poland", 미발표 논문, 5장, pp. 29, 34.

28) Weber, *The Sociology of Religion*, p. 126.

29) 물론 그에게는 위로부터의 보복을 피하기 위해 자신의 메시지를 호도하거나 위장할 수 있는 이유들이 많다. 6장은 이 주제를 주로 다룰 것이다. 그럼에도 여기서 꼭 말하고 싶은 것은 피지배자 관객을 위해 노래하는 음유시인들은 배타적으로 군주를 찬미하는 노래만 부르는 음유시인에 비해, 은닉 대본에 보조를 맞추는 레퍼토리가 훨씬 많으리라는 점이다.

30) Lionel Rothkrug, "Icon and Ideology in Religion and Rebellion, 1300-1600:

Bayernfreiheit and Réligion Royale", Bak and Benecke (ed.), *Religion and Rural Revolt*, pp. 31~61.

31) 더 상세한 설명은 David Warren Sabean, *Power in the Blood: Popular Culture and Village Discourse in Early Modern Europe*, 2장 볼 것.

32) 이런 논지의 가장 강력한 주창은 Frank Hearn, *Domination, Legitimation, and Resistance: The Incorporation of the 19th-Century English Working Class* 볼 것. 또한 Frank Hearn, "Remembrance and Critique: The Uses of the Past for Discrediting the Present and Anticipating the Future", *Politics and Society* 5: 2 (1975): 201-227 참조. 비록 다음 문헌은 20세기를 다루지만 그 시대에서와 같은 감각으로 읽힐 수 있다. Hoggart, *The Uses of Literacy* [『교양의 효용』].

33) 이런 점에서 그들은 농업에 기반한 사회적 행위의 전통적 네트워크가 잘려나간 서구 산업사회의 프롤레타리아계급과 비교했을 때, 종류에서는 비슷하고 정도에서는 훨씬 더 심한 핸디캡 속에 움직였다고 볼 수 있다.

34) 별도로 표기되지 않는 한, 이런 주장과 이어지는 내용은 Craton, *Testing the Chains*, 3~8장에서 나온 것이다.

35) Lewis Coser, *Greedy Institutions: Patterns of Undivided Commitment*, 여러 곳.

36) 같은 책, p. 144. 이와 더불어 Rosabeth Moss Kanter, *Commitment and Community: Communes and Utopias in Sociological Perspective* 볼 것.

37) Trudgill, *Sóciolinguistics*, 4장. 계급과 인종, 그리고 방언을 주제로 한 연구 대부분은 사회언어학자 윌리엄 라보프William Lobov가 책임졌다.

38) Martinez-Alier, *Labourers and Landowners in Southern Spain*, 4장.

39) 같은 책, p. 208.

40) Chandra Jayawardena, "Ideology and Conflict in Lower Class Communities".

41) 사회적 평준화는 연대에는 기여할지 모르나 차이 및 그에 따른 재능을 억압하게 되는데, 이는 자유주의 이데올로기에 부합하지 않는다. 종종 이와 같은 평준화는 노동자에게 작업에서 뛰어난 능력을 발휘할지 아니면 동료와의 우의를 유지할지 사이의 선택을 강요하거나, 공부 못하는 학생에게 좋은 성적을 얻을지 아니면 친구들의 신망을 얻을지 사이의 선택을 강요한다. 예컨대 Sennett and Cobb, *The Hidden Injuries of Class*, pp. 207~210 볼 것.

42) Jayawardena, "Ideology and Conflict", p. 441.

43) Jacques Dournes, "Sous corvert de maîtres".

44) Ralph Ellison, *Invisible Man*, p. 19 [『보이지 않는 인간 1』, 조영환 옮김, 민음사, 2008, 29~30쪽에서 전재].

45) Vincent Crapanzano, *Waiting: The Whites of South Africa*에서 인용. 이를 발자크의 『농민』에 나오는 다음 구절과 비교하라. "'주여, 저는 모릅니다'라고

찰스가 말할 때 하인으로서 취함 직한 바보스러운 얼굴이 되었는데 이로써 윗
사람의 말을 거역한다는 사실을 감출 수 있었다." Balzac, *Les Paysans*, p. 34.

46) Eric Hobsbawm, "Peasants and Politics", *Journal of Peasant Studies*, 1: 1 (Oct. 1973): 13.

47) Bourdieu, *Distinction: A Social Critique of the Judgement of Taste*, p. 41 [『구별짓기 (상): 문화와 취향의 사회학』, 최종철 옮김, 새물결, 2005, 86~87쪽].

48) Arthur Stinchcombe, "Organized Dependency Relations and Social Stratification", Edward O. Lauman et al. (ed.), *The Logic of Social Hierarchy*, pp. 95~99; Clark Kerr and Abraham Siegel, "The Inter-Industry Propensity to Strike: An International Comparision", Arthur Kornhauser et al. (ed.), *Industrial Conflict*, pp. 189~212; D. Lockwood, "Sources of Variation in Working-Class Images of Society"; Colin Bell and Howard Newby, "The Sources of Agricultural Workers' Images of Society".

49) Kerr and Siegel, "The Inter-Industry Propensity to Strike", p. 191.

50) 이 과정은 식물의 종種 분화를 닮았는데, 만약 어떤 종 전체의 유전적 조성으로부터 충분히 분리되면 그 차이가 타화수정他花受精을 불가능하게 만들고 결국 새로운 종이 탄생한다는 점에서 그렇다. 따라서 조류鳥類와 비교해 야생화 사이에 특정 지역 내 종 분화가 더 많다는 사실을 설명하는 것은 야생화 무리의 상대적 격리다.

6장
지배하에서 목소리 내기

1) Lawrence W. Levine, *Black Culture and Black Consciousness*, p. 358.

2) 그런 유형과 관련해 예컨대 Donald Brenneis, "Fighting Words", Jeremy Cherfas and Roger Lewin (ed.), *Not Work Alone: A Cross-cultural View of Activities Superfluous to Survival*, pp. 168~180 볼 것. 또한 이탈리아의 술 마시기 대결인 라 레제la legge/라 파사텔라la passatella를 약자에게 요구되는 인내심에 비유적으로 적용한 Roger Vailland, *The Law*, Peter Wiles (trans.)도 참조할 것.

3) 목소리voice는 허시먼이 제시한 용어를 받아들인 것이다. 그는 특정 회사 상품에 대해 소비자들이 불만을 표출하는 데서 '퇴장'exit이라는 전형적으로 경제적인 반응과, '목소리'라는 전형적으로 정치적인 반응을 확연히 대조했다. 허시먼에 따르면 퇴장(대안으로의 변심)이 여의치 않거나 비용이 높을 경우 불만은 공개적 항의나 분노 및 시정 요구의 형태를 띠기 쉽다. 하지만 이 책의 목

적상 목소리의 형태는 공개적 저항을 철저히 분쇄할 수 있는 권력자들의 능력에 따라 가변적이다. Albert O. Hirschman, *Exit, Voice, and Loyalty: Responses to Decline in Firms, Organizations and States*.

4) Jean Comaroff, *Body of Power, Spirit of Resistance*, p. 2.

5) E. P. Thompson, *Whigs and Hunters*, p. 200.

6) 이런 관점은 Susan Friedman, "The Return of the Repressed in Women's Narrative"에 강렬하게 표현되어 있다. 『꿈의 해석』에서 프로이트가 말하는 정치적 검열과 억압 사이의 유추, 곧 "검열이 심할수록 위장도 더욱 광범위하게 늘어난다"라는 말을 인용하면서 그녀는 여성들의 이야기란 "가부장적 사회질서의 외부적·내면적 검열에 따라 직접 말하지 않는, 혹은 말할 수 없는 것들의 부단한 기록 — 흔적, 음모, 덧쓰기, 주문, 위장 — 으로 이해되어야 한다는 사실을 설득력 있게 보여 준다.

7) Milan Kundera, *The Joke*, pp. 83~88 [『농담』, 139~147쪽].

8) 같은 책, p. 86 [『농담』, 145쪽에서 전재].

9) 이 에피소드에는 당국이 우치시의 통행금지 시간을 변경해 그 시간대 산책을 불법으로 만들었다는 속편이 있다. 이에 대응해 많은 우치 시민들은 한동안 정부의 방송 뉴스가 시작되는 시간에 정확히 맞춰 자신들의 텔레비전을 창가에 내놓고 텅 빈 마당이나 길거리를 향해 볼륨을 최대한으로 높였다. 이 경우 통행인이란 '보안 요원'일 뿐이었고, 그는 노동자계급 아파트의 거의 모든 창문에 놓인 텔레비전이 자신을 향해 정부 메시지를 쾅쾅 울려 대는 으스스한 풍경의 환영을 받았다.

10) I. M. Lewis, *Ecstatic Religion: An Anthropological Study of Spirit Possession and Shamanism*.

11) 같은 책, p. 115.

12) Abu-Lughod, *Veiled Sentiments*, p. 102에는 다음과 같은 사례가 등장한다. 한 여인이 자신은 강제 결혼을 피하기 위해 일부러 신들린 척했다고 민속 인류학자에게 말했다는 것이다. 이 경우 그녀는 전술적으로 성공한 셈이다.

13) 남 애기를 할 수 있는 힘은 권력·자산·소득에 비해, 그리고 두말할 나위 없이 공개적으로 발언할 자유에 비해서도, 훨씬 민주적으로 배분되어 있다. 나는 상급자들이 피지배자들을 통제하기 위해 남 애기를 사용하지 않거나 사용할 수 없다고 말하려는 것이 아니다. 다만 이와 같은 특정한 갈등 영역에서 남 애기와 같은 자원은 피지배자들에게 상대적으로 더 유리하다고 말하려는 것이다. 사람에 따라 남 애기로 말미암아 짊어질 짐의 무게는 서로 다르고, 또한 우리가 지위를 단순한 대중적 존경과 혼동하지 않는 한, 개인적으로 지위가 높은 사람들이 남 애기의 가장 효과적인 대상이 되리라고 짐작할 수 있다.

14) David Gilmore, *Aggression and Community: Paradoxes of Andalusian Culture*. 또한 이와 관련된 고전적 연구인 J. A. Pitt-Rivers, *The People of Sierra*, 11장 볼 것.

15) Edward B. Harper, "Social Consequences of an Unsuccessful Low Caste Movement", James Silverberg (ed.), *Social Mobility in the Caste System in India: An Interdisciplinary Symposium, Comparative Studies in Society and History*, Supplement, no. 3, p. 50.

16) 힘 있는 자의 지위에 어떤 가치도 없는 경우는 드물다. 여론의 동향 이외의 이유가 아닌 상황에서 그를 경멸한다면 다른 형태의 저항을 자극한다.

17) Annette B. Weiner, "From Words to Objects to Magic: 'Hard Words' and the Boundaries of Social Interaction", Donald Lawrence Brenneis and Fred R. Myers (ed.), *Dangerous Words: Language and Politics in the Pacific*, pp. 161~191.

18) Guha, *Elementary Aspects of Peasant Insurgency*, p. 251[『서발턴과 봉기』, 301쪽].

19) 같은 책, pp. 255~259 [『서발턴과 봉기』, 305~310쪽]. 이런 소문들이 세포이 항쟁의 가까운 원인이었다고 하더라도 어불성설은 아니다.

20) Gordon W. Allport and Leo Postman, *The Psychology of Rumor*, 특히 p. 75.

21) Georges Lefébvre, *The Great Fear of 1789: Rural Panic in Revolutionary France*, Joan White (trans.) [『1789년의 대공포』, 최갑수 옮김, 까치, 2002]. 르페브르의 설명에 비견되는 최근의 인상적인 사건은 차우셰스쿠 몰락 이후 루마니아를 곧바로 덮친 소름 끼치는 소문들에서 발견된다. 친위 비밀 경찰대가 티미쇼아라 지방에서 6만 명을 살해했다거나, 그곳에서 친위 비밀 경찰대가 상수도에 독극물을 풀었다거나, 3만 명의 친위 비밀 경찰대 열성 간부들이 카르파티아산맥에 거대한 엄폐호를 팠다는 등 다양한 소식들이 나돌았다. Celestine Bohlen, "Whispered No Longer, Hearsay Jolts Bucharest", *New York Times* 1990/01/04 볼 것.

22) 같은 책, p. 38 [『1789년의 대공포』, 68~69쪽].

23) 같은 책, p. 39 [『1789년의 대공포』, 70쪽].

24) 같은 책, pp. 39~40 [『1789년의 대공포』, 70쪽].

25) 같은 책, p. 95 [『1789년의 대공포』, 131쪽].

26) Craton, *Testing the Chains*, pp. 224 및 이어지는 부분.

27) Carolyn Fick, "Black Peasants and Soldiers in the St. Domingue Revolution: Initial Reactions to Freedom in the South Province", Frederick Krantz (ed.), *History from Below*, p. 245.

28) Jürgensmeyer, *Religion as Social Vision*, 특히 13장 볼 것.

29) Khare, *The Untouchable as Himself*, pp. 85~86.

30) 아마도 초기 노동자계급 또한 마찬가지였을 것이다. 부르디외의 연구를 논평하면서 이언 매카이는 다음과 같이 주장한다. "노동자들은 아동기에 경험한 심층적 훈육에 따라 역사적 기회를 포착할 능력을 결여하고 있다고 부르디외는 애통하게 말한다. 하지만 그는 객관적으로 정당화되지 않는 어떤 역사적 가능성의 감각에 사로잡힌 몇몇 노동자계급의 역사적 사례들을 고려할 수도 있었을 것이다. 노동자계급 운동이라고 해서 반드시 천년왕국 운동을 몰랐던 것이 아니다." Ian McKay, "Historians, Anthropology, and the Concept of Culture", p. 238.

31) 어쩌면 공격 자체를 가능하게 하는 힘일지도 모른다. 민권운동 시기 학생비폭력조정위원회에 속한 여성들은 여성의 처우와 관련된 문제조차도 익명으로 제기해야 한다고 느끼는 분위기였다고 세라 에번스는 주장한다. 그들이 남긴 메모는 그런 우려를 명시적으로 드러냈다. "이 서류의 작성자는 미상입니다. 작성자가 알려질 경우 이런 종류의 토론을 제기했다는 이유로 당사자가 감내해야 할 고통을 생각해 보세요. 해고나 노골적인 따돌리기처럼 극단적인 것뿐만 아니라 마음에 고통 주기, 빗대어 말하기, 조롱, 지나치게 많은 보상 등을 말이죠." Evans, *Personal Politics*, p. 234.

32) E. P. Thompson, "Patrician Society, Plebeian Culture", p. 399 볼 것. 필자가 강조. 19세기 농업 노동자들이 자신들의 목적을 위해 공격적 구걸 의례에 맞춰 결행한 위장과 심야 강탈의 또 다른 주요 유형을 상세히 논의한 것으로는 Eric Hobsbawm and George Rudé, *Captain Swing* 볼 것.

33) 같은 책, p. 399.

34) 같은 책, p. 400.

35) Lynne Viola, "Babí bunty and Peasant Women's Protest during Collectivization", p. 39.

36) Thompson, "Patrician Society, Plebeian Culture", p. 401.

37) William M. Reddy, "The Textile Trade and the Language of the Crowd at Rouen, 1752-1871".

38) 나는 특히 Eric Hobsbawm, *Primitive Rebels Studies in Archaic Forms of Social Movement in the 19th and 20th Centuries*에 주목한다. 톰슨과 루데이는 이런 논조로 글을 강하게 쓰지 않았는데, 내가 보기에 그들은 전위 정당에 대한 신념을 나름 견지했기 때문이 아닌가 한다.

39) 미국 역사 속에 등장한 사회적 저항에 대한 선구적 분석이자 이 주제와 밀접히 연관된 것으로는 Frances Fox Piven and Richard Cloward, *Poor People's Movement: Why They Succeed, How They Fail* 볼 것.

40) 이런 '전통적' 사회구조의 쇠퇴가 영국 노동자계급의 정치적 순치화 과정의 핵심이었다는 프랭크 헌의 주장을 볼 것. Hearn, *Domination, Legitimation, and Resistance*, p. 270.

41) Émile Benveniste, *Problèmes de linguistique generale*, vol. 2, pp. 254~257.

42) Zora Neale Hurston, "High John de Conquer", Alan Dundes (ed.), *Mother Wit*, p. 543. Raboteau, *Slave Religion*, pp. 249~250에서 인용.

43) Raboteau, *Slave Religion*, p. 245.

44) Maurice Agulhon, *La république an village: Les populations du Var de la Revolution à la seconde République*, p. 440.

45) André Abbiateci, "Arsonists in Eighteenth-Century France: An Essay in the Typology of Crime", Elborg Forster (trans.), *Annales, E.S.C.* (Jan-Feb, 1970), pp. 229~248. Robert Forster and Orest Ranum (ed.), *Deviants and the Abandoned in French Society: Selection from the Annales*, vol. 4, p. 158에 재수록.

46) Thomas L. Friedman, "For Israeli Soldiers, 'War of Eyes' in West Bank", *New York Times* 1988/01/05, p. A10. 그 점에서는 그런 행위 자체가 애매모호할 필요는 없다. 단지 그것의 의미만 그러면 되는 것이다. 따라서 혹실드는 화가 난 항공기 승무원이 무례한 승객의 무릎에 의도적으로 음료수를 쏟은 다음 어떻게 단순 실수라고 설명하면서 사과하는지를 — 수상쩍게도 홀가분해진 기색을 내비치며 — 묘사한다. 승무원은 비단 공격적 행위로 여겨질 수 있는 행동을 연기한 데서뿐만 아니라 그것이 고의가 아니라고 주장함으로써 자신에게 주어질 수 있는 결과를 통제하는 데서도 성공한 것이다. Hochschild, *The Managed Heart*, p. 114 [『감정노동』, 149~150쪽].

47) Erving Goffman, "The Nature of Deference and Demeanor", p. 478 [「존대와 처신의 성격」, 『상호작용 의례: 대면 행동에 관한 에세이』, 진수미 옮김, 아카넷, 2013, 68쪽에서 전재].

48) Dick Hebdige, "Reggae, Rastas, and Rudies", Stuart Hall and Tony Jefferson (ed.), *Resistance Through Rituals*, p. 152.

49) Jack Goody, *Literacy in Traditional Societies*, p. 24.

50) Najita and Scheiner, *Japanese Thought in the Tokugawa Period*, pp. 39~62. 또한 Anne Walthall, "Narratives of Peasant Uprisings in Japan", *Journal of Asian Studies*, 43 (3) (May, 1983): 571-587 볼 것.

51) 이와 같은 주장의 근거는 Ileto, "Pasyon and the Interpretation of Change in Tagalog Society", 여러 대목에서 나옴.

52) 기존 의례들이 권력자에게는 잘 보이지 않는 새롭고 체제 저항적인 의미로 진화해 가는지에 대한 중요한 설명으로 일본 식민지 치하 타이완의 축제인 중

원절中元節을 분석한 Robert Weller, "The Politics of Ritual Disguise: Repression and Response in Taiwanese Popular Religion" 볼 것.

53) William S. Baring-Gould and Cecil Baring-Gould, *The Annotated Mother Goose: Nursery Rhymes New and Old* 볼 것.

54) Robert Graves, *Lars Porsena, or the Future of Swearing and Improper Language*, p. 55.

55) 문사 계급이 존재하는 사회라면 판본은 물론 생존할 수 있고 그것의 형태가 복원될 수도 있다. 일단 구술 텍스트의 문자 버전(예컨대 호메로스의 『오디세이아』)이 수집되면 그것은 근본적으로 다른 궤적을 밟을 수 있다.

56) Burke, *Popular Culture in Early Modern Europe*, p. 115.

57) 물론 구전 커뮤니케이션의 비밀스러움은 신사협정이나 구두 지시에 대한 거부 가능성 등 엘리트들의 이해관계에도 부합한다. 막스 베버에 따르면 브라만 계급의 신성한 지식은 수세기 동안 구두로만 전승되었고, 하위 계층들이 그들의 기밀 지식 독점을 깨트릴까 두려워한 나머지 그것을 글로 옮기는 행위 자체를 금지했다. Weber, *The Sociology of Religion*, p. 67. 구술적 소통의 '부인 가능성'은 두말할 나위 없이 오늘날 "문서로 남겨"라는 식의 격언을 만들어 낸 배후 요인이었다.

58) 가장 간단한 진술조차도 정교하면서도 난해한 이미지로 표현하는 것으로 존경받는 인도네시아 중부 술라웨시섬의 트릭스터 판텐겔Pantenggel에 대한 설명으로는 Jane Mannig Atkinson, "Wrapped Words: Poetry and politics among the Wana of Central Sulawesi, Indonesia", Brenneis and Myers (ed.), *Dangerous Words* 볼 것.

59) Levine, *Black Culture and Black Consciousness*, p. 81에서 인용.

60) G. O. Wright, "Projection and Displacement: A Cross-cultural Study of Folktale Aggression". Berkowitz, *Aggression*, pp. 121~123에서 인용.

61) Alex Lichtenstein, "That Disposition to Theft with which they have been Branded: Moral Economy, Slave Management, and the Law", p. 418.

62) Levine, *Black Culture and Black Consciousness*, pp. 111~116.

63) 마르셀 데티엔과 장-피에르 베르낭이 길게 설명했듯이, 고대 그리스인들은 이런 자질을 매우 높이 평가했다. 그들은 이를 메티스metis라고 불렀는데, 이는 "수년간에 걸쳐 획득된 솜씨, 지혜, 사전 고려, 민감한 정신, 속임수, 풍부한 지략, 기회주의, 다양한 기술 및 경험 등을 결합한 것이다. 그것은 정밀한 측정이나 정확한 계산, 혹은 엄밀한 논리를 허용하지 않는 상황, 다시 말해 가변적이고 유동적이며, 당황스럽고도 애매한 상황에 적용된다." Marcel Detienne and Jean-Pierre Vernant, *Cunning Intelligent in Greek Culture and Society*,

Janet Lloyd (trans.), pp. 3~4, 44 볼 것. 또한 13세기 아랍 지역에서 적들의 허점을 찌르기 위해 성공적으로 사용되어 왔던 수천 건의 영악한 속임수들을 집대성한 것으로 René B. Khawam (trans.), *The Subtle Ruse: The Book of Arabic Wisdom and Guile* 볼 것.

64) Hurston, "High John de Conquer", pp. 541~548.

65) Osofsky, *Puttin' on Ole Massa*, pp. 32~33.

66) 같은 책, p. 166에 나오는 윌리엄 웰스 브라운William Wells Brown의 서술.

67) 같은 책, p. 363에 나오는 솔로몬 노스럽Solomon Northrup의 서술.

68) 버크에 따르면 15세기 말 가톨릭 금서 목록은 몇몇 연가나 속요의 출판을 제재했는데, 그중 틸 오일렌슈피겔과 여우 우화가 대표적이다. Burke, *Popular Culture in Early Modern Europe*, p. 220.

69) 이런 맥락에서 베두인족 여성들의 시를 명예의 공식적·남성적 가치에 대한 위장된 대위법으로 분석한 라일라 아부 루고드의 탁월한 저술을 참조할 것. 그녀는 이렇게 설명한다. "시는 진술을 공식, 관습, 그리고 전통의 베일 속에 숨긴다. 따라서 그것을 공식적인 문화적 이상을 위반하는 자기 자신의 메시지를 전달하려는 임무에 맞춘다." "언급했듯이 긴나와ghinnawa(시)는 고도로 정형화되고 양식화된 구술 장르이다." "형식은 내용에 비인격적인 혹은 비개인적인 것을 제시함으로써 사람들로 하여금 그것이 드러내는 감정으로부터 스스로를 분리하는 것을 허락하며, 만약 그것이 잘못된 관객 앞에 폭로되었을 경우 '그것은 단지 노래일 뿐'이라고 주장한다." Abu-Lughod, *Veiled Sentiments*, p. 239.

70) 피지배자들이 저항을 표시하는 가장 효과적이고 보편적인 방식들 가운데 하나는 그것을 상징적 순종이라는 더 큰 맥락에 끼워 넣는 것이다. 이와 같은 형식은 헤게모니의 사용가치에 대한 앞선 논의와 직접 관련되어 있지만, 위장의 한 형태로서도 여기서 간략하게 언급할 만하다. 내가 주목하는 형태는 부에노스아이레스의 5월 광장에 모여 자녀들의 실종에 대해 군부 정권의 해명을 요구하는 아르헨티나 어머니들의 주간 집회에서 여실히 드러난다. 이 경우는 사실상 수천 명의 반대자들을 초법적으로 살해한 억압적 정부를 대상으로 벌인 공개적 저항 행동이었다. 그럼에도 이런 항의가 지속되면서 점차 반체제운동의 핵심 의례로 자라났다. 이들이 [권력의] 즉각적 폭력에서 상대적으로 면책된 이유는 내가 보기에 우파 정권이 계속 말로만 앞세운 종교나 가족, 도덕, 그리고 남자다움의 가부장적 가치 그 자체에 대한 강경한 호소에 기인했다. 무엇보다도 어머니 혹은 순결한 딸로서의 역할과 관련해 이 여성들은 여성에 대한 절대적 존중이라는 공식적 이데올로기 속에서 그들의 자녀를 위해 대신 행동에 나선 어머니들이었다. 어떤 다른 동기들도 부인한 채 이런 특별한 지위 속

에서 행동하는 여성들을 공개적으로 공격한다는 것은 정권의 대중적 평가를 고려해도 다분히 곤란한 일이었다. 모든 지배 이데올로기가 그러하듯이, 이런 이데올로기는 어떤 형태의 행동을 불법적인 것으로 배제했을 뿐만 아니라 아마도 의도하지 않게 데사파레시도스 어머니들이 활용하게 되는 어떤 작은 틈새 기회를 창조하기도 했다. 그들의 저항에 헤게모니의 옷을 입힘으로써 이 여성들은 다른 방식으로 정권에 도전할 수 있었다.

71) 지금 여기서 내가 논의하는 내용의 상당 부분은 데이비드 쿤즐의 역작 「거꾸로 뒤집힌 세상」World Upside Down에서 나왔다. 거의 비슷한 시기에 나온, 성별 역할의 역전에 대한 매혹적인 설명으로는 Natalie Zemon Davis, "Women on Top: Symbolic Sexual Inversion and Political Disorder in Early Modern Europe", Barbara A. Babcock (ed.), *The Reversible World: Symbolic Inversion in Art and Society*, pp. 129~192 볼 것.

72) Ladurie, *Carnival in Romans*, p. 77.

73) Burke, *Popular Culture in Early Modern Europe*, pp. 53~54.

74) Kunzle, "World Upside Down", p. 78.

75) 같은 책, p. 74.

76) Bruke, *Popular Culture in Early Modern Europe*, p. 160.

77) Kunzle, "World Upside Down", pp. 82, 89. 필자가 강조.

78) Marjorie E. Reeves, "Some Popular Prophesies from the 14th to 17th Centuries", G. J. Cuming and Derek Baker (ed.), *Popular Belief and Practice: Paper Read at the 9th Summer Meeting and 10th Winter Meeting of the Ecclesiastical History Society*, pp. 107~134.

79) 세상을-거꾸로-뒤집는 전통과 관련해 일본에도 필적할 만한 것이 있다. 데쓰오 나기타와 어윈 샤이너는 다음과 같이 말한다. "예컨대 에도시대에 '요나오시'世直し 정신[불교의 새로운 세상 — 천년왕국의 비전]과 부자에 대한 적개심은 메기なまず와 관련을 맺게 되었다. 1855년 에도 지진 직후 무명無名의 판화 연작에는 메기가 그려졌는데, 가난한 사람을 착취하는 부자들과 장인들을 상대로 복수를 감행하는 세상을 지원한다는 의미에서였다. …… 그것은 부자의 몸을 들어올린 다음 가난한 사람들을 위해 주화와 보석을 억지로 싸거나 토하게 만드는 장면이었다. 판화들은 또한 우치고와시うちこわし[부자나 관리의 주택 파괴]를 그리기도 했다. …… 판화들 중 하나는 '여기, 우리, 민중들은 우리의 오랜 꿈을 쟁취했다'라는 캡션을 붙였다." Najita and Scheiner, *Japanese Thought in the Tokugawa Period*, p. 58.

80) Kunzle, "World Upside Down", p. 64.

81) 같은 책, p. 63.

82) 같은 책, p. 64.

83) 이 운동을 다룬 가장 뛰어난 서술은 여전히 크리스토퍼 힐의 탁월한 저작 곳곳에 있다. Christopher Hill, *The World Turned Upside Down.*

84) Cobb, *The Police and the People*, pp. 174~175.

85) Burke, *Popular Culture in Early Modern Europe*, p. 189 및 pl. 20.

86) Gilmore, *Aggression and Community*, p. 99.

87) Burke, *Popular Culture in Early Modern Europe*, p. 123.

88) Gilmore, *Aggression and Community*, 6장.

89) 같은 책, p. 98. 이런 맥락에서 카니발 기간 동안 자신과 같은 계급 구성원들에게 사회적 제재를 가하는 행동은 동료를 희생해 가며 엘리트에게 아첨하려는 이들을 규율할 목적을 가질 수도 있다.

90) Yves-Marie Berée, *Fêtes et révolte: Des mentalités popularies du XVIe au XVIIe siècles*, p. 83.

91) 카니발 그 자체처럼 바흐친은 라블레에 대한 저술 작업을 하는 동안 본인 스스로 한창 전성기의 스탈린주의와 쫓고 쫓기는 게임을 벌이고 있었다. 공식적인 거짓 행동과 지배받는 언설의 영역을 스탈린주의 국가와 동일시하고, 라블레의 카니발 같은 것을 놓고 억압을 이겨 낼 무대 바깥의 반대와 의심으로 추론하는 것은 별로 어렵지 않다. 하지만 카니발처럼 바흐친의 책 역시 완벽하게 결백한 의미를 담았기에 빠져나갈 기회를 얻었다. 최소한 그것은 명백히 반역적이지는 않았다.

92) Mikhail Bakhtin, *Rabelais and His World*, Helene Iswolsky (trans.), p. 154.

93) Habermas, *The Theory of Communicative Action.* 더불어 그것에 관한 토머스 매카시의 유용한 주해서를 볼 것. Thomas McCarthy, *The Critical Theory of Jürgen Habermas*, pp. 273~352.

94) 하버마스에 따르면 전략적 거짓말이나 속임수는 '진정한' 담화 행위에 기생하고 있는데, 이는 속임수와 거짓말은 대화의 상대방이 진리로 잘못 받아들일 때만 작동하기 때문이다.

95) Gilmore, *Aggression and Community*, p. 16.

96) Terry Eagleton, *Walter Benjamin: Or, Towards a Revolutionary Criticism*, p. 148. Stallybrass and White, *The Politics and Poetics of Transgression*, p. 13 에서 인용.

97) 예컨대 Max Gluckman, *Order and Rebellion in Tribal Africa*; Victor Turner, *The Ritual Process: Structure and Anti-Structure*; Roger Sales, *English Literature in History, 1780-1830: Pastoral and Politics* 볼 것.

98) Sales, *English Literature in History*, p. 169.

99) Bakhtin, *Rabelais and His World*, p. 75. 필자가 강조.

100) Maximillian J. Rudwin, *The Origin of the German Carnival Comedy*. 종교 개혁 이전의 당국 역시 카니발에 끼어 들어가 있던 이교도들의 풍작 기원제를 반대했으며, 종교개혁 이후 개신교 지역의 당국은 카니발을 로마 시대의 사교 邪教와 연관시켰다. 양쪽 모두 카니발을 잠재적인 공공질서 파괴자로 생각했다. 부르주아들이 카니발을 넘겨받은 도시 지역에서는 농민들에 대한 풍자를 포함하기도 했다.

101) Bakhtin, *Rabelais and His World*, p. 97. 이보다 훨씬 나중에 영국이 카니발 적인 것과 무질서의 장소였던 풍물 장터를 금지하려 한 시도에 대해서는 R. W. Malcolmson, *Popular Recreations in English Society, 1700-1850* 볼 것.

102) Gilmore, *Aggression and Community*, pp. 99, 100.

103) Ladurie, *Carnival in Romans*.

104) 같은 책, p. 19.

105) 같은 책, p. 201에서 인용.

106) 계층과 종파를 동일시하는 생각은 다소 거칠지만 여기서 우리의 목적과 관련해 큰 문제는 없다.

107) 같은 책, p. 163.

108) Burke, *Popular Culture in Early Modern Europe*, p. 203.

109) 같은 책, 8장.

110) Zolberg, "Moments of Madness".

7장
피지배 집단들의 하부정치

1) Leo Strauss, *Persecution and the Art of Writing*, p. 24. 나의 분석이 현대 철학 및 정치 분석에서 '스트라우스주의'로 통용되는 것들 가운데 다른 많은 내용(예컨대 고전의 참된 해석에 대한 특권적 접근을 과도하게 주장하는 것, 멍청한 폭군은 물론 '천박한 다수'를 경멸하는 것)과는 근본적으로 의도를 달리한다는 사실은 너무나 분명하다. 나는 비철학자들에 대한 스트라우스식 접근이 『무엇을 할 것인가』에서 레닌이 노동자계급에 대해 취한 접근과 유사하다는 인상을 받는다. 하지만 내가 보기에 그것은 서양 정치철학이 쓰인 정치적 환경이 의미의 투명성을 거의 허용하지 않는다는 전제이다.

2) Moore, *Injustice*, p. 459 각주.

3) Max Gluckman, *Rituals of Rebellion in South-East Africa*; Turner, *The Ritual*

Process, 특히 2장 볼 것.

4) Guha, *Elementary Aspects of Peasant Insurgency*, pp. 18~76 [「부정」, 『서발턴과 봉기』, 2장, 36~104쪽]. "모든 전통 사회에서 지배 문화가 정기적인 일정표에 따라 간격을 두고 그 같은 전도들을 모방할 수 있게 허용하는 것은 바로 그 전도들이 현실 생활에서 발생하지 않도록 하기 위함이다." 같은 책, p. 30 [『서발턴과 봉기』, 50쪽에서 전재]. 필자가 강조.

5) Frederick Douglas, *My Bondage and My Freedom*, William L. Andrew (ed. & intro), p. 156.

6) Berkowitz, *Aggression*, pp. 204~227. 예컨대 어떤 실험에서 두 개의 집단이 똑같은 방식으로 힘센 인물에게 모욕을 당했다고 치자. '피해자' 가운데 일부에게는 피해를 준 인물을 상대로 전기 충격을 가하는 일이 허용되었고, 나머지에게는 그렇게 하지 않았다. 그랬더니 반격을 가한 사람들은 가해자에게 적대감을 덜 느끼게 되었고 혈압도 떨어졌다. 한편 반격이 허락되지 않은 사람들은, 주제통각검사 결과를 해석하는 데 있어서 자신들의 공격적 환상을 간접적인 방식으로 최대한 표현할 수 있었음에도, 혈압이 떨어지지 않았다. 따라서 간접 공격은 직접 보복의 대체물이 되기에 턱없이 부족해 보인다.

7) 이와 같은 관점은 폴 베인의 기념비적 대작 『빵과 서커스』에 잘 나타나 있다. 베인은 고대 로마 시대의 빵과 서커스에는 분노를 무마하기 위해 엘리트들이 제공한 측면 못지않게 엘리트로부터 억지로 쥐어 짜낸 측면도 많다고 주장한다. 그는 이렇게 말한다. "정부가 인민들을 탈정치화하기 위해 오락을 제공하는 것은 아니다. 하지만 이를 제공하지 않으면 인민들은 정부를 상대로 정치화될 것이다." Paul Veyne, *Le pain et le cirque*, p. 94.

8) 물론 우연의 일치 그 자체는 그와 같은 의례가 그 형태 자체만으로 반란의 기폭제가 되었다는 사실을 증명할 수 없다. 여기서 우리는 한편으로는 의례적 상징성의 효과, 다른 한편으로는 피지배자들의 대규모 집회를 구분해야 한다.

9) 이 대목에서 나는 다음 글에 크게 빚졌다. Lichtenstein, "That Disposition to Theft, with which they have been Branded".

10) 찰스 조이너가 『강변을 따라서』에서 언급하듯이, 미국 흑인 사회 민담에 나오는 트릭스터는 자신보다 힘이 센 동물에게서 음식을 빼앗는 일에 특히 크게 만족했다. Charles Joyner, *Down by the Riverside*, p. 418.

11) Charles C. Jones, *The Religious Institution of the Negroes in the United States*, pp. 131, 135. Lichtenstein, "That Disposition to Theft", p. 422에서 인용.

12) Agulhon, *La république an village*, p. 81.

13) 같은 책, p. 375.

14) Thompson, *Whigs and Hunters*.

15) 같은 책, p. 108.

16) 같은 책, p. 124.

17) 같은 책, p. 162.

18) 게다가 이와 비슷한 변증법이 지배의 관행을 은닉 대본과 결합한다. 금렵禁獵 지역 관리인의 포식捕食 행위, 체포와 기소, 법률 신설과 경고, 그리고 실질적 자원의 감소는 산림에 대한 자신들의 기득권이 축소되고 있는 자들 나름의 규범적 언설 안으로 계속 들어갈 것이다.

19) Djilas, *The New Class*, p. 120. 여기서 우리는 동유럽 사회주의국가의 격언, "그들은 우리에게 임금을 지불하는 척했고, 우리는 일을 하는 척했다"를 떠올린다.

20) 이 논의는 Scott, *Weapons of the Weak*, 7장에 훨씬 길게 설명되어 있다.

21) 어떤 형태의 반란이 시작되는 것을 이런 관점에서 이해할 수도 있다. 예컨대 복종하는 농민들이, 그들의 공손한 매너로 판단하건대, 자신들의 지주들에게 완전히 겁먹고 있는 것처럼 보인다고 상상해 보라. 자세히 들여다보면, 비록 드물기는 하지만, 밑으로부터의 공격 행위도 없지는 않았다(예컨대 일이 너무 힘들고 소작료가 높을 때, 혹은 자신의 자부심이 크게 모욕당했을 때 자제력을 잃고 반격하는 소작인). 이런 행동들에는 전형적으로 가혹한 제재(예컨대 구타, 감금, 가옥 방화 등)가 뒤따랐으며 그 결과 협박의 변경邊境이 형성되었다. 그 뒤로 몇 년이 흘러 별개의 정치적 사건(예컨대 개혁에 심정적으로 동조하는 정부)이 발생해 옛날에 이와 같은 제재를 가했던 농촌의 치안 당국을 평정했다고 상상해 보라. 이 경우, 그가 기억하기에 난생처음 밑으로부터의 간헐적 공격 행위가 처벌받지 않고 무사히 지나간다. 이를테면 지주의 뺨을 때린 소작인이 처벌받지 않았다는 소문이 퍼지면, 내가 보기에, 다른 소작인들도 자신의 분노를 표출할 위험을 감수하려는 유혹에 빠질 것이다. 이처럼 힘의 균형에 대한 새로운 기대가 확인된다면, 소문이 확산되는 과정처럼, 공격의 공개적 행위가 얼마나 빠른 속도로 보편화할지를 예측하기란 어렵지 않다. 밑으로부터의 공격이 보편화되면, 과거에 득세했던 힘의 균형 또한 근본적으로 달라진다.

22) 이런 가정의 가장 확실한 실증적 테스트는 감시 혹은 처벌이 완화될 경우 일어나는 현상을 관찰하는 것이다.

23) Thompson, *Whigs and Hunters*, 1~2장.

24) 같은 책, p. 123.

25) 같은 책, p. 190.

26) Peter Linebaugh, "Karl Marx, the Theft of Wood, and the Working-class Composition: A Contribution to the Current Debate".

27) 같은 글, p. 13.

28) 이 연구에 대한 논평 및 이런 형태의 저항이 차지하고 있는 중요성에 대한 논의는 Scott, "Resistance without Protest and without Organization", pp. 417~452 볼 것.

29) 이처럼 혁명기의 공백 상태가 농민을 도운 사례는 더 있다. 볼셰비키가 권력을 잡은 지 몇 달 지났지만 새로운 국가가 농촌에서는 제대로 모습을 드러내기 이전, 러시아 농민들은 자신들이 작은 규모로 늘 시도해 왔던 것들을 더 큰 규모로 벌이기 시작했다. 그들은 그 전까지 산림지대, 상류 귀족들의 목초지, 그리고 국가 토지였던 곳을 새로 개간하면서 이를 당국에 신고하지 않았다. 그들은 가능하면 최대한 자신들의 마을이 궁핍하고 과세하기 어려워 보이게 하고자, 주민 숫자는 부풀리고 경작지 면적은 축소 신고했다. 이 기간을 다룬 올랜도 피지즈의 탁월한 연구에 따르면 이런 자조적自助的 노력 끝에 1917년 러시아의 경작 가능 총면적은 약 15퍼센트나 적게 추산되었다. Orlando Figes, *Peasant Revolution, Civil War: The Volga Countryside in Revolution*, 3장.

30) 초등학교나 중학교 교사들은 무례한 언어 양식이 확고히 자리 잡아 불경죄라는 대담한 행동으로 이어지는 일이 일어나지 않도록, 미리 강력한 기준을 설정한 다음 이를 집행하는 일이 얼마나 중요한지에 대한 구전 정보를 공유한다. 마찬가지로, 농구 시합의 심판들도 경기 초반에는 아주 사소한 파울에도 벌칙을 부여하는데, 이는 경기 후반에는 완화될 수도 있는 하나의 기준을 세우려는 단순한 목적 때문이다.

31) Guha, *Elementary Aspects of Peasant Insurgency*, 2장 [「부정」, 『서발턴과 봉기』, 2장, 36~104쪽].

32) Bruce Lincoln, "Revolutionary Exhumations in Spain, July 1936".

33) 내가 보기에 이는 나름대로 통찰력 깊은 존 가벤타의 『권력과 무력無力』에 나오는 정당화의 이론들 가운데 빠져 있는 요소다. John Gaventa, *Power and Powerlessness*, 특히 1장 참조. Lukes, *Power: A Radical View*도 볼 것.

8장

권력의 농신제

1) Donald Nonini and Arlene Akiko Teraoka, "Class Struggle in the Squared Circle", Christine W. Gailey and Stephen Gregory (ed.), *Dialectical Anthropology: The Ethnology of Stanley Diamond*.

2) Witold Gombrowicz, *Ferdydurke*, Eric Masbacher (trans.), p. 61 [『페르디두르케』, 윤진 옮김, 민음사, 2004, 95쪽].

3) "Ceausescu's Absolute Power Dies in Rumanian Popular Rage", *New York Times* 1990/01/07, p. A15.

4) Veyne, *Le pain et le cirque*, p. 548.

5) Douglas, *My Bondage and My Freedom*, p. 61.

6) Václav Havel, In *Times Literary Supplement*, p. 81 인터뷰에서 인용. 이 문구는 하벨이 안정된, 공식적인, 그리고 보다 안전한 직장을 찾기 아홉 달 전 원고에 포함되었다는 사실을 언급해 두고자 한다.

7) Shirley Christian, "With a Thunderclap, Leftist Breaks Chile's Silence", *New York Times* 1988/06/30, p. A4.

8) 같은 글.

9) Raboteau, *Slave Religion*, p. 297.

10) Douglas, *My Bondage and My Freedom*, pp. 151~152. 앞의 강조는 원래의 것이고, 후자는 필자가 추가한 것이다. 더글러스와 그의 동료들은 육체적 대결에서 어쨌든 살아남은, 그리고 주인을 향해 비록 자신들을 죽일 수는 있지만 채찍질할 수는 없다는 점을 확실히 일깨운 노예들에 대해 글을 썼다. 이때 주인은 양단간의 결정에 직면한다. 효과적인 법적 제도를 결여한 사회에서 남자다움의 논리도 이와 유사하다. 모욕을 앙갚음하기 위해 죽음까지 감수할 수 있는 확실한 자발성은 상대방으로 하여금 그와 같은 모욕을 주기 전에 고민하게 만들 것이다. 억지 이론이 이와 같은 상황을 주의 깊게 검토해 왔지만 이를 가장 명쾌하게 설명한 이는 아마도 조지프 콘래드일 것이다. 콘래드는 허리에 폭발물을 두른 채 런던 시내를 배회하는 아주 위험한 무정부주의자와 결코 그에게 가까이 다가가지 않는 경찰을 묘사하고 있다. Joseph Conrad, *Secret Agent: A Simple Tale*.

11) Osofsky, *Puttin' on Ole Massa*, p. 324.

12) Evans, *Personal Politics*, p. 299.

13) Esther B. Fein, "In a City of the Volga, Tears, Anger, Delight", *New York Times* 1988/07/07, p. 7.

14) Timothy Garton Ash, *The Polish Revolution: Solidarity*, pp. 38~39.

15) 같은 책, p. 37.

16) Goodwyn, "How to Make a Democratic Revolution", p. 31.

17) Ash, *The Polish Revolution*, p. 281.

18) Roman Laba, "The Roots of Solidarity: A Political Sociology of Poland's Working Class Democratization", pp. 45~46. 이와 놀랍도록 유사한 보고서에 따르면, 1989년 10월 중순 동베를린의 교회에서 열린 항의 집회의 전반적인 분위기를 다음과 같이 서술하고 있다. "그 정도의 농담은 새롭지 않았다.

항의 또한 새로운 것이 아니었는데, 특히 교회라는 성소에서는 그랬다. 하지만 그들의 거리낌 없는 직접성, 체제 및 그것의 변화를 거부하는 지도자들에 대한 급진적 비난, 그리고 대중들이 환호하며 동참한 열광은 너무나 새로운 나머지 많은 사람들의 말문을 막히게 하거나 믿지 못해 서로 쳐다보게 만들었다." 필자가 강조. Henry Kamm, "In East Berlin, Satire Conquers Fear", *New York Times* 1989/10/17, p. A12.

19) 같은 글, p. 179.

20) Berkowitz, *Aggression*, p. 87. 또 다른 실험에서 비천한 과업의 반복적 수행이 요구된 집단들로 하여금 불평을 제기하거나 더 나은 처우를 요구하도록 부추겼다. 이런 시도가 얼마간 성공했을 경우 그들은 더 공격적으로 변했는데, 이는 이전까지 억눌린 적대감이 안전하게 배출될 통로를 확보했음을 말해 준다. Thibaut and Kelly, *The Social Psychology of Groups*, p. 183.

21) 어떤 의미에서 피지배 집단이 갖고 있는 부담 가운데 하나는 완전성과 진정성에 대한 자신들의 열망이 안전에 대한 자신들의 본능과 너무나 자주 충돌한다는 — 최소한 공개 대본에서는 — 사실이다.

22) Zimbardo, *The Cognitive Control of Motivation*, p. 248.

23) Emile Zola, *The Earth (La Terre)*, Douglas Parmée (trans.), pp. 90~91.

24) 어떤 의미에서 사적으로 깨트려진 금기는 사실상 침해되지 않은 금기라고 말할 수 있다. 완전히 파열되기 전까지 모든 상황에서 은닉 대본의 공개 선포는 그것의 무대 뒤 변종에 비해 더욱더 신중히 판단되는 경향이 있다. 예속 관계가 앞으로도 어떤 형태로든 지속되리라고 피지배자들이 생각하는 한, 심지어 대담한 반대 표현조차 지배자의 입장에 종종 약간씩 양보한다.

25) 대부분의 일상적 사회생활은 그처럼 서로 알고 있는 내용을 공개 대본 속에 넣지 않음으로써 영위되는지도 모른다. 상사가 알코올의존자라는 사실을 모두가 알고 있더라도 공개적으로 선포되기 전까지 마치 아무 일이 없는 듯이 지낼 수 있다. 혹은 결혼 생활의 실상은 동일하지만 한 부부는 겉으로 어울리는 모양새를 내비치고, 다른 부부는 불화와 다툼을 밖으로 드러낸다고 가정해 보라. 이때 후자의 경우 '실패'의 공개적 표시는 남들이 보지 못하는 막후 현실에 덧붙여 그것 자체의 위기를 불러일으킨다.

26) 고르바초프의 글라스노스트 시절에 대해서도 마찬가지로 말할 수 있다. 이 기간에 알려졌던 사실, 책자, 그리고 폭로 등은 심지어 글라스노스트 시대가 종식되더라도 쉽게 지워지거나 잊힐 수 없다.

27) 여기서 비교적이라는 용어는 매우 요긴하다. 왜냐하면, 엄밀히 말해, 특정한 문화 및 역사의 산물이 아닌 추상적 개인 주체가 존재하지 않듯이, '사회화되지 않은' 순수한 개인이나 '날것 상태'의 은닉 대본 또한 존재하지 않기 때문이다.

28) 로런스 굿윈이 '무정부주의적' 군중과 '민주주의적' 군중으로 이름 붙일 법한 이와 매우 유사한 구별과 관련해 Goodwyn, "How to Make a Democratic Revolution", p. 74 볼 것. 한편, 나는 늘 '대중적 폭력', 심지어 혁명적인 것조차도 뚜렷한 위협이 될 만한 주적主敵이 부재할 경우 상대적으로 단명했다는 느낌을 받는다. 혁명 이후에 자행된 이른바 피의 숙청은 대중운동의 산물이라기보다 국가 관료 기구의 작품인 경우가 훨씬 많았던 듯하다.

29) L. Bodin and J. Touchard, *Front Populaire*, p. 112. Zolberg, "Moments of Madness", p. 183에서 인용.

30) Martinez-Alier, *Labourers and Landowners in southern Spain*, pp. 202~206, 314~315.

31) Genovese, *Roll, Jordan, Roll*, pp. 109, 그리고 97~112. 더 일반적인 사항으로는 Armstead L. Robinson, *Bitter Fruits of Bondage: Slavery's Demise and the Collapse of the Confederacy, 1861-1865*, 6장 볼 것.

32) 이런 맥락에서의 굴욕은 집단적 모욕을 포함하는 것으로 이해되어야 한다. 따라서 예컨대 보스턴 지역 가내 노예(대부분 흑인)에 대한 주디스 롤린스의 연구는 뉴욕주 애티카시 교도소 접수 과정에서 대다수 흑인을 상대로 발생한 죄수 집단 학살이, 한 가사 관리인이 평소의 자제력을 상실하게 되는 계기로 작용한 듯한 사례를 말하고 있다. 그녀의 주인은 이렇게 말한다. "나는 그녀가 왜 그렇게 화를 내는지 몰랐다. 하지만 애티카 사건 동안 그것이 분명해졌다. 그녀는 그것을 안에서 소화할 수 없었다. 그녀는 백인들이 흑인들에게 했던 것을 쏟아 냈다. …… 그녀는 정말 분노하고 있었다." 이 경우 폭발을 자극한 것은 주변 사람들을 대신한 그녀의 분노였다. Rollins, *Between Women*, p. 126. [뉴욕주 애티카시 교도소 접수는 1971년 9월 9일에 발생한 미국의 대표적인 재소자 인권 운동이자 교정 행정 사상 최악의 폭력 사태를 가리킨다. 애티카 교도소 재소자 1200여 명이 샤워 횟수와 화장실용 휴지 공급 등을 요구하며 교도관 수십 명을 인질로 삼고 당국에 맞섰다. 나흘간의 협상이 무위에 그치자 뉴욕 주정부는 진압 명령을 내렸고, 그 과정에서 재소자와 교도관, 민간인 등 33명이 사망했다. 당시만 해도 미국 법원은 행정부 관할인 교도소에서 벌어지는 일에 무관심했고 행정부는 수용자를 노예 정도로 여기는 분위기였으나, 이 사건을 계기로 미국의 교도소 내 인권 개선 노력이 시작되었다.]

33) 분명히 말하건대, 그런 저항 행동은 실제로 일어난다. 바르샤바 게토[강제 거주 지역] 봉기야말로 이에 걸맞은 명확하고 감동적인 사례다. 하지만 이런 집합행동은 드물게 발생하는 예외적 사건이다. [폴란드 바르샤바 게토 봉기는 유대인들이 나치 독일에 맞서 일으킨 무장투쟁이다. 1943년 4월 19일 나치 독일군은 바르샤바 게토에 대한 소탕 작전을 벌였고, 주민 5만여 명은 미리 마련한 벙커로 내려가 저항했다. 그해 5월 나치가 며칠 동안 벙커 속으로 가스 및 화염방사기를 무자비하게 살포함으로써 사

태는 종료되었다. 이 과정에서 나치 독일군 110~300여 명, 유대인 1만 3000여 명이 사망했으며, 생존한 유대인 5만 6000여 명 중 7000여 명은 총살되고 나머지는 수용소로 보내졌다.]

34) Moore, *Injustice*, pp. 80 및 이어지는 부분.

35) Jean-Paul Sartre, *The Critique of Dialectical Reason*, Alan Sheridan-Smith (trans.), p. 379 [『변증법적 이성비판 2: 실천적 총체들의 이론』, 박정자·변광배·윤정임·장근상 옮김, 나남, 2009, 83쪽]. 나는 그 연관성을 세워 준, 사르트르의 책에 대해 안제이 티모프스키Andrzej Tymowski가 쓴 훌륭한 논문으로부터 도움을 받았다.

36) Zolberg, "Moments of Madness", p. 206.

37) 여기에 기초해 왜 그렇게 많은 실제 주요 이해관계들이 조직화된 운동의 모습으로 빛을 보지 못하는지 설명하려는 분석을 생각해 볼 수 있다. 그들의 고심과 표현을 방해하는 억압과 원자화의 효과는 차치하더라도, 현실 속 많은 이해관계들은 카리스마적 동원이 의존하는 잠재적 전력망을 창조할 만큼 충분히 응집력이 높거나 광범위하지 않다.

38) Ladurie, *Carnival in Romans*, p. 99.

39) 같은 책, p. 130. 필자가 강조.

40) Hill, *The World Turned Upside Down*, 7장.

41) 같은 책, 8, 9장. 다음 문장의 인용 부분은 p. 130.

42) 글을 읽고 쓸 수 있게 된 사회의 경우에도 혹자는 대중적 상상력에 있어서 문자 텍스트의 중요성과, 그것이 어필하고자 하는 대중들의 은닉 대본을 구체화하는 정도 사이에 모종의 마찬가지 연계를 주장하고 싶어 할지 모른다. 따라서 크리스토퍼 힐은 영국에서 토머스 페인의 작품이 엄청난 인기를 차지하는 비결을 "그들[수공업자 및 정처 없는 시골 남자]의 발자국 소리와 그들의 중얼거리는 불법적 언설이 페인 저작의 핵심적 배경"이라는 사실에서 찾을 수 있다고 말한다. Christopher Hill, *Puritanism and Revolution: The English Revolution of the Seventeenth Century*, p. 102.

43) Goodwin, *How to Make a Democratic Revolution*, 3장이 그처럼 주장한다.

44) Collins, *Conflict Sociology*, p. 367.

참고문헌

Abbiateci, André. 1970. "Arsonists in Eighteenth-Century France: An Essay in
the Typology of Crime". Translated by Elborg Forster and reprinted in
*Deviants and the Abandoned in French Society: Selection from the
Annales*, edited by Robert Forster and Orest Ranum. Baltimore: Johns
Hopkins University Press.

Abbot, Jack Henry. 1982. *In the Belly of the Beast.* New York: Vintage.

Abercrombie, Nicholas, Stephen Hill, and Bryan S. Turner. 1980. *The
Dominant Ideology Thesis.* London: Allen and Unwin.

Abu-Lughod, Lila. 1986. *Veiled Sentiments: Honor and Poetry in a Bedouin
Society.* Berkeley: University of California Press.

Adas, Michael. 1979. *Prophets of Rebellion: Millenarian Protest against
European Colonial Order.* Chapel Hill: University of North Carolina
Press.

Adriani, N. and Albert C. Kruyt. 1951. *De barée sprekende torajas van
Midden-Celebes.* Amsterdam: Nord: Hollandische Vitgevers
Maatschappig.

Agulhon, Maurice. 1970. *La république an village: Les populations du Var de la
Revolution à la seconde République.* Paris: Plon.

Alcoff, Lind. 1988. "Cultural Feminism versus Post-structuralism: The Identity
Crisis in Feminist Theory". *Signs: Journal of Women in Culture and
Society* 13 (3): 405-436.

Allport, Gordon W. and Leo Postman. 1947. *The Psychology of Rumor.* New
York: Russell and Russell.

Althusser, Louis. 1970. *Reading Capital.* London: New Left Books [『자본론을
읽는다』. 김진엽 옮김. 두레. 1991].

Ardener, Shirley, ed. 1977. *Perceiving Women.* London: J. M. Dent and Sons.

Ash, Timothy Garton. 1983. *The Polish Revolution: Solidarity.* New York:

Charles Scribner's Sons.

Atkinson, Jane Mannig. 1984. "Wrapped Words: Poetry and politics among the Wana of Central Sulawesi, Indonesia". In *Dangerous Words: Language and Politics in the Pacific*, edited by Donald Lawrence Brenneis and Fred R. Myers. New York: New York University Press.

Babcock Barbara A., ed. 1978. *The Reversible World: Symbolic Inversion in Art and Society*. Ithaca: Cornell University Press.

Bachrach, Peter and Morton S. Baratz. 1970. *Power and Poverty: Theory and Practice*. New York: Oxford University Press.

Bakhtin, Mikhail. 1984. *Rabelais and His World*. Translated by Helene Iswolsky. Bloomington: Indiana University Press.

Balzac, Honoré de. 1949. *Les paysans*. Paris: Pleiades.

_____. 1970. *A Harlot High and Low [Splendeurs et misères des courtisanes]*. Translated by Reyner Happenstall. Harmondsworth: Penguin.

Baring-Gould, William S. and Cecil Baring-Gould. 1962. *The Annotated Mother Goose: Nursery Rhymes New and Old*. New York: C. W. Potter.

Bauman, Zygmunt. 1976. *Socialism: the Active Utopia*. New York: Holmes and Meier [『사회주의, 생동하는 유토피아: '저 너머'를 향한 대담한 탐험』. 윤태준 옮김. 오월의봄. 2016].

Belenky, Mary Field et al. 1986. *Women's Ways of Knowing: The Development of Self, Voice, and Mind*. New York: Basic Books.

Bell, Colin and Howard Newby. 1973. "The Sources of Agricultural Workers' Images of Society". *Sociological Review* 21 (2): 229-253.

Benveniste, Émile. 1974. *Problèmes de linguistique generale*, vol. 2. Paris: Gallimard [『일반 언어학의 제문제 II』. 황경자 옮김. 민음사. 1992].

Berée, Yves-Marie. 1976. *Fêtes et révolte: Des mentalités popularies du XVI° au XVII° siècles*. Paris: Hachette.

Berkowitz, Leonard. 1962. *Aggression: A Social Psychological Analysis*. New York: McGraw Hill.

Bernstein, Basil. 1971. *Class, Codes and Control*. London: Routledge and Kegan Paul.

Berreman, Gerald D. 1959. "Caste in Cross Cultural Perspective". In *Japan's Invisible Race: Caste in Culture and Personality*, edited by George DeVos and Hiroshi Wagatsuma. Berkeley: University of California Press.

Bloch, Marc. 1970. *French Rural History: An Essay on Its Basic Character.* Translated by Janet Sondheimer. Berkeley: University of California Press.

Bodin, L. and J. Touchard. 1961. *Front Populaire.* Paris: Armand Colin. In "Moments of Madness", by Aristide R. Zolberg. *Politics and Society* 2 (2): 183-207.

Bohlen, Celestine. 1990/01/04. "Whispered No Longer, Hearsay Jolts Bucharest". *New York Times.*

Boulle, Pierre H. 1985. "In Defense of Slavery: Eighteenth-Century Opposition to Abolition and the Origins of a Racist Ideology in France". In *History from Below: Studies in Popular Protest and Popular Ideology in Honor of George Rudé,* edited by Frederick Krantz. Montreal: Concordia University.

Bourdieu, Pierre. 1977. *Outline of a Theory of Practice.* Translated by Richard Nice. Cambridge: Cambridge University Press.

_____. 1984. *Distinction: A Social Critique of the Judgement of Taste.* Translated by Richard Nice. Cambridge: Harvard University Press [『구별짓기 (상)·(하): 문화와 취향의 사회학』. 최종철 옮김. 새물결. 2005·2006].

Brehm, Sharon S. and Jack W. Brehm. 1981. *Psychological Reactance: A Theory of Freedom and Control.* New York: Academic Press.

Brenneis, Donald. 1980. "Fighting Words". In *Not Work Alone: A Cross-cultural View of Activities Superfluous to Survival,* edited by Jeremy Cherfas and Roger Lewin. Beverly Hills: Sage.

Brown, R. and A. Gilman. 1972. "The Pronouns of Powers and Solidarity". In *Language and Social Context,* edited by Pier Paolo Giglioli. Harmondsworth: Penguin.

Brun, Viggo. 1987. "The Trickster in Thai Folktales". In *Rural Transformation in Southeast Asia,* edited by C. Gunnarsson et al. Lund: Nordic Association of Southeast Asian Studies.

Burke, Peter. 1978. *Popular Culture in Early Modern Europe.* New York: Harper and Row.

_____. 1982. "Mediterranean Europe, 1500-1800". In *Religion and Rural Revolt: Papers Presented to the Fourth Interdisciplinary Workshop on Peasant Studies.* University of British Columbia, edited by Janos M. Bak and Gerhard Benecke. Manchester: Manchester University Press.

Campbell, Colin. 1971. *Toward a Sociology of Irreligion*. London: Macmillan.

Chakrabarty, Dipesh. 1983. "On Deifying and Defying Authority: Managers and Workers in the Jute Mills of Bengal circa 1900-1940". *Past and Present* 100: 124-146.

Channa, Dev Raj. 1960. *Slavery in Ancient India*. New Delhi: People's Publishing House.

Chesnut, Mary. 1949. *A Diary from Dixie*. Boston: Houghton Mifflin.

Christian, Shirley. 1988/06/30. "With a Thunderclap, Leftist Breaks Chile's Silence". *New York Times*.

Cobb, Richard C. 1970. *The Police and the People: French Popular Protest, 1789-1820*. London: Oxford University Press.

Cocks, Joan Elizabeth. 1989. *The Oppositional Imagination: Feminism, Critique and Political Theory*. London: Routledge.

Cohen, Abner. 1974. *Two-Dimensional Man: An Essay on the Anthropology of Power and Symbolism in Complex Society*. Berkeley: University of California Press.

Cohen, Robin. 1980. "Resistance and Hidden Forms of Consciousness among African Workers". *Review of African Political Economy* 19: 8-22.

Cohn, Bernard. 1959. "Changing Traditions of a Low Caste". In *Traditional India: Structure and Change*, edited by Milton Singer. Philadelphia: American Folklore Society.

Cohn, Norman. 1957. *The Pursuit of the Millennium*. London: Secker and Warburg.

Collins, Randall. 1975. *Conflict Sociology: Toward an Explanatory Science*. New York: Academic Press.

Comaroff, Jean. 1985. *Body of Power, Spirit of Resistance: The Culture and History of a South African People*. Chicago: University of Chicago Press.

Conrad, Joseph. 1953. *The Secret Agent: A Simple Tale*. Garden City, N. Y., Doubleday.

Coser, Lewis. 1974. *Greedy Institutions: Patterns of Undivided Commitment*. New York: Free Press.

Crapanzano, Vincent. 1985. *Waiting: The Whites of South Africa*. New York:

Vintage.

Craton, Michael. 1982. *Testing the Chains*. Ithaca: Cornell University Press.

Dahl, Robert A. 1961. *Who Governs? Democracy and Power in an American City*. New Haven: Yale University Press.

Dance, D. C. ed. 1978. *Shuckin' and Jivin': Folklore from Contemporary Black Americans*. Bloomington: University of Indiana Press.

Davis, Natalie Zemon. 1978. "Women on Top: Symbolic Sexual Inversion and Political Disorder in Early Modern Europe". In *The Reversible World: Symbolic Inversion in Art and Society*, edited by Barbara A. Babcock. Ithaca: Cornell University Press.

Detienne, Marcel and Jean-Pierre Vernant. 1978. *Cunning Intelligent in Greek Culture and Society*. Translated by Janet Lloyd. Atlantic Highlands, N.J.: Humanities Press.

Djilas, Milovan. 1957. *The New Class*. New York: Praeger.

Douglas, Frederick. 1987. *My Bondage and My Freedom*, edited and with an introduction by William L. Andrew. Urbana: University of Illinois Press.

Dournes, Jacques. 1973. "Sous corvert de maîtres". *Archives Europénnes de Sociologie* 14: 185-209.

Du Bois, W. E. B. 1969. "On the Faith of the Fathers". In *The Souls of Black Folk* by W. E. B. Du Bois. New York: New American Library.

Eagleton, Terry. 1981. *Walter Benjamin: Or, Towards a Revolutionary Criticism*. London: Verso [『발터 벤야민 또는 혁명적 비평을 향하여』. 김정아 옮김. 이앤비플러스. 2012]. Quoted in *Politics and Poetics of Transgression* by Peter Stallybrass and Allon White. Ithaca: Cornell University Press. 1986.

Edelman, Murray. 1974. "The Political Language of the 'Helping Professions'". *Politics and Society* 4 (3): 295-310.

Elias, Norbert. 1982. *Power and Civility*. Vol. 2 of *The Civilizing Process*. Translated by Edmund Jephcott. New York: Pantheon [『문명화과정 II』. 박미애 옮김. 한길사. 1999].

Eliot, George. 1981. *Adam Bede*. Harmondsworth: Penguin [『아담 비드 1·2』. 유종인 옮김. 현대문화. 2007].

Elliot, J. H. 1985. "Power and Propaganda in the Spain of Philip IV". In *Rites of Power: Symbolism, Ritual, and Politics since the Middle Ages*, edited by Sean Wilentz. Philadelphia: University of Pennsylvania Press.

Ellison, Ralph. 1952. *Invisible Man*. New York: New American Library [『보이지 않는 인간 1·2』. 조영환 옮김. 민음사. 2008].

Evans, Sara. 1980. *Personal Politics: The Roots of Women's Liberation in the Civil Rights Movement and the New Left*. New York: Vintage Books.

Fein, Esther B. 1988/07/07. "In a City of the Volga, Tears, Anger, Delight". *New York Times*.

Fick, Carolyn. 1985. "Black Peasants and Soldiers in the St. Domingue Revolution: Initial Reactions to Freedom in the South Province". In *History from Below: Studies in Popular Protest and Popular Ideology in Honor of George Rudé*, edited by Frederick Krantz. Montreal: Concordia University.

Field, Daniel. 1976. *Rebels in the Name of the Tsar*. Boston: Houghton Mifflin.

Figes, Orlando. 1989. *Peasant Revolution, Civil War: The Volga Countryside in Revolution*. Oxford: Clarendon Press.

Finlay, M. I. 1968. "Slavery". In *International Encyclopedia of the Social Sciences*, vol. 14, edited by D. Sills. New York: Macmillan.

Foucault, Michel. 1979. *Discipline and Punish: The Birth of the Prison*. Translated by Alan Sheridan. New York: Vintage Books [『감시와 처벌』. 오생근 옮김. 나남. 2016].

_____. 1979. *Michel Foucault: Power, Truth, Strategy*, edited by Meaghan Morris and Paul Patton. Sydney: Feral Publications.

_____. 1980. *The History of Sexuality: An Introduction*, vol. 1. Translated by R. Hurley. New York: Vintage Books [『성의 역사 1: 지식의 의지』. 이규현 옮김. 나남. 2010].

Freeman, James M. 1979. *Untouchable: An Indian Life History*. Stanford: Stanford University Press.

Friedman, Susan. 1989. "The Return of the Repressed in Women's Narrative". *The Journal of Narrative Technique* 19: 141-156.

Friedman, Thomas L. 1988/01/05. "For Israeli Soldiers, 'War of Eyes' in West Bank". *New York Times*.

Gaventa, John. 1980. *Power and Powerlessness: Quiescence and Rebellion in an Appalachian Valley*. Urbana: University of Illinois Press.

Geisey, Ralph E. 1985. "Models of Rulership in French Royal Court Ceremonial". In *The Rites of Power: Symbolism, Ritual, and Politics since the Middle Ages*, edited by Sean Wilentz. Philadelphia: University of Pennsylvania Press.

Genovese, Eugene G. 1974. *Roll, Jordan, Roll: The World the Slaves Made*. New York: Pantheon.

Giap, Nguyen Hong. 1971. *La condition des paysans au Viet-Nam à travers les chansons populares*. Paris, thèse 3ème cycle, Sorbonne.

Giddens, Anthony. 1975. *The Class Structure of Advanced Societies*. New York: Harper [『선진사회의 계급구조』. 정대연 옮김. 학문사. 1982].

_____. 1979. *Central Problems in Social Theory: Action, Structure, and Contradiction in Social Analysis*. Berkeley: University of California Press [『사회이론의 주요 쟁점』. 윤병철·박병래 옮김. 문예출판사. 1991].

Gilman, Sander L. 1968. *Jewish Self-Hatred: Anti-Semitism and the Hidden Languate of the Jews*. Baltimore: Johns Hopkins University Press.

Gilmore, Al-Tony. 1975. *Bad Niggar!: The National Impact of Jack Johnson*. Port Washington, N.J.: Kennikat Press.

Gilmore, David. 1987. *Aggression and Community: Paradoxes of Andalusian Culture*. New Haven: Yale University Press.

Glass, James M. 1985. *Delusion: Internal Dimensions of Political Life*. Chicago: University of Chicago Press.

Gluckman, Max. 1954. *Rituals of Rebellion in South-East Africa*. Manchester: University of Manchester Press.

_____. 1970. *Order and Rebellion in Tribal Africa*. London: Allen Lane.

Goffman, Erving. 1956. "The Nature of Deference and Demeanor". *American Anthropologist* 58 (June). [「존대와 처신의 성격」. 『상호작용 의례: 대면 행동에 관한 에세이』. 진수미 옮김. 아카넷. 2013, 57~103쪽].

_____. 1971. *Relations in Public: Microstudies of the Public Order*. New York: Basic Books.

Gombrowicz, Witold. 1966. *Ferdydurke*. Translated by Eric Mosbacher. New York: Harcourt, Brace, and World [『페르디두르케』. 윤진 옮김. 민음사. 2004].

Goodwyn, Lawrence. "How to Make a Democratic Revolution: The Rise of Solidarnosc in Poland". Book manuscript [*Breaking the Barrier: The Rise of Solidarity in Poland*. Oxford University Press. 1991].

Goody, Jack. 1968. *Literacy in Traditional Societies*. Cambridge: Cambridge University Press.

Gramsci, Antonio. 1971. *Selections from the Prison Notebooks*. Edited and
   Translated by Quinten Hoare and Geoffrey Nowell Smith. London:
   Wishart [『그람시의 옥중수고 1·2』. 이상훈 옮김. 거름. 1999].

Graves, Robert. n.d. *Lars Porsena, or the Future of Swearing and Improper
   Language*. London: Kegan Paul, Trench, Trubner and Co.

Greene, Graham. 1966. *The Comedians*. New York: Viking Press.

Guha, Ranajit. 1983. *Elementary Aspects of Peasant Insurgency*. Delhi: Oxford
   University Press [『서발턴과 봉기: 식민 인도에서의 농민 봉기의 기초적 측면들』.
   김택현 옮김. 박종철출판사. 2008].

Guillaumin, Emile. 1983. *The Life of a Simple Man*. Edited by Eugen Weber,
   revised and translated by Margaret Crosland. Hanover, N.H.: University
   Press of New England.

Habermas, Jürgen. 1975. *Legitimation Crisis*. Boston: Beacon Press.

_____. 1984. *The Theory of Communicative Action*. Vol. 1 of *Reason and the
   Rationalization of Society*. Translated by Thomas MaCarthy. Boston:
   Beacon Press [『의사소통행위이론 1: 행위합리성과 사회합리화』. 장춘익 옮김.
   나남. 2006].

Hall, Stuart and Tony Jefferson. 1976. *Resistance Through Rituals: Youth
   Subcultures in Post-war Britain*. London: Hutchinson.

Halliday, M. A. K. 1978. *Language as Social Semiotic*. London: Edward Arnold.

Harper, Edward B. 1968. "Social Consequences of an Unsuccessful Low Caste
   Movement". In *Social Mobility in the Caste System in India: An
   Interdisciplinary Symposium, Comparative Studies in Society and
   History*, Supplement, no. 3, edited by James Silverberg. The Hague:
   Mouton.

Havel, Václav. 1987/01/23. In *Times Literary Supplement*.

Hearn, Frank. 1975. "Remembrance and Critique: The Uses of the Past for
   Discrediting the Present and Anticipating the Future". *Politics and
   Society* 5: 2 (1975): 201-227.

_____. 1978. *Domination, Legitimation, and Resistance: The Incorporation of
   the 19th-Century English Working Class. Contributions in Labor
   History*, no. 3. Westport, Conn.: Greenwood Press.

Hebdige, Dick. 1976. "Reggae, Rastas, and Rudies". In *Resistance Through
   Rituals: Youth Subcultures in Post-war Britain*, edited by Stuart Hall and

Tony Jefferson. London: Hutchinson.

Heusch, Luc de. 1964. "Mythe et société féodale: Le culte de Kubandwa dans le Rewanda traditionel". *Archives de Sociologie des Religions* 18: 133-146.

Hill, Christopher. 1958. *Puritanism and Revolution: The English Revolution of the Seventeenth Century*. New York: Schocken.

_____. 1972. *The World Turned Upside Down*. New York: Viking.

_____. 1982. "From Lollardy to Levellers". In *Religion and Rural Revolt: Papers Presented to the Fourth Interdisciplinary Workshop on Peasant Studies*. University of British Columbia, edited by Janos M. Bak and Gerhard Benecke. Manchester: Manchester University Press.

_____. 1985. "The Poor and the People in Seventeenth-Century England". In *History from Below: Studies in Popular Protest and Popular Ideology in Honor of George Rudé*, edited by Frederick Krantz. Montreal: Concordia University.

Hirschman, Albert O. 1970. *Exit, Voice, and Loyalty: Responses to Decline in Firms, Organizations and States*. Cambridge: Harvard University Press [『떠날 것인가, 남을 것인가: 퇴보하는 기업, 조직, 국가에 대한 반응』. 강명구 옮김. 나무연필. 2016].

Hobsbawm, Eric and George Rudé. 1968. *Captain Swing*. New York: Pantheon.

Hobsbawm, Eric. 1965. *Primitive Rebels Studies in Archaic Forms of Social Movement in the 19th and 20th Centuries*. New York: Norton [『반란의 원초적 형태: 자본주의 발전에 따른 유럽소외지역 민중운동의 제형태』. 진철승 옮김. 온누리. 2011].

_____. 1973. "Peasants and Politics". *Journal of Peasant Studies* 1 (1): 13.

Hochschild, Arlie Russell. 1983. *The Managed Heart: The Commercialization of Human Feeling*. Berkeley: University of California Press [『감정노동: 노동은 우리의 감정을 어떻게 상품으로 만드는가』. 이가람 옮김. 이매진. 2009].

Hoggart, Richard. 1954. *The Uses of Literacy: Aspects of Working Class Life*. London: Chatto and Windus [『교양의 효용: 노동자계급의 삶과 문화에 관한 연구』. 이규탁 옮김. 오월의봄. 2016].

Huang, Ray. 1981. *1587: A Year of No Significance*. New Haven: Yale University Press [『1587, 만력 15년 아무 일도 없었던 해』. 김한식 외 옮김. 새물결. 2004].

Hurston, Zora Neale. 1973. "High John de Conquer". In *Mother Wit*, edited by

Alan Dundes. Englewood Cliffs: Prentice Hall.

Ileto, Reynaldo Clemeña. 1975. "Pasyon and the Interpretation of Change in Tagalog Society". Ph.D. dessertation, Cornell University.

Isaac, Rhys. 1985. "Communication and Control: Authorigy Metaphors and Power Contests on Colonel Landon Carter's Virginia Plantation, 1752-1778". In *The Rites of Power: Symbolism, Ritual, and Politics since the Middle Ages*, edited by Sean Wilentz. Philadelphia: University of Pennsylvania Press.

Jayawardena, Chandra. 1968. "Ideology and Conflict in Lower Class Communities". *Comparative Studies in Society and History* 10 (4): 413-446.

Jones, Charles C. 1842. *The Religious Institution of the Negroes in the United States*. Savannah.

Jones, Edward E. 1964. *Ingratiation: A Social Psychological Analysis*. New York: Appleton-Century-Crofts.

Joyner, Charles. 1984. *Down by the Riverside*. Urbana: University of Illinois Press.

Jürgensmeyer, Mark. 1980. "What if Untouchables Don't Believe in Untouchability". *Bulletin of Concerned Asian Scholars* 12 (1): 23-30.

_____. 1982. *Religion as Social Vision: The Movement against Untouchability in 20th Century Punjab*. Berkeley: University of California Press.

Kamm, Henry. 1989/10/17. "In East Berlin, Satire Conquers Fear". In *New York Times*.

Kanter, Rosabeth Moss. 1972. *Commitment and Community: Communes and Utopias in Sociological Perspective*. Cambridge: Harvard University Press.

Kardiner, Abram and Lionel Ovesey. 1962. *The Mark of Oppression: Explorations in the Personality of the American Negro*. Cleveland: Meridian Books.

Kerr, Clark and Abraham Siegel. 1954. "The Inter-Industry Propensity to Strike: An International Comparision". In *Industrial Conflict*, edited by Arthur Kornhauser et al. New York: McGraw-Hill.

Khare, R. S. 1984. *The Untouchable as Himself: Ideology, Identity, and Pragmatism among the Lucknow Chamars*. Cambridge Studies in

Cultural Systems, no. 8. Cambridge: Cambridge University Press.

Khawam, René B. trans. 1980. *The Subtle Ruse: The Book of Arabic Wisdom and Guile*. London: East-West Press.

Klausner, William J. 1987. "Siang Miang: Folk Hero". In *Reflections on Thai Culture*. Bangkok: The Siam Society.

Kolchin, Peter. 1987. *Unfree Labor: American Slavery and Russian Serfdom*. Cambridge: Harvard University Press.

Kundera, Milan. 1983. *The Joke*. Translated by Michael Henry Heim. Harmondsworth: Penguin [『농담』. 방미경 옮김. 민음사. 2011].

Kunzle, David. 1978. "World Upside Down: The Iconography of a European Broadsheet Type". In *The Reversible World: Symbolic Inversion in Art and Society*, edited by Barbara A. Babcock. Ithaca: Cornell University Press.

Laba, Roman. Forthcoming. "The Roots of Solidarity: A Political Sociology of Poland's Working Class Democratization". Princeton: Princeton University Press [*The Roots of Solidarity: A Political Sociology of Poland's Working-class Democratization*. Princeton: Princeton University Press. 1991].

Ladurie, Emmanuel Le Roy. 1979. *Carnival in Romans*. Translated by Mary Feeney. New York: George Braziller.

Lakoff, Robin. 1975. *Language and Women's Place*. New York: Harper Colophon.

Le Bon, Gustav. 1895. *La psychologie des foules*. Paris: Alcan [『군중심리』. 김성균 옮김. 이레미디어. 2008].

Lefébvre, Georges. 1973. *The Great Fear of 1789: Rural Panic in Revolutionary France*. Translated by Joan White. New York: Pantheon [『1789년의 대공포』. 최갑수 옮김. 까치. 2002].

Levine, Lawrence W. 1977. *Black Culture and Black Consciousness*. New York: Oxford University Press.

Lewis, I. M. 1971. *Ecstatic Religion: An Anthropological Study of Spirit Possession and Shamanism*. Harmondsworth: Penguin.

Lichtenstein, Alex. 1988. "That Disposition to Theft with which they have been Branded: Moral Economy, Slave Management, and the Law". *Journal of Social History* (Spring).

Lincoln, Bruce. 1985. "Revolutionary Exhumations in Spain, July 1936".
      Comparative Studies in Society and History 27 (2): 241-260.

Linebaugh, Peter. 1976. "Karl Marx, the Theft of Wood, and the Working-class
      Composition: A Contribution to the Current Debate". *Crime and Social
      Justice* (Fall-Winter): 5-16.

Livermore, Mary. 1889. *My Story of the War*. Hartford, Conn. In Albert J.
      Raboteau. 1978. *Slave Religion: The "Invisible Institution" of the
      Antebellum South*. New York: Oxford University Press.

Lockwood, D. 1966. "Sources of Variation in Working-Class Images of Society".
      Sociological Review 14 (3): 249-267.

Lukes, Steven. 1974. *Power: A Radical View*. London: Macmillan [『3차원적
      권력론』. 서규환 옮김. 나남. 1992].

Malcolmson, R. W. 1973. *Popular Recreations in English Society, 1700-1850*.
      Cambridge: Cambridge University Press.

Marriott, McKim. 1955. "Little Communities in an Indigenous Civilization". In
      Village India, edited by McKim Marriot. Chicago: University of Chicago
      Press.

Martinez-Alier, Juan. 1971. *Labourers and landowners in southern Spain*. St.
      Anthony's College Oxford Publications, no. 4. London: Allen and Unwin.

Mathiesen, Thomas. 1965. *The Defenses of the Weak: A Sociological Study of
      a Norwegian Correctional Institution*. London: Tavistock.

McCarthy, John D. and William L. Yancey. 1970. "Uncle Tom and Mr. Charlie:
      Metaphysical Pathos in the Study of Racism and Personality
      Disorganization". *American Journal of Sociology* 76: 648-672.

McCarthy, Thomas. 1989. *The Critical Theory of Jürgen Habermas*. London:
      Hutchinson.

McKay, Ian. 1981. "Historians, Anthropology, and the Concept of Culture".
      Labour/Travailleur, vols. 8-9: 185-241.

Melville, Herman. 1968. "Benito Cereno". In *Billy Budd and Other Stories*. New
      York: Penguin.

Milgram, Stanley. 1974. *Obedience to Authority: An Experimental View*. New
      York: Harper and Row.

Miliband, Ralph. 1969. *The State in Capitalist Society*. London: Weidenfeld and
      Nicholson.

Moffat, Michael. 1979. *An Untouchable Community in South India: Structure and Consensus*. Princeton: Princeton University Press.

Moore, Barrington, Jr. 1987. *Injustice: The Social Bases of Obedience and Revolt*. White Plains, N.Y.: M. E. Sharpe.

Mullin, Gerard W. 1972. *Flight and Rebellion: Slave Resistance in 18th Century Virginia*. New York: Oxford University Press.

Najita, Tetsuo and Irwin Scheiner. 1978. *Japanese Thought in the Tokugawa Period, 1600-1868: Methods and Metaphors*. Chicago: University of Chicago Press.

Newby, Howard. 1975. "The Deferential Dialectics". *Comparative Studies in Society and History* 17 (2): 139-164.

Nicholls, David. 1984. "Religion and Peasant Movement during the French Religious Wars". In *Religion and Rural Revolt: Papers Presented to the Fourth Interdisciplinary Workshop on Peasant Studies*, University of British Columbia, edited by Janos M. Bak and Gerhard Benecke. Manchester: Manchester University Press.

Nietzsche, Friedrich. 1969. *On the Genealogy of Morals*. Translated by Walter Kaufman and F. J. Hollingsdale. New York: Vintage [『도덕의 계보학』. 홍성광 옮김. 연암서가. 2020].

Nonini, Donald and Arlene Teraoka. Forthcoming. "Class Struggle in the Squared Circle: Professional Wrestling as Working-Class Sport". In *Dialectical Anthropology: The Ethnology of Stanley Diamond*, edited by Christine W. Gailey and Stephen Gregory. Gainesville: University of Florida Press [*Dialectical Anthropology: Essays in Honor of Stanley Diamond*, edited by Christine W. Gailey and Stephen Gregory. Gainesville: University of Florida Press. 1992].

O'Donnell, Guillermo. 1986. "On the Fruitful Convergences of Hirschman's *Exit, Voice, and Loyalty* and *Shifting Involvement*: Reflections from Recent Argentine Experience". In *Development, Democracy and the Art of Trespassing: Essays in Honor of Albert Hirschman*, edited by Alejandro Foxley et al. Notre Dame: Notre Dame University Press.

Orwell, George. 1962. *Inside the Whale and Other Essays*. Harmondsworth: Penguin.

Osofsky, Gilbert, ed. 1969. *Puttin' on Ole Massa: The Slave Narratives of Henry*

Bibb, William Wells, and Solomon Northrup. New York: Harper and
Row.

Owen, Robert. 1920. *The Life of Robert Owen.* New York: Alfred Knopf.

Parkin, Frank. 1971. *Class, Inequality and the Political Order.* New York:
Praeger.

Patterson, Orlando. 1982. *Slavery and Social Death: A Comparative Study.*
Cambridge: Harvard University Press.

Pitt-Rivers, Julian A. 1954. *The People of Sierra.* New York: Criterion Books.

Piven, Frances Fox and Richard Cloward. 1977. *Poor People's Movement: Why
They Succeed, How They Fail.* New York: Vintage.

Polsby, Nelson W. 1963. *Community Power and Political Theory.* New Haven:
Yale University Press.

Poulantzas, Nicos. 1978. *State, Power, Socialism.* London: New Left Books.

Pred, A. 1989. "The Locally Spoken Word and Local Struggles". *Environment
and Planning D: Society and Space* 7: 211-233.

_____. 1989. *Lost Words and Lost Worlds: Modernity and the Language of
Everyday Life in Late Nineteenth-Century Stockholm.* Cambridge:
Cambridge University Press.

Raboteau, Albert J. 1978. *Slave Religion: The "Invisible Institution" of the
Antebellum South.* New York: Oxford University Press.

Reddy, William M. 1977. "The Textile Trade and the Language of the Crowd at
Rouen, 1752-1871". *Past and Present* 74: 62-89.

Reeves, Marjorie E. 1972. "Some Popular Prophesies from the 14th to 17th
Centuries". In *Popular Belief and Practice: Paper Read at the 9th
Summer Meeting and 10th Winter Meeting of the Ecclesiastical History
Society,* edited by G. J. Cuming and Derek Baker. Cambridge:
Cambridge University Press.

Rhys, Jean. 1974. *After Leaving Mr. MacKenzie.* New York: Vintage.

Rickford, John R. 1983. "Carrying the New Wave into Syntax: The Case of
Black English BIN". In *Variation in the Form and Use of Language,*
edited by Robert W. Fasold. Washington: Georgetown University Press.

Robinson, Armstead L. 1959. *Bitter Fruits of Bondage: Slavery's Demise and the
Collapse of the Confederacy, 1861-1865.* New Haven: Yale University
Press.

Rogers, Susan Carol. 1975. "Female Forms of Power and the Myth of Male Dominance: A Model of Female/Male Interaction in Peasant Society". *American Ethnologist* 2 (4): 727-756.

Rollins, Judith. 1985. *Between Women: Domestics and their Employers.* Philadelphia: Temple University Press.

Rosengarten, Theodore. 1974. *All God's Dangers: The Life of Nate Shaw.* New York: Knopf.

Rothkrug, Lionel. 1984. "Icon and Ideology in Religion and Rebellion, 1300-1600: Bayernfreiheit and Réligion Royale". In *Religion and Rural Revolt: Papers Presented to the Fourth Interdisciplinary Workshop on Peasant Studies*, University of British Columbia, edited by Janos M. Bak and Gerhard Benecke. Manchester: Manchester University Press.

Rudé, George. 1959. *The Crowd in the French Revolution.* Oxford: Clarendon Press.

_____. 1964. *The Crowd in History: A Survey of Popular Disturbances in France and England, 1730-1848.* New York: Wiley.

Rudwin, Maximillian J. 1920. *The Origin of the German Carnival Comedy.* New York: G. E. Stechert.

Sabean, David Warren. 1984. *Power in the Blood: Popular Culture and Village Discourse in Early Modern Europe.* Cambridge: Cambridge University Press.

Sales, Roger. 1983. *English Literature in History, 1780-1830: Pastoral and Politics.* London: Hutchinson.

Sartre, Jean-Paul. 1976. *The Critique of Dialectical Reason.* Translated by Alan Sheridan-Smith. London: New Left Books [『변증법적 이성비판1~3』. 박정자·윤정임·변광배·장근상 옮김. 나남. 2009].

Scheler, Max. 1961. *Ressentiment.* Translated by William W. Holdheim and edited by Lewis A. Coser. Glencoe, Ill.: Free Press.

Schopenhauer, Arthur. 1891. *Selected Essays of Arthur Schopenhauer.* Translated by Ernest Belfort Bax. London: George Bell. In Sander Gilman. 1968. *Jewish Self-Hatred: Anti-Semitism and the Hidden Language of the Jews.* Baltimore: Johns Hopkins University Press.

Scott, James C. 1977. "Protest and Profanation: Agrarian Revolt and the Little Tradition". *Theory and Society* 4 (1): 1-38, and 4 (2): 211-246.

_____. 1985. *Weapons of the Weak: Everyday Forms of Peasant Resistance.* New Haven: Yale University Press.

_____. 1987. "Resistance without Protest and without Organization: Peasant Opposition to the Islamic *Zakat* and the Christian Tithe". *Comparative Studies in Society and History* 29 (3).

Searles, Harold F. 1965. *Collected Papers on Schizophrenia and Related Subjects.* New York: International University Press.

Sennett, Richard and Jonathan Cobb. 1972. *The Hidden Injuries of Class.* New York: Knopf.

_____. 1977. *The Fall of Public Man.* New York: Knopf.

Sharp, Gene. 1973. *The Politics of Nonviolent Action,* part 1 of *Power and Struggle.* Boston: Porter Sargent.

Skinner, G. William. 1975. *Marketing and Social Structure in Rural China.* Tucson: Association of Asian Studies [『중국의 전통시장』. 양필승 옮김. 신서원. 2000].

Slamet, Ina E. 1982. *Cultural Strategies for Survival: The Plight of the Javanese.* Comparative Asian Studies Program, monograph, no. 5. Rotterdam: Erasmus University.

Stallybrass, Peter and Allon White. 1986. *The Politics and Poetics of Transgression.* Ithaca: Cornell University Press.

Stinchcombe, Arthur. 1970. "Organized Dependency Relations and Social Stratification". In *The Logic of Social Hierarchy*, edited by Edward O. Lauman et al. Chicago: Chicago University Press.

Strauss, Leo. 1973. *Persecution and the Art of Writing.* Westport, Conn.: Greenwood Press.

Taal, J. F. 1963. "Sanskrit and Sanskritization". *Journal of Asian Studies* 22 (3).

Thibaut, John W. and Harold Kelley. 1959. *The Social Psychology of Groups.* New York: Wiley.

Thompson, E. P. 1966. *The Making of the English Working Class.* New York: Vintage [『영국 노동계급의 형성 (상)·(하)』. 나종일 외 옮김. 창작과비평사. 2000].

_____. 1974. "Patrician Society, Plebeian Culture". *Journal of Social History* 7 (4).

_____. 1975. *Whigs and Hunters: The Origin of the Black Act.* New York:

Pantheon.

Trudgill, Peter. 1974. *Sociolinguistics: An Introduction to Language and Society*. Harmondsworth: Penguin.

Turner, Victor. 1969. *The Ritual Process: Structure and Anti-Structure*. Chicago: Aldine [『의례의 과정』. 박근원 옮김. 한국심리치료연구소. 2005].

Vailland, Roger. 1958. *The Law*. Translated by Peter Wiles. NY: Knopf.

Veyne, Paul. 1976. *Le pain et le cirque*. Paris: Editions de Seuil.

Viola, Lynne. 1986. "Babi bunty and Peasant Women's Protest during Collectivization". *The Russian Review* 45: 23-42.

Voinovich, Vladimir. 1985. *The Anti-Soviet Union*. Translated by Richard Lourie. New York: Harcourt Brace Jovanovich.

Walker, Alice. 1982. "Nuclear Exorcism". *Mother Jones*, Sept.-Oct.

Walker, Jack E. 1966. "A Critique of the Elitist Theory of Democracy". *American Political Science Review* 60: 285-295.

Walthall, Anne. 1983. "Narratives of Peasant Uprisings in Japan". *Journal of Asian Studies* 43 (3): 571-587.

_____. 1986. "Japanese Gimin: Peasant Martyrs in Popular Memory". *American Historical Review* 91 (5): 1076-1102.

Weber, Max. 1963. *The Sociology of Religion*. Boston: Beacon Press.

Weiner, Annette B. 1984. "From Words to Objects to Magic: 'Hard Words' and the Boundaries of Social Interaction". In *Dangerous Words: Language and Politics in the Pacific*, edited by Donald Lawrence Brenneis and Fred R. Myers. New York: New York University Press.

Weininger, Otto. 1906. *Sex and Character*. London: William Heinemann [『성과 성격』. 임우영 옮김. 지식을만드는지식. 2012]. In Sander Gilman. 1968. *Jewish Self-Hatred: Anti-Semitism and the Hidden Language of the Jews*. Baltimore: Johns Hopkins University Press.

Weller, Robert. 1987. "The Politics of Ritual Disguise: Repression and Response in Taiwanese Popular Religion". *Modern China* 13 (1): 17-39.

Wertheim, W. F. 1973. *Evolution or Revolution*. London: Pelican Books.

Wilentz, Sean, ed. 1985. *The Rites of Power: Symbolism, Ritual, and Politics since the Middle Ages*. Philadelphia: University of Pennsylvania Press.

Wilis, Paul. 1977. *Learning to Labour*. Westmead: Saxon House.

Winn, Denise. 1983. *The Manipulated Mind: Brainwashing, Conditioning, and*

Indoctrination. London: Octogon Press.

Wofford, Susanne. Forthcoming. "The Politics of Carnival in *Henry IV*". In *Theatrical Power: The Politics of Representation on the Shakespearean Stage*, edited by Helen Tartar. Stanford University Press.

Wortmann, Richard. 1985. "Moscow and Peterburg: The Problem of the Political Center in Tsarist Russia, 1881-1914". In *The Rites of Power: Symbolism, Ritual, and Politics since the Middle Ages*, edited by Sean Wilentz. Philadelphia: University of Pennsylvania Press.

Wright, G. O. 1954. "Projection and Displacement: A Cross-cultural Study of Folk-tale Aggression". *Journal of Abnormal Psychology* 49: 523-528.

Wright, Richard. 1937. *Black Boy: A Record of Childhood and Youth*. New York: Harper and Brothers.

Yetman, Norman. 1970. *Voices from Slavery*. New York: Holt, Rinehart.

Zimbardo, Philip G. 1969. *The Cognitive Control of Motivation: The Consequences of Choice and Dissonance*. Glencoe, Ill.: Scott, Foresman.

Zola, Emile. 1980. *The Earth (La Terre)*. Translated by Douglas Parmée. Harmondsworth: Penguin.

Zolberg, Aristide R. 1972. "Moments of Madness". *Politics and Society* 2 (2): 183-207.

찾아보기